U0856789

云南大学
周边外交研究丛书

晏月平◎著

“一带一路”沿线国家人口变动与经济发展

中国社会科学出版社

图书在版编目（CIP）数据

“一带一路”沿线国家人口变动与经济发展／晏月平著．—北京：中国社会科学出版社，2020.2

（云南大学周边外交研究丛书）

ISBN 978－7－5203－5138－6

Ⅰ.①一… Ⅱ.①晏… Ⅲ.①人口自然变动—关系—经济发展—研究—世界 Ⅳ.①C922.1②F113.4

中国版本图书馆 CIP 数据核字(2019)第 205751 号

出 版 人 赵剑英
责任编辑 马 明
责任校对 任晓晓
责任印制 王 超

出 版 中国社会科学出版社
社 址 北京鼓楼西大街甲 158 号
邮 编 100720
网 址 http://www.csspw.cn
发 行 部 010－84083685
门 市 部 010－84029450
经 销 新华书店及其他书店

印 刷 北京明恒达印务有限公司
装 订 廊坊市广阳区广增装订厂
版 次 2020 年 2 月第 1 版
印 次 2020 年 2 月第 1 次印刷

开 本 710×1000 1/16
印 张 27.25
插 页 2
字 数 433 千字
定 价 128.00 元

凡购买中国社会科学出版社图书，如有质量问题请与本社营销中心联系调换
电话：010－84083683

云南大学周边外交研究中心
学术委员会名单

《云南大学周边外交研究丛书》编委会名单

总　序

近年来，全球局势急剧变化，国际社会所关切的一个重要议题是：中国在发展成为世界第二大经济体之后，其外交政策是否会从防御转变为具有进攻性？是否会挑战现存的大国和国际秩序，甚至会单独建立自己主导的国际体系？的确，中国外交在转变。这些年来，中国已经形成了三位一体的新型大外交，我把它称为“两条腿，一个圈”。一条腿是“与美、欧、俄等建立新型的大国关系，尤其是建立中美新型大国关系”；另一条腿为主要针对广大发展中国家的发展倡议，即“一带一路”；“一个圈”则体现于中国的周边外交。这三者相互关联，互相影响。不难理解，其中周边外交是中国外交的核心也是影响另外两条腿行走的关键。这是由中国本身特殊的地缘政治考量所决定的。首先，周边外交是中国在新形势下全球谋篇布局的起点。中国的外交中心在亚洲，亚洲的和平与稳定对中国至关重要，因此能否处理好与周边国家关系的良性发展，克服周边复杂的地缘政治环境将成为影响中国在亚洲崛起并建设亚洲命运共同体的关键。其次，周边外交是助推中国“一带一路”主体外交政策的关键之举。“一带一路”已确定为中国的主体外交政策，而围绕着“一带一路”的诸多方案意在推动周边国家的社会经济发展，考量的是如何多做一些有利于周边国家的事，并让周边国家适应中国从“韬光养晦”到“有所作为”的转变，并使之愿意合作，加强对中国的信任。无疑，这是对周边外交智慧与策略的极大考验。最后，周边外交也是中国解决中美对抗、中日对抗等大国关系的重要方式与途径。中国充分发挥周边外交效用，巩固与加强同周边国家的友好合作关系，支持周边国家的发展壮大，提升中国的向心力，将降低美日等大国在中国周边地区与国家中的影响力，并化解美国在亚洲同盟与中国对抗的可能性与风险，促成周边国家自觉地对中国的外交政策做出适当的调整。

从近几年中国周边外交不断转型和升级来看，中国已经在客观上认识到了周边外交局势的复杂性，并做出积极调整。不过，目前还没能拿出一个更为具体、系统的战略。不难观察到，中国在周边外交的很多方面既缺乏方向，更缺乏行动力，与周边国家的关系始终处于“若即若离”的状态。其中导致该问题的一个重要原因是对周边外交研究的不足与相关智库建设的缺失，致使中国的周边外交还有很大的提升和改进空间。云南大学周边外交中心一直紧扣中国周边外交发展的新形势，在中国周边外交研究方面有着深厚的基础、特色定位，并在学术成果与外交实践上硕果颇丰，能为中国周边外交实践起到智力支撑与建言献策的重要作用。第一，在周边外交研究的基础上，云南大学周边外交中心扎实稳固，发展迅速。该中心所依托的云南大学国际问题研究院从 20 世纪 40 年代起就开始了相关研究。进入 21 世纪初，在东南亚、南亚等领域的研究开始发展与成熟，并与国内外相关研究机构建立了良好的合作关系，同时自 2010 年起每年举办的西南论坛会议成为中国西南地区最高层次的学术性和政策性论坛。2014 年申报成功的云南省高校新型智库“西南周边环境与周边外交”中心更在中央、省级相关周边外交决策中发挥着重要作用。第二，在周边外交的研究定位上，云南大学周边外交中心有着鲜明的特色。该中心以东南亚、南亚为研究主体，以大湄公河次区域经济合作机制（GMS）、孟中印缅经济走廊（BCIM）和澜沧江—湄公河合作机制（LMC）等为重点研究方向，并具体围绕区域经济合作、区域安全合作、人文交流、南海问题、跨界民族、水资源合作、替代种植等重点领域进行深入研究并不断创新。第三，在周边外交的实际推动工作上，云南大学周边外交中心在服务决策、服务社会方面取得了初步成效。据了解，迄今为止该中心完成的多个应用性对策报告得到了相关部门的采纳和认可，起到了很好的资政服务作用。

云南大学周边外交中心推出的“云南大学周边外交研究丛书”系列与“云南大学周边外交研究中心智库报告”等系列丛书正是基于中国周边外交新形势以及自身多年在该领域学术研究与实践考察的深厚积淀之上。从周边外交理论研究方面来看，该两套丛书力求基于具体的区域范畴考察、细致的国别研究、详细的案例分析，来构建起一套有助于建设亚洲命运共同体、利益共同体的新型周边外交理论，并力求在澜沧江—湄公河合作机制、孟中印缅经济合作机制、水资源合作机制等方面有所突破与创新。从周边外交的具体案例研究来看，该套丛书结合地缘政治、地缘经济的实际情况以及实事求是的田野调查，以安全合作、经济合作、人文合作、环境合作、边界冲突等为议题，进行了细致的研究、客观独立的分析与思考。从对于国内外中国周边外交学术研究与对外实践外交工作的意义来看，该丛书不仅将为国内相关研究同人提供借鉴，也将会在国际学界上起到交流作用。与此同时，这两套丛书也将为中国周边外交实践工作的展开提供智力支撑与建言献策的积极作用。

郑永年

2016 年 11 月

前　言

人口问题一直以来都是世界各国民生发展中的重要问题。当今世界经济、科技和社会发展迅速，取得了前所未有的成就，但也带来了一系列严峻的难题。比如人口增长如何影响经济增长的内在机制及作用，什么样的人口增长才是最合适经济社会发展的，人口增长的幅度与方向应如何适应经济的发展等问题还没有达成共识。由于世界人口增长过快或过度膨胀，自然保护区开始受到威胁，大面积森林退化，大量的海洋渔业资源枯竭。比如在全球15个主要海洋渔业区中，就有11个渔场的捕捞量下降。大多忽视人口增长最显著的非洲国家，已经开始被大量就业和受教育的问题困扰。因此，如果世界各国不能同时开始重视人口过度增长问题并把经济转向经济环境可持续发展、控制人口过度增长的轨道，经济的衰退将难以避免。而在人口增长较慢的发展中国家和地区，包括韩国、中国台湾地区、印度尼西亚、马来西亚等，其相对收入增长较快，生活质量提高也快。同时包括中国在内的绝大多数发展中国家，适度控制人口增长更有利于经济社会发展。但是否只要人口增长为零甚至负增长就会对经济发展起促进作用，就有利于经济社会发展？这显然不现实。通过比较研究欧洲相关发达国家的发展轨迹，以及人口与经济相互影响的关系可以看出，保持适度人口增长才有利于一个国家经济持续稳健发展，也才有利于区域经济社会的持续发展。

人作为一个特定的社会群体，是经济发展过程中的一个重要因素。人口变动与经济社会发展之间存在着紧密联系。不同区域、不同时期、不同阶段的人口变动对经济社会发展产生的影响有所不同，反之，经济发展水平、发展阶段以及发展形态等也影响着人口的变动。在特定的历史时期下，由于社会经济发展水平的不协调和不适应，从而产生了人口问题。当前，以人为本的可持续发展观越来越成为广泛共识，逐渐成为区域人口规划和区域经济发展的指导思想。

"一带一路"倡议与发展植根于丝绸之路的历史土壤，重点面向亚欧非大陆，同时面向所有国家和朋友开放。不论是来自亚洲、欧洲，还是非洲、美洲，都是"一带一路"建设中的国际合作伙伴，是促进沿线所有国家共谋人口经济社会发展的千年大计。推进"一带一路"建设工作领导小组办公室发表的《共建"一带一路"倡议：进展、贡献与展望》报告中提出：共建"一带一路"倡议载入国际组织重要文件。共建"一带一路"倡议及其核心理念已写入联合国、二十国集团、亚太经合组织以及其他区域组织等有关文件中。

首先，设施联通是"一带一路"建设发展的核心内容和优先领域。自2013年倡议提出以来，一直在加快建设高效畅通的国际大通道。如中老铁路、中泰铁路、匈塞铁路建设稳步推进，雅万高铁全面开工建设，马尔代夫中马友谊大桥通车，蒙内铁路开通运营。斯里兰卡汉班托塔港二期工程主体竣工，科伦坡港口城项目施工进度已过半，瓜达尔港等重点港口项目进展顺利，且具备作业能力，希腊比雷埃夫斯港建成重要中转枢纽，中缅原油管道投用，实现了原油通过管道从印度洋进入中国；中俄原油管道复线正式投入使用，中俄东线天然气管道建设按计划推进。设施联通不断加强，将沿线各方连接成更紧密的利益共同体，多元化国际产能合作在稳步推进……

其次，经贸投资合作成效显著。中国与沿线国家的贸易和投资合作不断扩大，形成了互利共赢、共同发展的良好局面。据商务部官网信息，2018年中国与"一带一路"沿线国家货物贸易进出口总额达1.3万亿美元，同比增长16.3%，高于同期中国外贸增速3.7个百分点，占外贸总值的27.4%。其中，中国对沿线国家出口7047.3亿美元，同比增长10.9%；自沿线国家进口5630.7亿美元，同比增长23.9%。2018年，中国企业对沿线国家非金融类直接投资达156.4亿美元，同比增长8.9%，占同期总额的13%。在沿线国家对外承包工程完成营业额893.3亿美元，同比增长4.4%，占同期总额的52%。沿线国家对华直接投资60.8亿美元，同比增长11.9%。目前，中国与沿线国家已建设80多个境外经贸合作区，为当地创造了24.4万个就业岗位。中国—白俄罗斯工业园等成为双边合作的典范，中国—老挝跨境经济合作区、中哈霍尔果斯国际边境合作中心等一大批合作园区也正在加速建设中。中国与格鲁吉亚自贸协定正式生效，与毛里求斯完成自贸协定谈判，与新加坡签署自贸协定升级议定书，区域全面经济伙伴关系协定（RCEP）谈判取得积极进展，与欧亚经济联盟签署经贸合作协定。

同时金融合作深度融合、深入发展。金融合作是“一带一路”国际合作的重要组成部分。通过加强金融合作，进一步促进货币流通和资金融通，可以为“一带一路”建设创造稳定的融资环境，引导各类资本参与实体经济发展和价值链创造，推动世界经济健康发展。截至 2018 年 6 月，中国在 7 个沿线国家建立了人民币清算安排，已有 11 家中资银行在 27 个沿线国家设立了 71 家一级机构。据海关统计数据显示，2018 年，中国与“一带一路”沿线国家外贸进出口 8.37 万亿元人民币，同比增长 13.3%。对俄罗斯、沙特阿拉伯和希腊进出口分别增长 24%、23.2% 和 33%。中国与“一带一路”沿线国家的贸易合作潜力正在持续释放，金融合作深度融合，且已成为拉动中国对外经贸发展的新动力。

再次，留学与旅游成效显著。“一带一路”倡议提出近六年来，中国与“一带一路”参与国家之间科教文卫等多层次、多领域人文交流合作务实推进，“一带一路”民意基础进一步夯实。据教育部统计数据显示，2017 年，我国出国留学人数首次突破 60 万，出国留学规模持续增长。中国设立了“丝绸之路”中国政府奖学金，每年资助 1 万名沿线国家新生来华学习或研修；与 24 个沿线国家和地区签署了高等教育学历学位互认协议。目前中国在“一带一路”国家设立了 17 个国家文化中心、173 所孔子学院和 184 个孔子课堂，约占全球孔子学院和课堂总数的 1/4。同时，中国与 29 个“一带一路”国家实现了公民免签或落地签，与阿联酋、塞尔维亚已实现互免签证，免签范围已扩大到西亚等地区。

最后，国际接受度不断提升。“一带一路”倡议持续凝聚国际合作共识，在国际社会形成了共建“一带一路”的良好氛围。目前，“一带一路”倡议的国际影响力在日益提高，与相关国家和国际组织的战略对接工作不断推进，朋友圈在持续扩大、合作范围在持续扩大、合作领域在持续拓展。目前，中国已与 100 多个国家和国际组织签署了共建“一带一路”合作文件；“一带一路”倡议及其核心理念被纳入联合国、二十国集团、亚太经合组织、上合组织等重要国际机制成果文件。作为2017年中国最重要的主场外交活动，“一带一路”国际合作高峰论坛的成功召开，标志着“一带一路”建设框架下最高规格的官方国际对话机制已建立。截至2018年底，首届“一带一路”国际合作高峰论坛中的279项具体成果落实率已达96.4%。①

“一带一路”建设框架是一个凝聚广泛共识的国际合作新平台，是一个谋互利共赢、求共同繁荣的大平台，中国倡导的共建“一带一路”倡议联通世界、完善基础设施建设、促进商贸、繁荣教育与服务，既是历史发展潮流的延续，体现了互利共赢的精神，更是百年未有之大变局下沿线各国面向未来的正确选择，让古丝绸之路重新焕发活力。促进“一带一路”沿线国家经济社会发展，规划沿线国家人口与经济建设，既需要考虑本区域人口发展状况及发展趋势，研究人口与区域经济协同发展与耦合程度，不是单单从人口总量、规模变动等要素进行研究，应更多地从人口结构变动、人口社会变动以及人口迁移变动等多方面，深入具体地研究沿线各国人口变动对经济社会发展的影响及导致的相关问题，以期在“一带一路”建设框架下，倡导“一人拾柴火不旺，众人拾柴火焰高”的协作理念，秉承“和平合作、开放包容、互学互鉴、互利共赢”——古丝绸之路精神，提出区域人口对经济协同发展的相关措施与建议。

本书在写作与出版过程中，得到了云南大学创新团队建设项目的大力支持，得到了云南大学发展研究院博士生导师吕昭河、罗淳等老师们的悉心指导；还有硕士研究生王楠（第二章）、袁子媚（第三章）、陈丹（第四章）、危城康（第五章）、王英琦（第六章）、袁继宸（第七章）、饶晋铭（第八章）、张豪豪（第九章）等同学在资料搜集、数据统计、统筹写作等方面做了大量富有成效的工作，同时还有黄美璇、郑伊然同学对全文统稿、数据更新校对以及统计分析等做了大量工作；中国社会科学出版社的马明老师为本书的写作提出了很多有益的建议，为本书出版给予了鼎力支持与帮助，在此一并致以诚挚的谢意。

① 《首届“一带一路”国际合作高峰论坛279项成果落实率超过96%》，2019年3月10日，新华网（http：//www.xinhuanet.com/fortune/2019－01/22/c_1124027064.htm）。

由于研究水平以及资料有限，目前对该问题的研究还有诸多不尽如人意之处，研究的理论价值、实践意义与相关对策也并不如人所愿，或者还有错误之处。在此诚恳地期待读者提出批评与指正意见，以便及时纠正并在未来研究中有新的进步与提高。“一带一路”沿线国家人口与经济问题是一个发展的多元问题，实践性很强，有较强的区域特征、人口与经济发展特征以及各区域体制与制度特征。过去的近六年，中国与“一带一路”沿线各国共同努力，促进了区域经济和世界经济的发展，在目前世界上1%最富有人口拥有的财富超过了剩余99%人口的财富，全球80%的国际贸易发生在发达国家之间，全球三分之二人口的生活处境不容乐观的大背景下，促进“一带一路”沿线国家的通力合作，可以使落后地区民众更好地融入到全球消费和投资市场，各国采取什么样的发展道路由各国结合本国国情具体决定与解决，这样有利于克服诸多矛盾，解决全球发展问题。也只有这样，才能实现全球发展目标，更好地维护国际秩序稳定。这也正是本书的出发点与目标所在。

目　录

第一章

导论与研究综述

第一节　导论

一　提出背景与研究意义

（一）时代背景

当今世界正发生着复杂而又深刻的变化，国际金融危机深层次影响继续显现，世界经济缓慢复苏、发展分化，国际投资贸易格局和多边投资贸易规则酝酿深刻调整，各国面临的发展问题依然严峻。中国提出共建“一带一路”倡议，是顺应世界多极化、经济全球化、文化多样化、社会信息化的潮流，秉持开放的区域合作精神，致力于维护全球自由贸易体系和开放型世界经济，促进全球经济社会整体发展的大计。共建“一带一路”旨在促进经济要素有序自由流动、资源高效配置和市场深度融合，推动沿线各国实现人口经济、经济社会政策协调发展，为了实现开展更大范围、更高水平、更深层次的区域合作，共同打造开放、包容、均衡、普惠的区域经济合作架构。共建“一带一路”，既符合国际社会的根本利益，彰显人类社会共同理想和美好追求，也是国际合作以及全球治理新模式的积极探索，将为世界和平发展增添新的动力与正能量。

共建“一带一路”致力于亚欧非大陆及附近海洋的互联互通，建立和加强沿线各国互联互通伙伴关系，构建全方位、多层次、复合型的互联互通网络，实现沿线各国多元、自主、平衡、可持续的发展。“一带一路”的互联互通项目将推动沿线各国发展战略的对接与耦合，发掘区域内市场的潜力，促进投资和消费，创造需求和就业，增进沿线各国人民的人文交流与文明互鉴，让各国人民相逢相知、互信互敬，共享和谐、安宁、富裕的生活。

当前，中国经济和世界经济高度关联。中国也将一以贯之地坚持对外开放的基本国策，构建全方位开放新格局，深度融入世界经济体系。根据世界银行、联合国统计局相关统计数据，2017 年，除了中国外，“一带一路”沿线国家 GDP 之和约占全球总量的 16%；人口总数占全球总数的 43%；对外贸易总额约占全球贸易总额的 22%，因此，推进“一带一路”建设既是中国扩大和深化对外开放的需要，也是加强和亚欧非及世界各国互利合作的大势所趋，无论是覆盖范围、覆盖的人口还是未来发展潜能，“一带一路”建设框架对推动世界经济发展的动力将无与伦比，中国也将愿意在力所能及的范围内承担更多责任与义务，为人类和平发展与构建人类命运共同体做出更大贡献。

（二）内涵

2013 年 9 月和 10 月，由中国国家主席习近平分别提出建设“新丝绸之路经济带”和“21 世纪海上丝绸之路”的战略构想，该构想也是统筹国内国际两个大局，顺应地区和全球合作潮流，契合沿线国家和地区发展需要，立足当前、着眼长远提出的重大倡议和伟大构想。这不仅可以实现欧亚各国的经济联系更加紧密、相互合作更加深入、发展空间更加广阔，而且中国提出该创新合作模式，可以为共同建设“丝绸之路经济带”，以点带面，从线到片，逐步形成区域大合作，实现政策沟通、道路联通、贸易畅通、货币流通和民心相通“五通”发展打下坚实基础。

“一带一路”不是一个实体和机制，而是合作发展的理念和倡议，是依靠中国与有关国家既有的双多边机制，借助既有的、行之有效的区域合作平台，旨在借用古代“丝绸之路”的历史符号，高举和平发展旗帜，主动地发展与沿线国家的经济合作伙伴关系，共同打造政治互信、经济融合、文化包容的利益共同体、命运共同体和责任共同体。

中国提出“一带一路”发展建设构想与框架近六年来，已引起世界沿线国家的广泛共鸣，“一带一路”建设是一项系统工程，坚持共商、共建、共享原则，坚持共同发展理念，积极推进沿线国家发展战略的相互对接。为推进实施“一带一路”重大倡议，让古丝绸之路焕发新的生机与活力，以新的形式使亚欧非各国联系更加紧密，互利合作迈向新的历史高度，为此，中国政府特制定并发布了《推动共建丝绸之路经济带和

21 世纪海上丝绸之路的愿景与行动》。

（三）研究意义

“一带一路”是借助既有的、行之有效的区域合作平台，高举和平发展旗帜，积极发展与沿线国家的经济合作伙伴关系，共同打造政治互信、经济融合、文化包容的利益共同体、命运共同体和责任共同体，“一带一路”是国际合作以及全球治理新模式的积极探索，将为世界和平发展提供一条新的发展模式，也是目前中国学术研究的热点之一，其影响力之大、覆盖范围之广前所未闻，同时对中国经济社会的发展也具有重大的推动和引领作用。2019 年是共建“一带一路”倡议提出的第六个年头，中国将继续从推动互联互通合作、提升商贸投资合作、创新金融产品和服务、深化人文交流合作以及构建“一带一路”建设保障体系等多个方面加强与沿线国家的合作，持续打造有中国特色的“一带一路”标志性项目。

“一带一路”沿线涉及 65 个国家，总计人口数量约 44 亿，经济总量约 21 万亿美元，占全球经济总量的 63%。2015 年中国承接“一带一路”相关国家服务外包合同金额 178. 3 亿美元，执行金额 121. 5 亿美元，同比分别增长 42. 6% 和 23. 45%。[①] 2013—2018 年，中国与沿线国家货物贸易进出口总额超过 6 万亿美元，年均增长率高于同期中国对外贸易增速，占中国货物贸易总额的比重达 27. 4%。

根据中国一带一路官网相关信息，[②] 首先，自“一带一路”倡议提出以来，基础设施合作取得了新进展，截至 2018 年底，中欧班列已经联通亚欧大陆 16 个国家的 108 个城市，累计开行 1. 3 万列，运送货物超过 110 万标箱，中国开出的班列重箱率达 94%，抵达中国的班列重箱率达 71%。与沿线国家开展口岸通关协调合作、提升通关便利，平均查验率和通关时间下降了 50%。中国与 126 个国家和地区签署了双边政府间航空运输协定。与卢森堡、俄罗斯、亚美尼亚、印度尼西亚、柬埔寨、孟

---

① 商务部：《2015 中国承接“一带一路”服务外包同比增 42. 6%》，2019 年 3 月 10 日，中国经济网（http：//intl. ce. cn/specials/zxxx/201601/20/t20160120_8397014. shtml）。

② 《“一带一路”数据观：2017》，2019 年 3 月 10 日，中国一带一路网（https：//www. yidaiyilu. gov. cn/xwzx/gnxw/43662. htm）。

加拉国、以色列、蒙古、马来西亚、埃及等国家扩大了航权安排。5年多来，中国与沿线国家新增国际航线1239条，占新开通国际航线总量的69.1%。2019年的第125届广交会，“一带一路”沿线企业为进口展最大参展主体，共有21个沿线国家和地区的383家企业参展，占进口展国家和地区总数的55%、占参展企业的约60%；有土耳其、埃及、印度等6个国家展团和地区展团，占展团总数的80%。此次广交会已与33个沿线国家的47家工商机构签订合作伙伴协议，计划两至三年内与全部“一带一路”沿线国家建立合作伙伴关系。2016—2018年，俄罗斯、哈萨克斯坦、越南、缅甸、蒙古一直是与中国设施互联互通表现最佳的国家。①

其次，自倡议提出以来，与沿线国家经贸往来更加密切。据商务部官网信息显示：截至2018年4月底，中国与61个“一带一路”国家共建立了1023对友好城市，占中国对外友好城市总数的40.18%，且中国每年与“一带一路”国家新增友好城市数量一直占新增总量的50%以上。2018年，中国与“一带一路”沿线国家货物贸易进出口总额1.3万亿美元，同比增长16.3%，高于同期外贸增速3.7个百分点。从投资看，中国企业全年对“一带一路”沿线国家非金融类直接投资156.4亿美元，同比增长8.9%；“一带一路”沿线国家对华直接投资60.8亿美元，同比增长11.9%；双向投资潜力进一步释放。2018年，“丝路电商”合作蓬勃兴起，中国与17个国家建立双边电子商务合作机制。

再次，中国与沿线国家进入服务在逐步加强。比如亚投行成员国总数增至84个，其中有42个就是沿线国家，批准了20多个投资项目，总额超过37亿美元。丝路基金已签约了17个项目，承诺投资70亿美元，支持项目涉及总投资金额达800亿美元。到2017年12月，中国出口信用保险公司为沿线近20个国家合作项目提供了各种类型的保险服务，与白俄罗斯、格鲁吉亚等国签订了合作协议。截至2018年底，中国出口信用保险公司累计支持对沿线国家的出口和投资超过6000亿美元。

最后，民意基础更加夯实，民心更相通。至2017年底，“丝绸之路经济带”“一带一路”以及“21世纪海上丝绸之路”三大热词被提及

---

① 《数说“一带一路”五年数字成绩单》，2019年4月10日，商务部官网（http://data.mofcom.gov.cn/article/zxtj/201904/48509.html）。

3.77亿次，互联网相关文章发量为400多万篇，“一带一路”主题热度在持续攀升，国外媒体、网络与友人对“一带一路”的关注在持续走强。2018年中国出境旅游人数达1.5亿人次，到中国旅游的外国游客人数达3054万人次，俄罗斯、缅甸、越南、蒙古、马来西亚、菲律宾、新加坡等国成为中国主要的客源市场。2018年，中国接收了500名沿线国家青年科学家来华科研，培训科技管理人员逾1200人次。

由此可见，“一带一路”倡议的提出，主要在于探寻经济持续增长之道，中国可以将自身产能优势、技术与资金优势、经验与模式优势转化为市场与合作优势，是实行全方位开放的一大创新举措。通过“一带一路”建设共同分享中国改革发展红利、中国发展的经验和教训。推动与沿线各国实现合作与对话，建立更加平等均衡的新型全球发展伙伴关系，夯实世界经济长期稳定发展的基础。同时还可以开创地区新型合作关系，以推行经济走廊建设、经济带理论以及21世纪国际合作发展等方式，进一步推动全球再平衡发展。共同实现2030年可持续发展的目标。本书主要着眼于“一带一路”沿线国家的人口变动与经济发展研究，分析“一带一路”沿线国家自2000年以来的人口现象、人口发展、人口变迁与变化规律等相关特征，以及各国经济发展状况等相关问题的综合研究，即对“一带一路”沿线国家人口变动与经济发展战略研究，为“一带一路”沿线国家的人口变迁与区域经济协调发展提供科学思考、政策建议以及决策咨询。

二　“一带一路”构建原则、思路与合作重点

（一）共建原则

恪守联合国宪章的宗旨和原则。遵守和平共处五项原则，即尊重各国主权和领土完整、互不侵犯、互不干涉内政、和平共处、平等互利。

坚持开放合作。“一带一路”相关国家是基于但不限于只有古代丝绸之路的范围，各国和国际、地区组织均可参与，让共建成果惠及更广泛的区域。

坚持和谐包容。倡导文明宽容，尊重各国发展道路和模式的选择，加强不同文明之间的对话，求同存异、兼容并蓄、和平共处、共生共荣。

坚持市场运作。遵循市场规律和国际通行规则，充分发挥市场在资

源配置中的决定性作用和各类企业的主体作用，同时发挥好政府的作用。

坚持互利共赢。兼顾各方利益和关切，寻求利益契合点和合作最大公约数，体现各方智慧和创意，各施所长，各尽所能，把各方优势和潜力充分发挥出来。

（二）框架思路

“一带一路”是促进共同发展、实现共同繁荣的合作共赢之路，是增进理解信任、加强全方位交流的和平友谊之路。中国政府倡议，秉持和平合作、开放包容、互学互鉴、互利共赢的理念，全方位推进务实合作，打造政治互信、经济融合、文化包容的利益共同体、命运共同体和责任共同体。

“一带一路”贯穿亚欧非大陆，一头是活跃的东亚经济圈，一头是发达的欧洲经济圈，中间广大腹地国家经济发展潜力巨大。丝绸之路经济带重点畅通中国经中亚、俄罗斯至欧洲（波罗的海）；中国经中亚、西亚至波斯湾、地中海；中国至东南亚、南亚、印度洋。21 世纪海上丝绸之路重点方向是从中国沿海港口过南海到印度洋，延伸至欧洲；从中国沿海港口过南海到南太平洋。

根据“一带一路”走向，陆上依托国际大通道，以沿线中心城市为支撑，以重点经贸产业园区为合作平台，共同打造中蒙俄、新亚欧大陆桥、中国—中亚—西亚、中国—中南半岛、中巴、孟中印缅六大经济走廊建设；海上以重点港口为节点，共同建设通畅安全高效的运输大通道。进一步推动高校合作，紧密地推进“一带一路”建设，并取得更大进展。

“一带一路”建设是沿线各国开放合作的宏大经济愿景，需各国携手努力，朝着互利互惠、共同安全的目标相向而行。努力实现区域基础设施更加完善，安全高效的陆海空通道网络，使互联互通达到新的水平；投资贸易便利化水平进一步提升，高标准自由贸易区网络早日形成，经济联系更加紧密，政治互信更加深入；人文交流更加广泛深入，不同文明互鉴共荣，各国人民相知相交、和平友好。

（三）合作重点

沿线各国资源禀赋各异，经济互补性较强，彼此合作潜力和空间很大。以政策沟通、设施联通、贸易畅通、资金融通、民心相通为主要内容。

政策沟通。加强政策沟通是“一带一路”建设的重要保障。加强政府间合作，积极构建多层次政府间宏观政策沟通交流机制，深化利益融合，促进政治互信，达成合作新共识。沿线各国可以就经济发展战略和对策进行充分交流对接，共同制定推进区域合作的规划和措施，协商解决合作中的问题，共同为务实合作及大型项目实施提供政策支持。

设施联通。基础设施互联互通是“一带一路”建设的优先领域。在尊重相关国家主权和安全关切的基础上，沿线国家宜加强基础设施建设规划、技术标准体系的对接，共同推进国际骨干通道建设，逐步形成连接亚洲各次区域以及亚欧非之间的基础设施网络。强化基础设施绿色低碳化建设和运营管理，在建设中充分考虑气候变化影响。

抓住交通基础设施的关键通道、关键节点和重点工程，优先打通缺失路段，畅通瓶颈路段，配套完善道路安全防护设施和交通管理设施设备，提升道路通达水平。推进建立统一的全程运输协调机制，促进国际通关、换装、多式联运有机衔接，逐步形成兼容规范的运输规则，实现国际运输便利化。推动口岸基础设施建设，畅通陆水联运通道，推进港口合作建设，增加海上航线和班次，加强海上物流信息化合作。拓展建立民航全面合作的平台和机制，加快提升航空基础设施水平。

加强能源基础设施互联互通合作，共同维护输油、输气管道等运输通道安全，推进跨境电力与输电通道建设，积极开展区域电网升级改造合作。

共同推进跨境光缆等通信干线网络建设，提高国际通信互联互通水平，畅通信息丝绸之路。加快推进双边跨境光缆等建设，规划建设洲际海底光缆项目，完善空中（卫星）信息通道，扩大信息交流与合作。

贸易畅通。投资贸易合作是“一带一路”建设的重点内容。宜着力研究解决投资贸易便利化问题，消除投资和贸易壁垒，构建区域内和各国良好的营商环境，积极同沿线国家和地区共同商建自由贸易区，激发释放合作潜力，做大做好合作“蛋糕”。

沿线国家宜加强信息互换、监管互认、执法互助的海关合作，以及检验检疫、认证认可、标准计量、统计信息等方面的双多边合作，推动世界贸易组织《贸易便利化协定》生效和实施。改善边境口岸通关设施条件，加快边境口岸“单一窗口”建设，降低通关成本，提升通关能力。

加强供应链安全与便利化合作，推进跨境监管程序协调，推动检验检疫证书国际互联网核查，开展“经认证的经营者”（AEO）互认。降低非关税壁垒，共同提高技术性贸易措施透明度，提高贸易自由化便利化水平。

拓宽贸易领域，优化贸易结构，挖掘贸易新增长点，促进贸易平衡。创新贸易方式，发展跨境电子商务等新的商业业态。建立健全服务贸易促进体系，巩固和扩大传统贸易，大力发展现代服务贸易。把投资和贸易有机结合起来，以投资带动贸易发展。

加快投资便利化进程，消除投资壁垒。加强双边投资保护协定、避免双重征税协定磋商，保护投资者的合法权益。

拓展相互投资领域，开展农林牧渔业、农机及农产品生产加工等领域深度合作，积极推进海水养殖、远洋渔业、水产品加工、海水淡化、海洋生物制药、海洋工程技术、环保产业和海上旅游等领域合作。加大煤炭、油气、金属矿产等传统能源资源勘探开发合作，积极推动水电、核电、风电、太阳能等清洁、可再生能源合作，推进能源资源就地就近加工转化合作，形成能源资源合作上下游一体化产业链。加强能源资源深加工技术、装备与工程服务合作。

推动新兴产业合作，按照优势互补、互利共赢的原则，加强沿线国家在新一代信息技术、生物、新能源、新材料等新兴产业领域的深入合作，推动建立创业投资合作机制。

优化产业链分工布局，推动上下游产业链和关联产业协同发展，鼓励建立研发、生产和营销体系，提升区域产业配套能力和综合竞争力。促进服务业相互开放，推动区域服务业加快发展。探索投资合作新模式，鼓励合作建设境外经贸合作区、跨境经济合作区等各类产业园区，促进产业集群发展。在投资贸易中突出生态文明理念，加强生态环境、生物多样性和应对气候变化合作，共建绿色丝绸之路。

中国欢迎各国企业来华投资。鼓励本国企业参与沿线国家基础设施建设和产业投资。促进企业按属地化原则经营管理，积极帮助当地发展经济、增加就业、改善民生，主动承担社会责任，严格保护生物多样性和生态环境。

资金融通。资金融通是“一带一路”建设的重要支撑。深化金融合作，推进亚洲货币稳定体系、投融资体系和信用体系建设。扩大沿线国家双边本币互换、结算的范围和规模。推动亚洲债券市场的开放和发展。共同推进亚洲基础设施投资银行、金砖国家开发银行筹建，有关各方就建立上海合作组织融资机构开展磋商。加快丝路基金组建运营。深化中国—东盟银行联合体、上合组织银行联合体务实合作，以银团贷款、银行授信等方式开展多边金融合作。支持沿线国家政府和信用等级较高的企业以及金融机构在中国境内发行人民币债券。符合条件的中国境内金融机构和企业可以在境外发行人民币债券和外币债券，鼓励在沿线国家使用所筹资金。

加强金融监管合作，推动签署双边监管合作谅解备忘录，逐步在区域内建立高效监管协调机制。完善风险应对和危机处置制度安排，构建区域性金融风险预警系统，形成应对跨境风险和危机处置的交流合作机制。加强征信管理部门、征信机构和评级机构之间的跨境交流与合作。充分发挥丝路基金以及各国主权基金作用，引导商业性股权投资基金和社会资金共同参与“一带一路”重点项目建设。

民心相通。民心相通是“一带一路”建设的社会根基。传承和弘扬丝绸之路友好合作精神，广泛开展文化交流、学术往来、人才交流合作、媒体合作、青年和妇女交往、志愿者服务等，为深化双多边合作奠定坚实的民意基础。

扩大相互间留学生规模，开展合作办学，中国每年向沿线国家提供1万个政府奖学金名额。沿线国家间互办文化年、艺术节、电影节、电视周和图书展等活动，合作开展广播影视剧精品创作及翻译，联合申请世界文化遗产，共同开展世界遗产的联合保护工作。深化沿线国家间人才交流合作。

加强旅游合作，扩大旅游规模，互办旅游推广周、宣传月等活动，联合打造具有丝绸之路特色的国际精品旅游线路和旅游产品，提高沿线各国游客签证便利化水平。推动21世纪海上丝绸之路邮轮旅游合作。积极开展体育交流活动，支持沿线国家申办重大国际体育赛事。

强化与周边国家在传染病疫情信息沟通、防治技术交流、专业人才培养等方面的合作，提高合作处理突发公共卫生事件的能力。为有关国家提供医疗援助和应急医疗救助，在妇幼健康、残疾人康复以及艾滋病、结核、疟疾等主要传染病领域开展务实合作，扩大在传统医药领域的合作。

加强科技合作，共建联合实验室（研究中心）、国际技术转移中心、海上合作中心，促进科技人员交流，合作开展重大科技攻关，共同提升科技创新能力。

整合现有资源，积极开拓和推进与沿线国家在青年就业、创业培训、职业技能开发、社会保障管理服务、公共行政管理等共同关心领域的务实合作。

充分发挥政党、议会交往的桥梁作用，加强沿线国家之间立法机构、主要党派和政治组织的友好往来。开展城市交流合作，欢迎沿线国家重要城市之间互结友好城市，以人文交流为重点，突出务实合作，形成更多鲜活的合作范例。欢迎沿线国家智库之间开展联合研究、合作举办论坛等。

加强沿线国家民间组织的交流合作，重点面向基层民众，广泛开展教育医疗、减贫开发、生物多样性和生态环保等各类公益慈善活动，促进沿线贫困地区生产生活条件改善。加强文化传媒的国际交流合作，积极利用网络平台，运用新媒体工具，塑造和谐友好的文化生态和舆论环境。

（四）合作机制

当前，世界经济融合加速发展，区域合作方兴未艾。积极利用现有双多边合作机制，推动“一带一路”建设，促进区域合作蓬勃发展。

加强双边合作，开展多层次、多渠道沟通磋商，推动双边关系全面发展。推动签署合作备忘录或合作规划，建设一批双边合作示范。建立完善双边联合工作机制，研究推进“一带一路”建设的实施方案、行动路线图。充分发挥现有联委会、混委会、协委会、指导委员会、管理委员会等双边机制作用，协调推动合作项目实施。

强化多边合作机制作用，发挥上海合作组织（SCO）、中国—东盟“10+1”、亚太经合组织（APEC）、亚欧会议（ASEM）、亚洲合作对话（ACD）、亚信会议（CICA）、中阿合作论坛、中国—海合会战略对话、大湄公河次区域（GMS）经济合作、中亚区域经济合作（CAREC）等现有多边合作机制作用，相关国家加强沟通，让更多国家和地区参与“一带一路”建设。

继续发挥沿线各国区域、次区域相关国际论坛、展会和博鳌亚洲论坛、中国—东盟博览会、中国—亚欧博览会、欧亚经济论坛、中国国际投资贸易洽谈会，以及中国—南亚博览会、中国—阿拉伯博览会、中国西部国际博览会、中国—俄罗斯博览会、前海合作论坛等平台的建设性作用。支持沿线国家地方、民间挖掘“一带一路”历史文化遗产，联合举办专项投资、贸易、文化交流活动，办好丝绸之路（敦煌）国际文化博览会、丝绸之路国际电影节和图书展。倡议建立“一带一路”国际高峰论坛。

“一带一路”是一条互尊互信之路，一条合作共赢之路，一条文明互鉴之路。只要沿线各国和衷共济、相向而行，就一定能够谱写建设“丝绸之路经济带”和“21 世纪海上丝绸之路”的新篇章，让沿线各国人民共享“一带一路”共建成果。

三 “一带一路”对世界经济发展的战略意义

（一）寻求经济增长之道

自 2008 年国际金融危机以来，人们一直都在市场中寻找经济发展钥匙以解全球经济放缓之谜。也就是说，当前全球经济进入了长期停滞期。2016 年，国际货币基金组织总裁拉加德将世界经济形势概括为五个特点：弱复苏、低增长、通货紧缩、高失业、高负债。同样，中国经济增长放缓之势依然尚未探底，若要扭转当前局势，除了继续推行现有的诸如供给侧结构性改革、去杠杆化、鼓励创新等措施外，还在努力探索综合提升投资、出口和消费等相关举措，但这些在短期内不太可能实现。1997 年亚洲金融危机期间，尽管中国也遇到了类似严重的债务问题，但还是正式加入了世界贸易组织，并借机大举开拓蓬勃发展的国际市场，进而重振经济增长之势。“一带一路”就是在后金融危机时代，作为世界经济增长火车头的中国，将自身产能优势、技术与资金优势、经验与模式优势转化为市场与合作优势，实行全方位开放的一大创新。通过“一带一路”建设共同分享中国改革发展的红利、中国发展的经验和教训。中国将着力推动沿线国家间实现合作与对话，建立更加平等均衡的新型全球发展伙伴关系，夯实世界经济长期稳定发展的基础。突破现有经济状况最主要的是实现世界各国尤其是主要国家的持续合作，各国应认识到当前所面临的是百年不遇的经济周期，还面临各种新挑战、新问题、新情况。各国应积极构建人类命运共同体，实现共赢共享。“一带一路”建设框架就是：强调各国的平等参与、包容普惠，主张携手应对世界经济面临的挑战，开创发展新机遇，谋求发展新动力，拓展发展新空间，共同朝着人类命运共同体方向迈进。

（二）是新全球化再平衡的实现路径

不同文化与价值观冲突是当今世界困扰人类社会治理与进步发展的难题之一。事实上，经济全球化大势不可逆转，这必将进一步推动世界城市化发展进程，推动世界城市之间人口流、资金流、信息流、财富流的交融与集聚。“一带一路”鼓励向西开放，带动西部开发以及中亚、蒙古等内陆国家和地区的开发，在国际社会推行全球化的包容性发展理念；同时，“一带一路”是中国主动向西推广中国优质产能和比较优势产业，将使沿途、沿岸国家首先获益，也改变了历史上中亚等丝绸之路沿途地带只是作为东西方贸易、文化交流的过道而成为发展“洼地”的面貌。这就超越了欧洲人所开创的全球化造成的贫富差距、地区发展不平衡，推动建立持久和平、普遍安全、共同繁荣的和谐世界。因此，“一带一路”伟大倡议是实现新全球化再平衡的重要路径，“丝路秩序”以“五通三同”新理念为引领，其中“民心相通”是实现互联互通、合作共赢的至关重要因素，关键就在于促进“一带一路”各国共同融合与共享。

“一带一路”倡议给世界发展提供了中国理念，共商共建共享，应当走融合发展之路，即传承体现独特性，多元体现兼容性，包容体现开放性，可读体现人文性，温暖体现共享性，为“构建人类命运共同体”发挥应有作用。正如2017年9月3日习近平在金砖国家工商论坛开幕式发表的主旨演讲中提出的：促进贸易和投资自由化便利化，合力打造新的全球价值链，实现经济全球化再平衡，使之惠及各国人民。金砖五国要相互提高开放水平，在开放中做大共同利益，在包容中谋求机遇共享，为五国经济发展开辟更加广阔的空间。新兴市场国家和发展中国家的发展，不是要动谁的奶酪，而是要努力把世界经济的蛋糕做大。我们要合力引导好经济全球化走向，提供更多先进理念和公共产品，推动建立更加均衡普惠的治理模式和规则，促进国际分工体系和全球价值链优化重塑。要推动全球经济治理体系变革，反映世界经济格局现实，并且完善深海、极地、外空、网络等新疆域的治理规则，确保各国权利共享、责任共担。

（三）开创地区新型合作

不同性质、不同发展阶段的国家，其具体的战略诉求与优先方向不尽相同，但各国都希望获得发展与繁荣，这便找到了各国共同利益的最大公约数。如何将一国的发展规划与他国的战略设计相对接，实现优势互补便成为各国实现双赢多赢的重要前提。“一带一路”正是在各国寻求发展机遇的需求之下，同时尊重各自发展道路选择基础之上所形成的合作平台。既立足于平等互利、相互尊重的基本国际关系准则，又聚焦于各国发展实际与现实需要，着力于和各国发展战略对接。

“一带一路”作为全方位对外开放倡议，正在以经济走廊理论、经济带理论、21 世纪的国际合作理论等创新经济发展理论、区域合作理论、全球化理论。“一带一路”强调共商、共建、共享原则，超越了马歇尔计划、对外援助以及走出去战略，给 21 世纪的国际合作带来新的理念。“一带一路”作为一个区域合作平台，同时也是一种区域合作新模式。其最大特点就是开放性和包容性，树立了一个国际合作的典范。同时在区域合作下有一些相对集中的小区域合作，比如六大经济走廊就是典型，它们既框定了在一定时间内区域合作的范围和重点，同时对共同促进整个“一带一路”框架下的区域发展起到了很好的示范作用。因此，“一带一路”构建的区域合作模式不同于以往的地缘政治模式，而是一种全新模式。它在不同层面上互相促进、互相支撑，共同构建一个具有不同层次的整体化区域合作新模式，进而建立多元的地区与区域合作全新模式。

第二节　研究综述

人类文明的进程一直在经历着人口变动，近代世界各国人口变化却表现出巨大差异，究其原因是由于世界各国在经历着人口转变的不同阶段，各国历史时期并不同步，其人口转变期亦不相同。人口变动作为人类由农业社会向工业社会迈进的社会转型的一个组成部分，与工业化、现代化有着紧密的联系。人口研究因人口变动理论在战后出现繁荣，人口变动理论是以对欧洲国家在社会经济转变的同时发生的死亡率、生育率由高水平向低水平转变的经历的描述与概括为开始的，它经历了历史上许多人口学家的论述与修订。它说明了自马尔萨斯（Malthus）和李嘉图（Ricardo）时代以来，经济学家们一直在探讨的人口与经济的关系是一种因果或者说也许是互利的关系（United Nations，1990）。人口变动论常常将人口变化复杂过程表达得过于简单，而关于它对当前发展中国家（甚至发达国家的人口历史）的适用性，引起了大量的争论。①

人口与经济之间的关系问题一直是学界的重点研究领域，也是研究区域发展问题关注的热点，人口与经济增长不仅仅是一个正负的相互影响关系，而是可变的和错综复杂的关系。国内外学者基于不同的社会环境下深入研究了人口与经济的关系，取得了丰富的理论成果，并形成了较为完善的理论体系。关于人口与经济方面的研究有很多，大部分是从人口数量、人口迁移、人口结构等方面对经济的影响进行研究，还有一些学者从不同角度出发研究经济对人口的影响。通过分析国内外不同时期的研究成果，能够深入地认识人口与经济的发展历程，同时也为研究“一带一路”沿线国家人口与经济的协调发展提供了必要的理论依据与基础。

国内外研究人口与经济发展主要体现在西方人口经济学上，其理论最主要的特点在于把人口当作经济运行的一个内在变量进行研究，将人口问题放在经济社会发展的重要位置。

一 关于人口总量变动对经济的影响研究

人口总量的变化主要是从一个地区人口的自然变动影响人口的总量变动这方面出发研究对当地经济的影响。有关人口数量与经济增长关系的研究主要代表人物有马尔萨斯（Malthus，1766—1834）、坎南（Kanen）、凯恩斯（Keynes，1883—1946）、汉森（A. H. Hansen）、莱宾斯坦（H. Leibenstein）、梅多斯（Meadows）、西蒙（Julian Lincoln Simon）

① 陈卫、黄小燕：《人口转变理论述评》，《中国人口科学》1999 年第 74 期，第 51—56 页。

等学者，他们对人口数量变动对经济增长所产生的影响进行了深入的研究，提出了不同的理论观点。[①] 马尔萨斯于1798年出版的《人口论》一书中，提出了“两个公理”“两个级数”“三个命题”和“两种抑制”等观点。[②] 马尔萨斯认为人口的增长速度高于生活资料的增长速度，即“人口呈几何级数增长”，而“食物呈算术级数增长”；如果现有的生活资料无法满足巨大的人口规模，饥荒、贫困、战争、疾病、瘟疫等因素就会抑制人口的增长，最终促使人口恢复到平衡状态。[③] 因此，马尔萨斯提倡通过晚婚、节育和禁欲等方法来控制人口的增长。沿袭人口增长阻碍经济发展的悲观思路，1957年，莱宾斯坦在《经济落后于经济增长》一书中，分析了人口增长成为经济发展阻碍因素的原因，提出了发展中国家要有抑制阻碍因素的“临界最小努力”[④]。1958年，科尔和胡佛发表了《低收入国家的人口增长与经济发展》一文，他们认为人口的快速增长抑制了发展中国家经济与社会发展的进程，导致这些国家陷入贫穷状态，因此，必须通过控制人口数量走出这一困境。[⑤] 之后，麦多斯《增长的极限》的出版，将悲观主义人口经济理论推向极致，他认为世界庞大的人口规模，正以惊人的速度消耗着世界的资源，未来世界资源将有可能被耗尽，到时世界经济就会崩溃，世界人口也将锐减。[⑥]

在人口与经济发展的关系论调中，不同学者有着诸多不同观点。17世纪初，英国晚期重商主义的代表人物托马斯·孟指出：随着生产者的增多，生产的产品不断增多，此时向外输出的商品也会增多，国家所换取的金银财富也就更多。[⑦] 18世纪到19世纪，法国的魁奈阐述了国家强

---

① 彭松建：《西方人口经济学概论》，北京大学出版社1987年版。

② 马尔萨斯：《人口论》，北京大学出版社2008年版。

③ 赵菊花：《人口与经济发展关系理论研究的回顾与述评》，《法制与经济》2012年第5期，第76—78页。

④ 吴连霞：《江西省人口与经济发展时空耦合研究》，硕士学位论文，江西师范大学，2010年。

⑤ 梁强：《人口与经济、环境协调发展问题研究》，博士学位论文，东北财经大学，2010年。

⑥ 王学义：《关于西方人口与经济发展的经典理论及其启示》，《四川行政学院学报》2003年第1期，第58—64页。

⑦ 托马斯·孟：《英国得自对外贸易的财富》，商务印书馆1981年版，第12—13页。

大离不开人口的思想。他认为人口的增长会促使消费规模的扩大，能够引起生产与收入的进一步增长。[①] 到了20世纪30年代，针对当时经济大萧条的社会经济环境，凯恩斯也提出了与上述论调相反的观点。他认为人口减少会导致需求不足，进而引起经济的长期停滞。汉森也提出了人口衰退引起经济衰退的理论，认为人口的衰退会使劳动力供应不足，引起经济的衰退，促进经济发展最有效的动力是人口的增长。[②] 20世纪下半叶，以托夫勒和库兹涅茨为代表的西方经济学家，提出了人口增长与经济增长同步理论。人口学家伯德赛尔在库兹涅茨的启发下，得出了人口增长促进经济发展这一结论。[③] 20世纪70年代，美国人口经济学家西蒙在其出版的《人口增长经济学》等著作中，阐明了对于人口发展趋势的乐观态度。他认为人口的较快增长与经济的较快增长相互联系，而人口的较慢增长与经济的较慢增长或经济停滞有关。[④]

劳动是决定社会经济发展的决定性因素之一，劳动力数量的增加来源于人口的增加，人口就业率就会提高，相应的劳动时间也会增加。[⑤] 目前，我国学者对人口数量与经济影响的研究也颇多，贺菊煌利用一个带有生命周期假说的一个动态模型来分析人口变动对经济的影响，分析得到生育率下降对经济的影响和死亡率下降对经济的影响的结论。[⑥] 何楠运用关联度法，通过对郑州市人口数量对经济发展的影响的分析，发现人口数量的增长是推动经济发展的劳动力资源的主要来源。[⑦] 张效莉、王成璋从环境承载力角度总结出一定数量的人口是经济发展的必要条件，当人口数量超过社会经济发展的需求与承受能力时，经济发展就要受到人

---

① 《魁耐经济著作选集》，商务印书馆1979年版，第104—132页。

② 张勇梅：《怒江州人口与经济协调发展研究》，硕士学位论文，云南师范大学，2009年。

③ 杨冰冰：《我国人口与区域经济协调发展研究》，硕士学位论文，新疆师范大学，2009年。

④ 彭松建、朱利安：《西蒙的人口经济理论》，《北京大学学报》（哲学社会科学版）1985年第1期，第114—121页。

⑤ 王冰、辜胜阻：《人口与经济发展研究》，武汉大学出版社1994年版。

⑥ 贺菊煌：《人口变动对经济的影响》，《人口与经济》2004年第2期，第5—6页。

⑦ 何楠：《郑州市人口及其对经济发展的影响分析》，《经济经纬》2007年第2期，第91—92页。

口增长的困扰。[①] 刘毅、张建梅利用生产函数模型对人口数量在经济增长中的贡献进行计量分析，实证结果表明人口自然增长率下降对经济发展起到较明显的促进作用。[②]

另外，根据纳尔逊（1956）研究的人口与经济发展模型，随着经济的发展，收入增加将导致人口增加。当人口过剩时，人均收入便会下降而陷入一个低水平均衡陷阱。此外，Coale 和 Hoover（1958）提出了"抚养假说"，认为较大的人口抚养比将进一步阻碍经济的发展，抚养人口的增加将使更多的家庭收入用于购买生活必需品而减少了家庭储蓄。而库兹涅茨等人则认为，人口增长所带来的人口存量的增加有利于形成规模经济，并可以刺激投资与需求。西蒙从长远角度考虑到人口数量的适度增长以及人口结构的合理化有利于经济的发展。

另外，早在古希腊时期还提出了适度人口论思想。著名哲学家柏拉图和亚里士多德就从政治学视角出发，探讨了一个城邦国家需要多少人口才适于统治的问题。然而，对当代产生实际影响的适度人口理论则是由英国经济学家坎南提出的。在《初等政治经济学》和《财富论》这两部著作中，坎南明确地阐述了适度人口的思想。他认为当最大收益点变化时适度人口也随之变化，人口过剩和人口不足都会对人类社会产生消极的影响，只有适度人口才能使社会获得最大收益。[③] 继坎南之后，瑞典经济学家威克塞尔是近代适度人口理论的又一奠基者。威克塞尔较为清晰地对适度人口的概念进行了界定，在他看来，人口增长应与经济发展程度和技术进步相一致，发挥一国工业潜力达到最大生产规模时所能容纳的人口即为该国适度人口。[④] 20 世纪初，欧美的社会学家和经济学家在分析人口问题时，普遍将人口总量与经济福利进行联系，来探索适度的人口规模。其中最具代表性的人物是英国人

① 张效莉、王成璋：《人口增长与经济发展相互作用机制及实证分析》，《南方人口》2006 年第 1 期，第 23—26 页。

② 刘毅、张建梅：《人口增长对经济增长的影响作用分析》，《经济问题探索》2007 年第 10 期，第 36—40 页。

③ 钱惜：《试论坎南的适度人口理论及其对我国的借鉴意义》，《劳动保障世界》（理论版）2012 年第 4 期，第 66—67 页。

④ 刘雯：《适度人口理论的发展及当代启示》，《陕西理工学院学报》（社会科学版）2010 年第 4 期，第 42—45 页。

口学家桑德斯，他认为适度人口密度是指一个国家的人口在能够支配的范围内，使居民达到最好生活水平的人口密度，并且适度人口密度取决于应用技术和知识的发展程度。[①] 第二次世界大战后，法国人口学家索维在《人口通论》一书中，将适度人口定义为“一个以最令人满意的方式达到某项特定目标的人口”[②]。他从动态角度探寻了人口增长与经济增长两者之间的均衡关系，进而确定了适度人口增长率，同时提出了“实力适度人口”永远高于“经济适度人口”的思想。之后，Bettencourt 等人认为拥有众多人口的城市不仅是经济向前发展的主要引擎，也是整个城市的主要犯罪源与污染源、疾病源，因此城市的快速发展是以适度人口为基本前提的。[③]

综合来看，关于人口增长与经济发展间的关系形成的各种理论之所以观点各异，关键在于人们把人口增长与经济发展之间的关系看成是错综复杂的，而不是简单地看成是单纯正的或单纯负的关系。[④]

二　关于人口质量与经济发展的研究

西方对于人口质量与经济发展研究的历史渊源可以追溯到 18 世纪。威廉·佩第提出的“土地是财富之母，劳动是财富之父”的论断，以及布阿吉尔·贝尔关于“劳动时间决定劳动价值”的论述，这可以说是有关人口质量与经济发展研究的最初萌芽。之后，虽然有许多经济学家对人口质量做了一些研究，却没有形成具有实际影响的理论体系。直至 20 世纪 60 年代，舒尔茨、明赛尔、贝克尔、罗默、卢卡斯等学者在人口质量方面进行了大量研究后，才形成了以人力资本理论和新经济增长理论为核心的人口质量与经济发展关系理论体系。[⑤] 刘洪银采用索罗模型，并在该模型基础上将其中的劳动力变量替换成了人口总数与抚养比的函数，

---

① 高建昆：《适度人口问题研究综述》，《管理学刊》2010 年第 3 期，第 57—61 页。

② 左牧华：《评索维的适度人口理论》，《中国人口科学》1990 年第 6 期，第 33—48 页。

③ Bettencourt L. M. A. , Lobo J. , Helbing D. , et al. , “Growth, Innovation, Scaling, and the Pace of Life in Cities”, *Proceedings of the National Academy of Sciences*, Vol. 104, No. 17, 2007, pp. 7301 – 7306.

④ 陈卫：《中国生育率研究方法：30 年回眸》，《人口学刊》2009 年第 5 期，第 3—8 页。

⑤ Sauvy, Alfred, *General Theory of Population*, Weidenfeld Nicolson Ltd. , 1985, pp. 30 – 79.

也就是将人口总数与抚养比作为该模型中的一个自变量，这样该模型就能够体现出人口结构因素对经济增长的影响和作用，研究表明其在人口转型的过程中会影响经济的增长。[①] 吴佳伦也通过研究结果发现，人口变动对经济增长有明显的推动作用。[②] 郭熙保等人研究发现，人口质量对于促进经济的增长和发展的作用很明显。[③] 被称为“人力资本之父”的舒尔茨，他在出任美国经济学会会长时做了题为《人力资本投资》的演讲，系统地论述了人力资本的概念、性质、投资内容、投资途径以及人力资本对经济发展的作用等思想。[④] 20 世纪 60 年代，美国经济学家明塞尔通过分析收入分配与劳动力市场行为，得出了工人收入增加和个人收入差距缩小的原因，是因为人力资本的投资使人们受教育水平不断地提高。[⑤] 为了弥补舒尔茨在人力资本理论研究上的不足，贝克尔在其著作中以微观层面为视角对人力资本进行了研究。他分析了教育成本和收益的关系，而且重点讨论了人力资本投资与个人收入分配问题。[⑥] 到了 20 世纪 80 年代，以罗默和卢卡斯为代表的经济学家们建立了新经济增长理论。罗默在经济增长模型中纳入了“知识”这个独立要素，并认为知识积累是促进现代经济增长的关键因素。[⑦] 卢卡斯在《论经济发展的机制》一文中，将人力资本理论与技术决定增长模型进行结合，形成了人力资本积累增长模型，阐述了人力资本积累对于经济长期增长有着决定性影响的观点。[⑧] 之后，Engelbrecht 尝试对 25 个 OECD 国家的人力资本与经济发展

---

① 刘洪银：《人口抚养比对经济增长的影响分析》，《人口与经济》2008 年第 1 期，第 1—6 页。

② 吴佳伦：《人口结构与经济增长——基于中国省级面板数据的实证分析》，《现代经济信息》2013 年第 14 期，第 20—22 页。

③ 郭熙保、郑洪泽：《中国人口转型与经济增长：基于统一增长理论视角》，《江海学刊》2015 年第 1 期，第 67—76 页。

④ Schultz, T. W., “Investment in Human Capital”, *American Economic Review*, Vol. 51, No. 1, 1961, pp. 1 – 17.

⑤ Mincer, J., “Human Capital Responses to Technological Change in Labor Market”, *National Bureau of Economic Research Working Paper*, 1989.

⑥ G. S. Becher, “Human Capital and the Personal Distribution of Income: An Analytical”, *Woytinsky Lecture*, No. 1, Institute of Public Administration and Arborsv, University of Michigan, 1997.

⑦ Romer, P. M., “Endogenous Technological Change”, *Journal of Political Economy*, Vol. 98, 1990, pp. 71 – 102.

⑧ Lucas, R. E., “On the Mechanics of Economic Development”, *Journal of Monetary Economics*, Vol. 22, 1988, pp. 3 – 42.

的关系进行实证分析，其结果表明了人力资本对区域经济发展具有显著的正向影响。[①] 我国学者王金营、李天然以 OECD 中 17 个国家自 1960—2016 年的数据为样本，从人口规模、质量、年龄结构和迁移分布等方面刻画 OECD 国家的人口变动轨迹，同时采用面板校正标准误差（PCSE）估计法和广义最小二乘法（FGLS）探索检验了这些国家人口变动各因素和综合因素对经济增长、产业结构和发展质量等转变的影响及其作用规律。其研究结果显示，在一定规模和密度的人口环境下，总人口的过快增长会对经济增长和经济发展质量产生一定的抑制作用，人口迁移率对经济增长和经济发展质量的提高有促进作用，但对经济结构的调整有抑制作用；人口年龄结构的变化会改变经济结构；劳动年龄人口的增加、受教育水平的提升、人口的集聚对经济增长、经济结构的调整和经济发展质量的提高有正向作用；预期寿命的提高为服务业的发展带来了机会和动力，人口老龄化则促进了产业结构的调整升级。[②] 杨茜通过分时期的数据观测不同阶段 OECD 国家经济增长方式转变的影响因素，研究结果显示：不同时期，人口增长率、人口密度、出生率、劳动力比重、迁移、平均受教育程度等人口因素对经济增长方式的影响是不同的，也就是说有的时期这些因素是显著的，但在其他时期又变成不显著。[③] Fleisher 等人研究了中国的人力资本与地区经济效率的关系，认为人力资本的增加有利于提升中国经济效率和缩小地区经济增长差异。[④] 金相郁等人以卢卡斯模型为基础，使用全国各省市区的面板数据实证分析了人力资本与区域经济发展差距的关系，得出了人力资本对区域经济发展差距具有正向影响。[⑤]

---

① Engelbrecht, H. - J., “Human Capital and Economic Growth: Cross-Section Evidence for OECD Courntries”, *Economic Record*, Vol. 79, 2003, pp. 40 - 51.

② 王金营、李天然：《OECD 国家人口变动对经济发展方式转变的影响》，《中国人口科学》2018 年第 6 期，第 2—11 页。

③ 杨茜：《OECD 国家人口变动与经济增长方式转变的定量分析》，硕士学位论文，河北大学，2014 年。

④ Fleisher, Belton, Haizheng Li, Min Qiang Zhao, “Human Capital, Economic Growth, and Regional Inequality in China”, *Journal of Development Economics*, Vol. 92, No. 2, 2010, pp. 215 - 231.

⑤ 金相郁、段浩：《人力资本与中国区域经济发展的关系——面板数据分析》，《上海经济研究》2007 年第 10 期，第 22—30 页。

欧阳蛲等人基于实证分析结论，认为发展中国家对人力资本投资不断加大的同时，更要重视增强人力资本在多元化的产业结构、物质资本投资与技术水平等方面的适应性，以促进经济持续地协调发展。[①] 谢呈阳等人在区域关联的视角下，分析了人力资本与地区经济发展的互动关系，发现人力资本总量的提高能有效地促进地区实际产出的增加，而其均量的提高能提升地区的产出潜力。[②]

三　关于人口结构变动与经济发展研究

人口结构在一定程度上表明了社会经济、政治和文化的发展程度，人口结构对经济的影响主要是从人口年龄结构、城乡结构、人口就业结构等方面出发研究对经济的影响。研究人口结构及其变化趋势，不仅有助于解决人口与经济之间的问题，而且是统筹经济长期发展的重要基础。西方国家于古代就开始对人口结构问题进行研究，1662 年，格兰特在《关于死亡表的自然的和政治的观察》中提出了婴儿的男女性别比与不同年龄段人口死亡分布之间的规律。到了近代，学者们侧重于从人口社会结构和人口经济结构两方面来研究人口结构。例如，马歇尔在其著作《经济学原理》中探讨了人口自然结构和社会结构，指出了一个国家的人口增长取决于人的自然变化和移民数量的观点。[③] 此后，西方人口结构研究进入现代。Coaler and Banister 认为西方学者对于性别比例失衡问题的研究，侧重于分析国家政策的效应，却忽略了各个国家在生育文化上都具有很强的男孩偏向性。[④] Kim Young J. 等人的研究认为，人口生育率和自然增长率的降低导致了人口的老龄化。[⑤] Bloom 等人的研究认为，第一个人口红利产生于人口转变引起的劳动人口比重上升，而第二个人口红

---

① 欧阳蛲、刘智勇：《发展中大国人力资本综合优势与经济——基于异质性与适应性视角的研究》，《中国工业经济》2010 年第 11 期，第 26—35 页。

② 谢呈阳、胡汉辉、周海波：《区域关联视角下的人力资本与地区经济发展》，《经济理论与经济管理》2015 年第 7 期，第 100—112 页。

③ 张捷：《改革开放以来辽宁省人口结构变化研究》，硕士学位论文，大连理工大学，2011 年。

④ Coaler A. , J. , Banister, "Five Decades of Missing Females in China", *Demography*, Vol. 31, 1994, pp. 459 –479.

⑤ Kim Young J. , Schoen Robert, "Population Momentum Express Population Aging", *Demography*, Vol. 34, No. 3, 1997, pp. 421 –427.

利则产生于人们对年龄结构变化的预期导致的个人行为调整。[①] 杨万钟从人口城乡结构方面论述了在城镇人口比重高的地区，第一产业的水平较高但在整个国民经济中的地位相对不高，第二、第三产业的发展相对较快。[②] 袁志刚等人认为人口年龄结构的变动会引起个体提高储蓄，因此我国城镇居民储蓄倾向上升是人口老龄化所导致的。[③] Pison 的研究结果认为，当生育数量和性别只能择其一时，在传统文化中男孩偏好支配下，家庭为实现男孩偏好意愿，会使得性别选择性流产成为其达到目的的重要途径。[④] 王德文等人通过研究发现，我国目前的储蓄率受到人口结构转变的显著影响，然而随着人口老龄化进程的加快，人口结构转变对我国储蓄率的影响正在不断减弱。[⑤] Stephan Brunow、Georg Hirte 通过研究欧盟 15 国的截面数据空间计量认为，不同年龄结构的群体在区域上的人均产出不同，在人口结构对经济增长的贡献中 30—44 岁年龄段的人口的作用最显著。[⑥] 刘家树对 1990 年以来我国人口年龄结构、人口文化素质结构、人口城乡结构与经济增长的关系进行考察，发现这些指标的发展趋势基本相同，自从我国开始实施计划生育后，人口年龄结构向着促进经济发展的方向变化。[⑦] 郑娜利用人口结构和人均 GDP 数据进行分析，分析出人口结构对经济增长的影响。[⑧] 张晓青利用含有年龄结构系数 M 的区域经济增长理论模型，以山东省 140 个县域单元为样本进行实证分析，通过构建空间经济计量模型，得出不同年龄组对

---

① Bloom D. E., J. G. Williamson, "Demographic Transitions and Economic Miracles in Emerging Asia", *Wold Bank Economic Review*, Vol. 12, No. 3, 1998, pp. 419 – 456.

② 杨万钟：《经济地理学导论》，华东师范大学出版社 1999 年版。

③ 袁志刚、宋铮：《人口年龄结构、养老保险制度与最优储蓄率》，《经济研究》2000 年第 11 期，第 24—32 页。

④ Pison G., "Fewer Births, But a Boy at All Costs: Selective Female Abortion in Asia", *Population and Societies*, Vol. 4, 2004, pp. 1 – 4.

⑤ 王德文、蔡昉、张学辉：《人口转变的储蓄效应和增长效应——论中国增长可持续性的人口因素》，《人口研究》2004 年第 5 期，第 2—11 页。

⑥ Stephan Brunow, Georg Hirte, "Age Structure and Regional Economic Growth", *Jahrbuch für Regionalwissenschaft*, No. 26, 2006, pp. 3 – 23.

⑦ 刘家树：《我国人口结构与经济增长关系实证分析》，《安徽工业大学学报》（自然科学版）2007 年第 2 期，第 229—232 页。

⑧ 郑娜：《我国人口结构对经济增长影响的动态计量分析》，《现代经济》2008 年第 7 期，第 21—22 页。

经济增长的不同影响。[①] 于学军从消费需求角度考虑人口变动对经济增长的影响。[②] 李魁则着力探讨了人口年龄结构变动以及因之带来的人口红利的宏观经济效应。分析了人口年龄结构变动对储蓄率、居民消费率、净出口贡献率等方面的影响。[③] 张新起等人通过研究中国人口结构、固定资产投资、劳动力投入对经济增长的影响，发现人口结构（劳动力人口占总人口比例）提升，会明显地促进经济增长；人口结构比例下降，会抑制经济增长。[④] 黄畸琳从人口结构变化的角度出发，利用1978—2010年面板数据分析了长三角区域经济增长的人口结构变化因素，发现人口结构演变与经济结构调整相对应，人口年龄结构、城乡结构以及产业结构变化能够显著地促进长三角区域经济增长，而人口职业结构变化则对其起到了阻碍作用。[⑤] 孙爱军等人将人口结构变量引入到索洛模型之中，研究发现过去20年来中国经济高速增长得益于劳动年龄人口比例的上升。[⑥] Skans and Oskar Nordstrom 通过研究人口结构变化对区域生产力的影响，阐述了人口失业率对区域生产力有着正向影响的新观点。[⑦]

四 关于人口迁移变动对经济发展的影响研究

有关人口迁移变动对经济发展的影响，国内外研究的学者颇多，成果也颇多。19世纪末英国学者雷文斯坦发表了《人口迁移规律》一

---

① 张晓青：《人口年龄结构对区域经济增长的影响研究》，《中国人口·资源与环境》2009年第5期，第99—100页。

② 于学军：《人口变动、扩大内需与经济增长》，《人口研究》2009年第5期。

③ 李魁：《人口年龄结构变动与经济增长——兼论中国人口红利》，博士学位论文，武汉大学，2010年。

④ 张新起、景文宏、周潮：《人口结构对经济增长影响的实证研究》，《统计与决策》2012年第10期，第139页。

⑤ 黄畸琳：《长三角区域经济增长的人口结构因素分析》，《财经研究》2012年第12期，第38—50页。

⑥ 孙爱军、刘生龙：《人口结构变迁的经济增长效应分析》，《人口与经济》2014年第1期，第37—46页。

⑦ Skans and Oskar Nordstrom, "How Does The Age Structure Affect Regional Productiong?", *Applied Economics Lettera*, Vol. 15, No. 10, 2008, pp. 787 – 790.

文，总结了自工业革命以来英国人口迁移的规律，提出了人口迁移的七条法则。[①] 此后，许多学者开始系统研究人口移动与经济发展问题。1938年，赫伯尔论述了人口移动是由促使一个人离开一个地方的“推力”和吸引一个人到另一个地方的“拉力”所引起的。[②] 1954年，刘易斯提出了“两部门理论”，即发展中国家或地区同时拥有落后的农业部门和发达的工业部门，由于两个部门劳动生产率与劳动边际收益率的不一致，引起农业剩余劳动力流向工业部门。[③] 20世纪60年代，李（Lee）提出了与移出地和移入地有关的正负因素，实际上这是“推力”与“拉力”的另外一种论述。[④] 之后，博格进一步发展了“推拉理论”，比较全面地概括了对人口移动产生影响的12种推力因素和6种拉力因素。[⑤] 20世纪70年代后，西方人口移动与经济发展的研究在广度与深度上都取得了很大进步。克拉克和葛特勒分析了美国资本与移民关系，得出了资本增长会推动劳动力往经济发展快的地区移动的结论。[⑥] 蔡昉认为农村人口向小城镇迁移增加了小城镇基础设施和住房的压力，而且由于迁移人口的文化程度一般高于本地人口的文化程度，人才的流失不利于农业发展。[⑦] 李树茁等人的研究认为，经济水平、社会结构及生活质量的区域差异导致了人口迁移，而省际人口净迁移是20世纪80年代以来中国区域经济发展不平衡性的重要因素。[⑧] 李玲认为人口迁移对于地区的经济发展存在着有利的影响，其积极作用主要表现为：人口的迁移在某种程度上可以延缓城市人口年龄结构老龄化的进程，使人口素质结构得到调整，推进城市房

---

① 转引自马侠《人口迁移的理论和模式》，《人口与经济》1992年第3期，第38—46页。

② 王亚庫：《资本主义古典政治经济学选辑》，商务印书馆1979年版，第74—75页。

③ Lewis W. A.，“Economic Development with Unilimited Supplies of Labour”，*The Manchester School of Economic and Social Studies*，Vol. 22，1954，pp. 139 - 191.

④ Lee E. S.，“Atheory of Migration”，*Demography*，Vol. 1，1966，pp. 47 - 57.

⑤ 姚华松、许学强：《西方人口迁移研究进展》，《世界地理研究》2008年第1期，第154—156页。

⑥ Clark W.，Morrison P.，“Demographic Foundations of Political Empowerment in Multiminority Cities”，*Demography*，Vol. 32，No. 2，pp. 183 - 201.

⑦ 蔡昉：《人口迁移和流动的成因、趋势与政策》，《中国人口科学》1995年第6期，第8—16页。

⑧ 李树茁、杨有社：《我国的省间人口迁移与社会经济发展》，《人口与经济》1996年第5期，第39—44页。

地产业的发展。[①] 朱农通过研究发现，日益严重的农村剩余劳动力问题对人口移动产生了一种重要的推力，同时工业相对较发达的地区之间更容易发生人口移动。[②] 王桂新等人考察了 1995—2000 年间中国省际人口迁移与东部地区经济发展的关系，发现外来劳动力的大量流入，弥补了东部地区劳动力供给不足，对东部地区 GDP 增长的贡献度达到了 15%。[③] 逯进、闵正良利用实证分析得出青岛市的人均产出与人口净迁移之间存在很高的正相关性，净迁移人口对经济增长具有显著的影响。[④] Cindy Fan 研究认为，在城市化和工业化的发展过程中，人口从农村向城市流动为其提供了丰富而又低价的生产要素，大幅缩减了城市化和工业化的建设成本。[⑤] 于潇通过对新中国成立以来东北地区人口迁移与区域经济发展进行的分析，阐述了东北地区人口迁移变化的特点和趋势，同时还分析了人口迁移对东北地区社会经济发展的影响。[⑥] 严善平认为地区经济差距对地区间人口流动水平有明显的影响，流动成本对人口迁移率有非常强的负影响。[⑦] 杜小敏等人通过建立面板数据的变系数模型，定量分析了中国人口移动对各地区经济的影响，结果发现我国地区间的人口移动相对稳定，人口迁移变动对我国整体经济来说是一个帕累托改进。[⑧] 段平忠应用经典收敛理论分析了中国省际人口迁移对经济增长动态收敛的影响，其结论是越是相对发达地区，其经济增长单纯受人口要素流动的影响越弱；越是相对落后地区，人口流动对经济

---

① 李玲：《90 年代以来中国人口两种迁移类型的变化》，《人口研究》1999 年第 23 期，第 4 页。

② 朱农：《中国四元经济下的人口迁移—理论、现状和实证分析》，《人口与经济》2001 年第 1 期，第 44—52 页。

③ 王桂新、黄颖钰：《中国省际人口迁移与东部地带的经济发展：1995—2000》，《人口研究》2005 年第 1 期，第 19—28 页。

④ 逯进、闵正良：《青岛市人口迁移特征及其对经济增长的影响》，《青岛农业大学学报》2009 年第 2 卷第 21 期，第 42—43 页。

⑤ Cindy Fan，"Inter-Provincial Migration，Population Redistribution and Regional Development China：1990 and 2000 Censes Comparisons"，*The Professional Geographer*，No. 2，2005，pp. 295 – 311.

⑥ 于潇：《建国以来东北地区人口迁移与区域经济发展分析》，《人口学刊》2006 年第 3 期，第 29—33 页。

⑦ 严善平：《中国省际人口流动的机制研究》，《中国人学》2007 年第 1 期，第 71—77 页。

⑧ 杜小敏、陈建宝：《人口迁移与流动对我国各地区经济影响的实证分析》，《人口研究》2010 年第 3 期，第 77—88 页。

增长的影响效应也越大。[①] 毛新雅等人则使用了 1980—2010 年中国各省（市、区）经济增长的面板数据，研究了人口净迁移与区域经济增长收敛性的关系，其研究结果表明：中国区域人均 GDP 增长在过去 30 年间表现出明显的条件收敛趋势，区域人口净迁移对经济增长收敛具有推动作用，但力度很小。[②] 戴雄祖对人口迁移中的五个一般影响因素所带来的经济影响进行了分析，同时提出应考虑人口迁移对迁入地和迁出地的影响。[③] 从研究方法上来看，朱传耿、顾朝林、马荣华运用统计分析方法进行了较多的研究。[④] 然而运用计量经济分析方法研究的较少，仅限于一个或两个人口普查期间的截面数据，采用的模型有 LOGISTIC 回归模型。[⑤]

五　关于经济对人口发展的影响研究

应该说，大多数学者讨论人口发展对经济的影响研究更多，从经济角度影响人口发展的研究相对较少。王桂新应用空间相互作用的模型，分析了 1980 年以后区域经济规模对人口迁移的影响，认为人口迁出受经济规模的影响，人口迁入受经济收入的影响，经济规模以及收入因素对人口迁移具有重要的影响。[⑥] 黄苏萍等人利用回归分析等方法论证了东北地区的经济增长与就业之间的关系，他们对 20 世纪 80 年代后半期区域经济收入水平及其经济规模对省际人口迁移的影响进行定量分析，他认为经济规模影响人口的迁出，经济收入主要影响人口的迁入，经济规模对迁出人口的供给及迁入人口需求大小具有决定性的影响，经济收入因素

---

① 段平忠：《中国省际间人口迁移对经济增长动态收敛的影响》，《中国人口·资源与环境》2011 年第 21 期，第 150—151 页。

② 毛新雅、翟振武：《中国人口流迁与区域经济增长收敛性研究》，《中国人口科学》2013 年第 1 期，第 46—56 页。

③ 戴雄祖：《人口迁移的影响因素及其对经济发展的影响分析》，《度假旅游》2018 年第 10 期，第 36 页。

④ 朱传耿、顾朝林、马荣华：《中国流动人口的影响要素与空间分布》，《地理学报》2001 年第 9 期，第 549—560 页。

⑤ 张宗益、王卫、张成翼：《非农业劳动力迁移特征与影响因素分析——基于重庆的实证研究》，《人口研究》2007 年第 7 期，第 63—69 页。

⑥ 王桂新：《中国人口迁移与区域经济发展关系之分析》，《人口研究》1996 年第 6 期，第 9—16 页。

对人口迁移的流量及其分布模式具有重要的引导、定性作用。①

从上述有关国内外人口与经济发展之间关系的文献可以发现，众多学者都在不同的视角下研究了人口与经济发展问题，并逐步促进与完善了有关人口与经济发展研究领域，其理论研究方法为客观认识人口与经济发展的关系提供了有效手段。这些研究既包含宏观方面的分析，也包含了诸多微观方面的分析，或以经济发展为出发点，把人口当作经济发展的内在动因，或是在人口学视角下研究两者之间的相互关系。但是，随着人口规模、资源存量与经济发展水平的不断变化，人口与经济发展的关系也将变得错综复杂。研究区域人口发展对经济发展的影响，需要从各国及各区域人口变动状态、经济发展状况等指标分析域内人口、资源经济的动态变化与相关关系。

---

① 黄苏萍、王雅林、朱咏：《东北经济增长与人口就业相关性的判定及对策研究》，《人口与经济》2007 年第 5 期，第 31—35 页。

第二章

中国—东盟10国人口变动与区域经济发展

据中华人民共和国商务部统计数据，2017 年中国—东盟贸易额达 5148 亿美元，同比增长 13.8%。其中，中国向东盟出口 2791 亿美元，同比增长 9%；进口 2357 亿美元，同比增长 20%。中国主要出口对象国为越南、新加坡和马来西亚；主要进口来源国为马来西亚、越南和泰国。[①] 2018 年，中国—东盟建立战略伙伴关系 15 周年，15 年来双方经贸合作发展异常迅速，取得了丰硕的成果。从双边贸易来看，中国与东盟贸易额占中国对外贸易总额的比重进一步上升到 1/8。中国已连续 9 年成为东盟第一大贸易伙伴，东盟连续 7 年成为中国第三大贸易伙伴。2018 年 1—5 月，中国—东盟贸易额同比增长 18.9%，达到 2326.4 亿美元。每年一次的中国—东盟博览会已成为双方多领域、多层次的交流盛会。东盟凭借其优越的地理位置、相对安全稳定的政治经济环境、较为开放的市场条件和颇具潜力的市场容量，成为中国开展“一带一路”倡议合作的重点和优先地区。2017 年 5 月，东盟 10 国元首、政府首脑或高级代表参加了在北京举行的“一带一路”国际合作高峰论坛，中国与东盟国家的经济交往、区域合作更加深入、紧密，研究该区域人口变动对进一步巩固合作、多元发展至关重要。

中国—东盟自由贸易区发展日臻成熟、区域合作日益密切，随着“一带一路”倡议的实施，有利于进一步加深中国与东盟国家政治互信和

① 《2017 年中国—东盟贸易总额超过 5000 亿美元》，2018 年 12 月 30 日，中华人民共和国商务部官网（Mofcom. gov. cn）。

区域经济合作。由于沿线国家政治组织形式、社会文化、人口环境以及经济发展等方面呈现明显差异，各因素对区域交流和经济合作产生的影响不尽相同。中国与“一带一路”沿线东盟10国中，中国、新加坡和泰国人口老龄化日益严重，老挝、柬埔寨、越南、缅甸等经济落后国家人口红利优势明显，但人口效率普遍较低的现实情况，需要寻求中国与东盟国家人口变动对区域经济协调发展的可行性路径。

中国—东盟自由贸易区（China and ASEAN Free Trade Area，CAFTA），即“10+1”，是一个涵盖了11个国家、总面积达1406.97万平方公里、人口约20.17亿的庞大区域经济组织。该自贸区是中国对外商谈的第一个自贸区，也是东盟作为整体对外商谈的第一个自贸区，2016年，贸易区国内生产总额已从2010年建成时的接近6万亿美元增长至13.754万亿美元，贸易总额超过5.94万亿美元，①是目前世界人口最多的、发展中国家间最大的自贸区。在双方签署的《中国与东盟全面经济合作框架协议》指导下，中国与东盟不断加强和增进各缔约方在经济、贸易和投资合作方面的强度，致力于推动货物和服务贸易自由化，携手创造透明、自由和便利的双多边投资机制，并为双方实现更紧密的经济合作开辟新领域。各缔约国企业和人民广泛受益，逐步实现了互利共赢、共同发展的目标。

据《2017年度中国对外直接投资统计公报》相关数据，2017年中国对东盟投资流量为141.2亿美元，同比增长37.4%，占中国对外投资流量总额的8.9%，占中国对亚洲投资流量的12.8%；2017年底，中国对东盟累计投资存量总额达890.1亿美元，占中国对外投资存量总额的4.9%，亚洲投资存量的7.8%。同期，中国在东盟设立直接投资企业超过4700家，雇用外方员工35.3万人。相比2010年（见图2—1），2017年中国对东盟投资总额增加了97.14亿美元，除菲律宾和缅甸外，中国对东盟其他国家投资流量显著增加，各国净增加情况如下，文莱0.8789亿美元，柬埔寨2.7773亿美元，越南4.5927亿美元，泰国3.5772亿美元，老挝9.064亿美元，印度尼西亚14.8094亿美元，马来西亚15.586亿美元，

① 商务部国际贸易经济合作研究院、中国驻东盟使团经济商务参赞处、商务部对外投资和经济合作司：《对外投资合作国别（地区）指南：东盟》，北京，2017年。

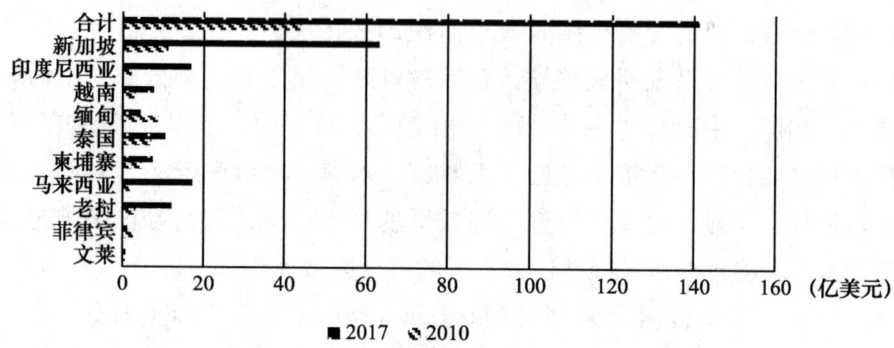

图2—1 2010年、2017年中国对东盟10国直接投资流量比较

资料来源：整理自中华人民共和国商务部、中华人民共和国国家统计局、国家外汇管理局联合出版的《2017年度中国对外直接投资统计公报》附表1。

新加坡52.014亿美元，表明中国与东盟各国贸易往来更频繁密切。中国是东盟第一大贸易伙伴，东盟是中国第四大出口市场和第二大进口来源地，可以说，“一带一路”倡议的提出既是中国—东盟各国双边关系加固的又一架桥梁，也是中国—东盟自由贸易区的拓展和延伸，进一步实现了区域经济发展战略与“一带一路”倡议的对接，有利于扩大区域经济合作和贸易投资，加强该地区国际影响力和区域整体竞争力，并最终实现区域经济社会发展经验分享和成果共享。

第一节 人口变动基本情况

人口变动是影响经济发展的重要因素之一，区域经济协调发展必须与人口变动的基本规律相适应。中国与东盟10国人口数量众多、规模庞大、变动趋势复杂，通过了解中国与东盟10国发展所面临的人口环境与问题，探讨区域内人口数量变动、结构变化、就业以及人口迁移等变动对经济发展的影响，可进一步加深区域合作共识、巩固区域合作基础，有助于实现区域内人口、经济和社会协调发展。

一 人口自然变动

人口自然变动决定着一个人口群体的发展规律和速度，对社会经济发展起着重要作用。

（一）人口增长

1. 人口数量增长

中国与东盟10国人口总量不断增长，人口年增长量不尽相同（见表2—1）。2000—2015年人口年增长量均未呈现明显的规律性变化。由于各国人口基数不同，人口年增长量在百万以上的国家有中国、印度尼西亚和菲律宾，人口年增长量低于10万的国家有新加坡、老挝和文莱。从人口年增长趋势看：除泰国人口年增长量不断下降外，其他国家均有不同程度的起伏。2000年，世界人口年增长量接近8000万，此后人口年增长速度明显加快，2005—2010年、2010—2015年人口年增量分别比2000年、2010年净增加282.7万人和293.63万人。由于计划生育政策的收紧，2000—2010年中国人口年增长量持续降低，直至2015年“单独二孩”政策出台，人口增长速度略有加快，比2010年人口年增长量净增加50.5万人。同期新加坡、马来西亚、印度尼西亚、缅甸、老挝和菲律宾等国家人口年增长量在小范围内起伏。

表2—1　世界与中国、东盟10国人口年增长量　（单位：万人）

地区＼年份	2000	2005	2010	2015	2016	2017
世界	7986.42	8047.34	8330.04	8623.67	8659.79	8620.28
中国	991.0	764.5	644.5	695.0	744.5	773.0
新加坡	6.92	9.91	8.92	6.53	7.23	0.497
马来西亚	52.93	48.53	50.69	49.51	46.41	43.70
印度尼西亚	292.79	309.81	318.36	303.1	295.33	287.59
缅甸	55.6	40.89	35.52	47.95	48.16	48.54
泰国	65.14	42.32	32.69	24.08	20.59	17.40
老挝	8.8	8.94	9.42	8.76	9.44	9.98
柬埔寨	26.87	20.68	21.85	24.68	24.47	24.30
越南	89.42	78.12	90.71	102.67	99.75	97.17
文莱	0.695	0.564	0.489	0.584	0.565	0.55
菲律宾	165.58	159.57	150.57	161.41	160.39	159.79

注：人口年增长量以前一年为基期，t年与（t-1）年的差值即为净增长量。

资料来源：世界银行（World Bank）相关统计数据人口、总数（https://data.worldbank.org.cn/indicator/SP.POP.GROW）。

2016—2017 年，世界人口缓慢下降，东盟国家除了缅甸、老挝缓慢增长外，其他国家均在减少，其中新加坡人口增长量降幅达 93%。2017 年，世界人口年增长量为 8620. 28 万人，中国净增长 773. 0 万人，占世界人口年增长量的 8. 97%，印度尼西亚和菲律宾年增长量也继续超百万，分别占世界人口年增长量的 3. 34% 和 1. 85%。同时，中国、印度尼西亚和菲律宾也是中国—东盟自贸区三个人口过亿的国家，2017 年三国人口总量合计占区域总人口的 86. 31%，人口年增长量占区域人口年增长量的 83. 44%，这三国人口状况的变动牵动着整个区域的发展。综合来看，中国与东盟国家人口年增长状况相对稳定，各国人口规模在不断扩大。

2. 人口增长率

2000—2015 年，世界人口增长率呈下降趋势，与世界发展规律一致的国家有马来西亚、印度尼西亚、泰国、老挝和菲律宾，其他国家则存在一定时期的起伏，如中国、缅甸和柬埔寨人口增长率在 2015 年略有提升，新加坡在 2005 年提高到 2. 351% 后又逐渐下降（见表 2—2）。同时，人口增长率在 1% 以上与世界发展规律相当的国家有新加坡、马来西亚、印度尼西亚、越南、老挝、柬埔寨、文莱和菲律宾，低于世界平均水平，低于 1% 的国家有中国、缅甸和泰国。

表 2—2　　世界与中国、东盟 10 国人口增长率　　（单位：%）

国别＼年份	2000	2005	2010	2015	2016	2017
世界	1. 325	1. 253	1. 219	1. 186	1. 177	1. 158
中国	0. 788	0. 588	0. 483	0. 508	0. 541	0. 559
新加坡	1. 732	2. 351	1. 772	1. 186	1. 297	1. 158
马来西亚	2. 309	1. 909	1. 82	1. 625	1. 499	1. 391
印度尼西亚	1. 394	1. 376	1. 312	1. 181	1. 137	1. 095
缅甸	1. 214	0. 847	0. 711	0. 919	0. 915	0. 914
泰国	1. 04	0. 649	0. 488	0. 351	0. 299	0. 252
老挝	1. 665	1. 566	1. 52	1. 323	1. 406	1. 466
柬埔寨	2. 236	1. 571	1. 539	1. 604	1. 565	1. 53
越南	1. 341	1. 167	1. 049	1. 079	1. 06	1. 022

续表

国别＼年份	2000	2005	2010	2015	2016	2017
文莱	2. 108	1. 555	1. 266	1. 408	1. 345	1. 291
菲律宾	2. 146	1. 867	1. 62	1. 6	1. 564	1. 535

资料来源：世界银行数据库人口增长（年度百分比）(https：//data. worldbank. org. cn/indicator/SP. POP. GROW)。

2016—2017 年，世界人口增长率降低了 0. 019 个百分点，期间中国与老挝增长率继续增长，印度尼西亚与世界平均增速持平。2017 年，中国、缅甸、泰国、印度尼西亚和越南比世界平均水平分别低了 0. 599、0. 244、0. 906、0. 063、0. 136 个百分点，而马来西亚、老挝、柬埔寨、文莱和菲律宾分别比世界平均水平高了 0. 233、0. 308、0. 372、0. 133、0. 377 个百分点。2000—2017 年，中国与东盟各国人口增长率与世界总趋势一致，人口增长速度逐渐放缓。

由于各国人口基数不同，人口增长量存在显著差异，中国、印度尼西亚和菲律宾人口总量过亿，人口年增长量超过百万，新加坡、老挝和文莱人口年增长量不足十万。总体而言，各国人口变化趋势基本稳定，人口规模仍在不断扩大，但人口增长率普遍下降，人口增长速度逐渐放缓。

（二）人口年龄结构

据联合国人口类型划分标准，各年龄组人口分布不同，会直接影响社会经济发展类型和方向。① 首先，从 0—14 岁人口占总人口比重看（见表 2—3），2000—2015 年世界、中国与东盟各国少儿人口比重均呈不断下降趋势。2000 年少儿人口比重世界平均水平是 30% 左右，同期印度尼西亚和文莱与此水平相近，中国、新加坡和泰国该值较世界水平分别低了 5. 484、8. 657 和 6. 129 个百分点，老挝和柬埔寨则超过 40% 。2015 年

① 根据联合国人口类型划分标准：0—14 岁少儿人口比重超过 40%，且 65 岁以上老年人口比重小于 4%，即为年轻型人口；0—14 岁少儿人口比重在 30%—40%，65 岁以上老年人口比重在 4%—7%，即为成年型人口；0—14 岁少儿人口比重小于 30%，65 岁以上老年人口比重超过 7%，即为老年型人口。

世界平均值为26.179%，较2000年下降近4个百分点，但中国与东盟各国降速远超过世界同期平均值，尤其马来西亚、老挝和柬埔寨，分别较2000年下降了8.406、9.66和9.989个百分点，降幅较大。

表2—3　　世界与中国、东盟10国0—14岁占总人口比重　　（单位：%）

国别＼年份	2000	2005	2010	2015	2016	2017
世界	30.113	28.043	26.828	26.179	26.064	25.941
中国	24.629	19.892	17.848	17.686	17.701	17.677
新加坡	21.456	19.144	17.341	15.503	15.237	14.982
马来西亚	33.37	30.457	27.931	24.964	24.621	24.314
印度尼西亚	30.686	30.05	28.968	27.859	27.653	27.356
缅甸	32.142	30.914	29.978	27.877	27.373	26.831
泰国	23.984	21.293	19.197	17.992	17.652	17.319
老挝	43.372	40.27	36.288	33.712	33.268	32.885
柬埔寨	41.591	37.066	33.327	31.602	31.391	31.278
越南	31.657	27.158	23.678	23.094	23.077	23.061
文莱	30.646	27.826	25.957	23.667	23.385	23.024
菲律宾	38.483	37.075	33.901	32.229	31.965	31.716

资料来源：世界银行数据库（https：//data. worldbank. org. cn/indicator/SP. POP. GROW）。

2016—2017年，东盟国家与世界下降趋势一致。2017年，世界0—14岁少儿人口比重降至25.941%，域内有缅甸与世界平均水平基本一致。低于世界平均值的有中国、新加坡、马来西亚、泰国、越南和文莱，其中中国、新加坡和泰国该值均低于20%，分别比世界水平低8.264、10.959和8.622个百分点，新加坡最低。老挝、柬埔寨和菲律宾仍超过30%，人口年龄类型相对较为年轻，老挝比重最高。

2000—2015年，15—64岁人口占总人口比重大致可分为两类（见表2—4）：一是中国、新加坡和泰国，2000—2010年劳动年龄人口占总人口比重不断增长，三国分别在2010年达到最高值73.752%、73.640%和71.898%，2010—2015年缓慢下降，劳动力资源优势逐渐消退；二是世界、马来西亚、印度尼西亚、缅甸、老挝、柬埔寨、越南、文莱和菲律宾，其劳动年龄人口占总人口比重不断增长，预期未来劳动力资源充足、社会负担相对较轻。

2017年，世界劳动年龄人口比重比2016年下降了0.092个百分点，基本保持相对稳定。东盟国家除了老挝、柬埔寨和菲律宾略低于世界平均值外，其他国家该值均高于世界水平，尤其中国、新加坡、泰国和文莱均超过70%，说明现阶段劳动力资源充足。

表2—4　　世界与中国、东盟10国15—64岁人口占总人口比重　（单位：%）

国别＼年份	2000	2005	2010	2015	2016	2017
世界	62.997	64.65	65.536	65.537	65.455	65.363
中国	68.463	72.413	73.752	72.638	72.177	71.682
新加坡	71.199	72.626	73.64	72.811	72.472	72.097
马来西亚	62.72	65.14	67.133	69.174	69.302	69.394
印度尼西亚	64.605	65.162	66.183	67.046	67.146	67.324
缅甸	63.037	64.274	65.12	66.804	67.116	67.437
泰国	69.478	70.945	71.898	71.443	71.395	71.308
老挝	53.054	56.068	60.022	62.403	62.775	63.086
柬埔寨	55.329	59.547	62.94	64.279	64.35	64.309
越南	61.919	66.259	69.771	70.162	69.999	69.789
文莱	66.955	69.201	70.641	72.238	72.29	72.385
菲律宾	58.261	59.449	61.961	63.199	63.348	63.482

资料来源：世界银行数据库（https：//data.worldbank.org.cn/indicator/SP.POP.GROW）。

65岁及以上老年人口占总人口比重（见表2—5），中国与东盟各国均呈持续增长，与全球老龄化趋势一致，但各国老年人口比重不同，老龄化程度也有所不同。2000年世界该值为6.889%，中国接近，尚未完全进入老龄化，同期仅有新加坡该值达7.345%，较早进入了老龄化社会。马来西亚、印度尼西亚、缅甸、老挝、柬埔寨、文莱和菲律宾均低于5%。2015年，世界该值已超8%，中国、新加坡和泰国也分别达到9.676%、11.686%和10.565%，老龄化程度不断加深。东盟其他国家均低于7%，尤其老挝、柬埔寨、文莱和菲律宾，未超过5%，人口结构为成年型，2016

年，中国老年人口比重超过 10%，新加坡超过 12%，最低的老挝还不到 4%。

表 2—5 世界与中国、东盟 10 国 65 岁及以上人口占总人口比重 （单位：%）

国别＼年份	2000	2005	2010	2015	2016	2017
世界	6.889	7.306	7.636	8.284	8.482	8.696
中国	6.908	7.695	8.4	9.676	10.123	10.641
新加坡	7.345	8.229	9.02	11.686	12.291	12.922
马来西亚	3.91	4.403	4.936	5.863	6.076	6.293
印度尼西亚	4.709	4.789	4.85	5.095	5.202	5.319
缅甸	4.821	4.811	4.902	5.318	5.512	5.732
泰国	6.538	7.762	8.905	10.565	10.954	11.373
老挝	3.574	3.662	3.69	3.885	3.956	4.029
柬埔寨	3.08	3.387	3.733	4.119	4.259	4.412
越南	6.424	6.583	6.55	6.745	6.924	7.15
文莱	2.399	2.973	3.402	4.095	4.324	4.591
菲律宾	3.257	3.476	4.137	4.572	4.687	4.803

资料来源：世界银行数据库（https：//data.worldbank.org.cn/indicator/SP.POP.GROW）。

2017 年，中国与东盟各国老年人口比重可分为几类：一是中国、新加坡和泰国，比重超过 10%，已进入老龄化阶段，且趋势不断加深，其中新加坡最为严重，比世界平均值高出 4.226 个百分点；二是越南，为 7.15%，正步入老龄化行列；三是其他东盟国家，除了马来西亚（6.293%）外，剩余国家老年系数未超过 6%，还处于较为年轻的人口结构当中，老挝、柬埔寨、文莱和菲律宾还未到 5%。

中国与东盟 10 国人口年龄结构表现为以下特征：一是中国、新加坡和泰国三国属老年型，处于"少子化、老龄化"时期，劳动年龄人口逐年减少，老年人口社会抚养负担加重，与此相关的养老、医疗保健服务和社会劳动力供给将直接影响经济持续健康发展；二是越南正步入老龄化，马来西亚、印度尼西亚、缅甸和文莱，老年人口比重虽低于 7%，尚未进入老龄化，但少儿人口比重均低于 30%，暂处成年型社会，生育率不断下降；三是老挝、柬埔寨和菲律宾，少儿人口比重超过30%，老年人口比重仍低于5%，属成年型，少年人口众多。在后两种类型的国家中，劳动年龄人口占绝对优势，经济社会发展所需劳动力资源充足，正处于经济起飞和快速发展关键期。

（三）人口抚养比

人口抚养比是劳动年龄人口大致要负担的非劳动年龄人口比重。域内国家由于人口出生率不断下降与老龄化不断加深，人口总抚养比开始增长，并且主要受制于老年抚养比变动。2000年，世界人口总抚养比为60%左右，老挝、柬埔寨、越南和菲律宾高于世界水平，其他国家均低于60%（见表2—6），尤其中国、新加坡、泰国和文莱，低于50%。值得注意的是，同期老挝、柬埔寨分别高达88.488%和80.736%，主要受制于两国高少儿抚养比。2000—2015年，中国、新加坡和泰国，人口总抚养比在2000—2010年降至40%以下，2010—2015年，受不断加深的人口老龄化影响总抚养比开始增长。东盟其他国家与世界整体发展趋势一致，总抚养比稳定下降。2015—2016年，世界平均水平呈上升趋势，马来西亚、柬埔寨和文莱小幅下降，其他国家均上升。

表2—6　　世界与中国、东盟10国人口总抚养比　　（单位：%）

国别＼年份	2000	2005	2010	2015	2016	2017
世界	60.110	56.284	54.274	54.064	54.202	54.356
中国	46.065	38.096	35.590	37.668	38.549	39.505
新加坡	40.452	37.691	35.796	37.342	37.984	38.703
马来西亚	59.439	53.517	48.959	44.564	44.296	44.105
印度尼西亚	54.788	53.465	51.097	49.151	48.930	48.535
缅甸	58.636	55.583	53.562	49.691	48.996	48.286
泰国	43.930	40.954	39.085	39.971	40.067	40.237
老挝	88.488	78.354	66.607	60.250	59.297	58.514
柬埔寨	80.736	67.934	58.881	55.573	55.399	55.499
越南	61.501	50.923	43.325	42.528	42.859	43.288
文莱	49.354	44.507	41.562	38.431	38.331	38.150
菲律宾	71.643	68.211	61.392	58.231	57.859	57.526

资料来源：世界银行数据库（https://data.worldbank.org.cn/indicator/SP.POP.GROW）。

2017年，人口总抚养比超过50%的国家有老挝、柬埔寨和菲律宾，均高于54.356%的世界平均值，社会抚养负担较重，1单位劳动力人口需要抚养超过1单位的非劳动年龄人口。低于40%的国家有中国、新加坡和文莱，社会抚养负担相对较轻，处于充分释放人口红利、促进经济快速发展关键期。其他东盟国家总抚养比虽相对较高，但处于不断下降阶段，抚养负担主要集中于少儿人口，未来一段时期内将逐渐显现人口红利，东盟国家最高比重的老挝达58.514%。

（四）主要指标预测

人口变动不仅包括过去和现在人口状况，还包括未来一定时期人口所呈现的特征，是一个涵盖人口横向、纵向发展的综合趋势。根据当前人口状况，按照科学方法预测人口在未来一定时期的规模、水平和趋势，能为社会经济发展规划提供重要信息，预测结果也可以指明未来经济发展中可能发生的问题，帮助预先制定正确的政策措施。据《世界人口展望2017（修订版）》数据，比较中国与东盟10国2020—2050年主要人口指标可看出（见表2—7）。

表2—7　世界与中国、东盟10国2020—2050年人口主要指标预测

（单位：万人，%）

国别	年份	人口总量	0—14岁人口比重	15—64岁人口比重	65岁及以上人口比重	总抚养比
世界	2020	779548.2	25.50	65.15	9.35	53.5
	2030	855119.9	23.68	64.66	11.66	54.7
	2040	921033.7	22.20	63.74	14.06	56.9
	2050	977182.3	21.31	62.86	15.82	59.1
中国	2020	142454.8	17.46	70.35	12.19	42.1
	2030	144118.2	15.38	67.56	17.06	48.0
	2040	141747.2	13.93	62.23	23.84	60.7
	2050	136445.7	13.98	59.72	26.30	67.4
新加坡	2020	593.6	14.29	70.67	15.04	41.5
	2030	634.3	12.71	64.04	23.25	56.1
	2040	656.3	11.75	58.59	29.67	70.7
	2050	657.4	10.98	55.43	33.59	80.4

续表

国别	年份	人口总量	0—14岁人口比重	15—64岁人口比重	65岁及以上人口比重	总抚养比
马来西亚	2020	3286.9	23.61	69.40	6.99	44.1
	2030	3681.5	22.06	68.29	9.65	46.4
	2040	3966.8	19.03	68.57	12.40	45.8
	2050	4173.0	16.95	66.76	16.29	49.8
印度尼西亚	2020	27222.3	26.39	67.85	5.77	47.4
	2030	29559.6	23.43	68.30	8.27	46.4
	2040	31213.4	21.35	67.51	11.15	48.1
	2050	32155.0	19.91	66.34	13.75	50.7
缅甸	2020	5480.8	25.24	68.33	6.43	46.4
	2030	5891.5	22.64	68.73	8.63	45.5
	2040	6148.9	20.94	68.16	10.91	46.7
	2050	6235.9	19.05	67.88	13.06	47.3
泰国	2020	6941.1	16.37	70.77	12.86	41.3
	2030	6962.6	14.00	66.62	19.38	50.1
	2040	6833.8	13.43	60.82	25.76	64.4
	2050	6537.2	12.99	58.02	28.99	72.4
老挝	2020	716.5	31.75	63.98	4.27	56.3
	2030	804.8	27.19	67.26	5.55	48.7
	2040	872.8	23.16	69.28	7.56	44.3
	2050	916.3	20.15	69.23	10.62	44.4
柬埔寨	2020	1671.5	30.94	64.21	4.85	55.7
	2030	1879.8	27.24	66.03	6.72	51.4
	2040	2059.3	23.89	67.40	8.72	48.4
	2050	2201.9	21.77	66.04	12.18	51.4
越南	2020	9836.0	22.93	69.01	8.05	44.9
	2030	10628.4	20.63	66.98	12.39	49.3
	2040	11122.9	17.61	65.41	16.99	52.9
	2050	11463.0	16.92	61.57	21.51	62.4
文莱	2020	44.5	22.02	72.36	5.62	38.2
	2030	48.9	19.43	70.35	10.22	42.4
	2040	55.0	16.92	66.92	16.15	49.5
	2050	53.6	15.67	62.50	21.83	60.2
菲律宾	2020	10970.3	31.00	63.83	5.17	56.7
	2030	12537.2	28.53	64.74	6.73	54.5

续表

国别	年份	人口总量	0—14 岁人口比重	15—64 岁人口比重	65 岁及以上人口比重	总抚养比
菲律宾	2040	13944.8	26.05	65.65	8.29	52.3
	2050	15129.4	23.87	66.31	9.82	50.8

资料来源：整理自 World Population Prospects，*The 2017 Revision*，New York：United Nations。

1. 人口总量

从 2020—2050 年人口总量增长趋势看，中国、泰国和文莱分别在 2030 年、2030 年和 2040 年达到 144118.2 万人、6962.6 万人和 55 万人的各自峰值后，总量逐渐下降，其他东盟国家与世界发展趋势一致，人口总量不断增长。其中，越南预计在 2030 年左右总量突破一亿，成为中国—东盟自贸区第四个人口过亿的大国。新加坡总量不断增长，2040—2050 年间增速放缓，预计十年间人口净增长 1.1 万人，与其人口规模相当的老挝预计 2040—2050 年间净增长 43.5 万人。各国总量虽不断增长，但预期增长率将逐渐降低。

2050 年，中国与东盟 10 国人口总量将达 21.5968 亿，同比 2016 年净增 1.424 亿人，占同期世界总人口的 22.1% 左右。其中，自贸区人口过亿的四国总量将达 19.52 亿，占自贸区总人口的 90.38%。届时域内人口总量扩大将带来一系列社会、生活问题，经济需求也将不断增加，对各国发展既是机遇又是挑战。各国政府应及时采取有效措施以应对和化解即将到来的人口压力。

2. 人口结构

2020—2050 年，中国与东盟 10 国 0—14 岁人口比重与世界变化趋势一致，不断下降。其中中国 2040—2050 年间稳定在 13.9% 左右。2020 年老挝、柬埔寨和菲律宾仍超过 30%，属成年型社会，2030 年将降至 30% 以下，逐渐向老年型过渡。2050 年，该值低于 15% 的国家有中国、新加坡、泰国，三国将进入“超少子化”① 时期，众多社会问题将逐渐凸显。

① 学界确认“少子化”的一般标准是：0—14 岁人口占总人口的比例在 15% 以下，为超少子化；15%—18%，为严重少子化；18%—20%，为少子化；20%—23%，为正常；23%—30%，为多子化；30%—40%，为严重多子化；40% 以上，为超多子化。

2020—2050 年，中国与东盟 15—64 岁劳动年龄人口比重变化趋势较复杂，除中国、新加坡、泰国、越南和文莱与世界趋势一致持续下降外，马来西亚、印度尼西亚、缅甸、老挝和柬埔寨等国将在 2030—2040 年间分别达到 68. 57%、68. 30%、68. 73%、69. 28% 和 67. 40% 的峰值，随后下降，劳动力资源优势期间逐渐消减。同时菲律宾仍处于不断增长状态，2050 年将达到 66. 31%，劳动力资源充足。

2020—2050 年，中国与东盟各国 65 岁及以上老年人口比重将持续增长，各国老龄化程度截然不同。2020—2030 年，马来西亚、印度尼西亚、缅甸、柬埔寨、越南和文莱将相继进入老龄化，比重较低的老挝和菲律宾最迟也将在 2040 年步入。中国、新加坡和泰国的老龄化将不断加深、速度不断加快，2050 年比重分别高达 26. 30%、33. 59% 和 28. 99%，三国老年人口绝对数量将达 3. 8 亿，占自贸区内老年人口总量的 78. 77%，数量庞大。可见，人口老龄化趋势不可逆转，各国只存在时间差和程度差问题。

3. 人口抚养状况

2020—2050 年，中国与东盟各国人口总抚养比呈现以下特点：一是中国、新加坡、马来西亚、印度尼西亚、缅甸、泰国、越南和文莱与世界平均增长趋势一致。中国、新加坡和泰国，2050 年将分别达到 67. 4%、80. 4% 和 72. 4%，人口抚养负担十分严峻。二是老挝和柬埔寨，2020—2040 年呈下降趋势，随着人口红利逐渐降低，2040—2050 年呈上涨态势。三是菲律宾仍不断下降，随着劳动年龄人口比重增长，老龄化尚处于初期，仍能保持较长时期人口红利，经济发展潜力大。2050 年，抚养比超过 50% 的国家有印度尼西亚、缅甸、柬埔寨和菲律宾。

中国与“一带一路”沿线东盟 10 国人口自然变动趋势呈现为：首先，中国与泰国人口增长趋势将保持到 2030 年左右，此后逐渐缩小，其他国家仍不断扩大，但增速明显放缓。其次，中国、新加坡和泰国已先期进入老龄化，其他国家还相对年轻，先后在 2020—2040 年间步入老龄化，尤其老挝和菲律宾，少儿人口比重逐渐降低，劳动年龄人口比重仍不断增长，步入老龄化较晚，正处于人口红利期。最后，已进入人口老龄化的中国、新加坡和泰国抚养负担将不断加重。相反，其他尚未进入人口老龄化的国家，抚养比将先降后升，现阶段抚养重点主要集中于 0—14 岁少儿人口，进入老龄化后，抚养对象与重点将逐渐转变为老年人口，届时抚养比又将升高。因此，在中国与东盟国家经济发展中，宏观政策制定、措施调整和贸易投资侧重点要与人口环境相适应，应因时制宜地调整政策措施，在人口不同发展时期，适当协调区域经济政策，实现各国间人力资源互补，确保区域经济、人口与社会协调发展。

二 人口社会变动

人口社会变动主要通过就业形式实现，这是个人社会经济地位发生变化的重要过程。同时，分析一国劳动年龄人口就业状况可以在客观上反映该国经济发展状况。

（一）素质状况

人口群体是质与量的统一，人口素质高低决定了人们改造世界、提高社会生产效率的能力。一方面，高等教育入学率各国发展状况不尽相同，超过30%的有中国、新加坡、泰国、文莱和菲律宾，低于20%的有老挝、缅甸和柬埔寨，分别比入学率最高的泰国低了31.95、35.33和35.77个百分点（见图2—2），国别间差距十分明显。另一方面，平均受教育年限超过10年的有新加坡和马来西亚，最短的是缅甸和柬埔寨，两国均为4.7年，分别比新加坡、马来西亚少了6.9年、5.4年。同时，中国、印度尼西亚、泰国和越南基本在7—8年，尚未达到九年义务教育水平，提升空间较大。可以看到，经济发展较好的国家，高等教育较为先进，培养高素质人才渠道和方式更为多元化，且人口平均受教育年限较长，劳动力资源素质普遍较高。老挝、缅甸和柬埔寨是东盟区域内经济发展较为落后的国家，高素质人才培养机制不够健全，适龄人口接受高等教育机会有限，阻碍了劳动力人口素质提升。

（二）就业率①

2000—2015年，中国与东盟各国就业率变化幅度较小，泰国、老挝、柬埔寨和越南，均保持在70%以上，且每5年的增减变化基本保持在2—3个百分点（见表2—8）。2015年域内最高的柬埔寨达84.34%。与世界平均值2015年（59.23%）相比，中国与东盟各国均高于世界，一方面

① 这里的就业率是指世界银行数据库中15岁（含）以上总就业人口比率（百分比）（模拟劳工组织估计）。

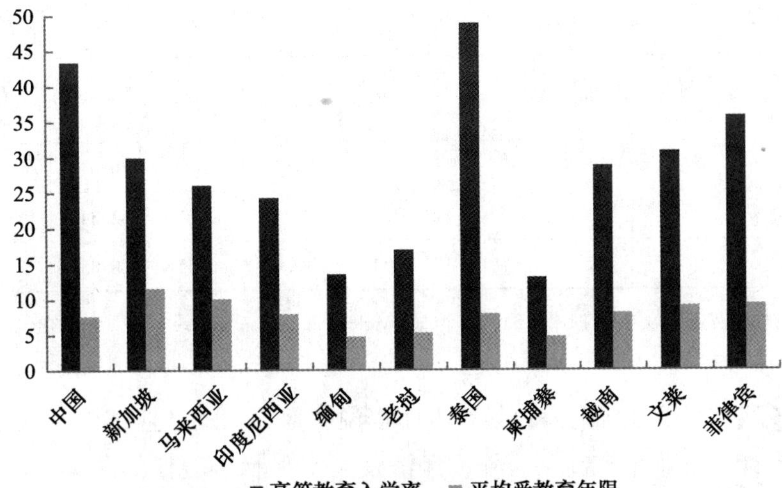

图2—2　2015年中国与东盟10国高等教育入学率和平均受教育年限

注：由于高等教育入学率个别国家、个别年份存在缺失，缅甸用2012年数据代替，菲律宾用2014年数据代替，新加坡数据摘自王焕芝《新加坡构建亚洲高等教育枢纽的路径与挑战》，《比较教育研究》2017年第7期，第3页。

资料来源：高等教育入学率整理自世界银行数据库（https：//data. worldbank. org. cn/indicator/SE. TER. ENRR？ view = chart）；平均受教育年限整理自联合国开发计划署《2016年人类发展报告》（http：//hdr. undp. org/en/countries/profiles/CHN#）。

表2—8　　世界与中国、东盟10国15岁以上人口就业率　　（单位：%）

年份 国别	2000	2005	2010	2015	2016	2017	2018
世界	61. 1	60. 66	59. 38	59. 23	58. 67	58. 546	58. 441
中国	73. 7	70. 3	68. 0	67. 5	66. 141	65. 709	65. 199
新加坡	62. 9	61. 3	65. 1	66	67. 429	67. 077	67. 003
马来西亚	61. 1	58. 9	57. 6	61	62. 11	62. 31	62. 519
印度尼西亚	63. 3	60. 0	63. 0	63. 4	63. 638	63. 512	63. 323
缅甸	70. 94	68. 94	66. 85	65. 14	64. 8	64. 56	64. 325
泰国	71. 2	72. 8	71. 7	70. 1	68. 122	67. 82	67. 491
老挝	78. 6	77. 8	76. 8	77. 0	77. 629	77. 748	77. 849
柬埔寨	79. 2	79. 6	84. 6	84. 34	84. 213	84. 453	84. 694

续表

年份 国别	2000	2005	2010	2015	2016	2017	2018
越南	75. 8	75. 2	74. 9	76. 7	76. 56	76. 611	76. 518
文莱	64. 8	63. 1	63. 0	62. 96	62. 529	62. 341	62. 222
菲律宾	57. 9	59. 8	60. 1	60. 6	60. 558	60. 852	61. 214

资料来源：世界银行数据库（https：//data. worldbank. org. cn/indicator/SP. POP. GROW）。

说明该区域就业状况良好，另一方面也说明部分国家产业结构不尽合理，导致统计上就业率较高。另外，经济发展水平相对较低的国家，其就业率反而更高，如老挝、越南、缅甸和柬埔寨，尤其老挝、柬埔寨是东盟自贸区人均收入水平较低的国家，2015 年就业率比世界平均值分别高出 17. 77、25. 11 个百分点，说明东盟部分国家产业布局不尽合理，大量劳动力囿于第一产业，农村富余劳动力未得到转移和充分利用。

2016—2017 年，15 岁以上人口就业率中国与世界水平持续下降，东盟国家缓慢上涨。2018 年，中国—东盟各国与世界平均值接近的有马来西亚、文莱和菲律宾，基本在 60% 左右。超过 70% 的国家依旧集中在经济较为落后的柬埔寨、越南和老挝，最高的柬埔寨 2018 年高达 84. 694%，泰国较高的就业率主要受益于发达的农业和旅游业。各国在提高就业率的同时，更应该注重产业结构与就业结构调整，将丰富的人力资源优势发挥在高产出、高回报产业中，实现高效高质的就业率水平，而非单纯数值的增长。

（三）人口效率

利用人口效率指标可进一步印证中国与东盟 10 国的就业状况，每单位就业人口创造的 GDP 是判断劳动力价值实现的重要标志。2000—2015 年，除文莱就业人口效率不断降低外，中国与其他东盟国家均不断增长，与世界增长趋势一致，说明工业化、信息化革新增加了单位就业人口创造社会财富的能力，很大程度上提升了就业人口效率。2000 年，世界平均值为 24262. 34 美元，自贸区仅新加坡、文莱分别高于世界值 84462. 66 美元、161169. 68 美元，其他国家均低于世界平均水平，缅甸和柬埔寨分别只是同期世界值的11.19%和12.67%，国别间差距十分明显。2000—2015年，世界平均就业人口效率净增长9598.21美元，与此增速相当的有印度尼西亚和泰国，中国、新加坡和马来西亚增长更高，分别净增长17770.66美元、32603.81美元和12541.75美元；增长最慢的是柬埔寨，仅增加了2631.73美元，年平均仅增加不到200美元，文莱期间减少了30223.74美元（见表2—9）。2016—2017年，世界平均值与东盟各国持续增长，域内仅文莱人口效率减少了3797.74美元。

表2—9　世界与中国、东盟10国就业人口效率比较　（单位：美元）

国别＼年份	2000	2005	2010	2015	2016	2017	2018
世界	24262.34	26797.89	30346.86	33860.55	34541.9	35429.75	36391.89
中国	6553.76	10012.61	16777.58	24324.42	26001.6	27842.04	29731.89
新加坡	108725	120109.48	134678.25	141328.81	145489.48	148726.58	150843.28
马来西亚	40892.02	45290.94	50193.78	53433.77	54809.39	56823.39	58576.0
印度尼西亚	13206.24	15653	18522.12	22865.98	23380.79	24246.88	25203.48
缅甸	2713.9	4776.22	7949.96	10793.49	11369.31	12020.97	12773.73
泰国	16865.48	20231.37	23205.8	27062.32	27884.99	28904.36	29737.68
老挝	5278.45	6334.24	8067.76	10557.29	11068.34	11554.0	12055.42
柬埔寨	3072.96	3909.27	4446.84	5704.69	5992.15	6299.37	6619.16
越南	4973.89	6224.38	7712.36	9400.6	9912.40	10453.43	11044.01
文莱	185432.02	182311.02	173467.64	155208.28	149431.27	145633.53	154946.09
菲律宾	11424.38	12720.85	14088.14	16778.51	17564.04	18293.62	18986.33

注：劳动力人口效率指就业人口的人均GDP，用以说明每单位就业人口创造的社会价值。

资料来源：根据世界银行数据库就业人口及GDP（2011年不变价购买力平价美元）相关数据整理计算（https：//data. worldbank. org. cn/indicator/SP. POP. GROW）。

2018年，域内国家人口效率差距依然十分明显，仅新加坡、文莱和马来西亚高于世界平均水平，新加坡和文莱比世界平均值高出10万美元以上，马来西亚高出22184.11美元；处于1万—3万美元的有中国、印度尼西亚、泰国、老挝和菲律宾，分别比世界平均水平低了6660美元、11188.41美元、6654.21美元、24336.47美元和17405.56美元，差距较大；较低的是缅甸、柬埔寨和越南，单位就业人口创造的社会价值分别占同期世界平均值的35.1%、18.19%和30.35%，生产效率较低，柬埔寨尤其如此。

将各国就业人口效率、受教育状况、就业率指标关联发现，新加坡、马来西亚和文莱平均收入教育年限较高，其就业人口效率远高于其他国家，缅甸、老挝、柬埔寨高等教育入学率仅13%—15%，平均受教育年限仅4—5年，就业人口素质普遍偏低，其就业人口效率尚不足1万美元，也印证了上述国家产业与就业结构不合理状况，虽然就业率超过70%，但人口效率较低，造成了人力资源的极大浪费。

结合表2—8、表2—9可看出：就业率排名前四的国家依次是柬埔寨、老挝、越南和缅甸，就业人口效率排名最后的四个国家依次是柬埔寨、缅甸、越南和老挝，二者刚好吻合，说明经济发展落后的国家就业人口素质偏低，劳动力主要集中于第一产业，就业结构不合理，大量劳动力仅创造了极低的社会总产值，浪费了劳动力资源。同时经济发展较好的国家，利用有限的就业人口创造较高的社会价值，如新加坡、文莱。就业率排名居中的国家，人口效率有待提高，明显低于世界平均水平，如中国、印度尼西亚和泰国。

（四）劳动参与率

由于各国传统文化、社会制度以及经济类型差异较大，15岁以上男女劳动力参与社会劳动状况不尽相同。2018年，除文莱外，中国与东盟其他国家男性劳动参与率（占15岁以上男性人口比重）均高于世界平均水平（75.045%）（见图2—3），女性劳动力参与率（占15岁以上女性人口比重）除马来西亚外，均高于48%的世界平均水平，说明中国与东盟各国劳动力经济活动参与率较高，社会融入能力较强；其次，除老挝两性劳动参与率基本持平外，中国与东盟其他各国与世界平均值一样，男性普遍高于女性，越南、柬埔寨、中国、泰国和新加坡男性劳动参与率比女性分别高出10.176、7.745、14.792、16.769和16.187个百分点，差异最大的是菲律宾、印度尼西亚、马来西亚和缅甸，男性比女性分别高25.341、30.944、26.544和28.473个百分点，仅菲律宾未高于世界两性参与率平均值（26.573），说明上述四国尚有大量女性劳动力未进入市场参与社会经济活动，女性劳动力资源开发潜力大。另外，中国男性劳动参与率与世界水平持平，女性则高出12.4个百分点，但与马来西亚、新加坡、文莱及菲律宾男性参与率基本一致。中国女性劳动参与率为60.871%，与泰国、新加坡和文莱相差无几，说明中国两性劳动参与率较高，劳动参与程度与社会经济发展状况基本一致，尚有较大提升空间。

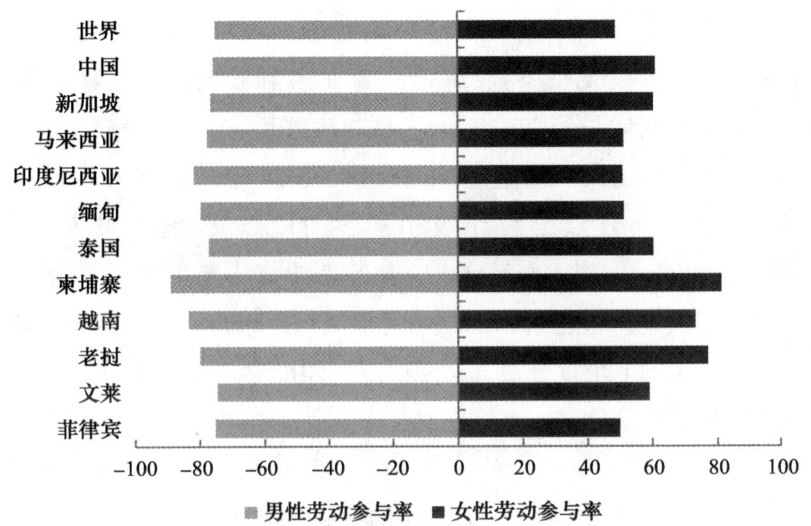

图2—3　2018年世界、中国与东盟10国分性别劳动力参与率

资料来源：世界银行数据库（https：//data. worldbank. org. cn/indicator/SP. POP. GROW）。

中国与“一带一路”沿线东盟国家人口社会变动特征体现为：各国人口素质差异较大，经济状况较好的国家人口素质普遍较高，在保持较高就业率的同时，劳动人口效率较高，能为经济发展创造更多财富，如新加坡、文莱、马来西亚；经济相对落后的国家如缅甸、柬埔寨、老挝和越南，受教育状况不容乐观，高素质人才培养机制匮乏，劳动力人口素质普遍偏低，就业率和劳动参与率虚高，产业布局不尽合理，劳动力资源就业途径和就业方式单一，导致人口效率较低；中国、泰国、印度尼西亚和菲律宾，人口受教育状况逐渐提升，随着产业结构调整和优化升级，就业结构改善，劳动人口效率不断提升，经济发展潜力较大；女性劳动力就业空间扩展和提升可能性较大，需要逐步释放并保障女性劳动力合法就业权。

三 人口迁移变动

21 世纪，迁移在人口变动各要素中占据越来越重要地位，发挥着前所未有的作用。人口自主迁移变动越频繁，说明该国社会经济环境越宽松，国际资本、技术和劳动力资源的交流更为便利。

（一）国际迁移率

2000—2015 年变化趋势看，中国、新加坡和泰国国际迁移者占本国常住人口比重不断增长，吸引国际迁移者不断增多，尤其新加坡，2000 年国际迁移者占本国人口比重是 34. 498%，2015 年增长至 45. 392%，净增长 10. 894 个百分点，累计吸引了约 112. 3 万的外来人口（见表 2—10）；缅甸、老挝、柬埔寨、文莱和菲律宾不断下降，本国吸收外籍人口占常住人口比重逐渐减少。尤其是文莱，2000—2010 年降幅较大，十年间下降了 3. 557 个百分点；马来西亚、印度尼西亚和越南基本保持稳定，没有明显增减变动。

表 2—10 世界与中国、东盟 10 国国际迁移者比重 （单位：%）

年份 国别	2000	2005	2010	2015
世界	2. 828	2. 943	3. 207	3. 328
中国	0. 040	0. 052	0. 063	0. 071
新加坡	34. 498	38. 051	42. 623	45. 392
马来西亚	5. 453	6. 677	8. 566	8. 289
印度尼西亚	0. 138	0. 128	0. 126	0. 128
缅甸	0. 206	0. 166	0. 148	0. 136
泰国	2. 006	3. 285	4. 843	5. 758
老挝	0. 411	0. 355	0. 338	0. 327
柬埔寨	1. 198	0. 856	0. 571	0. 475
越南	0. 071	0. 061	0. 070	0. 078
文莱	29. 132	27. 202	25. 575	24. 276
菲律宾	0. 408	0. 299	0. 224	0. 210

资料来源：世界银行数据库（https：//data. worldbank. org. cn/indicator/SP. POP. GROW）。

从 2015 年国际迁移者比重看，大部分国家低于 1%，包括中国、印度尼西亚、缅甸、老挝、柬埔寨和菲律宾，尤其中国和越南，由于本国社会文化背景以及庞大人口基数导致了严苛的移民政策，2000—2015 年始终低于 0.1%；比重在 5%—10% 的有泰国和马来西亚，高于世界平均水平；吸收国际迁移者最多的是新加坡，非本国国籍人口占本国常住人口近一半，同期文莱也接近 1/4。说明经济发展状况越好、收入水平越高，开放程度也越高，吸引迁移人口也越多，能为本国经济发展注入新活力。

（二）净迁移率

净迁移率是判断一国人口迁移变动的主要指标，2000 年、2015 年的净迁移率变化，除柬埔寨由净迁入国变为净迁出国外（见图 2—4），其他国家未发生根本性变化，但大多数净迁出国家迁移率近年来越来越低，如老挝、缅甸、菲律宾和越南，十几年间净迁移率分别降低 1.5、0.5、0.7 和 0.2 个百分点。同时，除新加坡外，净迁入国家的迁移率也呈下降趋势，文莱、泰国和马来西亚分别降低了 0.2、2 和 0.5 个百分点。另一方面，根据 2015 年净迁移率比较，人口净迁出国家有老挝、缅甸、菲律宾、越南、印度尼西亚、中国和柬埔寨，人口净迁入国家有文莱、泰国、马来西亚和新加坡，可看出，迁入国经济发展状况普遍相对较好，尤其新加坡，其综合实力较强，经济、文化相对更为开放，能够吸引世界各

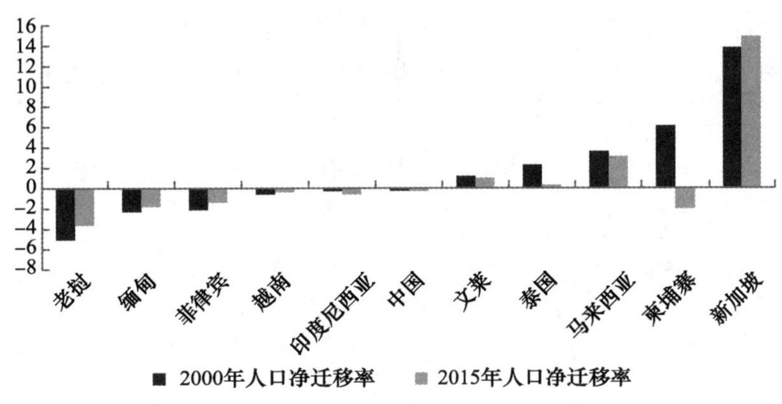

图 2—4　中国与东盟 10 国人口净迁移率

资料来源：联合国开发计划署《2016 年人类发展报告》相关网站统计数据（http：//hdr. undp. org/en/countries/profiles/CHN#）。

地的劳动力资源。值得注意的是，中国净迁移率与国际迁移状况一致，人口国际流动相对较小。

中国与“一带一路”沿线东盟国家人口迁移较为集中。其中，中国和越南、印度尼西亚人口迁移变动相对较小，经济相对落后的老挝、柬埔寨等国和经济发展水平相对较高的新加坡、文莱和马来西亚是人口迁移的主要国家，尤其新加坡和文莱是近年来外籍人口向东南亚地区迁移的首选。作为人口净迁出国的老挝、柬埔寨、缅甸和菲律宾，由于本国政治、人口环境以及经济发展水平所限，本应急需人才资源，却在持续不断地输出人力资源。

第二节 区域经济发展情况

中国—东盟自由贸易区建立十几年以来在经济交往和人员往来方面取得了显著进步，不仅区域综合实力和国际影响力加强，区域内各国家经济水平、贸易投资也都获得了极大发展。

一 收入状况

（一）收入类型

据世界银行2000—2017年按收入上限值划分国家类型标准①，中国与东盟各国人均GNI呈如下特征：一是收入增长及对应国家类型变化。2000—2015年，中国与东盟各国人均GNI不断增长，除新加坡和文莱始

① 本书中世界银行相关年份划分发展阶段的人均GNI上限值为：2000年，收入小于755美元，为低收入国家；收入在876—2995美元，为中等偏下收入国家；收入在2996—9265美元，为中等偏上收入国家；收入超过9265美元，为高收入国家。2005年，收入小于875美元，为低收入国家；收入在876—3465美元，为中等偏下收入国家；收入在3466—10725美元，为中等偏上收入国家；收入超过10725美元，为高收入国家。2010年，收入小于1005美元，为低收入国家；收入在1006—3975美元，为中等偏下收入国家；收入在3976—12275美元，为中等偏上收入国家，收入超过12275美元，为高收入国家。2015年，收入小于1035美元，为低收入国家；收入在1036—4125美元，为中等偏下收入国家；收入在4126—12735美元，为中等偏上收入国家；收入超过12735美元，为高收入国家。同时，书中2016年的国家类型划分标准，参照世界银行2017年7月1日起实行的最新收入上限值，如下：收入小于1005美元，为低收入国家；收入在1006—3955美元，为中等偏下收入国家；收入在3956—12235美元，为中等偏上收入国家；收入大于12236美元，为高收入国家。

终为高收入国家，马来西亚属中等偏上收入国家，菲律宾为中等偏下收入国家外，其他均实现了国家类型转变。2000 年，世界人均 GNI5475 美元，同期东盟国家仅新加坡和文莱超过该值，分别是世界平均值的 4.32 倍和 2.68 倍（见表 2—11）。中国、印度尼西亚、老挝、柬埔寨和越南人均 GNI 均低于 1000 美元，处于落后阶段。2015 年世界人均 GNI 较 2000 年净增长 5101 美元，同期增长量超过世界水平的中等偏上收入国家仅有中国，但与新加坡和文莱相比，差距悬殊。2000 年以来，新加坡和文莱增速放缓，其他国家人均 GNI 增长率增速均超过 2%，中国、老挝、越南，增速较快。

表 2—11　　世界与中国、东盟 10 国人均 GNI 比较　　（单位：美元）

国别	2000 年		2005 年		2010 年		2015 年		2017 年	
	收入	类型	收入	类型	收入	类型	收入	类型	收入	类型
世界	5475	中等偏上	7341	中等偏上	9384	中等偏上	10576	中等偏上	10371	中等偏上
中国	940	中等偏下	1760	中等偏下	4340	中等偏上	7950	中等偏上	8690	中等偏上
新加坡	23670	高收入	28370	高收入	44790	高收入	52740	高收入	54530	高收入
马来西亚	3460	中等偏上	5280	中等偏上	8240	中等偏上	10450	中等偏上	9650	中等偏上
印度尼西亚	580	低收入	1220	中等偏下	2640	中等偏下	3440	中等偏下	3540	中等偏下
缅甸	—	—	270	低收入	860	低收入	1190	中等偏下	1210	中等偏下
泰国	1980	中等偏下	2790	中等偏下	4580	中等偏上	5690	中等偏上	5950	中等偏上
老挝	280	低收入	460	低收入	1000	低收入	2000	中等偏下	2270	中等偏下
柬埔寨	300	低收入	460	低收入	750	低收入	1070	中等偏下	1230	中等偏下
越南	410	低收入	630	低收入	1250	中等偏下	1950	中等偏下	2160	中等偏下
文莱	14680	高收入	23080	高收入	33300	高收入	38590	高收入	29600	高收入
菲律宾	1220	中等偏下	1430	中等偏下	2470	中等偏下	3520	中等偏下	3660	中等偏下

资料来源：世界银行数据库（https：//data. worldbank. org. cn/indicator/SP. POP. GROW）。

二是转变时间节点。中国 2010 年人均 GNI 达 4340 美元，由中等偏下收入国家转变为中等偏上收入国家；印度尼西亚在2005年成功迈进中等偏下收入国家行列；缅甸、老挝和柬埔寨2015年人均GNI分别达到1190美元、2000美元和1070美元，均摆脱低收入落后国家标签，进入中等偏低收入国家；泰国2010年左右进入中等偏上收入国家；越南2010年进入中等偏下收入国家。可见，中国—东盟各国经济发展差距较大。

三是2017年各国人均GNI及收入类型。高收入国家有新加坡和文莱，两国人均GNI比12236美元的标准线分别高出42294美元和17364美元；中等偏上收入国家马来西亚、中国和泰国，分别高于中等偏上收入最低标准线5694美元、4734美元和1994美元，但未达到世界平均水平；中等偏下收入国家有：菲律宾、印度尼西亚、老挝、越南、缅甸和柬埔寨，尤其缅甸和柬埔寨，两国人均GNI突破1000美元的时间较晚，2017年也只是在1200美元左右，经济发展十分落后。

由此可见，同一合作组织、区域联盟中，各国经济发展水平差异巨大，不仅表现在最发达国家与最落后国家间，还表现在发达国家与发展中国家间，如2017年，缅甸、柬埔寨人均GNI分别仅占同期新加坡的2.22%、2.26%，中国也仅占同期新加坡的15.9%。但这也正是开展区域合作的前提和现实条件，有利于实现国家间资源、技术、贸易等补充和带动，尤其落后国家可搭乘发达国家发展快车，及时且迅速地提高本国经济实力，实现国民生活水平显著提升。

（二）国内生产总值

1. 人均GDP

人均GDP① 是衡量一国宏观经济运行状况的重要指标。2010—2015年，除文莱人均GDP下降约4300美元外，中国与东盟其他国家均呈不断增长趋势，与世界人均GDP增长趋势一致（见表2—12）。但世界人均GDP在2010—2015年间增长放缓，期间仅增加667.24美元，中国、新加坡、老挝、泰国、越南和菲律宾同期分别增长了3508.7、8371.18、1018.3、771.1、754.8、748.84美元，均高于世界水平，其他国家增速则小于世界水平。

---

① 这里的人均GDP是指按图表集法衡量的人均国民总收入（GNI）（现价美元），后同。

表 2—12　　世界与中国、东盟 10 国人均 GDP 比较　　（单位：美元）

年份 国别	2000	2005	2010	2015	2016	2017
世界	5488. 34	7282. 98	9514. 95	10182. 19	10209. 0	10721. 61
中国	959. 37	1753. 42	4560. 51	8069. 21	8117. 27	8826. 99
新加坡	23792. 61	29869. 85	46569. 68	54940. 86	55243. 13	57714. 3
马来西亚	4045. 17	5593. 82	9071. 36	9655. 14	9515. 19	9951. 54
印度尼西亚	780. 09	1260. 93	3113. 48	3334. 55	3570. 29	3846. 86
缅甸	193. 19	247. 24	987. 74	1138. 99	1196. 10	1256. 66
泰国	2007. 57	2893. 65	5075. 3	5846. 40	5979. 29	6595. 0
老挝	324. 85	475. 42	1141. 13	2159. 43	2338. 69	2457. 38
柬埔寨	3002. 65	474. 22	785. 69	1163. 19	1269. 91	1284. 42
越南	388. 27	683. 6	1310. 37	2065. 17	2170. 65	2342. 24
文莱	18008. 45	26102. 13	35268. 1	30967. 89	26939. 42	28290. 59
菲律宾	1038. 91	1194. 7	2129. 5	2878. 34	2950. 91	2988. 95

资料来源：世界银行数据库（https：//data. worldbank. org. cn/indicator/SP. POP. GROW）。

2016—2017 年，中国与东盟国家人均 GDP 与 2015 年相比，文莱、马来西亚 2016 年出现下降，其他国家均处于增长状态，与世界发展一致。2017 年，高收入国家新加坡和文莱，分别是世界该平均值的 5. 38 倍和 2. 64 倍；人均 GDP 在 5000—10000 美元的有中国、马来西亚和泰国，分别比世界平均水平低了 1894. 62 美元、770. 07 美元和 4126. 61 美元，有较大差距；人均 GDP 低于 5000 美元的有印度尼西亚、缅甸、老挝、柬埔寨、越南和菲律宾，分别占世界平均水平的 35. 88%、11. 72%、22. 92%、11. 98%、21. 85%和 27. 88%。总体看，中国与东盟 10 国经济发展水平在不断提升，但大部分国家与世界平均值还有一定差距，区域内差距也十分明显，如缅甸和柬埔寨人均 GDP 分别仅占新加坡的 2. 18%、2. 23%。

2. 人均 GDP 年增长率

运用人均 GDP 年增长率可以直观比较中国与东盟 10 国经济发展趋

势。除文莱2012—2016年持续负增长外，2000—2015年中国与东盟其他各国该值均为正（见表2—13），与世界平均水平一致，且各国增速较快，尤其中国2005—2010年人均GDP年增长率均超过10%，缅甸近20年来的增长峰值在2003年，达13.844%。但在2010—2015年间各国速度放缓，迎来经济发展新一轮减速期，尤其文莱，2016年降至-3.769%。同期中国、马来西亚、缅甸、老挝、柬埔寨、越南和菲律宾均超过5%，远高于世界平均水平，经济发展相对稳定。

表2—13　　世界与中国、东盟10国人均GDP年增长率　　（单位：%）

国别＼年份	2000	2005	2010	2015	2016	2017
世界	3.022	2.56	3.063	1.65	1.321	1.957
中国	7.64	10.743	10.103	6.358	6.124	6.304
新加坡	7.028	4.992	13.216	1.035	1.077	3.527
马来西亚	6.374	3.34	5.488	3.398	2.672	4.434
印度尼西亚	3.468	4.248	4.829	3.645	3.845	3.923
缅甸	12.374	12.611	8.858	6.014	4.899	5.788
泰国	3.375	3.514	6.991	2.659	2.974	3.651
老挝	4.051	5.443	6.89	5.86	5.528	5.337
柬埔寨	8.264	11.485	4.345	5.333	5.024	5.474
越南	5.598	6.551	5.332	5.509	5.091	5.726
文莱	0.704	-1.162	1.308	-1.957	-3.769	0.029
菲律宾	2.195	2.84	5.903	4.383	5.217	5.06

资料来源：世界银行数据库（https：//data.worldbank.org.cn/indicator/SP.POP.GROW）。

2017年，域内除了文莱人均GDP增长率低于世界平均水平外，其他国家均高于世界平均值，尤其中国、马来西亚、印度尼西亚、缅甸、老挝、柬埔寨、越南和菲律宾均超过5%，仍保持较高增速，增速最高的是老挝。结合收入类型看，高收入国家新加坡和文莱，由于经济发展惯性，已进入低速稳定发展期，增长率较低。其他发展中国家正处于发展黄金期，“一带一路”倡议的提出，既是团结发展中国家的有利平台，也是高收入国家寻求经济再突破的新发展机遇，必须牢固树立区域合作意识，互帮互助，才能实现区域经济协调发展。

二　三次产业发展状况

三次产业发展状况标志着一国经济发展水平的高低、发展阶段和方向，是衡量国民经济的重要因素，只有保障经济发展重点或产业结构重心由第一产业向第二、第三产业逐次转移，才能实现产业结构的优化升级。中国与东盟 10 国产业结构布局不尽相同，分别比较各国产业发展及就业状况，能够为区域经济合作和贸易投资提供重要参考价值。

（一）三次产业增加值

一是农业，2010 年、2017 年，除新加坡和文莱农业增加值占 GDP 比重稳定在 0.7% 左右外（见图 2—5、图 2—6），其他国家均不同程度下降，与世界平均发展状况一致，缅甸和柬埔寨降幅最大，分别减少了 13.52、10.50 个百分点；二是工业，除了缅甸、柬埔寨、越南和老挝工业增加值占 GDP 比重分别增长 9.83、9.01、1.27 和 0.45 个百分点，其他国家均下降，降幅最大的是文莱和中国，分别下降了 8.94、5.91 个百分点；三是服务业，除越南、柬埔寨服务业增加值占 GDP 比重增长不到

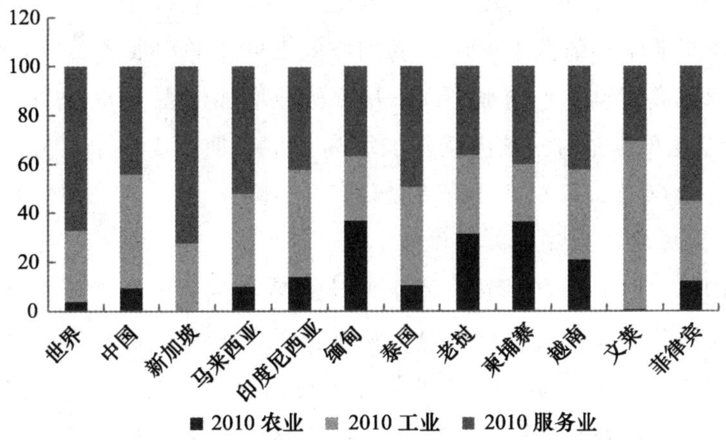

图 2—5　2010 年世界与中国、东盟 10 国三次产业增加值占 GDP 的比重

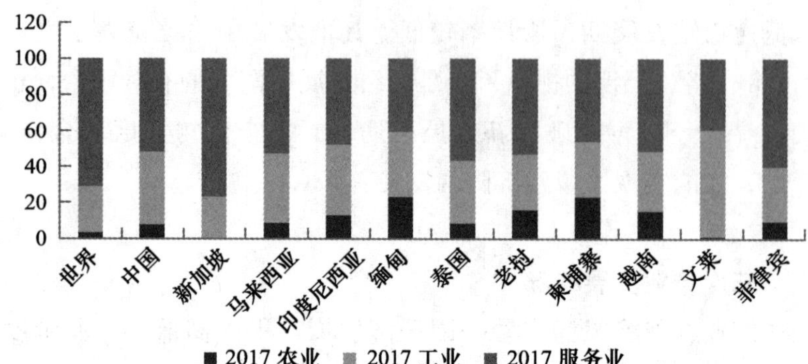

图2—6 2017年世界与中国、东盟10国三次产业增加值占GDP的比重

注：由于2017年三次产业增加值占GDP比重的世界平均水平数据缺失，故用2016年数据代替。

资料来源：世界银行数据库（https：//data. worldbank. org. cn/indicator/SP. POP. GROW）。

2个百分点，与世界平均增长水平相当外，其他国家均显著提高，增幅最明显的是文莱、中国和泰国，分别提高了8.58、7.55和6.83个百分点。

2017年，中国与东盟10国三次产业发展除文莱外，其他国家产业结构均呈现“三、二、一”模式，以服务业为主的第三产业发展迅速。一是农业增加值占GDP比重较高的国家有柬埔寨、缅甸和老挝，分别比同期世界平均值高出23.38、23.33和16.2个百分点，说明农业在四国国民经济发展中仍占相当大的比重；二是工业增加值占GDP比重，文莱59.72%左右，工业在该国经济发展中占据主导地位，中国40.47%左右，其他国家工业增加值低于40%，新加坡低于世界平均水平2.2个百分点，其余国家均高于世界平均水平；三是服务业增加值占GDP比重，世界平均水平已达70%左右，域内仅新加坡高出世界值近5.7个百分点，其余国家均低于60%，第三产业有待提升。

（二）三次产业就业状况

2010—2018年，各国农业就业人员逐渐减少，工业就业人口变化相对较小，服务业就业人员比重显著增加，总体变化趋势与世界平均水平一致（见表2—14）。其中，农业就业人员占总就业人员比重下降最明显的是缅甸、柬埔寨和老挝，分别下降了12.3、28.43、11.6个百分点，说明农业人口转移就业速度较快，降速小于世界平均水平的是新加坡、马来西亚、越南和文莱，不过新加坡和马来西亚该产业比重已经很低；工业就业人员占总就业人员比重变化相对稳定，如中国、新加坡、泰国、马来西亚和越南等经济发展水平相对较高的国家，与世界平均水平一致，工业就业人员略有下降。相反，工业就业人员占总就业人员比重增长的有印度尼西亚、缅甸、泰国、老挝、柬埔寨、越南和菲律宾，分别增长了 2.96%、1.89%、1.9%、1.48%、10.62%、3.93% 和 2.86%；服务业就业人员占总就业人员比重均呈增长态势，新加坡、中国、缅甸、老挝、柬埔寨增速相对较快，分别增加了 14.2%、13.63%、10.42%、10.13%、17.81%，显著高于 5.48% 的世界水平，文莱和泰国相对较慢，仅增长了 1—5 个百分点，不过文莱与新加坡一样，该值高出世界平均水平超过 30 个百分点，该产业内部就业人口已是高度饱和，因而增长空间较小。

表 2—14　世界与中国、东盟 10 国三次产业就业人员占总就业人口比重

（单位：%）

国别	2010 年			2018 年		
	农业	工业	服务业	农业	工业	服务业
世界	30.82	22.95	46.23	25.96	22.33	51.71
中国	26.23	30.15	43.61	16.45	26.31	57.24
新加坡	0.13	30.39	69.49	0.12	16.2	83.69
马来西亚	14.22	27.73	58.05	10.67	27.22	62.11
印度尼西亚	39.15	18.66	42.19	30.22	21.62	48.17
缅甸	60.61	14.98	24.4	48.31	16.87	34.82
泰国	38.24	20.64	41.12	31.99	22.54	45.47
老挝	71.46	8.32	20.22	59.86	9.80	30.35
柬埔寨	54.17	16.25	29.58	25.74	26.87	47.39
越南	48.85	21.41	29.74	39.57	25.34	35.09
文莱	0.71	19.25	80.04	0.51	17.60	81.89
菲律宾	33.18	14.98	51.84	25.31	17.84	56.84

资料来源：世界银行数据库（https://data.worldbank.org.cn/indicator/SP.POP.GROW）。

2018年，新加坡、马来西亚、柬埔寨和文莱就业人口结构呈“三、二、一”模式，产业就业人口布局合理，尤其新加坡和文莱服务业就业人口占总就业人口比重超80%；老挝、缅甸属“一、三、二”模式，尚有大量就业人口囤积在农业，其中老挝高达近60%；印度尼西亚和菲律宾与世界平均水平一致，呈现“三、一、二”模式，服务业就业人口显著增加，工业就业人口基本稳定，农业就业人口虽有所下降，但比重仍较高。

可见，经济发展较好的国家，如新加坡、文莱和马来西亚，三次产业增加值和三次产业就业状况较为合理，服务业创造社会总产值高，吸纳就业人员能力较强；以中国、印度尼西亚、泰国和菲律宾为代表的国家，三次产业结构调整仍在进行，农业增加值不断降低，农业就业人员不断转移，产业结构调整仍是经济发展的重中之重；经济发展相对落后的老挝、柬埔寨和越南，农业增加值较低，大部分就业人口囤积于农业，尤其老挝，将近60%的农业就业人口仅创造了不到20%的社会总产值。这也正是三国就业率虚高的原因，劳动力资源未得到充分利用。

三 贸易状况

区域经济合作最主要的方式就是进出口贸易，无论是中国—东盟自由贸易区还是“一带一路”倡议，出发点都是为了加强区域间合作与交流，实现区域间资金、技术和人员自由往来，消除贸易壁垒。

（一）贸易发展状况

2000—2015年，老挝和越南进出口贸易额占GDP比重不断增长，与世界平均水平增长趋势一致。尤其越南，进出口贸易对本国GDP拉动作用十分明显，2015年较2000年贸易额占GDP比重净增长了67.35个百分点（见表2—15）；马来西亚、印度尼西亚、文莱和菲律宾不断下降，2015年，仅印度尼西亚低于世界平均水平；中国、新加坡、泰国、柬埔寨和缅甸，受国内经济结构调整影响以及国际环境变化，增减变化较频繁。如中国，2000—2005年增长了22.797个百分点，2005—2015年不断下降，降低了22.755个百分点，与2000年基本持平。

表2—15　　世界与中国、东盟10国贸易额占GDP比重　　（单位：%）

国别 \ 年份	2000	2005	2010	2015	2016	2017
世界	51.167	56.182	56.929	57.830	56.213	71.701
中国	39.411	62.208	48.889	39.453	37.034	37.803
新加坡	366.071	422.648	373.445	329.048	310.256	322.428
马来西亚	220.407	203.854	157.945	133.460	128.824	135.837
印度尼西亚	71.437	63.988	46.701	41.938	37.439	39.536
缅甸	1.166	0.274	0.175	47.360	36.963	47.953
泰国	121.298	137.854	127.250	125.892	122.168	122.803
老挝	68.837	71.793	84.720	85.799	75.092	75.827
柬埔寨	110.885	136.832	113.604	127.864	126.950	124.895
越南	111.417	130.715	152.217	178.767	184.686	200.385
文莱	103.172	97.458	95.372	84.897	87.320	85.177
菲律宾	104.730	97.879	71.419	62.690	65.507	71.831

资料来源：世界银行数据库中货物与服务出口、货物与服务进口（占GDP百分比）总和（https：//data. worldbank. org. cn/indicator/SP. POP. GROW）。

2016—2017年，贸易额占GDP比重仅柬埔寨与文莱小幅下降，2017年超过100%的有新加坡、马来西亚、泰国、柬埔寨和越南，分别比世界平均水平高出250.727、64.136、51.102、53.194和128.684个百分点，其中既有经济发达国家，也有经济相对落后的国家，差异较大，国际交往日益频繁成为主流；比重超过世界平均值的有老挝、文莱和菲律宾，发展潜力较大；中国、印度尼西亚和缅甸比重相对较小，比世界平均值低33.898、32.165和23.748个百分点，这些国家应加快进出口贸易发展，及时解决面临的问题与挑战。

（二）货物和服务出口

2000—2015年，马来西亚、印度尼西亚和菲律宾货物和服务出口额占GDP比重不断下降，分别减少了49.257、19.817和22.973个百分点，中国起伏变化较大（见表2—16），马来西亚期间持续超过100%，对国民经济拉动作用十分显著，但自2000—2003年，2005年起不断下降。域内仅越南不断增长，与世界总体趋势一致，且高于世界水平。中国、新加坡、泰国等国家起伏较大。

表2—16　世界与中国、东盟10国货物和服务出口占GDP比重　（单位：%）

国别＼年份	2000	2005	2010	2015	2016	2017
世界	26. 048	28. 618	28. 83	29. 306	28. 509	36. 954
中国	20. 893	33. 83	26. 267	21. 348	19. 658	19. 757
新加坡	189. 181	226. 227	199. 747	177. 392	168. 192	173. 345
马来西亚	119. 81	112. 899	86. 93	70. 553	67. 789	71. 39
印度尼西亚	40. 977	34. 067	24. 299	21. 16	19. 121	20. 371
缅甸	0. 539	0. 178	0. 109	20. 799	15. 001	19. 964
泰国	64. 84	68. 403	66. 486	68. 704	68. 467	68. 172
老挝	30. 662	28. 964	35. 384	33. 952	33. 209	34. 34
柬埔寨	49. 523	64. 085	54. 083	61. 718	61. 282	60. 734
越南	53. 921	63. 699	72. 002	89. 779	93. 624	101. 593
文莱	67. 354	70. 168	67. 41	52. 211	49. 578	49. 573
菲律宾	51. 369	46. 137	34. 803	28. 396	28. 102	30. 951

注：货物和服务出口指向世界其他国家供应的所有货物和其他市场服务的价值。包括商品、货运、保险、运输、旅游、版税、特许权费，以及通信、建筑、金融、信息、商务、个人和政府服务等其他服务。

资料来源：世界银行数据库（https：//data. worldbank. org. cn/indicator/SP. POP. GROW）。

2017年，老挝货物和服务出口占GDP比重与35%左右的世界平均水平基本接近；低于20%的有中国和缅甸，货物和服务出口率较低，进出口贸易发展相对落后；最高的新加坡，达173. 345%，比世界平均水平高出近136个百分点，越南也超过了100%，货物和服务出口占绝对优势；其他国家包括马来西亚、泰国、柬埔寨和文莱，比重高于世界平均值，但与新加坡相比，差距较大，提升空间较大。

中国与东盟10国进口贸易发展可以看出：第一，新加坡、马来西亚、泰国、柬埔寨和越南等国进出口贸易对经济的拉动作用显著，贸易贡献率较高，但各国进出口产品类型有很大差异，新加坡主要以货物和服务出口为主，马来西亚、泰国、柬埔寨和越南出口产品中货物和服务所占比重相对较低，缺乏高附加值产品出口，限制了贸易长远发展；第二，老挝、文莱和菲律宾，进出口贸易发展状况与世界平均水平相近，贸易结构与贸易发展相对合理，发展潜力较大；第三，进出口贸易水平相对较低的国家，2017 年中国和缅甸，贸易对经济发展贡献较低，货物和服务出口占 GDP 比重低于 20%，贸易发展远落后于新加坡等发达国家。

四　城市化状况

随着社会生产力发展、科学技术进步以及产业结构调整，越来越多的农村人口不断涌入城市，人口城市化既是社会经济发展的必然阶段，也是一个国家或区域经济发展状况的直观反映，一般来说，区域经济发展水平越高，城市化水平就越高。

（一）城市化率

除菲律宾 1990—2017 年城市化率缓慢下降外（见图 2—7），其他国家均不断提高，可分为两个加速期：1990—2010 年为第一个快速增长期，中国、马来西亚、印度尼西亚和老挝增速快，分别增长了 22.8、21.1、19.3 和 17.7 个百分点，远高于 8.6% 的世界平均增幅；2010—2017 年为

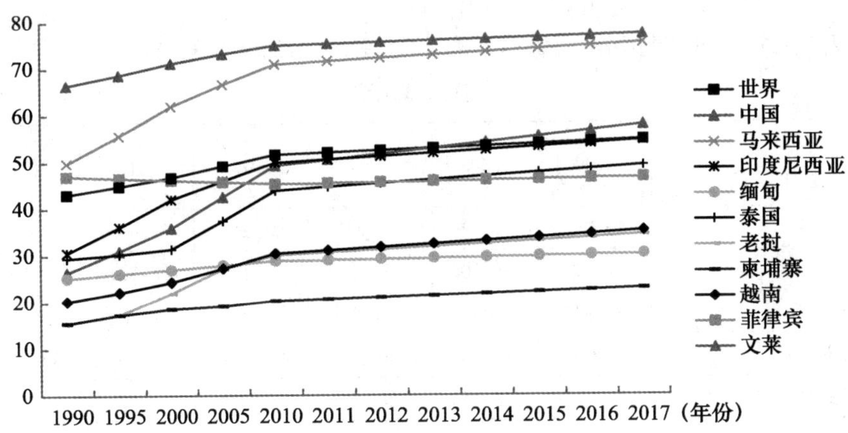

图 2—7　世界与中国、东盟 10 国城市化率

注：根据世界银行的统计数据，新加坡的城市化率从 1990 年至今均是 100%，与其他各国不具有可比性，图中并未标注出。

资料来源：世界银行数据库（https://data.worldbank.org.cn/indicator/SP.POP.GROW）。

第二个增长期，表现为城市化增长速度放缓，其中中国和泰国增长超过5%，其他国家增速更慢。2017年，文莱和马来西亚城市化率超过75%，城市化水平相对较高；中国和印度尼西亚城市化率超过50%，一半以上人口在城市居住和就业，为区域经济发展提供了相对充足的劳动力资源，但仍有较大发展空间；缅甸、泰国、越南、老挝和菲律宾在30%—50%，尚有大部分人口囤积在农村，其生活质量、经济收入、劳动就业得不到更多保障，阻碍区域经济快速发展；柬埔寨城市化率仅为22.98%，城市化水平低，农村和城市发展滞后。

（二）城市群发展

合理的城市化发展讲求大中小城市均衡协调发展，实现以城市群为主体、构建大中小城市和小城镇协调发展格局。2000—2015年，人口超100万的大城市吸纳人口状况，除新加坡、老挝和文莱①外，其他各国不断增加（见表2—17），与世界发展趋势基本一致。2015年世界人口超百万的城市群人口占总人口比重较2000年增长了3.201个百分点，同期超过世界增长水平的有中国、马来西亚、泰国和越南，分别增长了8.999、4.288、6.094和5.675个百分点，说明大城市对人口的吸引能力不断增强，仅菲律宾有小幅下降。

表2—17　世界与中国、东盟10国人口超过100万的城市群人口占总人口比重

（单位：%）

国别＼年份	2000	2005	2010	2015	2016	2017
世界	20.063	21.199	22.275	23.264	23.489	23.714
中国	17.127	19.962	23.27	26.126	26.701	27.271
新加坡	97.172	100	100	100	100	100
马来西亚	18.013	19.201	20.667	22.301	22.705	23.142
印度尼西亚	12.092	12.353	12.709	13.099	13.2	13.309

① 新加坡作为城市国家，其本身就完全城市化，而老挝发展水平较低，目前为止仍没有人口超100万的城市，文莱人口总量尚不足百万，故不存在比较的可能。因此，不将这三国纳入比较。

续表

国别＼年份	2000	2005	2010	2015	2016	2017
缅甸	9. 589	10. 159	10. 945	11. 677	11. 825	11. 975
泰国	12. 762	14. 592	17. 024	18. 856	19. 261	19. 685
老挝	—	—	—	—	—	—
柬埔寨	9. 453	9. 923	10. 642	11. 462	11. 64	11. 825
越南	9. 534	11. 136	13. 05	15. 209	15. 697	16. 208
文莱	—	—	—	—	—	—
菲律宾	14. 245	13. 961	14. 235	14. 245	14. 258	14. 275

资料来源：世界银行数据库（https：//data. worldbank. org. cn/indicator/SP. POP. GROW）。

2017 年，仅新加坡、中国高于世界平均水平，其余国家发展相对较慢，如柬埔寨比世界平均值低了 11. 889 个百分点，对劳动力人口吸引力较小。中国大城市发展迅速，并不断扩大成为超大城市、特大城市，逐渐形成大城市越来越大、大中小城市差距越来越明显的格局。当然，人口过度集中于小城镇，也不利于发挥大城市集聚效应和区域带动作用，同样不利于一国经济协调发展。

对中国与东盟国家区域经济发展状况进行分析，有助于清楚了解和认识“一带一路”倡议、中国—东盟自贸区双重作用下，中国与东盟各国的发展现状以及区域经济发展面临的问题。根据收入类型划分，收入水平较高的新加坡、文莱、马来西亚、中国和泰国的人均 GDP 和人均 GNI 增长速度逐渐趋于缓慢，正处在稳定增长期，且进出口贸易额趋于下降，城市化发展程度相对较高，暂时进入经济发展平台期，必须从多方面予以政策性调整。收入水平相对较低的如缅甸、老挝、柬埔寨、越南和菲律宾正处于经济发展加速期，人均 GNI 和人均 GDP 仍维持相对较高增速，尤其进出口贸易发展迅速，对外贸易对区域经济拉动作用显著，但这些国家城市化水平仍较低，阻碍了产业结构调整和工业化、信息化发展。因此，根据各国产业经济、贸易发展现状，在“一带一路”建设中，实现中国与东盟 10 国的深入合作、协调发展显得尤为重要，也是双边、多边共赢的大好机遇。

第三节 人口与区域经济发展耦合协同状况

一 指标构建①

（一）人口与区域经济耦合内涵

耦合是指两个或两个以上的电路元件或电网络的输入与输出之间存在紧密配合与相互影响，并通过相互作用从一侧向另一侧传输能量的现象。耦合度则是对模块间关联程度的度量，模块间联系越多，其耦合性越强，同时表明其独立性越差。由于人口与经济是相互联系的两个系统，人口系统如人口规模、人口素质等变动对区域经济发展有着重要影响，而经济发展又会影响着人口系统的发展变动，两者共同作用、相互影响而耦合成人口—经济系统。这里选取人口和经济相关指标分别组成人口子系统与经济子系统，以此来测算中国与东盟国家人口与经济的耦合度。

（二）指标体系的构建

根据评价指标选取的全面性、科学性和可操作性等原则，以及在借鉴前人研究成果的基础上，结合本研究内容的需要，从人口子系统与经济子系统的内在联系出发，选取2015年人口子系统的11项指标和经济子系统的11项指标来反映中国和东盟国家人口与经济耦合发展状况，并运用熵值法确定指标权重（见表2—18）。

表2—18 人口子系统与经济子系统耦合关系指标体系及权重

耦合系统	指标/单位	权重
人口子系统	人口密度	0.354846
	人口总量	0.0361357
	人口自然增长率	0.049126
	人口净迁移率	0.091589
	人口老龄化（65岁以上人口占总人口比重）	0.122748
	总抚养比	0.050556

① 以下篇章均使用相同方法，故后面章节不再重复出现相关内容。

续表

耦合系统	指标/单位	权重
	非农就业比重	0.028560
	城市化率	0.054275
	平均受教育年限	0.067769
	高等教育入学率	0.067827
	出生时预期寿命	0.076568
经济子系统	GDP 总量	0.053169
	人均 GDP	0.174671
	GDP 增长率	0.024965
	贸易额（万美元）	0.057444
	货物和服务出口（占 GDP 比重）	0.110520
	非农产业比重	0.050099
	就业人口效率	0.137337
	就业率	0.071873
	外国直接投资净流入（占 GDP 的比重）	0.117623
	高新技术产品（占出口产品比重）	0.058222
	人均 GNI（用购买力评价 PPP 后的美元值）	0.144077

资料来源：整理自世界银行数据库（https://data.worldbank.org.cn/indicator/SP.POP.GROW）。

考虑到本研究所涉及的国家众多，各个国家间存在统计差异，故研究所用数据均来自世界银行数据库，确保数据统计口径的一致性和可比性。

二　耦合协调度分析

（一）耦合度模型

借鉴以往研究成果，在耦合概念和耦合系数模型的基础上，构建人口与经济系统耦合度函数，该函数可以表示为：

$$C_{ne} = \sqrt{(X_p \times X_e)/(X_p + X_e)^2} \qquad (2—1)$$

式2—1中，耦合度值C_{ne}界于0到1之间，人口子系统发展水平用X_p表示，经济子系统发展水平用X_e表示。当C_{ne}趋于1时，耦合度最大，系统之间或系统内部要素之间达到良性共振耦合，系统将趋于新的有序结构；

当C_{ne}等于0时，耦合度极小，系统之间或系统内部要素之间处于无关状态，系统将向无序发展。

根据C_{ne}值的大小，将耦合过程分为较低水平耦合、拮抗时期、磨合阶段、高水平耦合4个阶段（见表2—19）。在较低水平耦合阶段，人口子系统与经济子系统之间的相互作用微弱，人口子系统中的各因素对经济发展的影响比较小，甚至可能出现抑制作用，而经济子系统的各因素对提高人口质量、优化人口结构的促进作用也不显著；在拮抗阶段，人口子系统与经济子系统之间相互促进作用逐渐显现，但作用力并不强，仍然存在一定的负面因素，当负面因素占主导地位时，有可能会跌至低水平耦合阶段；在磨合阶段，人口子系统与经济子系统间相互作用明显增强，人口的发展开始促进经济的提高，而经济的提高也反过来促进人口的发展，两者开始进入良性耦合阶段；在高水平耦合阶段，人口与经济系统之间的作用力十分强大，人口与经济发展相得益彰、互相促进。

表2—19　　人口子系统与经济子系统耦合阶段划分

阶段	较低水平耦合	拮抗时期	磨合阶段	高水平耦合
C_{ne}值	$0 < C_{ne} \leqslant 0.3$	$0.3 < C_{ne} \leqslant 0.5$	$0.5 < C_{ne} \leqslant 0.8$	$0.8 < C_{ne} \leqslant 1$

注：根据相关文献资料和研究需要整理划分。

（二）协调度模型

耦合度模型虽能揭示人口与经济系统的相互作用关系，但不能判定人口与经济系统间交互作用的协调发展程度。因此，根据以往研究成果，本研究构建人口与区域经济协调度模型，t时刻人口子系统与经济子系统之间的协调不仅意味着其值都较大，而且还要求它们之间的相对离差较小，即离差系数C_v越小越协调，协调度模型可以表示为：

$$C_v = \left[\frac{X_p - X_e}{\frac{1}{2}(X_p + X_e)}\right]^2 = 4\left[1 - \frac{4 \times X_p \times X_e}{(X_p + X_e)^2}\right] \qquad (2—2)$$

式2—2中X_p和X_e的含义同上。因为$0 \leqslant X_p \leqslant 1$，$0 \leqslant X_e \leqslant 1$，所以当$C_v$最小时，即$\frac{4 \times X_p \times X_e}{(X_p + X_e)^2}$越趋向于无穷大，为方便区域之间的比较，定义协调

度为：

$$C(t) = \sqrt{[G(t) \times T(t)]} \qquad (2—3)$$

其中，

$$G(t) = \left[\frac{4 \times X_p \times X_e}{(X_p + X_e)^2}\right]^2, T(t) = X_p^{\alpha} \times X_e^{\beta} \qquad (2—4)$$

式 2—4 中，协调度 $C(t)$ 是反映系统 X_p 与 X_e 协调发展水平的综合性指标，它揭示出人口与经济系统 t 时刻的协调程度和发展水平。$T(t)$ 为人口与经济综合调和指数，它反映人口与经济的整体协同效应或贡献；α 和 β 为待定权数，且 $\alpha+\beta=1$。在人口—经济耦合系统中，希望协调水平不低于 0.6，为此，设定如下协调度等级（见表 2—20）。

表 2—20　　人口经济耦合协调度的协调类型及判别标准

类型	协调等级	协调度
衰退失调型 $0<C(t)\leqslant 0.4$	$0<C(t)\leqslant 0.1$	极度失调
	$0.1<C(t)\leqslant 0.2$	高度失调
	$0.2<C(t)\leqslant 0.3$	中度失调
	$0.3<C(t)\leqslant 0.4$	轻度失调
过渡型 $0.4<C(t)\leqslant 0.6$	$0.4<C(t)\leqslant 0.5$	濒临失调
	$0.5<C(t)\leqslant 0.6$	勉强协调
协调发展型 $0.6<C(t)\leqslant 1$	$0.6<C(t)\leqslant 0.7$	中等协调
	$0.7<C(t)\leqslant 0.8$	良好协调
	$0.8<C(t)\leqslant 1$	优质协调

资料来源：刘耀斌：《人口、资源与环境经济学模型与案例分析》，科学出版社 2014 年版。

三　统计性分析结果

经标准化处理之后，采用熵值法得到各指标权重，计算各国人口发展水平与经济发展水平，再根据式 2—3 和式 2—4 分别计算出 2015 年的中国与东盟 10 国的耦合度与协调度（见表 2—21）。

第一，从人口经济耦合度结果看。中国与东盟 10 国的耦合度均在 0.4—0.5 之间，尚处在拮抗时期。各国人口子系统与经济子系统之间相互促进作用逐渐显现，但作用力并不强，仍然存在一定的负面因素。其中，文莱的人口经济耦合度为 0.445408，相对东盟其他国家水平较低，说明文莱的人口发展速度滞后于高速的经济发展，导致人口因素对经济发展的贡献率较低；柬埔寨的人口经济耦合度为 0.461812，比文莱高 0.016404 个单位值，但柬埔寨的人口与经济发展水平均较低，人口因素对经济的影响程度较弱，经济发展对促进人口变动的影响也较弱。中国和其余东盟国家的耦合度基本在 0.49 左右，经过后续人口子系统和经济子系统的调整和不断提升，加强人口与经济的良性互动后，有望进入磨合期。

表 2—21　　2015 年中国与东盟 10 国人口经济耦合协调度分析表

<table>
<tr><th>国别</th><th>耦合度数值</th><th>耦合阶段</th><th>协调度数值</th><th>协调度等级</th><th>协调度类型</th></tr>
<tr><td>新加坡</td><td>0.496078</td><td rowspan="11">拮抗时期</td><td>0.586473</td><td>勉强协调</td><td>过渡型</td></tr>
<tr><td>中国</td><td>0.497167</td><td>0.277268</td><td>中度失调</td><td rowspan="10">衰退失调型</td></tr>
<tr><td>马来西亚</td><td>0.497066</td><td>0.286036</td><td>中度失调</td></tr>
<tr><td>印度尼西亚</td><td>0.497177</td><td>0.210858</td><td>中度失调</td></tr>
<tr><td>泰国</td><td>0.491010</td><td>0.282469</td><td>中度失调</td></tr>
<tr><td>老挝</td><td>0.495132</td><td>0.212662</td><td>中度失调</td></tr>
<tr><td>越南</td><td>0.499992</td><td>0.262690</td><td>中度失调</td></tr>
<tr><td>文莱</td><td>0.445408</td><td>0.272501</td><td>中度失调</td></tr>
<tr><td>菲律宾</td><td>0.496366</td><td>0.225509</td><td>中度失调</td></tr>
<tr><td>缅甸</td><td>0.499770</td><td>0.164973</td><td>高度失调</td></tr>
<tr><td>柬埔寨</td><td>0.461812</td><td>0.165753</td><td>高度失调</td></tr>
</table>

资料来源：整理自世界银行数据库（https：//data.worldbank. org.cn/indicator/SP.POP.GROW）。

第二，从人口经济协调度结果看。中国与东盟 10 国的协调度差异相对较大，基本分为勉强协调、中度失调和高度失调三个等级。首先，新加坡的人口经济协调度为 0.586473，协调度最高，已处于过渡型，距离实现协调发展型相差 0.114 个单位值。其次，中国与马来西亚、印度尼西亚、泰国、老挝、越南、文莱和菲律宾的人口经济协调度均在 0.2—0.29 之间，协调度等级为中度失调，尚属于衰退失调型。其中，中国、马来西亚、泰国和文莱的协调度在 0.27—0.29 之间，经过人口与经济系统的深入调整和不断完善后，有望改善至轻度失调，而印度尼西亚、老挝和菲律宾的协调度在 0. 21—0. 23 之间，稍有不慎即有可能跌入高度失调阶段，届时人口与社会经济的发展将面临更大的威胁和挑战。最后，缅甸和柬埔寨的人口经济协调度均在 0. 165 左右，两国尚处在高度失调阶段，人口因素与经济发展之间高度不协调、不匹配，人口变动对经济发展的制约作用明显，经济发展对人口因素的带动作用较弱，人口系统与经济系统的协同性较差。

第三，从中国与东盟 10 国人口经济耦合度和协调度水平可以看出：各个国家耦合度差异相对较小，协调度差异相对较明显。其中，新加坡的人口经济耦合度、协调度水平均较高；而在耦合度水平相当的国家中，印度尼西亚、老挝、菲律宾和缅甸四国的协调度明显低于中国、马来西亚和泰国，说明在人口与经济相互作用较强的国家中，人口与经济并不一定具有同等强度的协调度；文莱的人口与经济发展相关性较弱，经济的迅速发展对人口因素的要求较低，但现有的人口与经济发展的协调性却高于越南和菲律宾等耦合度相对较高的国家；缅甸和柬埔寨是区域内经济发展水平较低的国家，其人口与经济的耦合度、协调度均较低，尤其柬埔寨，人口因素的变动对经济发展水平的影响力较小，贡献率较低，经济社会的发展对人口因素的提升作用也不显著（见图 2—8）。综合来看，中国与“一带一路”沿线东盟国家的人口经济耦合协调发展水平均有较大的提升空间，需要不断完善区域内影响人口与经济协调发展的因素，实现向高水平的耦合、协调发展。

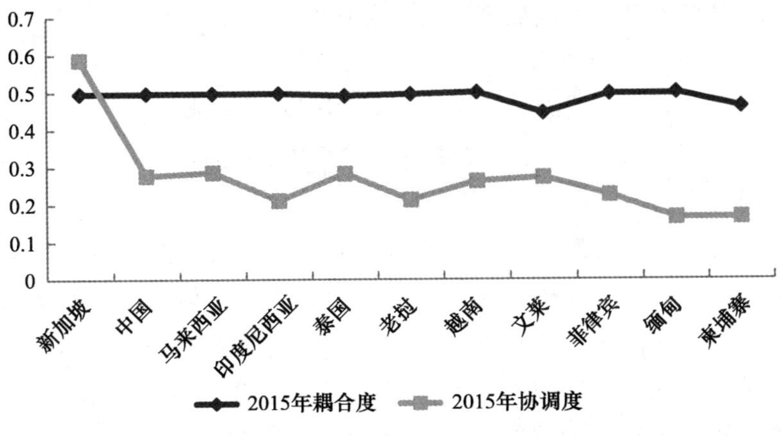

图 2—8　2015 年中国与东盟 10 国耦合度与协调度示意图

依据2016年公布的《工业化蓝皮书：“一带一路”沿线国家工业化进程报告》，中国与“一带一路”沿线东盟大部分国家处于工业化中后期阶段，而新加坡经济高度发达，2017年人均GDP 57714.3美元，居东盟国家首位，居65个国家的第二位，仅次于卡塔尔，城镇化率为100%，第一产业占比仅为0.03%，是65个国家中一产比重最小的国家；新加坡制造业增加值占总商品生产部门增加值比重为74.6%；现阶段该国已发展至后工业化时期，也是“一带一路”沿线国家中工业化水平最高的国家，工业化综合指数达100，与以色列一道是进入后工业化时期的两个国家。同时，中国、文莱和马来西亚等国均处于工业化中后期，而缅甸和柬埔寨属于工业化水平最低的国家之一，人口与经济发展均很落后，经济发展主要依赖于农业，产业结构单一化，农业人口比重过高，人口与经济之间协调性较差。各国工业化发展水平的评价结果在一定程度上佐证了本研究的实证结果，工业化作为经济发展的重要方面，代表着一个国家的经济发展水平和发展方向，人口与经济的耦合协调发展，能极大地促进经济社会尤其是工业化的快速发展，工业化的发展能带动经济的可持续发展，也可以促进人口因素在数量、质量和结构发展方面的不断优化。总体来看，中国与“一带一路”沿线东盟10国的人口与经济耦合协调发展均处于拮抗阶段，发展较为失调，人口要素对经济的发展所起的作用有限，人口对经济发展的贡献率也相对较低，促进人口与经济协调发展是“一带一路”倡议下深入合作、深化改革的重要目标，各国必须根据自身人口与经济发展的现实状况，加强区域合作和交流，实现互通往来、优势互补，共同促进区域的人口经济协调发展。

第四节　人口变动对区域经济发展的影响

人口是经济社会发展的基本要素，人的一切活动都会对社会生产产生影响。不同的人口规模、人口年龄结构、人口迁移变动和就业状况直接或间接地影响着区域经济发展，经济活动必须适应人口变动规律，促进二者协调变动。根据中国—东盟10国人口变动与经济发展基本状况，进一步考察人口变动对区域经济发展的影响机制，提出二者不相适应、不相协调之处，为“一带一路”倡议下促进中国与东盟区域经济协同发展提供新思路。

一　人口自然变动对经济发展的影响

（一）人口规模不断扩大，落后国家社会总需求增加

中国与东盟10国人口增长率虽不断下降，但人口规模仍不断扩大，尤其老挝、柬埔寨和菲律宾近几年人口增长率仍超过1.2%，高出同期世界平均水平，人口净增长量相对较大。在既定的社会生产能力和收入水平下，人口总量不断增加会稀释人均财富，影响生活水平提高，尤其对发展较为滞后的国家影响更为明显，如2017年，老挝人口规模与新加坡相当，但人均GNI仅是新加坡的4.16%，柬埔寨人口总量是新加坡的3倍，但人均GNI却仅占新加坡的2.26%，菲律宾人口总量1.033亿，但人均GNI仅占新加坡的6.71%。由此看来，人口增加并不直接带来经济增长，在经济水平较低的情况下，过大人口规模会带来人口压力，造成社会总需求增加，若不及时、合理地解决人口日益增长的物质需要，提高社会生产效率，就会造成资源紧缺、环境破坏，阻碍经济社会长远发展。

（二）少儿人口不断减少，“少子化”问题初现

从世界发展经验看，“少子化”是发达国家面临的一大难题，导致一系列严重社会后果。中国与东盟10国0—14岁少儿人口比重均不断下降，尤其中国、新加坡和泰国，2017年该值已降至20%以下，比世界平均值分别低了8.264、10.959和8.622个百分点。预计到2050年，上述三国该值将分别跌至13.98%、10.98%和12.99%，届时文莱也将降至15.67%，四国“少子化”问题将更加严重。“少子化”直接影响教育、医疗和社会公共事业发展，学校生源急剧减少、相关产业被迫转型，引起一系列社会连锁效应。从长远看，“少子化”必然带来人口结构失衡、规模缩减，经济社会发展所需的劳动力资源短缺，影响产业结构调整和就业结构完善，国家适龄兵役减少，老年人口赡养义务转移至社会和国家，造成代际传递断裂，必须统筹多方资源逐渐消减“少子化”带来的社会风险。

（三）老龄化程度不断加深

1. 老年人口数量庞大

新加坡、泰国和中国分别于1999年、2002年、2000年进入老龄化社

会，2017年，三国老年人口比重分别为12.922%、11.373%和10.641%。到21世纪中叶，三国老年人口比重分别达33.59%、28.99%和26.30%，老年人口绝对数量共计3.8亿，占中国与东盟自贸区老年人口总量的78.77%，老年人口数量十分庞大。其余大部分国家虽进入老龄化时间较晚，但无一例外将在2040年前全部进入。人口老龄化对国家社会保障制度、基础设施建设、储蓄与消费等方面提出了新要求。一方面，最直接的就是养老医疗制度的不断完善和劳动力资源短缺问题，在"少子化""老龄化"共同作用下，老龄化国家需不断调整社会经济制度、引进人才，以此消减人口老龄化冲击；另一方面，中国和泰国现阶段经济发展水平较发达国家差距甚远，人均GNI还未达到世界平均水平，但老龄化速度不断加快，每单位人口仅以不足新加坡五分之一的收入来应对同时期养老、医疗问题，若不提高经济发展水平、完善社会保障制度，很可能跌入"未富先老"困境，将严重阻碍经济社会发展。

2. 人口抚养负担不断加重

不同年龄结构类型决定了人口抚养侧重点不同。一方面，中国、新加坡和泰国人口抚养比不断加重，人口老龄化影响将日益严重，老年人口抚养压力主要集中于养老、医疗，迫切需要社会保障制度的改革和完善。同时，老年人口增多，会改变本国消费与储蓄结构，进而影响社会投资。另一方面，老挝、柬埔寨和菲律宾2017年该值超过55%，由于老年人口较少，被抚养人群主要集中于少年儿童，本国在教育、医疗、就业、住房和婚姻等方面压力较大，且年轻人社会需求更为多元化，对社会经济发展要求更为强烈，同时到21世纪三四十年代，上述三国进入老龄化后，较高的社会抚养负担将面临总抚养比压力过大难题，而且该趋势不可逆转。

（四）人口红利未得到充分开发

1. 劳动年龄人口数量多，但人口效率偏低

目前，东盟大部分国家处于成年型人口类型，包括马来西亚、印度尼西亚、缅甸、老挝、柬埔寨、菲律宾和文莱，劳动年龄人口占总人口比重将持续增长至2020—2030年左右，然后开始下降，逐渐减小，届时劳动力资源优势相继消减。但老挝和菲律宾在2050年以前劳动年龄人口优势仍继续保持。2017年，以上各国老年人口比重仍低于6%，人口抚养

负担不断下降，与人口年龄结构较轻的优势一并构成人口红利期，经济发展潜力巨大，但落后国家人口效率偏低，劳动年龄人口经济产出较低。除马来西亚和文莱每单位劳动力创造的 GDP 分别是世界平均的 1.6 倍和 2.5 倍左右外，印度尼西亚、缅甸、老挝、柬埔寨、菲律宾每单位劳动力创造的 GDP 分别占世界平均水平的 67.95%、27.75%、32.57%、18.2% 和 50.55%，尤其柬埔寨，单位劳动力仅创造 6254 美元产出，劳动力资源优势不凸显，造成人口红利极大浪费。随着人口年龄结构变化，人口红利会在一定时期后消退，若以上各国未有效提高劳动人口生产效率，待进入老龄化阶段，经济与人口的双重压力将严重阻碍社会经济发展。

2. 人口素质偏低，影响人口红利实现

马来西亚、印度尼西亚、缅甸、老挝、柬埔寨、菲律宾和文莱等国家正处于人口红利期，老挝、柬埔寨和菲律宾甚至延续至 2050 年左右。但老挝、缅甸和柬埔寨高等教育入学率均低于 20%，分别比入学率最高的泰国低了 31.95、35.33 和 35.77 个百分点，差距十分明显。同时，老挝、缅甸和柬埔寨三国人口平均受教育年限分别为 5.2 年、4.7 年和 4.7 年，比新加坡分别少 6.4 年、6.9 年、6.9 年，这三国均是东盟区域内经济发展较落后的国家，虽然正处于人口红利期，但高素质人才培养机制不健全，适龄人口接受高等教育机会有限，阻碍了劳动力素质的提升。同时，人口平均受教育年限较低，人口素质普遍偏低，不仅严重阻碍了人口效率提高，而且极大影响了科学技术革新和生产效率提高，是对人口红利期的浪费和闲置，若不及时调整和改革，势必造成人口压力，影响社会经济和人口长远发展。

二　人口社会变动对经济发展的影响

（一）产业结构不合理，就业人口效率低

中国与东盟各国劳动年龄人口就业率虽高出世界平均水平，但部分国家就业人口效率却不容乐观，新加坡 1 单位劳动力创造的 GDP，缅甸、柬埔寨和越南则分别需要 25 单位、23 单位和 15 单位才能完成。缅甸、老挝、柬埔寨和越南三次产业结构虽不断调整，但产业布局仍不合理，仅工业增加值与世界平均水平相当，农业增加值占 GDP 比重分别为 28.2%、19.5%、26.7% 和 18.1%，比世界平均值分别高出 24.4、15.7、

22.9 和 14.3 个百分点；服务业增加值占 GDP 比重分别为 42.3%、48%、41.6%和45.5%，比世界平均水平分别低26.8、21.1、27.5 和23.6 个百分点。可见，以上国家第一产业所占比重过高，第二产业发展缓慢，第三产业所占比重偏低，服务业发展十分滞后，对 GDP 贡献率低于世界平均水平，造成每单位就业人口创造社会财富低于 1 万美元，就业人口劳动效率低下。由于本国经济发展相对滞后，国内生产总值较低，经济发展动力不足，大量囤积在第一产业的劳动力所创造的社会财富总额有限，致使国民生活水平得不到根本改善。

（二）三次产业就业人口分布不合理，农业人口亟待转移

当前，中国与东盟各国农业就业人员逐渐减少，工业就业人口变化相对较小，服务业就业人员比重显著增加，总体变化趋势与世界平均水平一致。其中，中国、印度尼西亚、缅甸、泰国和菲律宾三次产业结构调整仍在进行，就业人口结构与世界平均水平一致，呈现“三、一、二”模式，农业就业人员不断转移向工业和服务业。老挝、柬埔寨和越南就业人口结构则属于“一、三、二”模式，农业就业人口占总就业人口比重分别是79%、43.2%和42.8%，比世界平均水平高49.9、14.1 和13.7 个百分点，农业增加值较低，仍有大量就业人口囤积于农业，尤其老挝，近80%的农业就业人口仅创造了不到20%的社会总产值。因此，如不及时实现第一产业内部升级，释放和转移富余劳动力，势必影响工业现代化、服务业高级化进程。

（三）部分国家进出口贸易发展相对滞后

中国、印度尼西亚和缅甸进出口贸易发展相对滞后，尤其是货物和服务出口占 GDP 比重远落后于东盟其他国家，对经济发展贡献较低，缺乏高附加值产品出口，限制了贸易长远发展。2017 年，与新加坡相比，中国、印度尼西亚和缅甸贸易额占 GDP 比重分别低了 284.63、282.89 和 274.48 个百分点，货物和服务出口占 GDP 比重分别低了 153.39、152.98 和 153.39 个百分点，差距悬殊。说明中国、印度尼西亚和缅甸贸易发展空间还相对较大，在产业结构调整和优化基础上，必须相应调整进出口贸易结构，进一步消除贸易壁垒，实现产品出口尤其是高附加值、高科技含量的产品出口，增加国际、区域间贸易往来。

（四）女性劳动力社会参与率有待提高

受传统文化、社会制度以及经济类型影响，中国与东盟国家女性劳动力社会参与率有较大提升空间，尤其印度尼西亚、马来西亚和菲律宾，女性劳动力社会参与率比同期男性低了近 30 个百分点，大量女性劳动力未参与社会经济活动，造成劳动力资源闲置和浪费。同时，老挝两性劳动力社会参与率基本持平，均保持在 77% 左右，主要因为该国 79% 的人口从事农业生产，对劳动力资源性别要求较低，也从侧面印证了老挝人口就业结构不合理，大量劳动力资源囿于第一产业发展的现状。

三　人口迁移变动对经济发展的影响

（一）区域内人口迁移率低，缺乏劳动力资源共享机制

一方面，经济发展越落后的国家，人口净迁移率越低。2015 年，老挝、缅甸、菲律宾和越南人口净迁移率分别为 -3.6%、-1.8%、-1.4% 和 -0.4%，仍以人口输出为主，但迁出比重相对较低，与区域内高收入国家人员互动不频繁，缺乏劳动力资源互补的积极性。另一方面，经济发达国家对国际迁移人口需求大。新加坡、马来西亚和文莱人口迁移发生率较高，2015 年，三国该值分别为 14.9%、3.1% 和 1%，且吸纳国际迁移者多以技术型高端人才为主，对东盟区域内的廉价低端劳动力需求较少。区域内劳动力资源供需不对称，无法带动区域内国家共同发展，缺乏劳动力资源共享机制。

（二）城市化水平有待提高

城市化水平越低，代表该国经济发展越落后，人口在空间、职业和地区分布上不优化。除新加坡外，中国与东盟其他国家城市化水平整体不高，且国家间差距较大。城市化率超过 50% 的国家有中国、马来西亚、印度尼西亚、泰国和文莱，其他中等偏下收入国家柬埔寨、越南、缅甸、老挝和菲律宾城市化发展水平低，尚有大量人口囤积在农村，收入水平较低。尤其柬埔寨，城市化率仅 20.9%，农村人口众多，公共医疗卫生、教育和就业等问题很难得到有效解决。同时，东盟大部分国家 100 万以上大城市发展相对较少，如印度尼西亚和柬埔寨，大城市人口集中度较低，大城市对人口吸纳有限，缺乏充足就业机会，无法有效发挥大城市的集散效应和区域经济带动效应。

四 人口经济耦合协调度的影响

（一）区域内人口与经济的发展处于拮抗时期，两者相互促进作用较弱

根据实证结果，中国与东盟10国的人口经济耦合度均在0.4—0.5之间，尚处在拮抗时期。该时期人口与经济的相互促进作用逐渐显现，但作用力较弱。在研究中，通过对各指标进行处理，得到人口子系统与经济子系统的综合得分，按照人口子系统综合得分的高低排序为：新加坡、泰国、中国、马来西亚、越南、文莱、菲律宾、印度尼西亚、老挝、缅甸和柬埔寨；按照经济子系统综合得分的高低排序为：新加坡、文莱、马来西亚、中国、泰国、越南、老挝、柬埔寨、菲律宾、印度尼西亚和缅甸。可以看到，除新加坡外，中国与东盟其他国家人口系统与经济系统的发展速度不一致，人口变动不一定促进经济发展，经济发展也不一定能带动人口发展的进一步提升。

以越南为例，2015年的人口经济耦合度为0.499992，即将步入磨合期，但其对应的人口子系统和经济子系统得分在区域内属于中等偏低水平，2015年非农就业人口比重仅达到56%，比中国低15个百分点，比新加坡低44个百分点左右，而城市化水平与缅甸相当，仅达到34%左右，就业人口人均GDP为9400美元，分别占中国、新加坡和文莱就业人口人均GDP的38.6%、6.65%和6.06%。由此可见，越南、缅甸、印度尼西亚等相对落后国家人口经济耦合度高于新加坡等相对发达国家，只是人口与经济的低水平耦合，其实质是人口与经济在相对较低层面上的相互掣肘，人口系统和经济系统的相互促进作用还未显现，稍有不慎，极有可能跌入低水平耦合。

（二）域内多数国家人口与经济处于衰退失调型，人口与经济发展不相适应

中国与“一带一路”沿线东盟国家人口经济协调度差距较大，且经济发展水平相对较高的国家，人口经济协调度也相对较高。新加坡作为区域内的高收入国家，2015年人均GDP为54940.86美元，分别是马来西亚、中国和泰国三个中等偏上收入国家的5.74倍、6.81倍和9.40倍，非农产业比重达到99.96%，人口与经济产出效率高，新加坡也是区域内

唯一达到人口经济勉强协调的国家。中国与东盟其他国家均处在衰退失调时期，人口与经济的失衡和负作用明显，人口变动与经济发展尚存在较大矛盾。文莱的经济发展水平仅次于新加坡，2015 年就业人口人均 GDP 甚至比新加坡高 9.8%，但文莱城市化发展水平低于新加坡 23 个百分点，尤其是高新技术产品的出口比重仅占新加坡的三分之一左右，进出口贸易主要依赖石油、天然气等出口，人口变动在一定程度上滞后于经济发展，导致文莱人口经济协调度仅 0.272501，与中国、马来西亚、泰国等国家基本持平。

与发达国家不同的是，中国、马来西亚和泰国等区域内经济发展水平相对较高的国家，在人口变动与经济发展方面均存在一定程度的滞后，人口与经济发展作用力不均衡，在某些方面存在错位，中国快速的老龄化、调整中的城市化发展与较低的人均国民收入和人口效率等因素相互作用，导致人口经济发展的协调性较低，人口与经济发展的相互促进作用不显著。而柬埔寨和缅甸较高的人口抚养比、落后的非农产业和滞后的城市化发展，导致人口数量、质量和结构的调整与较低的人均国民收入和人口效率相作用，加之高新技术产品出口比重尚不足 1%，使得柬埔寨和缅甸的人口经济协调度仅为 0.16 左右，这种人口系统与经济系统的高度失调必然阻碍社会经济的长远发展和区域经贸合作的深入开展。

第三章

中国—南亚8国人口变动与经济发展

“一带一路”倡议下，促进了中国与南亚的交流与合作，随着“一带一路”建设框架的实施，中国经济发展的“外溢”效应更加显现，南亚国家市场与中国市场从中受益，改善了基础设施，帮助解决发展资金问题以及人才输送，促进了南亚区域联盟合作。“一带一路”倡议秉承开放包容、共商共建共享共赢原则，中国与南亚地区以互利互通共赢作为合作的基础，南亚地区人口变动和区域经济协调发展则成为彼此合作的关键因素。分析南亚地区人口结构变动与经济、社会发展相关指标，运用耦合模型计算中国与南亚区域人口和经济协调度发展程度，结论如下：南亚地区总体呈现人口持续增长，经济发展较为落后；少儿人口虽不断减少，但劳动力资源丰富；老龄人口虽不断增多，但抚养负担主要在“小”，同时存在着人口红利未得到充分开发以及产业结构不合理现象，进出口贸易波动明显，区域内人口迁移率、城市化水平和社区参与率都较低的典型社会经济问题。中国的人口和经济发展处在濒临失调的阶段，而南亚区域则存在轻度、中度甚至高度失调的状态，南亚地区人口的高速增长与经济发展落后的矛盾，是中国与南亚国家互通往来不容忽视的问题。同时，南亚地区人口经济的发展虽然存在着不协调性，给区域合作带来巨大挑战，但经济发展速度快于人口增长速度，也带来了区域发展的机遇。

因此，应尽快发展南亚地区经济，提升南亚区域人民幸福感；维护南亚区域政局稳定，发挥该区域优势资源，并与中国形成产业互补；在“一带一路”建设发展布局下，积极开拓南亚市场，服务中国西部对外开放战略，保障中国能源运输通道安全；积极参与南亚地区事务的平衡发展，体现大国担当，进一步提升中国的影响力等。

南亚，地处亚洲南方，北靠喜马拉雅山脉，南临印度洋，西濒阿拉伯海，东濒孟加拉湾，在这个总面积达 4480000 平方公里的土地上，2016 年总人口达 17.66 亿，占世界总人口的 23.73%，[①] 人口密度远超世界平均水平，地区间政局的动荡也使得南亚地区的经济发展成为继非洲撒哈拉地区后全球最贫穷的地区之一。南亚共包括 8 个国家，3 个内陆国（尼泊尔、阿富汗和不丹，毗邻中国西藏）、3 个临海国（印度、巴基斯坦和孟加拉国）、两个岛国（斯里兰卡和马尔代夫）；同时，由于阿富汗在地域上大部分属于南亚地区，故国际上通常将阿富汗统计在南亚。[②] 相对中国，南亚地区处于中国西南方向，除了马尔代夫相对位置距离中国较远外，其余 7 国在地理区位上与中国紧邻。在国土面积上，印度、阿富汗和巴基斯坦的国土面积相对较大，其他 5 国面积相对较小。

根据外交部官网消息[③]，2005 年第 13 届南盟（南亚区域合作联盟）峰会原则上同意中国成为观察员，并在 2006 年部长理事会审议通过南盟观察员指导原则，正式接纳中国为观察员，并邀请中国以观察员身份出席第 14 届南盟峰会。自此，中国与南亚各国的联系越发紧密。目前，中国在人力资源培训、扶贫救灾、经贸、人文交流等领域与南盟开展了多项合作，包括中国—南亚商务论坛、南亚国家政党干部研修班、中国南盟合作研讨会等一系列活动。2013—2015 年，南盟秘书长接连出席了三届中国—南亚博览会。2016 年 6 月第四届中国—南亚博览会在昆明举行，会议以“促进中国—南亚东南亚全面合作与发展”为宗旨，以推动“一带一路”建设为主线，以“亲诚惠容、合作共赢”为主题，以“隆重、热烈、节俭、精彩”为总体要求，力争打造集商品贸易、服务贸易、投资合作、旅游合作和文化交流等为一体的高水平综合性展会，成为中国与南亚国家互利合作的重要桥梁，成为中国和南亚国家扩大与其他国家和地区经贸交流的重要平台。第五届中国—南亚博览会于 2018 年 6 月在云南昆明举行，以“融入‘一带一路’、促进合作共赢”为会议主题，以

① 资料来源于世界银行数据库（https://data.worldbank.org.cn/indicator/SP.POP.GROW）。

② 为方便计，本书将阿富汗列入南亚进行研究。

③ 《南亚区域合作联盟概况》，2018 年 12 月 20 日，外交部官方网站（www.fmprc.gov.cn）。

便更积极地服务国家"一带一路"建设与发展，进一步促进中国与东南亚、南亚国家的友好交流合作。

随着双方在政治互信、经济交往越来越密切的基础上，开展对外贸易更是必然趋势，中国对南亚地区投资额不断增加，贸易互通更为频繁。根据《2017 年度中国对外直接投资统计公报》相关数据，截至 2017 年，中国对外直接投资 1582.9 亿美元，同比下降 19.3%，自 2003 年中国发布年度对外直接投资统计数据以来，首次出现负增长。中国对"一带一路"沿线国家的直接投资流量为 201.7 亿美元，同比增长 31.5%，占同期中国对外直接投资流量的 12.7%。

2017 年，中国向亚洲地区直接投资流量为 1100.4 亿美元，同比下降 15.53%，占当年对外直接投资流量的 69.52%，同期，中国对南亚共投资 10.87 亿美元（见图 3—1），仅占当年对亚洲投资的 0.99%，相比其他区域，投资占比较低。除了对巴基斯坦投资较多外，其余国家中，投资量最高的国家印度也不足 3 亿美元（2.8998 亿美元），其中，中国与不丹暂无投资往来，对阿富汗和尼泊尔分别仅投入 543 万美元和 755 万美元，对斯里兰卡投资额为 -0.2527 亿美元，对斯里兰卡投资为负数。

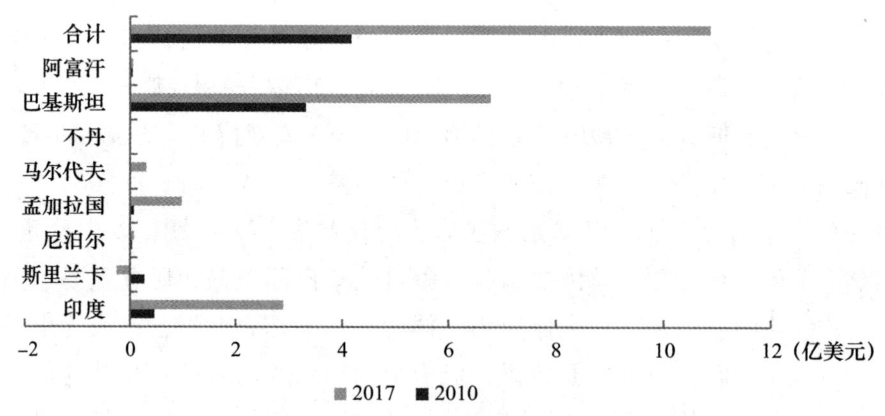

图 3—1 2010 年、2017 年中国对南亚国家直接投资流量比较

资料来源：整理自中华人民共和国商务部、中华人民共和国国家统计局、国家外汇管理局联合出版的《2017 年度中国对外直接投资统计公报》附表 1。

另一方面，2017 年比 2010 年中国在南亚区域投资总额增加了 6.6968

亿美元，同比增加160.53%，其中，对巴基斯坦和印度的投资增加尤为显著，分别增加了104.7%和509.1%，中国虽然在南亚投资总量不大，但最近几年的拓展十分显著，“一带一路”倡议的实施，可以更好地衍生中国与南亚地区经济发展，更好地实现互利互惠与共同发展。

第一节　人口变动基本状况

一　人口自然变动

人口自然变动主要包括人口数量变动、人口结构与迁移变动。

（一）人口增长

1. 数量增长

中国与南亚8国人口增量差别巨大（见表3—1），2000—2015年，人口总量在变化趋势上未呈现明显的增减大幅变化。从人口年增长量趋势看，中国、不丹、孟加拉国、尼泊尔与印度5国总体呈下降趋势，阿富汗、巴基斯坦、马尔代夫与世界总体一致呈上升趋势。中国从1949年以来进行了三次大的生育政策调整以及各地根据实际情况相机制定的生育政策，使得中国人口增长出现小幅波动。2010年以前人口年增长量不断降低，2015—2017年人口净增长量逐渐增长，且增长速度加快。

表3—1　世界与中国、南亚8国人口年增长量　（单位：万人）

国别 \ 年份	2000	2005	2010	2015	2016	2017
世界	7986.42	8047.34	8330.04	8623.67	8659.79	8620.28
中国	991	764.5	644.5	695	744.5	773.0
阿富汗	69.01	95.18	79.88	97.85	91.95	87.4
巴基斯坦	311.77	312.94	351.06	362.41	382.30	381.25
不丹	1.59	1.64	1.32	1.29	1.04	0.98
马尔代夫	0.59	0.84	1.0	1.02	0.94	0.86
孟加拉国	255.16	212.36	169.4	176.28	139.07	171.82
尼泊尔	43.5	33.08	28.2	30.4	32.65	32.22

续表

国别 \ 年份	2000	2005	2010	2015	2016	2017
斯里兰卡	12.3	14.5	15.1	15.2	23.70	24.10
印度	1851.17	1798.29	1671.06	1625.54	1583	—

注：人口年增长量以前一年为基期，t年与（t-1）年的差值即为净增长量。

资料来源：世界银行相关人口、总数（https://data.worldbank.org.cn/indicator/SP.POP.GROW）。

2016—2017年，巴基斯坦、不丹、马尔代夫、尼泊尔人口增长量处于下降趋势。2017年，人口年增长量绝对值上，因各国人口基数不同，人口增长量呈多样化变化。人口年增长超过百万的有中国、巴基斯坦、孟加拉国和印度，这四国也是域内人口过亿国家，合计人口占区域总人口超过97%，人口增长量占区域总人口增量近95%；人口年增长量低于10万的国家有不丹和马尔代夫，人口基数小，年增长量基本保持稳定。总之，中国与南亚国家人口年增长量相对稳定，各国人口规模在不断扩大。

2. 人口增长率

2000—2015年，中国与南亚各国人口增长率变化可以分为几类：第一，中国和斯里兰卡已降至1%以下（见表3—2），2000年开始持续低于世界平均水平，预计还将持续稳定在较低水平；第二，阿富汗、不丹、孟加拉国、尼泊尔、印度5国不断下降，降幅较大；第三，巴基斯坦变化微小，缓慢下降，15年间下降了0.231个百分点；第四，南亚8国中唯一上升的是斯里兰卡，这与其人口基数小、人口增长率实际较低有关，预计该国未来人口增长率还将缓慢上涨。

表3—2　　世界与中国、南亚8国人口增长率　　（单位：%）

国别 \ 年份	2000	2005	2010	2015	2016	2017
世界	1.325	1.253	1.219	1.186	1.177	1.158
中国	0.788	0.588	0.483	0.508	0.541	0.559

续表

国别＼年份	2000	2005	2010	2015	2016	2017
阿富汗	3.495	3.870	2.813	2.943	2.689	2.491
巴基斯坦	2.276	2.054	2.080	2.045	1.999	1.954
不丹	2.807	2.523	1.828	1.399	1.31	1.227
马尔代夫	2.120	2.844	1.926	2.015	2.211	1.985
孟加拉国	1.958	1.492	1.120	1.120	1.08	1.049
尼泊尔	1.849	1.299	1.049	1.169	1.133	1.106
斯里兰卡	0.662	0.751	0.753	0.934	1.124	1.13
印度	1.774	1.584	1.367	1.168	1.148	1.127

资料来源：世界银行数据库（https：//data.worldbank.org.cn/indicator/SP.POP.GROW）。

2016—2017年，与世界下降趋势一致的有阿富汗、巴基斯坦、不丹、马尔代夫、孟加拉国、尼泊尔和印度，仅中国、斯里兰卡小幅上涨。2017年，和世界水平相比，南亚国家中的阿富汗、巴基斯坦、不丹、马尔代夫增长率超过世界平均水平，其中阿富汗和马尔代夫分别高出1.333%和0.827%；其他南亚国家略低于世界平均值，且均超过1%，中国最低，不到0.6%。

人口自然增长变动状态下，南亚人口总量增长差异显著，中国、巴基斯坦、孟加拉国和印度人口增长量超过百万，不丹、马尔代夫低于十万，虽然各国人口基数大不相同，但可看出南亚各国人口增长较为稳定。总之，各国人口规模仍在不断扩大，但增长率普遍下降，增速放缓。

（二）人口年龄结构

首先，从0—14岁人口占总人口比重看（见表3—3）：第一，阿富汗少年人口比重超过40%，说明该国人口结构尤为年轻，属年轻型社会[①]；第二，巴基斯坦、尼泊尔、孟加拉国和印度在30%—40%之间，人口结

① 按照国际惯例，以少年人口比重分别占40%以上、30%—40%和30%以下为年轻型、成年型和老年型社会。

构较为年轻，属成年型社会；第三，不丹和马尔代夫，2000—2017 年比重呈下降趋势，两国该时期分别下降了 14.808、17.332 个百分点，降幅明显；第四，中国从 2005 年起该比重低于 20%，是中国—南亚域内比重最低的，属典型的老年型社会，斯里兰卡 2000—2017 年有小幅下降，相对比较平稳。无论是世界，还是中国与南亚 8 国，少年人口比重虽各不相同，但总体趋势都有所下降。值得关注的是，南亚各国 0—14 岁人口都较充足，除马尔代夫外，其余 7 国都高于世界平均水平，可以预见南亚未来劳动力市场处于充裕状态。

表 3—3　世界与中国、南亚 8 国 0—14 岁占总人口比重　（单位：%）

年份 国别	2000	2005	2010	2015	2016	2017
世界	30.113	28.043	26.828	26.179	26.064	25.941
中国	24.629	19.892	17.848	17.686	17.701	17.677
阿富汗	48.570	47.562	47.798	44.532	43.86	43.245
巴基斯坦	41.099	38.155	36.183	35.019	34.89	34.778
不丹	41.358	34.936	30.572	27.418	26.937	26.55
马尔代夫	40.742	31.562	25.470	23.410	23.433	23.41
孟加拉国	37.061	34.440	32.114	29.422	28.901	28.37
尼泊尔	40.988	39.651	37.021	32.555	31.679	30.893
斯里兰卡	26.753	25.590	25.431	24.575	24.286	24.013
印度	34.735	32.786	30.892	28.658	28.195	27.783

资料来源：世界银行数据库（https：//data.worldbank.org.cn/indicator/SP.POP.GROW）。

其次，15—64 岁人口占总人口比重大体可分为两类（见表 3—4）：第一，中国、阿富汗两国波动明显，2010 年以前中国不断增长，此后缓慢下降，劳动力资源优势逐渐消退，阿富汗劳动年龄人口则小幅波动，2010 年小幅下降，后又逐步上升，其变动与复杂的多因素相关；第二，巴基斯坦、不丹、马尔代夫、孟加拉国、尼泊尔、印度平稳上升，劳动力资源丰富、社会抚养负担较轻，有利于经济快速发展。

表 3—4　　世界与中国、南亚 8 国 15—64 岁占总人口比重　　（单位：%）

国别＼年份	2000	2005	2010	2015	2016	2017
世界	62.997	64.650	65.536	65.537	65.455	65.363
中国	68.463	72.413	73.752	72.638	72.177	71.682
阿富汗	49.182	50.248	49.899	52.975	53.599	54.175
巴基斯坦	54.813	57.594	59.400	60.496	60.617	60.727
不丹	55.122	61.275	65.255	67.903	68.277	68.565
马尔代夫	55.578	64.157	70.056	72.487	72.464	72.471
孟加拉国	59.109	61.299	63.196	65.540	66.022	66.532
尼泊尔	55.242	56.041	58.080	61.969	62.68	63.298
斯里兰卡	67.028	67.567	67.254	66.126	66.018	65.919
印度	60.866	62.446	63.995	65.706	65.997	66.228

资料来源：世界银行数据库（https：//data. worldbank. org. cn/indicator/SP. POP. GROW）。

2016—2017 年，中国、斯里兰卡与世界下降趋势一致。2017 年，超过 70% 的有中国、马尔代夫，最低的阿富汗为 54.175%，是唯一未超过 60% 的国家。总之，中国劳动年龄人口虽有所下降，但人口基数大，劳动年龄人口比重最高。故不必过分担心未来劳动力市场供给不足，加之国家政策对技术密集型产业的支持，经济增长动力转变也能帮助中国度过第一次人口红利减弱期。

最后，65 岁及以上老年人口占总人口比重发展趋势：世界、中国及南亚 7 国（马尔代夫除外）老龄人口比重呈逐步上升趋势（见表 3—5），马尔代夫从 2010 年开始由升转降，且维持在稳定水平。2015—2017 年所有国家均上升。2017 年，南亚 8 国中老年人口比重较小的有阿富汗、马尔代夫、巴基斯坦和不丹，未超过 5%，年龄结构偏年轻化。其中，阿富汗该值最小（2.581%），中国、斯里兰卡均超过 10%，且两国于 21 世纪初就已进入人口老龄化阶段，且不断加深。南亚其余 7 国老年人口系数尚未超过 6%，还处于较为年轻的人口年龄结构阶段，拥有较大人力资源潜力与经济发展动能。

表3—5　世界与中国、南亚8国65岁及以上人口占总人口比重　（单位：%）

国别＼年份	2000	2005	2010	2015	2016	2017
世界	6.889	7.306	7.636	8.284	8.482	8.696
中国	6.908	7.695	8.400	9.676	10.123	10.641
阿富汗	2.248	2.190	2.303	2.493	2.542	2.581
巴基斯坦	4.088	4.251	4.417	4.485	4.493	4.495
不丹	3.519	3.788	4.173	4.680	4.787	4.885
马尔代夫	3.680	4.280	4.474	4.103	4.103	4.12
孟加拉国	3.831	4.260	4.690	5.038	5.077	5.098
尼泊尔	3.770	4.308	4.899	5.476	5.64	5.809
斯里兰卡	6.219	6.843	7.315	9.299	9.696	10.069
印度	4.399	4.768	5.113	5.636	5.808	5.989

资料来源：世界银行数据库（https：//data.worldbank.org.cn/indicator/SP.POP.GROW）。

中国、斯里兰卡属老年型国家，正处于“少子化、老龄化”时期，劳动年龄人口逐渐减少，老年人口社会抚养负担不断加重；阿富汗、巴基斯坦、不丹、马尔代夫等南亚其他国家属成年型社会，少年人口众多，老龄化尚未到来，劳动年龄人口占绝对比重，经济社会发展所需劳动力资源充足，正处于经济起飞和快速发展关键期。

（三）人口抚养比

比较中国与南亚各国总抚养比可看出（见表3—6）：第一，2000年，阿富汗是南亚唯一人口总抚养比大于1的国家，说明阿富汗非劳动年龄人口大于劳动年龄人口，社会抚养负担较重，但是，不能由此绝对否认阿富汗劳动力短缺，由表3—3至表3—5可看出，阿富汗年龄结构偏向年轻化，抚养负担主要在青少年，随着青少年成长，该国总抚养比将逐年下降；第二，不丹、马尔代夫总抚养比逐年下降，2017年低于50%，社会抚养负担相对较轻；第三，阿富汗、巴基斯坦人口抚养比 2017 年超过 60%，社会抚养负担相对较重，不过上述两国主要在养“小”，与世界平均水平基本相当的有孟加拉国、尼泊尔、斯里兰卡和印度；第四，中国该值自 1966—2010 年持续下降，2015 年后缓慢增长，人口优势逐渐消减。

表 3—6　　世界与中国、南亚 8 国人口总抚养比　　（单位：%）

国别 \ 年份	2000	2005	2010	2015	2016	2017
世界	60. 110	56. 284	54. 274	54. 064	54. 202	54. 356
中国	46. 065	38. 096	35. 590	37. 668	38. 549	39. 505
阿富汗	103. 326	99. 012	100. 406	88. 769	86. 571	84. 587
巴基斯坦	82. 438	73. 630	68. 351	65. 301	64. 971	64. 671
不丹	81. 414	63. 198	53. 246	47. 270	46. 463	45. 846
马尔代夫	79. 927	55. 867	42. 743	37. 956	37. 999	37. 987
孟加拉国	69. 180	63. 135	58. 237	52. 579	51. 465	50. 304
尼泊尔	81. 021	78. 441	72. 177	61. 371	59. 54	57. 984
斯里兰卡	49. 192	48. 002	48. 690	51. 227	51. 475	51. 702
印度	64. 295	60. 140	56. 262	52. 193	51. 523	50. 993

资料来源：世界银行数据库（https：//data. worldbank. org. cn/indicator/SP. POP. GROW）。

（四）人口主要指标预测

比较中国与南亚 8 国 2020—2050 年主要指标可看出（见表 3—7）：一是人口总量，2020—2050 年，中国和斯里兰卡在 2030 年左右达到峰值，随后逐渐下降，规模逐渐缩小，同期南亚其余国家人口总量仍不断增长，规模不断扩大。2050 年中国与南亚 8 国人口总量将达 36. 53 亿，同比 2017 年净增长近 5 亿人，增量贡献最大的是印度，30 年间印度增量达 3. 35 亿。

表 3—7　　中国与南亚 8 国 2020—2050 年人口主要指标预测

（单位：万人，%）

国别	年份	人口总量	0—14 岁人口比重	15—64 岁人口比重	65 岁及以上人口比重	总抚养比
中国	2020	142454.8	17.5	70.4	12.2	42.1
	2030	144118.2	15.4	67.6	17.1	48.0
	2040	141747.3	13.9	62.2	23.8	60.7
	2050	136445.7	14.0	59.7	26.3	67.4
阿富汗	2020	3805.5	41.3	56.0	2.7	78.5
	2030	4670	35.2	61.6	3.2	62.3
	2040	5491.4	30.4	65.6	4.1	52.5
	2050	6192.8	26.0	68.3	5.6	46.4
巴基斯坦	2020	20836.2	34.3	61.1	4.5	63.6
	2030	24424.8	30.5	64.0	5.5	56.4
	2040	27749.5	27.0	66.3	6.7	50.9
	2050	30694	24.9	66.7	8.5	50.0
不丹	2020	83.5	25.5	69.2	5.3	44.5
	2030	91.4	21.8	70.8	7.4	41.3
	2040	96.5	18.3	70.7	11	41.5
	2050	99.4	16.4	66.9	16.8	49.6
马尔代夫	2020	45.9	23.3	72.3	4.4	38.3
	2030	51.2	19.1	73.6	7.2	35.8
	2040	54.7	15.0	73.7	11.3	35.7
	2050	57.6	14.6	66.8	18.8	49.9
孟加拉国	2020	16977.5	26.9	67.9	5.2	47.2
	2030	18558.5	22.8	69.6	7.5	43.6
	2040	19629.4	19.4	69.3	11.2	44.2
	2050	20192.7	17.0	66.9	16.1	49.5
尼泊尔	2020	3026	28.8	65.0	6.2	53.9
	2030	3316.8	24.4	68.3	7.3	46.4
	2040	3506.8	20.5	70.1	9.4	42.6
	2050	3610.7	17.3	70	12.6	42.7

续表

国别	年份	人口总量	0—14 岁人口比重	15—64 岁人口比重	65 岁及以上人口比重	总抚养比
斯里兰卡	2020	2108. 4	23. 0	65. 7	11. 2	52. 1
	2030	2147. 5	19. 7	64. 8	15. 5	54. 3
	2040	2139. 8	18. 3	62. 5	19. 1	59. 9
	2050	2079. 2	17. 2	59. 7	23. 0	67. 4
印度	2020	138319. 8	26. 6	66. 9	7. 0	50. 2
	2030	151298. 5	23. 5	68. 0	8. 5	47. 1
	2040	160535. 6	21. 0	68. 4	10. 6	46. 2
	2050	165897. 8	18. 9	67. 7	13. 4	47. 7

资料来源：整理自 World Population Prospects，*The 2017 Revision*，New York：United Nations。

二是人口结构，南亚 8 国 0—14 岁青少年比重不断下降，中国 2040 年由降转升，预测 2040 年后还将不断上涨，一定程度上可以缓解人口老龄化带来的社会压力。2050 年，阿富汗青少年比重超过 20%，低于 15% 的有中国、马尔代夫，届时两国“少子化”将更加明显。

15—64 岁劳动年龄人口比重可看出：第一，不丹、孟加拉国和斯里兰卡在 2030 年，马尔代夫在 2040 年该值达到峰值，随后均下降，也意味着上述国家的劳动力资源优势上述年份后将逐渐降低；第二，阿富汗、巴基斯坦、尼泊尔、印度劳动力资源充足，到 2050 年，中国与南亚 8 国的劳动年龄人口占比相似，除斯里兰卡和中国外，其余各国比重均超过 60%。

由 65 岁及以上老年人口比重可看出：第一，中国及南亚 8 国持续增长，目前已进入老龄化的中国和斯里兰卡，老龄化程度将不断加深、速度不断加快。到 21 世纪中叶，分别达 26. 3%、23. 0%。第二，不丹、马尔代夫、孟加拉国、尼泊尔、印度将在 2030 年左右进入人口老龄化，巴基斯坦在 2050 年左右进入。第三，仅阿富汗 2050 年依然没有步入老龄化。总之，南亚国家老龄化程度相对较低，人口年龄结构相对年轻。

由人口抚养状况可看出：第一，阿富汗、巴基斯坦和尼泊尔总抚养比不断减小，上述三国抚养负担较小，年龄结构较为年轻，随着少年人口转为劳动力，抚养压力将进一步下降，经济发展拥有较大人口动能。

第二，中国、斯里兰卡人口总抚养比仍不断增长，至2050年，两国都将达67.4%，到时将面临沉重的社会抚养负担。不丹、孟加拉国下降延续到2030年左右，降至40%左右，随之老龄化加深，总抚养比逐渐增长。同时印度、马尔代夫也将在2040年左右反弹，这四国人口优势逐渐减弱，抚养压力逐渐加大。

二 人口社会变动

（一）素质状况

第一，从高等教育入学率看，各国发展不尽相同，2015年超过30%的仅有中国，且远高于南亚各国，其中印度高等教育相对较好，入学率超过20%，其余国家均低于20%，阿富汗和巴基斯坦情况最差，入学率均低于10%（见图3—2）。第二，从平均受教育年限看，与高等教育入学率趋势大致相同。斯里兰卡平均受教育年限最长，中国次之，不丹最短，分别为10.9、7.6和3.1年，可见各国受教育程度参差不齐，差距明

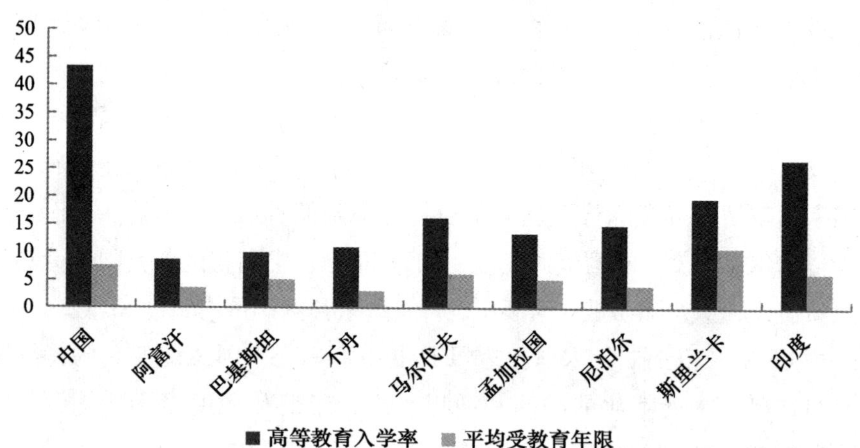

图3—2 2015年中国与南亚8国高等教育入学率和平均受教育年限

注：由于高等教育入学率有的国家年份存在缺失，用相近年份代替，阿富汗、马尔代夫、孟加拉国用2014年数据代替，不丹用2013年数据代替。

资料来源：高等教育入学率整理自世界银行数据库（https：//data. worldbank. org. cn/indicator/SE. TER. ENRR？view = chart）；平均受教育年限整理自联合国开发计划署《2016年人类发展报告》（http：//hdr. undp. org/en/countries/profiles/CHN#）。

显。另外有阿富汗、尼泊尔、孟加拉国、巴基斯坦、印度受教育程度虽不是最低，但都处于教育不足国家行列，最长的国家也不足 7 年，这与其经济发展息息相关。包括不丹在内的受教育程度较低的几个国家，2016 年人均 GDP 都小于 3000 美元，可见，教育发展需要国家经济繁荣，教育事业作为公共事业的一部分，政府在大力促进经济发展的同时应加大教育投入，提高国家软实力。同时，教育发展可反作用于经济，促进一国技术产业革新并激发一国经济活力。

（二）就业率

第一，从变动趋势看，中国与南亚 8 国就业率①变化幅度较小，增减基本保持在 2—3 个百分点（见表 3—8），说明中国与南亚各国经济发展状况相对比较稳定。第二，与世界平均水平相比，中国、不丹、孟加拉国、尼泊尔高于世界水平，其中中国和尼泊尔一直呈下降趋势，不过近来趋势逐渐放缓，不丹也呈下降趋势，2014 年起小幅上涨，孟加拉国在 2009—2010 年转为上升，此后又持续下降；阿富汗、巴基斯坦、斯里兰卡、印度，就业率低于世界水平，阿富汗长时间持续走低，巴基斯坦自 2010 年起有小幅波动，其余国家波动频繁。就业率升降可以间接反映一国经济繁荣与否，就业率高低更直接反映了一国居民的生存优劣，各国应在维持国家经济稳定状态下，尽可能创造更多就业机会，提高就业率。

表 3—8　　世界与中国、南亚 8 国 15 岁以上人口就业率　　（单位：%）

年份 国别	2000	2005	2010	2015	2016	2017	2018
世界	61.163	60.682	59.348	59.250	58.67	58.546	58.441
中国	73.952	70.455	67.906	67.658	66.141	65.709	65.199
阿富汗	45.867	48.522	47.614	49.129	49.439	49.445	49.464
巴基斯坦	47.355	48.57	51.228	51.265	52.282	52.241	52.224
不丹	64.039	68.54	67.508	64.974	64.905	65.161	65.391
马尔代夫	53.225	61.411	63.043	62.844	62.029	62.546	62.991
孟加拉国	55.596	55.164	55.061	54.027	53.98	54.032	54.083
尼泊尔	84.223	82.949	81.397	81.52	81.707	81.902	81.88

① 这里的就业率是指 15 岁（含）以上总就业人口比率（百分比）（模拟劳工组织估计）。

续表

国别 \ 年份	2000	2005	2010	2015	2016	2017	2018
斯里兰卡	52.515	52.005	52.02	51.359	51.409	51.358	51.103
印度	56.456	57.953	53.361	52.066	52.039	51.893	51.752

资料来源：世界银行数据库（https：//data. worldbank. org. cn/indicator/SP. POP. GROW）。

2016—2018 年，南亚国家与世界发展趋势一样变动不大。2018 年，尼泊尔、马尔代夫、不丹就业率分别为 81.88%、62.991%、65.391%，比重超过 60% 的南亚三国，除了阿富汗外，其余国家均高于世界平均水平。人口就业率不足 50% 的阿富汗，失业率过高严重阻碍该国经济社会发展，据《阿富汗时报》报道，阿富汗已经采取向沙特等国外派劳务，计划在全国建立 46 个职业培训中心，加强对阿富汗年轻人的职业技能培训等措施以降低失业率。

（三）人口效率

阿富汗人口效率在 2012 年前呈现不断增长的态势，随后出现下降，除阿富汗外，中国、巴基斯坦、不丹、孟加拉国、尼泊尔、斯里兰卡和印度，人口效率几乎每年都在不断增长，2000 年最接近世界平均水平的马尔代夫，2018 年仍低于世界平均值 10553.474 美元（见表 3—9），该国 18 年来基本维持稳定，大多数年份处在南亚各国领先地位。2016—2018 年，南亚国家与世界增长趋势一致。

表 3—9　世界与中国、南亚 8 国就业人口效率比较　（单位：美元）

国别 \ 年份	2000	2005	2010	2015	2016	2017	2018
世界	24262.34	26797.89	30346.86	33860.55	34541.9	35429.75	36391.89
中国	6553.76	10012.61	16777.58	24324.42	26001.6	27842.04	29731.89
阿富汗	3193.877	4465.168	6509.216	6422.05	6275.91	6205.87	6205.885
巴基斯坦	12529.907	13360.987	13102.795	13093.346	14251.321	14694.2	15175.283
不丹	9416.715	10140.145	13696.759	16403.059	17080.512	17923.283	19263.775

续表

年份 国别	2000	2005	2010	2015	2016	2017	2018
马尔代夫	20523. 518	19133. 541	22566. 293	24382. 529	25105. 742	25408. 385	25838. 416
孟加拉国	4692. 42	5336. 414	6535. 105	8211. 95	8648. 797	9104. 706	9575. 356
尼泊尔	3097. 696	3366. 77	3874. 225	4186. 3	4105. 844	4304. 191	4384. 144
斯里兰卡	14407. 319	16735. 779	21988. 43	28903. 385	29902. 6	31053. 979	32431. 498
印度	6771. 459	8160. 797	11944. 272	15490. 798	16306. 765	17096. 674	18095. 305

注：劳动力人口效率指就业人口的人均 GDP，用以说明每单位就业人口创造的社会价值。

资料来源：根据世界银行数据库就业人口及 GDP（现价美元）相关数据整理计算（https：//data. worldbank. org. cn/indicator/SP. POP. GROW）。

2018 年，中国及南亚 8 国就业人口效率均低于世界平均值，其中尼泊尔、孟加拉国和阿富汗的人口效率不足 10000 美元，分别仅占世界平均值的 12. 05%、26. 31% 和 17. 05%，说明中国和南亚各国劳动效率很低，没有发挥出人口价值，就业人口效率提升空间较大。

由各国就业状况可发现（见表 3—8、表 3—9）：2018 年就业率排名前四的国家由高至低依次为：尼泊尔、中国、马尔代夫、不丹；就业人口效率排名前四的国家依次为：斯里兰卡、马尔代夫、中国、不丹；二者基本吻合的国家有：中国、马尔代夫和不丹，说明这三国就业人口多集中在能够创造大量经济财富的产业中，第一产业劳动效率大大提高。值得一提的是斯里兰卡，就业率低于世界平均水平 10 个百分点，居于南亚第一，说明该国能够利用有限的人口创造更高经济社会价值，其人口素质也印证了图 3—2 中的受教育情况。尼泊尔则相反，就业率远高于世界水平，人口效率则是南亚最低，综合其人口素质可知，在受教育程度一般的情况下，就业效率与其产业结构有关，尼泊尔第一产业比重较高，造成大量劳动力从事第一产业工作，人口效率相对较低，人均 GDP 也低。

（四）劳动参与率

由于各国在传统文化、社会制度以及经济类型等方面差异较大，15 岁及以上男女劳动力参与社会劳动状况不尽相同。2018 年各国分性别劳动参与率体现为（见图3—3）：第一，总量上，阿富汗、巴基斯坦、马尔代夫、尼泊尔四国男性劳动参与率超过80%，女性劳动参与率仅尼泊尔超过80%。尼泊尔劳动参与率最高，中国、不丹、尼泊尔高于世界平均水平，说明上述四国社会融入能力较好。第二，两性劳动参与率无论世界还是中国，抑或是南亚，男性都高于女性，特别是阿富汗、巴基斯坦、印度和孟加拉国，男性比女性分别高出67.191、57.516、51.824和46.621个百分点，说明尚有大量女性劳动力未进入市场，女性劳动力资源开发潜力大。

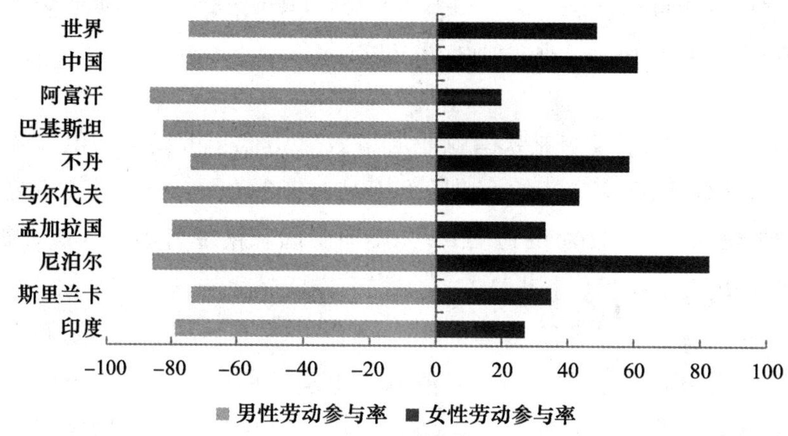

图3—3 2018年世界与中国、南亚国家分性别劳动力参与率

资料来源：世界银行数据库（https：//data. worldbank. org. cn/indicator/SP. POP. GROW）。

比较中国与“一带一路”沿线南亚国家人口社会变动可知：第一，各国人口素质差异较大，相对经济发展状况较好的国家，人口素质普遍较高，在保持较高就业率的同时，就业人口效率也较高，能为经济发展创造更多财富，如马尔代夫和不丹，斯里兰卡就业率虽然较低，但人口素质较高，人口效率也较高；第二，南亚国家人口受教育程度普遍偏低，产业结构不尽合理，造成多数国家人口效率较低，以阿富汗、孟加拉国和尼泊尔为典型；第三，包括人口素质较高的斯里兰卡在内的大部分南亚国家，女性劳动参与率较低，造成大量劳动力闲置。

三　人口迁移变动

（一）国际迁移者比重

由20世纪90年代至2015年国际迁移变化趋势可看出（见图3—4）：第一，马尔代夫是南亚和中国入境迁移者比重最大的国家，且远高于世界平均水平，2015年，国内移民者占国内总人口的1/4，并呈递增趋势；其次是不丹，入境人口也在缓慢增加，还有巴基斯坦也有部分入境迁移者，但比例在减少，近年已低至世界平均水平，三国入境人口比重显示其开放的政策以及较为平稳的国内政治生活，特别是马尔代夫，高速增长的经济、宽松的移民政策以及优美的自然风光每年吸引众多海外移民，也给当地带来了更多的投资以及多元文化。第二，中国、阿富汗、孟加拉国、尼泊尔、斯里兰卡和印度等国入境人口比重均低于世界平均水平，除中国、印度人口基数过大，移民数量不凸显外，本国对外国移民者吸引力也不足。

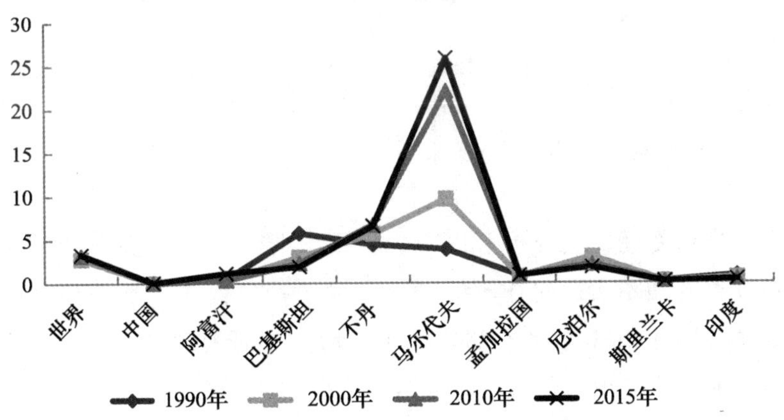

图3—4　世界与中国、南亚8国国际迁移者比重（单位：%）

资料来源：世界银行数据库（https：//data. worldbank. org. cn/indicator/SP. POP. GROW）。

（二）净迁移率和入境移民占总移民百分比

比较中国与南亚8国的2000年和2015年迁移状况可以看出（见图3—5）：第一，两个年度该值均为正的国家仅有不丹，2015年，不丹人口净迁移率为2.7%，阿富汗为3.1%。中国以及大部分南亚国家都是人口净迁出国，比重最高的是斯里兰卡（-4.7%），其次是孟加拉国（-2.8%），尼泊尔也达-2.7%；第二，从迁移总量看，斯里兰卡、尼泊尔和阿富汗迁移比例最大，其中迁移率变化量最大，这与其国家的迁移政策、经济社会发展密切相关。

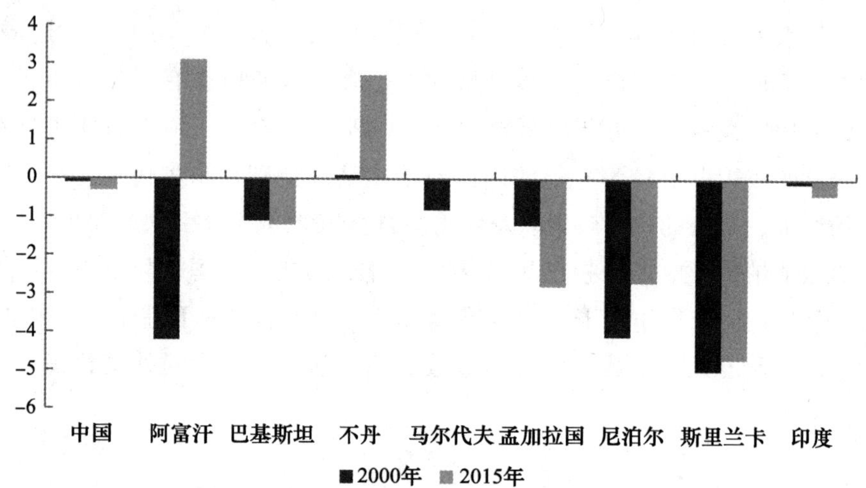

图3—5 中国与南亚8国人口净迁移率

资料来源：联合国开发计划署《2016年人类发展报告》相关网站统计数据（http://hdr.undp.org/en/countries/profiles/CHN#）。

人口迁移变动比较分析可以看出：中国与“一带一路”沿线南亚8国人口迁移变动不大，交往不够频繁，除了马尔代夫、不丹和巴基斯坦外，其余各国人口迁移比重都非常小，通过净迁移率也可以直观看出，大部分南亚国家迁出人数大于迁入数。在自身人口效率相对较低的国家，通过国际移民与人口流迁等办法，可以有效吸引外国投资和境外劳动力，为发展本国产业和激发一国经济增长动力起到十分重要的作用，对人才短缺可实现一定程度的补充。

第二节 区域经济发展状况

随着南亚区域内的政治形势基本稳定，国家关系总体缓和，中国与南亚区域经济发展迎来了历史机遇时期，经济发展除了可以促进彼此间交流外，也可以通过互惠互利的合作，共同提升综合国力和国际影响力，而国际经济合作也与合作方国民收入、贸易状况和城市发展紧密相关，通过对其比较分析，可以更深刻地了解南亚各国经济发展状况，为实现“一带一路”建设发展提供指导意见。

一　收入状况

（一）收入类型

据世界银行划分的发展阶段人均国民收入标准，结合中国与南亚 8 国 2000 年、2005 年、2010 年及 2017 年人均 GNI 发展趋势可见（见表 3—10）：各国经济发展处于世界中下水平，各国人均 GNI 与世界同步呈现逐步增长趋势，且各国经济增速快于世界平均水平。2010 年，中国由中低收入国家迈向中高收入国家行列、巴基斯坦和印度由低收入国家迈向中低收入国家，不丹和斯里兰卡由 2000 年的中低收入国家下限增长到 2017 年中低收入国家上限。但从总量上看，南亚地区经济整体落后于世界平均水平，特别是阿富汗和尼泊尔，人均 GNI 虽逐年增长，但 2000 年以来，均显著低于世界平均水平，处于低收入标准线的中位值，多年来没有太大改善。

表 3—10　　世界与中国、南亚 8 国人均 GNI 比较　　（单位：美元）

年份/国别	2000		2005		2010		2015		2017	
	收入	类型	收入	类型	收入	类型	收入	类型	收入	类型
世界	5475	中等偏上	7341	中等偏上	9384	中等偏上	10576	中等偏上	10371	中等偏上
中国	940	中等偏下	1760	中等偏下	4340	中等偏上	7950	中等偏上	8690	中等偏上
阿富汗	—	—	450	低收入	520	低收入	610（2009）	低收入	560	低收入
巴基斯坦	490	低收入	730	低收入	1080	中低收入	1430	中低收入	1580	中低收入
不丹	770	中低收入	1210	中低收入	1970	中低收入	2400	中低收入	2660	中低收入
马尔代夫	2070	中低收入	3470	中等偏上	5980	中等偏上	8310	中等偏上	9760	中等偏上
孟加拉国	420	低收入	530	低收入	780	低收入	1190	中等偏下	1470	中等偏下
尼泊尔	230	低收入	310	低收入	540	低收入	740	低收入	800	低收入

续表

年份 / 国别	2000		2005		2010		2015		2017	
	收入	类型	收入	类型	收入	类型	收入	类型	收入	类型
斯里兰卡	870	中等偏下	1210	中等偏下	2420	中等偏下	3760	中等偏下	3850	中等偏下
印度	440	低收入	700	低收入	1220	中等偏下	1600	中等偏下	1800	中等偏下

注：因数据缺失，阿富汗2005年数据为2009年数据。

资料来源：世界银行数据库（https：//data. worldbank. org. cn/indicator/SP. POP. GROW）。

2017年，中国与南亚8国可分为三类：一是中高收入国家：中国和马尔代夫，两国人均GNI比3956美元的标准线分别高出4734美元和5804美元，但未达到世界平均水平；二是中低收入国家：巴基斯坦、不丹、孟加拉国、斯里兰卡和印度，除了斯里兰卡人均GNI比较接近中等偏下收入国家的最高上限外，其余国家人均GNI都不足3000美元；三是低收入国家：阿富汗和尼泊尔，其人均GNI都不足1000美元，分别低于世界平均水平9811美元和9571美元，差距很大。可见，南亚经济总体欠发达，仅马尔代夫一国经济发展跻身中等偏上收入国家行列，各个毗邻国家、区域之间，经济发展水平存在巨大差异。

（二）国内生产总值

1. 人均GDP

2000—2015年，人均GDP增长趋势大致可分为两类（见表3—11）：一是阿富汗和尼泊尔有下降趋势，分别体现在2013年、2016年，这与国内政治形势以及全球经济形势有关；二是中国与南亚其他国家，近几年人均GDP不断增长，与世界平均发展状况基本一致。

2017年，域内人均GDP超过10000美元的仅有马尔代夫，比世界平均值高出429.46美元；5000—10000美元的仅有中国，低于世界平均水平1894.62美元，但人均GDP增长率远超世界平均增速，预测能在未来不久就可超越世界水平；低于5000美元的有：阿富汗、巴基斯坦、不丹、孟加拉国、尼泊尔、斯里兰卡和印度，尤其阿富汗和尼泊尔分别仅占世界平均水平的5.13%和7.92%，可见这两国经济发展水平十分落后。“一带一路”倡议的实施，有利于南亚上述经济欠发达国家的发展，总体来看，中国与南亚8国经济发展水平呈现不断提升趋势，但大部分国家与世界平均水平还有一定差距，区域内各国间差距十分明显，南亚经济发展最好的马尔代夫和最差的阿富汗相差 10601 美元，其他各国间差距也较大，也是“一带一路”倡议实施合作过程中需要注意和考量的重要因素之一。

表 3—11　　世界与中国、南亚 8 国人均 GDP　　（单位：美元）

国别＼年份	2000	2005	2010	2015	2016	2017
世界	5488.34	7282.98	9514.95	10182.19	10209.0	10721.61
中国	959.37	1753.42	4560.51	8069.21	8117.27	8826.99
阿富汗	184.5	247.66	550.52	590.08	549.58	550.07
巴基斯坦	533.86	711.47	1040.14	1428.64	1442.29	1547.85
不丹	765.86	1247.06	2178.92	2616.01	2782.37	3130.23
马尔代夫	2226.72	3648.78	7100.41	9821.69	10319.1	11151.07
孟加拉国	405.6	484.16	757.67	1210.16	1358.78	1516.51
尼泊尔	231.43	317.09	592.18	747.16	730.98	849.01
斯里兰卡	869.5	1250.01	2808.43	3844.51	3857.35	4073.74
印度	438.87	707.01	1345.77	1606.04	1717.47	1942.1

注：阿富汗 2000 年数据缺失，采用 2002 年数据。

资料来源：世界银行数据库（https：//data. worldbank. org. cn/indicator/SP. POP. GROW）。

2. 人均 GDP 增长率

由 2000—2015 年中国与南亚 8 国人均 GDP 增长率可看出区域经济发展状况（见表 3—12）：第一，中国与南亚大部分国家近年来呈正向增长，2000 年，中国与南亚 8 国均高于世界平均值。期间中国与阿富汗两位数增长，马尔代夫在 2001 年、2005 年、2009 年、2012 年共四年呈负增长，2017 年域内所有国家与世界经济发展趋势基本一致，呈增长态势。第二，2015 年，阿富汗与斯里兰卡低于世界平均值，2009 年阿富汗增长率曾达 18.312%，2011 年降至 -2.634%，降幅大。第三，从增长速度看，中国、马尔代夫、孟加拉国、尼泊尔和印度的增速较快且较为平稳，2017 年上述国家增速分别为 6.304%、4.811%、6.165%、6.719% 和 5.486%，远高于世界平均水平，比 2015 年均有上涨，增幅较大的是尼泊尔，该国 2016 年为负增长。第四，增速波动较大的有阿富汗、不丹、马尔代夫、尼泊尔和斯里兰卡。阿富汗 2012—2013 年波动最大，马尔代夫 2005—2006 年、2008—2010 年间，波动接近 10 个百分点，这与国际、国内经济和政治环境变化格局息息相关。总体上，各国 2013 年后增速普遍放缓。第五，增速平稳的有：巴基斯坦、孟加拉国和尼泊尔，巴基斯坦在面对全球经济增速放缓的大背景下，仍能保持低速平稳增长，反映出其产业的相对合理以及经济结构相对稳定。

表 3—12　　世界与中国、南亚 8 国人均 GDP 增长率　　（单位：%）

国别＼年份	2000	2005	2010	2015	2016	2017
世界	3.022	2.56	3.063	1.65	1.321	1.957
中国	7.64	10.743	10.103	6.358	6.124	6.304
阿富汗	3.713	7.007	11.191	-1.491	-0.453	0.14
巴基斯坦	1.914	5.478	-0.485	2.611	3.439	3.655
不丹	3.973	4.454	9.707	5.163	6.617	3.354
马尔代夫	1.661	-15.421	4.319	0.387	4.943	4.811
孟加拉国	3.252	4.959	4.396	5.366	5.963	6.165
尼泊尔	4.254	2.144	3.722	2.122	-0.544	6.719
斯里兰卡	5.363	5.415	7.357	4.031	3.301	2.148
印度	2.016	7.567	8.763	6.899	5.89	5.486

注：阿富汗 2000 年数据缺失，选用 2003 年数据。

资料来源：世界银行数据库（https://data.worldbank.org.cn/indicator/SP.POP.GROW）。

二　三次产业发展状况

（一）三次产业增加值

比较中国与南亚 8 国 2010 年和 2017 年三次产业增加值变化可看出（见图 3—6、图 3—7）：第一，从业增加值看，中国及南亚 8 国农业增加值从 2010 年到 2017 年均不同程度下降，与世界平均发展状况相似，尤其是尼泊尔和阿富汗，降幅最为明显，分别下降了 6.94 个和 5.74 个百分比，降幅最小的马尔代夫仅下降了 0.00378 个百分点，而不丹上升了 0.569 个百分点。第二，从工业增加值看，既有增加也有下降，其中中国、巴基斯坦、尼泊尔、不丹、印度与世界发展趋势一致，期间小幅下降，马尔代夫、阿富汗、孟加拉国和斯里兰卡则缓慢上升，特别是马尔代夫，增加了3.39个百分点。第三，从服务业增加值看，除了马尔代夫服务业比重减少3.39个百分点外，其余国家均呈增长态势，其中，尼泊尔、中国、印度、阿富汗、巴基斯坦、不丹、孟加拉国和斯里兰卡增幅超过世界平均水平，分别增长了7.74、7.55、5.83、4.77、2.18、1.64、0.79和0.099个百分点。第四，综合各国产业增加值变化看，世界产业结构调整主要由农业、工业向服务业倾斜，与世界变化一致的有中国、巴基斯坦、尼泊尔和印度，其中，中国、尼泊尔和印度调整幅度较大，说明这三国产业转型较为迅速，主要受人口、经济、政治变动影响。不丹和马尔代夫产业结构由农业、服务业向工业倾斜，且倾斜力度较大。孟加拉国和斯里兰卡产业结构则由农业向工业和服务业倾斜，倾斜力度较为显著。第五，从2017年各国三次产业比重看，与世界平均水平相比，尼泊尔、巴基斯坦、阿富汗、不丹、印度和孟加拉国，农业比重高于世界近10个百分点，说明其农业现代化水平发展不足。中国和不丹在工业比重上高于世界平均值15个百分点，说明这两个国家工业发展与世界有较大差距。服务业比重只有马尔代夫超过世界平均水平，域内国家服务发展明显不足，特别是不丹，仅为42.06%，比世界平均值低了28.99个百分点，需要大力发展第三产业。

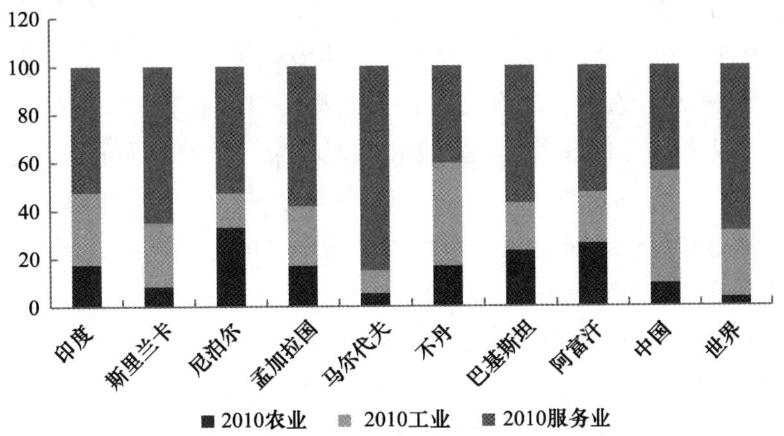

图3—6　世界与中国、南亚8国2010年三次产业增加值占GDP比重

资料来源：世界银行数据库（https：//data.worldbank.org.cn/indicator/SP.POP.GROW）。

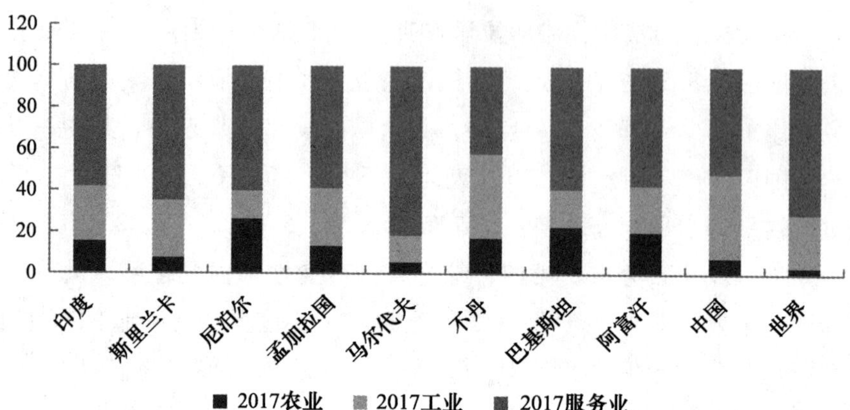

图3—7 世界与中国、南亚8国2017年三次产业增加值占GDP比重

注：世界数据2017年缺失，用2016年代替。

资料来源：世界银行数据库（https：//data. worldbank. org. cn/indicator/SP. POP. GROW）。

（二）三次产业就业状况

第一，2010—2018年三次产业就业人员变化趋势看（见表3—13），各国农业就业人员逐渐减少，工业就业人口小幅变化，除中国减少外，南亚8国小幅增加，服务业就业人员比重出现小幅变化，除了不丹小幅减少外，包括中国在内和其他南亚国家都呈小幅增加，总体变化趋势与世界平均水平一致。第二，农业就业人员占总就业人员比重下降最明显的是中国、马尔代夫、孟加拉国、斯里兰卡和印度，分别下降了9.78、7.81、9.67、6.2和9.91个百分点，说明农业人口转移就业速度较快，降速低于世界平均水平的有阿富汗、巴基斯坦、不丹、尼泊尔。第三，工业就业人员占总就业人员比重变化相对稳定，变动最大的为马尔代夫和孟加拉国，分别增长了8.55、3.76个百分点，其余增幅均小于3%。第四，服务业就业人员增幅大于世界平均水平的有中国、孟加拉国、斯里兰卡和印度，分别增加了13.63、5.91、6.83和7.81个百分点，马尔代夫、阿富汗增长较为缓慢，巴基斯坦是唯一下降的国家。

2018年，三次产业就业大体可分为三类：一是中国、马尔代夫，就业人口结构呈“三、二、一”结构模式，三次产业就业人口布局较为合理；二是阿富汗、巴基斯坦、不丹、尼泊尔和印度，属于“一、三、二”结构模式，说明尚有大量就业人口囤积在第一产业，其中阿富汗和尼泊尔农业就业人口占总就业人口比重高达 61.99%、71.32%；三是孟加拉国和斯里兰卡，就业人口结构与世界平均水平一致，呈现“三、一、二”结构模式，服务业就业人口显著增加，工业就业人口基本稳定，农业就业人口虽有所下降，但仍保持较高比重。

表 3—13　世界与中国、南亚 8 国三次产业就业人员占总就业人口的比重

（单位：%）

国别	2010 年			2018 年		
	农业	工业	服务业	农业	工业	服务业
世界	30.82	22.95	46.23	25.96	22.33	51.71
中国	26.23	30.15	43.61	16.45	26.31	57.24
阿富汗	64.5	6.11	29.39	61.99	6.75	31.26
巴基斯坦	43.39	21.42	35.19	41.28	23.90	34.82
不丹	59.4	6.63	33.77	56.6	9.74	34.67
马尔代夫	15.04	16.12	68.84	7.23	24.67	68.1
孟加拉国	47.31	17.63	35.07	37.64	21.39	40.98
尼泊尔	74.83	7.47	17.70	71.32	8.19	20.49
斯里兰卡	33.6	24.89	41.51	27.4	25.66	48.34
印度	51.52	21.81	26.68	41.61	23.90	34.49

资料来源：世界银行数据库（https://data.worldbank.org.cn/indicator/SP.POP.GROW）。

由中国与南亚 8 国三次产业就业可看出：首先，经济发展状况较好，结构较为合理的国家仅有马尔代夫，用较少的劳动力创造较多的社会价值，工业就业合理则意味着生产合理，能利用有限的资源创造最大的社会价值，大量劳动力用于服务业，说明马尔代夫的服务业吸纳就业人员能力较强，而拥有完善的服务，则说明国民社会福利较好，制度较为完善；其次，中国、斯里兰卡，三次产业结构调整仍在进行中，农业增加值不断降低，农业就业人员不断向工业和服务业转移，产业结构调整仍是经济发展的重中之重；最后，经济发展相对落后的阿富汗、不丹、尼泊尔，大部分就业人口囤积于第一产业，只能创造较少的价值，尤其尼泊尔，近 80% 的农业就业人口仅创造了 30% 左右的社会总产值，这也正是尼泊尔人口效率低，就业率虚高的原因，劳动力资源未得到充分利用。

三　贸易状况

“一带一路”倡议的出发点就是为了加强区域间的合作与交流，实现区域间资金、技术和人员的自由往来，消除贸易壁垒，分析中国与南亚各国的贸易发展状况具有十分重要的现实意义。

（一）贸易发展状况

由各国贸易额占 GDP 比重可看出，第一，与世界别的地区不同，南亚地区贸易额占比不存在简单的单调关系，包括中国和南亚 8 国在内的 9 国都呈现先增后减趋势，比如阿富汗 2000 年是世界平均值的 2 倍，到 2017 年降至低于世界平均值 20 个百分点，降幅尤其大；第二，波动较大的还有中国、不丹和斯里兰卡，进出口贸易额会随着本国经济政策以及国际环境变化而改变，波动较为显著；第三，多数国家在 2005—2010 年期间贸易额占 GDP 比重不断下降，包括中国、阿富汗、巴基斯坦、不丹、斯里兰卡和印度，这与国际整体经济发展疲软有关（见表 3—14）。

表 3—14　　世界与中国、南亚 8 国贸易额占 GDP 比重　　（单位：%）

年份 国别	2000	2005	2010	2015	2016	2017
世界	51.167	56.182	56.929	57.83	56.213	71.701
中国	39.411	62.208	48.889	39.453	37.034	37.803
阿富汗	103.129	99.223	81.324	55.126	47.659	51.237
巴基斯坦	28.13	35.253	32.869	27.655	25.306	25.788
不丹	77.665	102.698	113.184	94.418	77.69	78.645
马尔代夫	156.946	115.769	142.983	143.92	143.747	143.472
孟加拉国	29.322	34.397	37.803	42.086	37.954	35.304
尼泊尔	55.711	44.063	45.985	53.095	48.751	51.983
斯里兰卡	88.636	73.604	46.364	49.559	50.008	50.969
印度	27.192	42.485	49.689	41.947	40.349	41.07

注：阿富汗 2000 年数据缺失，选用 2002 年数据。马尔代夫 2000 年数据缺失，选用 1994 年；2005 年数据缺失，选用 2006 年数据。

资料来源：世界银行数据库中货物与服务出口、货物与服务进口（占 GDP 百分比）总和（https://data.worldbank.org.cn/indicator）。

2017 年，贸易额占 GDP 比重超过 100% 的仅有马尔代夫，不过该国经济总量较小，对外贸易频繁，地理位置优越，进出口较为发达，故贸易额占 GDP 比重较高。另外，高于世界平均水平的还有不丹，说明南亚区域内的对外贸易明显不足，可以借“一带一路”倡议与建设发展，加大对外贸易力度，给南亚地区注入更多经济发展动能。

（二）货物和服务出口

贸易与服务出口中，尤以货物和服务为主，中国与南亚 8 国货物和服务出口呈现以下特征（见表 3—15）：第一，阿富汗逐年下降，且出口总量较小，远低于世界平均水平，有较大提升空间；第二，中国、巴基斯坦、不丹、斯里兰卡和印度，2005—2010 年间出现转折，出口比重由增到减；第三，马尔代夫是唯一一个自 2005 年以来均高于世界平均值的南亚国家。说明其出口的稳定性以及其在南亚地区出口贸易中占绝对优势。

表 3—15　　世界与中国、南亚 8 国货物和服务出口占 GDP 比重　　（单位：%）

年份 / 国别	2000	2005	2010	2015	2016	2017
世界	26. 048	28. 618	28. 83	29. 306	28. 509	36. 954
中国	20. 893	33. 83	26. 267	21. 348	19. 658	19. 757
阿富汗	32. 78	28. 448	18. 574	11. 688	5. 933	5. 905
巴基斯坦	13. 441	15. 689	13. 516	10. 604	9. 146	8. 235
不丹	29. 377	38. 25	42. 453	33. 219	27. 416	29. 092
马尔代夫	—	49. 334	77. 562	76. 534	71. 3	71. 182
孟加拉国	12. 344	14. 393	16. 024	17. 337	16. 65	15. 036
尼泊尔	23. 284	14. 584	9. 583	11. 622	9. 468	9. 097
斯里兰卡	39. 016	32. 337	19. 552	21. 013	21. 333	21. 89
印度	13. 134	19. 824	22. 59	19. 824	19. 315	19. 045

注：货物和服务出口指向世界其他国家供应的所有货物和其他市场服务的价值。因数据缺失，巴基斯坦 2000 年数据用 2002 年数据代替，马尔代夫 2005 年数据用 2006 年数据代替。

资料来源：世界银行数据库（https：//data. worldbank. org. cn/indicator/SP. POP. GROW）。

2017年，中国与南亚8国货物和服务出口占GDP比重小于世界平均水平的有中国、阿富汗、巴基斯坦、孟加拉国、尼泊尔、斯里兰卡、不丹和印度，且比重较低，进出口贸易发展相对落后，未超过10%的国家有阿富汗（5.905%）、巴基斯坦（8.235%）、尼泊尔（9.097%）。另外，高于世界平均水平的国家仅马尔代夫，高出世界水平34.228个百分点，但与世界发达国家相比仍存在较大差距。

中国与南亚8国进口贸易发展状况：第一，不丹和马尔代夫进出口贸易对经济的拉动作用显著，贸易贡献率较高，对经济有着强有力的支持作用；第二，随着全球经济增速放缓，南亚各国对外贸易在2005—2010年均有不同程度下降；第三，南亚各国贸易往来对经济发展的贡献普遍偏低，但对外贸易空间十分巨大。

四 城市发展状况

一般来说，区域经济发展水平越高，城市化水平也越高。同时对一个国家的综合考察，还应落脚于城市居民的生活状况，通过幸福感认知调查，多维度考察民众生存状态，区域经济发展最终服务于人民日常生活。

（一）城市化率

由中国与“一带一路”沿线南亚国家城市化发展状况看出（见图3—8）：第一，除斯里兰卡城市化率呈现平稳趋势外，其余国家城市化率均呈不断增长趋势，可以划分为两个加速期：1990—2010年为第一个快速增长期，各国显著增长；2010年至今为第二个增长期，表现为城市化增长速度放缓。

第二，从城市化水平看，仅中国城市化率超过50%，为区域经济发展提供了相对充足的劳动力资源，但仍有较大发展空间，城市化率相对南亚地区较高，但和世界发达国家相比，差距明显；印度、孟加拉国、不丹、巴基斯坦、马尔代夫在30%—50%之间，尚有大部分人口囤积在农村，其生活质量、经济收入、劳动就业得不到更多保障，阻碍了区域经济的快速发展；而阿富汗、斯里兰卡低于30%，农村人口显著多于城市人口，城市化水平低，农村和城市发展滞后。

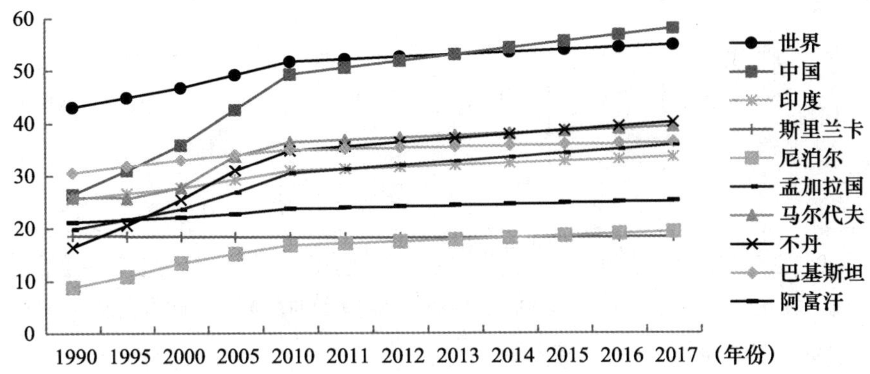

图3—8　中国与南亚8国城市化率

资料来源：世界银行数据库（https：//data. worldbank. org. cn/indicator/SP. POP. GROW）。

（二）城市群发展

比较中国与南亚8国人口超100万的大城市吸纳人口状况可以看出（见表3—16）：除不丹、马尔代夫和斯里兰卡①外，2000—2017年，超过100万的城市群所吸纳人口占本国总人口比重不断增加，说明大城市对人口吸引能力不断增强，2000年尼泊尔为2. 704%，17年后仅增加了1. 655个百分点，是南亚国家中比重最低，增幅较慢的国家；2017年，仅中国高于世界平均水平，最低比重的尼泊尔仅4. 359%，不丹和马尔代夫总人口都没有超过100万，可见，南亚国家人口超过100万的大城市发展相对较慢，对劳动力人口吸引力较小。

表3—16　世界与中国、南亚8国人口超过100万的城市群人口比重（单位：%）

国别＼年份	2000	2005	2010	2015	2016	2017
世界	20. 063	21. 199	22. 275	23. 264	23. 489	23. 714
中国	17. 127	19. 962	23. 27	26. 126	26. 701	27. 271
阿富汗	11. 95	11. 588	11. 419	11. 037	11. 015	11. 014
巴基斯坦	17. 97	18. 742	19. 626	20. 541	20. 753	20. 975

① 不丹、马尔代夫人口总数不及百万，而斯里兰卡世界银行缺数据。

续表

国别＼年份	2000	2005	2010	2015	2016	2017
孟加拉国	10. 331	11. 188	12. 38	13. 73	14. 03	14. 341
尼泊尔	2. 704	3. 079	3. 57	4. 114	4. 234	4. 359
印度	12. 457	13. 019	13. 73	14. 714	14. 939	15. 174

注：表中数字为人口超过 100 万的城市群的人口占总人口的百分比（其中不丹、马尔代夫没有人口超 100 万城市，斯里兰卡没有数据）。

资料来源：世界银行数据库（https：//data. worldbank. org. cn/indicator/SP. POP. GROW）。

为进一步说明中国及南亚 8 国城市人口状况，比较各国最大城市人口比重总人口比重可看出（表 3—17）：一方面，2000—2015 年，高于世界平均水平的有阿富汗、巴基斯坦、孟加拉国、尼泊尔，可以说，这些国家与经济发展较为落后、人口较少等因素有关；另一方面，相比超过百万城市人口比重，最大城市人口比重较为稳定，无论是世界、中国还是南亚 8 国近年来都没有大幅波动，变动最大的是阿富汗，2000—2017 年下降了 10. 504 个百分点。

表 3—17　世界与中国、南亚 8 国最大城市人口占城市总人口比重　（单位：%）

国别＼年份	2000	2005	2010	2015	2016	2017
世界	16. 713	16. 361	16. 148	16. 055	16. 053	16. 054
中国	3. 145	3. 077	3. 085	3. 086	3. 089	3. 094
阿富汗	54. 124	51. 041	48. 106	44. 499	44. 023	43. 62
巴基斯坦	21. 505	21. 283	21. 129	20. 944	20. 928	20. 922
孟加拉国	33. 134	32. 068	31. 783	31. 819	31. 896	31. 999
尼泊尔	20. 185	20. 326	21. 292	22. 171	22. 355	22. 544
斯里兰卡	18. 653	17. 178	15. 601	15. 182	15. 126	15. 055
印度	5. 542	5. 588	5. 775	6. 028	6. 081	6. 134

注：不丹和马尔代夫数据缺失，故表中未列及两国。

资料来源：世界银行数据库（https：//data. worldbank. org. cn/indicator/SP. POP. GROW）。

2017 年，域内最大城市占总人口比重最高的是阿富汗，是世界平均水平的 2.72 倍。同时高于世界平均值的还有巴基斯坦、孟加拉国、尼泊尔，斯里兰卡也比较接近。

（三）个人福祉状况

通过盖洛普调查[①]（2015 年），从个体、社会、政府三个角度解读一国城市发展水平可看出（见表 3—18）：第一，从个体角度看，不丹人民幸福感较高，各项指标均位居前列，阿富汗人民幸福感最低，特别是该国政局动荡，医疗水平落后，使得当地民众卫生健康质量、生活水平甚至于最基本的安全感都无法保证，从个人满意度这一项综合指标看，中国和不丹分数最高，阿富汗最低，其余国家较为平均；第二，从社会角度看，各国对社区的满意度最高，尽管南亚各国城市化发展较为落后，但民众对社区的满意度似乎并没受到影响，同时也应该看到，在志愿服务一项中，中国、阿富汗、巴基斯坦、孟加拉国和印度得分都较低，说明这几个国家的社会志愿服务事业发展落后，阿富汗、巴基斯坦、印度和中国的就业难度从民众主观来说是较高的，与上述劳动参与率分析结果完全符合，可以推测，前三国就业难度较大与女性劳动参与率低有关，中国与人口基数密切相关；第三，从政府角度看，仍然是阿富汗民众对政府信心不足，不丹对政府最为满意，这与民众对个人福祉的感受相一致。

总体而言，南亚各国经济发展相对较为落后，收入相对较高的中国、马尔代夫，其产业结构较为合理，因此人口效率也较高，收入较低的阿富汗和尼泊尔，三次产业中均以农业为主，在工业发展不足，农业现代化无力实现的情况下，导致其人口效率较低。同时，南亚诸国城市化发展受地域、人口、经济局限，城市规模发展均落后于世界平均水平，但是，反观人民生活状况，城市规模发展的落后对个人福祉影响不大。从各国人民幸福感看，不丹人民幸福感最高，阿富汗幸福感最低，这一结论也与前面的综合分析结论相同。

---

① 盖洛普调查：是美国民意调查机构——美国舆论研究所进行的调查项目之一，由 G. 盖洛普创办该所而得名，通过抽样调查方法调查包括政治、经济、社会等多个方面，以此表达民意。

表 3—18　　2015 年中国与南亚 8 国个人的福祉感受

国家 \ 指标	对个体						
	教育质量	卫生保健质量	生活水平	理想工作	安全感受	自由选择	
						男性	女性
中国（B）	64	65	74	51	75	76	77
阿富汗	52	32	32	87	34	45	51
巴基斯坦	65	41	63	74	58	59	58
不丹	93	86	89	88	63	83	79
孟加拉国	85	61	80	85	80	74	75
尼泊尔	72	56	65	87	60	77	69
斯里兰卡	79	81	73	73	74	87	88
印度	76	62	63	80	69	72	78

国家 \ 指标	对个体	对社区			对政府		
	整体生活满意度	劳动力市场	志愿服务	社区	司法系统	保护环境行动	政府公信力
中国（B）	5.4	38	4	78	—	63	—
阿富汗	3.1	19	9	78	27	41	41
巴基斯坦	4.8	26	11	84	59	44	46
不丹	5.1	51	39	93	97	99	95
孟加拉国	4.6	42	14	90	76	59	76
尼泊尔	4.8	50	36	86	58	61	47
斯里兰卡	4.6	59	49	90	77	75	74
印度	4.3	39	21	78	74	56	59

注：中国（B）代表中国 2015 年的大部分数据是可信的；马尔代夫数据缺失，表 3—18 未列及该国。

资料来源：联合国开发计划署《2016 年人类发展报告》相关网站统计数据（http://hdr.undp.org/en/countries/profiles/CHN#）。

第三节　人口与区域经济发展耦合协同状况

上述分析已知中国—南亚区域中，各国人口、经济、社会发展有其相似之处，也有巨大差异，由于各国国情不同，发展进程不一致，由此也影响区域内人口经济协调发展。各区域间人口经济协调发展，可以相互促进，反之则会相互制约。研究中国与南亚区域的协调发展问题，即需要得到各国现阶段人口和经济发展水平，其中的相互联系密度及其协调度。本书中，人口—经济协调发展是指在国家发展过程中，人口和经济各指标之间协调共进、可持续发展，而不是片面地强调人口单一发展或是经济高速增长。本节的实证分析将为发展路径分析提供数据支持。

一　指标体系与模型构建

这里需要探究南亚地区各国家人口与区域经济发展的协调问题，本着指标选取的全面性、科学性和可操作性原则，选取中国及南亚 8 国 2015 年人口和经济发展的相关指标衡量各国人口—经济协调度发展状况，并借鉴前人的研究经验构建人口和经济子系统，从 8 个层面 22 项指标综合反映人口与经济系统耦合协调发展水平（具体指标体系及权重见表 2—18），另外，人口系统和经济系统耦合阶段的具体阶段划分参见表 2—19，协调类型及判别标准参见表 2—20。

二　结果分析

经数据标准化处理后，确定各指标权重，依据第二章公式计算得出人口子系统和经济子系统综合评价函数值 $f(x)$ 和 $g(y)$、各国的耦合度（C_{ne}）、综合评价值［$T(t)$］与耦合协调度［$C(t)$］，人口和经济发展水平、耦合度及协调度可知（见表 3—19）。

表 3—19　　耦合协调度及类型

国别	$f(x)$	$g(y)$	综合评价值［$T(t)$］	耦合度（C_{ne}）	耦合协调度［$C(t)$］	耦合协调等级	协调度类型
中国	0.2116	0.3220	0.2668	0.4892	0.4945	濒临失调	过渡型
阿富汗	0.0655	0.0203	0.0429	0.4250	0.1497	高度失调	
巴基斯坦	0.0902	0.0828	0.0865	0.4995	0.2936	中度失调	
不丹	0.0864	0.0858	0.0861	0.5000	0.2934	中度失调	
马尔代夫	0.1251	0.1497	0.1374	0.4980	0.3677	轻度失调	
孟加拉国	0.0924	0.0627	0.0776	0.4907	0.2682	中度失调	

续表

国别	$f(x)$	$g(y)$	综合评价值［$T(t)$］	耦合度（C_{ne}）	耦合协调度［$C(t)$］	耦合协调等级	协调度类型
尼泊尔	0.0694	0.0657	0.0676	0.4998	0.2597	中度失调	衰退失调型
斯里兰卡	0.1232	0.0973	0.1103	0.4965	0.3275	轻度失调	
印度	0.1362	0.1137	0.1249	0.4980	0.3506	轻度失调	

（一）中国及南亚各国人口和经济发展水平参差不齐

依据表3—19分析可知，第一，中国的人口综合评价函数值和经济综合评价函数值最高，说明相较南亚国家，中国在人口发展和经济发展中，相对占优。而阿富汗的人口和经济综合评价函数值均为9国中最低（见图3—9），说明其发展较为滞后。第二，比较各国人口和经济综合评价函数，除了中国和马尔代夫外，其余7国均呈现出人口综合评价得分大于经济综合评价得分的，说明南亚各国普遍存在人口发展速度快于经济发展速度。第三，各国内部人口发展和经济发展存在一定的差距，印度、斯里兰卡、孟加拉国、阿富汗的人口发展速度显著快于经济发展，如何利用人口红利，发挥各国人口优势带动经济增长，是上述几国的当务之急。

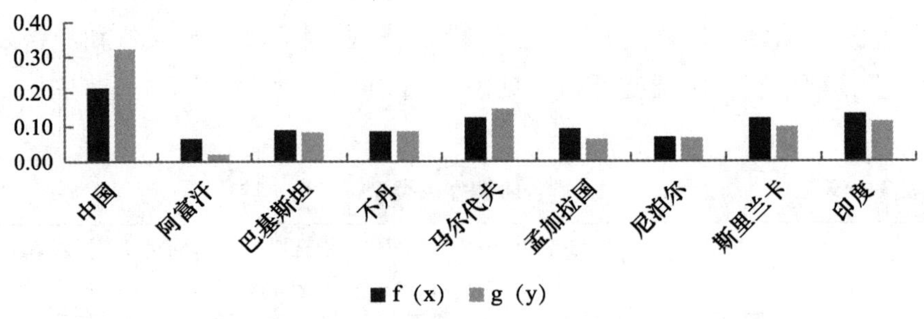

图3—9　中国和南亚8国人口与经济综合评价函数值

由表3—19综合评价值中也可看出，中国、印度、马尔代夫综合得分较高，阿富汗综合得分最低，仅有中国在人口和经济发展接近世界平均水平，南亚各国的综合得分都较低，可见其人口经济发展较为落后，其中阿富汗和尼泊尔经济发展处于世界落后水平，人口红利没有显现，应该有较大发展潜力。

（二）各国人口经济发展协调度较低，区域差异明显

一方面，总体上看，各国耦合度差别不大，除了阿富汗以外，其余各国的耦合度均在 0.5 左右，处于拮抗时期（见图 3—10）。而协调度差异显著，协调度最高的中国和最低的阿富汗相差 0.2953。除了中国的耦合度略高于耦合协调度外，南亚 8 国耦合协调度均显著低于耦合度。

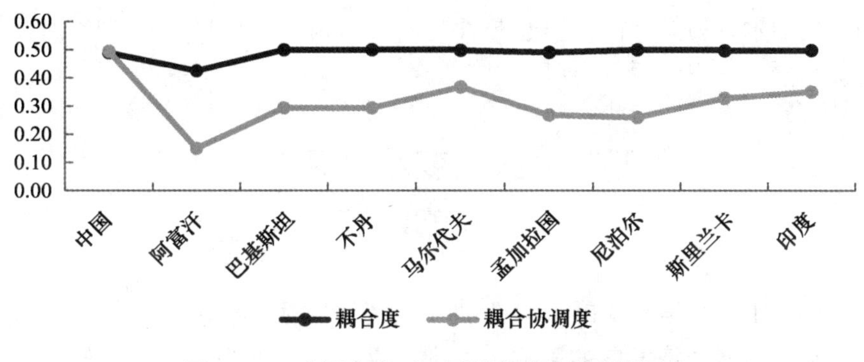

图 3—10　中国和南亚 8 国耦合度及耦合协调度

另一方面，从国别层面看，耦合度和协调度都较高的只有中国，马尔代夫和印度相对南亚国家较高，说明其人口和经济的紧密联系促进了其共同协调发展。人口因素的变动对经济发展有一定的促进作用，协调程度也较高，具有较大的发展潜力。巴基斯坦、不丹、孟加拉国、尼泊尔、斯里兰卡的耦合度较高于耦合协调度，其耦合度较高仅说明人口子系统和经济子系统的关联程度较为密切，但其耦合协调度低则说明人口和经济发展状况不同，甚至差异巨大。

从《工业化蓝皮书：“一带一路”沿线国家工业化进程报告》中可以看到，65 国中只有尼泊尔这一个国家处于前工业化时期，2017 年尼泊尔人均 GDP 为 849.01 美元，仅比位于 GDP 倒数第一的阿富汗 550.07 多了 300 美元；其第一产业比重达 34.3%，居 65 个国家的首位；制造业增加值占总商品生产部门增加值比重为 12.8%，居倒数第六位；人口城镇化率为 18.2%，处于 65 个国家的末位；2018 年第一产业就业比重

71.32%，居65个国家的首位。南亚8国中除了马尔代夫外，其他国家均处于工业化初期阶段。实际上，尼泊尔是中国连接南亚国家的重要枢纽与纽带，尼泊尔出口商品以原料类产品为主，出口比例最大的是劳动密集型的纺织品及原料，占其总出口的38.48%。但目前中尼贸易量很少，包括矿产品（21.54%）、贱金属及制品（14.01%）及机电产品（10.60%）、化工产品（8.48%）及植物产品（8.22%）是尼泊尔的主要进口商品，这些商品中除了机电产品外均属于原料类产品，唯一技术含量高的机电产品，是尼泊尔进口商品中从中国进口比例最高的商品（38.14%），可以说，中国—尼泊尔贸易具有很强的互补性，同时可以带动中国与南亚各国贸易促进与发展。

第四节　人口变动对区域经济发展的影响

根据中国与南亚8国人口变动与经济发展基本状况，进一步考察人口变动对区域经济发展的影响，发现并提出二者不相适应、不相协调之处，为“一带一路”倡议下促进中国与南亚区域经济发展提供新思路。

一　人口自然变动对经济发展的影响

（一）人口持续增长，经济发展较为落后

中国与南亚8国人口增长率虽在不断下降，但人口规模仍不断扩大，特别是区域内总量过亿的国家有中国、巴基斯坦、孟加拉国和印度四国，人口年增长量均超过了百万。在既定的社会生产能力和收入水平下，人口总量不断增加会稀释人均财富，在经济落后的国家，人口的增长会使得GDP总量不大的国家人均GNI显著减少。例如，阿富汗和马尔代夫，都拥有较高的人口增长率，但马尔代夫人均GNI是阿富汗的15倍。

类似巴基斯坦、孟加拉国和印度人口大国，以及阿富汗和巴基斯坦人口主要增长国，这几个国家的经济发展都较为落后，其中，阿富汗历经30多年战乱，经济停滞不前，交通、通信、工业、教育和农业基础设施遭到严重破坏，生产生活医疗物资短缺，成为世界上最不发达的国家；孟加拉国也是世界最不发达国家之一，其国民经济主要依靠劳动密集型

产业，以农业生产为主，人口效率十分低下；巴基斯坦属发展中国家，国民经济以农业为主，农业产值占国内生产总值的 21%，国内经济发展受政局、国际金融危机、国际大宗商品价格以及自然灾害的影响，经济发展也较为落后。综上，上述几国致贫原因都与人口总量大，人口增长较快有关，除此之外，稳定的政治格局，合理的人口结构、产业结构以及较高的人口效率才能使得经济呈现持续健康增长。

纵观南亚人口变动特征，人口总量持续增加，但经济发展仍然落后于世界，除了继续利用人口优势外，更需要从产业结构转型，扩大金融与扩大对外贸易等方面为经济增加动力，通过“一带一路”倡议框架的实施，通过双边与多边贸易、投资等途径多多互惠互利，带动南亚地区经济发展。

（二）少儿人口虽不断减少，但劳动力资源丰富

相比世界其他国家，“少子化”问题在南亚不那么凸显，除了斯里兰卡外，其他国家人口年龄结构均较年轻。2017 年，南亚国家虽然 0—14 岁少儿人口比重在下降，但没有一个国家降至低于 20%，仅马尔代夫与斯里兰卡该值稍低于直接平均值，比重最高的是阿富汗，高达 43.25%。与世界平均水平相比，超过 30% 的有阿富汗、巴基斯坦、尼泊尔，分别高出世界平均值 17.304、8.837 和 54.952 个百分点，可见其劳动力市场资源是充裕的。但是，劳动力充裕也无法绝对带动经济发展，因为南亚各国人口素质普遍较低，农业生产就业人口位居前列，人口效率较低，从而导致收入垫底，人均 GDP 也较低。各国应从源头释放经济动力，更好地拉动经济增长，比如应尽可能多地加大教育投资，提高人口效率，发展农业现代化以释放更多第一产业劳动力，从事更多、更有效率的工作，增大服务业比重，扩大全球贸易。

（三）老年人口虽不断增多，抚养负担主要在“小”

中国、斯里兰卡分别于 2000 年、2010 年进入人口老龄化社会，2017 年老年人口系数分别为 10.64%、10.069%，而其他南亚国家尚未进入人口老龄化社会。尤其阿富汗、巴基斯坦、不丹和马尔代夫，老龄化系数不足 5%，养老负担尤其轻。从抚养比看，以阿富汗为代表的高抚养比国家，抚养负担主要在于少儿人口比重较高，随着少年儿童成长，抚养比将逐步下降。通过预测人口自然变动情况可知，到 21 世纪中叶，除阿富

汗一国未进入老龄化社会外，其余各国都将陆续进入老龄化阶段，但是相比世界其他国家，南亚国家老龄化程度相对较低，人口年龄结构相对年轻，未来发展有较大的人口优势。人口老龄化带来的各种社会问题，需要国家强有力的经济保障、政策支持以及基础设施的完备，这对于还处在发展中的南亚各国将是严峻挑战，特别是阿富汗、尼泊尔人口结构十分年轻的国家，人均 GDP 不足 1000 美元，其养老压力可想而知，需要积极寻求外界合作，提高经济发展水平，早日长远规划以应对老龄化冲击。

（四）人口红利未得到充分开发

1. 劳动年龄人口数量多，但人口效率偏低

南亚 8 国劳动年龄人口数量较多，劳动力市场供给充足，劳动参与率也较高，但人口效率十分低下，主要原因在于国家产业结构不合理以及人才资源稀缺。与中国相比，2015 年，阿富汗、巴基斯坦和不丹等国高等教育入学率仅占中国的 22%、26% 和 28%，这也决定了国家产业发展主导方向以劳动密集型产业为主导的经济发展模式，人口效率自然较低，其创造社会财富的能力也较低。

2. 女性劳动力参与率低

南亚国家女性劳动力社会参与率相对都较低，女性劳动力资源开发空间较大，除受传统文化、社会制度影响外，产业结构类型也成为阻碍女性进入劳动力市场的原因。尤其是阿富汗、巴基斯坦、印度和孟加拉国，男性劳动力社会参与率比女性分别高出 67.191、57.516、51.824 和 46.621 个百分点。大量女性劳动力未参与社会经济活动，造成劳动力资源的极大闲置和浪费。

二　人口社会变动对经济发展的影响

（一）产业结构不合理，就业人口效率低

中国与南亚 8 国产业结构均有不合理之处，南亚各国中，阿富汗、巴基斯坦、不丹、孟加拉国、尼泊尔和印度，其国民经济收入主要依靠农业种植，2017 年上述南亚国家中农业增加值占 GDP 比重分别为：20.467%、22.881%、17.367%、13.413%、26.241% 和 15.47%，均远高于同期世界 3.45% 的平均值。同时上述国家工业增加值占 GDP 比重分别为：22.128%、17.942%、40.568%、27.751%、13.397% 和 26.302%，也远高于世界同期

25. 3% 的平均水平，可见，以上国家第一产业所占比重过高，第二产业发展缓慢，第三产业所占比重偏低，服务业发展十分滞后，第三产业对 GDP 的贡献率远低于世界平均值。

产业结构不合理是中国和南亚 8 国就业人口效率较低的另一重要原因，该地区劳动年龄人口就业率相差巨大，有的国家高于世界平均水平，尤其尼泊尔，2017 年高出世界平均水平 21. 14 个百分点，但中国及南亚其他国家的人口效率却低于世界平均水平，特别是尼泊尔人口效率仅是世界平均水平的 12. 72% ，可见该国虽然拥有较高的人口就业率，若是产业结构不合理，则造成大量人力资源浪费。除了尼泊尔外，孟加拉国、阿富汗人口效率也十分低下，同样由于产业结构不合理，使得大量劳动力囤积在第一产业，很难创造较高的社会财富，导致国民经济发展相对滞后，国内生产总值低，致使国民生活水平得不到根本改善。

（二）三次产业就业人口分布不合理，农业服务业就业人员转移较快

由于产业结构不合理，导致就业人口分布不合理，由中国与南亚 8 国 2010—2017 年三次产业就业人员情况可看出，各国农业就业人员逐渐减少，工业就业人口小幅变化，服务业就业人员比重也出现了小幅变化，但总体变化趋势与世界平均水平一致；农业就业人员占总就业人员比重下降较为明显，尤其中国、马尔代夫、孟加拉国、斯里兰卡和印度，2017 年比 2010 年分别下降了 7. 1 、7. 3 、6. 7 、9. 2 和 6. 7 个百分点，各国产业结构调整较为迅速，正在以积极的态度调整产业以适应经济的较快发展，虽然农业和服务业的转移依赖一国的经济、技术发展水平，加之大量就业人口聚集在第一产业，不过可以预测未来南亚人口效率将稳步提升。

（三）进出口贸易波动明显，滞后世界平均水平

拉动国民经济增长的三驾马车中，出口贸易是其一，可见其对经济增长的作用。中国和南亚国家贸易发展因受国际经济发展乏力等因素影响，均呈现先增后减发展态势，尤其中国、阿富汗、不丹和斯里兰卡的进出口贸易波动明显；此外，包括中国在内的多数南亚国家贸易额低于世界平均水平，2017 年，中国、巴基斯坦、孟加拉国和印度的贸易额占比分别仅占世界平均水平的 52. 72% 、35. 97% 、49. 24% 和 57. 28% ，而贸易较为发达的国家，即马尔代夫贸易额占比为 143. 472% ，域内国家差

距悬殊。从货物和服务出口比重看，除了马尔代夫外，其他国家均低于世界平均水平。总体而言，南亚诸国进出口贸易对其经济发展带动作用不强。为进一步适应经济全球化给世界各国带来的影响，应积极调整对外贸易政策和参与世界贸易，加大服务与产品的对外贸易往来。

三 人口迁移变动与经济发展

（一）区域内人口迁移率低，迁出人口大于迁入人口

南亚国家中除了马尔代夫人口迁移比重较高外，其余各国迁移量都很少。可见，迁移率与经济发展成正比，同时也受到国家政局、生态环境以及文化习俗等各种因素的影响。南亚在国内人才资源不足的情况下，应积极探索引进适合本国人才资源的发展道路。一般来说，越不发达国家，人口迁入情况越少，迁出人口较多。当前，南亚大部分地区不缺乏廉价劳动力，而真正缺乏的是高端技术技能人才，吸引人才迁入可以有效地帮助国家从劳动密集型产业向技术密集型产业的转换，更快更好地带动区域经济发展。

（二）城市化水平有待提高

2017 年，南亚 8 国城市化水平依然很低，代表该国经济发展很落后，人口在空间、职业和地区的分布不优化。相比世界，南亚各国城市化水平发展较为落后，人口超百万的城市群中，除巴基斯坦外，其余各国人口占比都不足 20%，除了人口基数较小外，也说明这些国家的大城市人口集中度较低，大城市对人口的吸纳有限，缺乏充足的就业机会，不能有效发挥大城市的集散效应和区域经济带动效应。人口占总城市人口比重高于世界平均水平的有阿富汗、巴基斯坦、孟加拉国和斯里兰卡，对于欠发达国家或地区，人口聚集在最发达城市可以带来更大的规模经济效应。

（三）社区参与率低，生活整体满意度有待提高

南亚国家中，不丹无疑是最幸福的国家，阿富汗人民生活最艰苦。影响一国民众幸福感各指标中，教育质量、卫生保健质量和司法系统满意度差异最大，因此由多种因素构成的整体生活满意度差别也十分显著。可见，要想提高一国民众生活满意度，首先需要大力支持其教育事业，且“教育兴国”不能纸上谈兵；其次应尽快提高卫生保健质量，加大财

政对医疗保险事业支出，减轻民众患疾病的痛苦，既能够直接有效地提高人民的生命质量，还可以延长其寿命增加劳动时间；最后，政府应该努力完善一国司法系统，只有法律的严明才能维护民众合法权利不受侵害，才能树立国家良好的道德风尚，这样不仅可以提高人民的生活满意度，也可以间接地带动国家经济发展。

四　区域人口经济协调性不高带来的影响

相比中国，南亚 8 国的人口和经济发展普遍存在耦合度不够、协调性不高的情况。各国协调性较差与其人口经济发展较为落后有关，从人口和经济发展的多维度进行分析，其人口、经济发展水平得分较低，说明南亚国家整体发展较为落后，但是，从耦合度和耦合协调度分析，南亚各国仍有较大发展空间，也存在巨大挑战。耦合度均处于拮抗时期，其中，巴基斯坦、不丹、马尔代夫和尼泊尔耦合度相对较高，耦合度在 0.48—0.49 之间，经过人口和经济的进一步发展，有望从拮抗时期改善至磨合时期；南亚区域内各国的人口和经济的协调性差异明显，印度处于轻度失调上限，其经济发展速度较快，若能进一步优化产业结构，增加就业，发展城市化水平以匹配其经济的中高速增长，印度的人口经济将向更加协调共进的方向发展；相反，阿富汗情况不容乐观，人口和经济发展处于极度失调状态，协调度仅为 0.105，处于协调度评价等级的最低位，国内人口增长虽然快速，劳动力年龄人口占比较大，但人口质量较低，国内陷入人口、经济两系统相互产生负向作用的困境，因为人力资本的缺乏以及生存环境的恶劣导致国内经济发展乏力，产业结构不合理，经济发展的落后反过来又对人口发展产生抑制作用。

南亚地区除了阿富汗以外，孟加拉国、尼泊尔、巴基斯坦、不丹和斯里兰卡耦合协调度均处于 0.2—0.3 之间，这些处于中度失调的国家，人口和经济发展均存在不同程度的失调问题；相比之下，中国的人口和经济发展的协调度较高，处于过渡型国家，在“一带一路”倡议下，中国和南亚 8 国应该根据其人口和经济发展现状，加强合作，互通友谊，对于协调度较低的国家，在各国的互通往来中加强当地教育、对外贸易、基础设施建设等，由此促进地区人口、经济协调发展。

第四章

中国—西亚9国（Ⅰ）人口变动与区域经济发展

当今，在人口总量增长放缓、老龄化趋势不断加深、经济增长放缓，某些国家严重违反世贸组织最基本精神和原则的单边主义行动日益抬头以及严重影响全球贸易体系稳定局面的大背景下，伴随着国际交往的日益频繁，探讨中国与“一带一路”西亚9国人口变动，分析与之密切相关的经济发展问题，研究域内国家人口经济耦合协调发展，探讨域内国家人口变动对区域经济发展的影响等相关问题，并提出促进人口与经济科学发展的可行性路径，以此加深域内国家间的相互了解和交往。本章基于“一带一路”倡议与建设框架，分析中国与西亚国家人口变动与区域经济协调发展的影响因素，为域内国家在同一平台上的深度合作提供相关理论基础与发展对策。

西亚即亚洲西部，是联系亚、欧、非三大洲和沟通大西洋、印度洋的重要枢纽。古代著名的陆上贸易通道“丝绸之路”就是从中国的西安出发、沿河西走廊出新疆，经过中亚、西亚，到达欧洲。西亚号称“世界石油宝库”，是世界上石油储量最丰富、产量最大、出口最多的地区，这里所产的石油90%以上供应出口。然而，大部分西亚国家工业化水平较低、科技发展水平相对落后，机械设备的加工制造、纺织、日常用品制造等产业不发达，水电输送网络未成体系、交通运输方式布局不平衡，同时其基础设施建设也存在通信设施覆盖率低、港口转运能力有限、航空线辐射世界不足等诸多问题。自中国经济进入新常态以来，不仅面临着自身产能过剩，也面临着能源、矿产资源短缺等各类问题的挑战。因此，在国家提出“一带一路”倡议实施合作的“三通”（通路、通航、通商）方略下，中国与西亚国家有着更广泛的合作空间与发展前景。

在中国—西亚自由贸易发展日臻成熟、区域合作日益密切的基础上，中国“一带一路”建设框架与发展布局的提出，有利于进一步加深中国与西亚国家的政治互信和区域经济合作。由于“一带一路”沿线西亚国家政治组织形式、社会文化、人口环境以及经济发展状况等方面存在明显的差异性，各因素对区域交流和经济合作产生的影响也不尽相同，本章拟从人口经济学视角出发，基于人口变动对区域经济发展的影响，分析中国与“一带一路”沿线西亚国家的人口自然变动、社会变动和迁移变动以及各国经济发展状况等，研究域内各国人口与经济耦合发展协调状态，探讨人口变动对区域经济发展的支持条件与相关影响，并在此基础上提出中国与西亚9国人口变动对实现区域经济协调发展的可行性路径。

西亚共计20个国家，其中18个国家①参与了“一带一路”合作建设，这些国家经济发展水平差异较大，部分国家由于其丰富的石油资源，居民生活水平较高，有部分国家由于遭受战乱、边境或宗教冲突等因素影响，经济水平较差；为了便于分析与研究，本章选取“一带一路”沿线西亚18个合作国中的9国（巴林、卡塔尔、沙特阿拉伯、土耳其、叙利亚、也门、伊拉克、伊朗和约旦）作为研究对象。

西亚地理位置非常重要，也是“海上丝绸之路”直达欧洲的最便捷通道。随着21世纪经济全球化的不断加快，中国与世界各国的贸易往来更加密切。现代制造业快速崛起，中国与西亚的贸易合作不断深入，双边进出口货物贸易金额呈大幅上升态势，从西亚对外贸易来看，中国作为西亚各国贸易伙伴的地位日益上升。2004—2007年间，中国向西亚各国的出口贸易总额逐年增加，2008年由于全球金融危机的影响，除阿曼外的西亚各国从中国进口数额减少外，其他国家与中国贸易往来增长较为稳定。2009—2012年间，中国出口贸易金额逐渐回增；2012—2014年，双方贸易往来逐渐趋于平稳。同时，2004—2007年间，中国从西亚各国

① 包括伊朗、伊拉克、土耳其、叙利亚、约旦、黎巴嫩、以色列、巴基斯坦、沙特阿拉伯、也门、阿曼、阿联酋、卡塔尔、科威特、巴林、希腊、塞浦路斯、埃及的西奈半岛，由于数据的可得性，埃及的西奈半岛未在本书中研究，故本书只列入西亚17国。

进口贸易总额也呈现增长态势，2008 年由于全球金融危机冲击，中国和西亚贸易出现了短暂小幅下降。2009 年以来，中国源源不断地从西亚各国进口货物，双边贸易关系日益密切。从国别看，沙特阿拉伯、伊朗、阿曼、阿联酋、科威特、以色列和卡塔尔 7 国与中国的贸易往来最为密切，中国与西亚国家间贸易往来日益频繁，总体保持贸易顺差状态。中国出口到西亚地区的产品主要集中在机械器具、音响设备及其他工业制成品，中国从西亚地区进口的产品集中在以石油为主的矿物燃料等自然资源或相关产品。中国与西亚国家的产品呈现互补状态，竞争关系较弱，彼此贸易往来有利于中国—西亚国家进出口。

2017 年，中国对西亚 9 国投资流量净减少 11. 3236 亿美元（见图 4—1），除了对约旦、巴林和土耳其分别增加 0. 1509 亿美元、0. 3696 亿美元和 1. 8309 亿美元外，受战乱和局势的影响，中国对伊朗、沙特阿拉伯、伊拉克、卡塔尔、叙利亚和也门分别减少投资 8. 7929 亿美元、3. 8166 亿美元、0. 5695 亿美元、0. 3777 亿美元、0. 0759 亿美元和 0. 0424 亿美元。西亚地区矿产资源丰富，其他国家对西亚地区投资大都集中于以矿产业为首的采掘业，美国、欧盟和日本等国是西亚地区主要外资来源，但近年来受西亚地区政局动荡的影响，其他地区对西亚的投资在不断减少。应该说，中国与西亚地区的合作前景广阔，但面临的政治经济风险巨大，中国政府高度重视发展与西亚国家在多领域、全方位的合作，体现出对外开放的决心与信心。而且，中国与西亚国家间的合作领域从能源、基础设施等向加工制造、金融、工业园区建设等方面不断拓展。

第一节　人口变动基本状况

中国与"一带一路"沿线西亚国家人口数量众多，规模庞大，人口变动趋势复杂，通过了解中国与西亚国家发展所面临的人口经济相关问题，探讨区域内人口数量变动、结构变化、就业状况以及迁移变动等因素对经济发展的影响，可以有效加深区域间的合作共识、巩固区域合作基础，有助于更好地实现区域内人口、经济和社会发展。

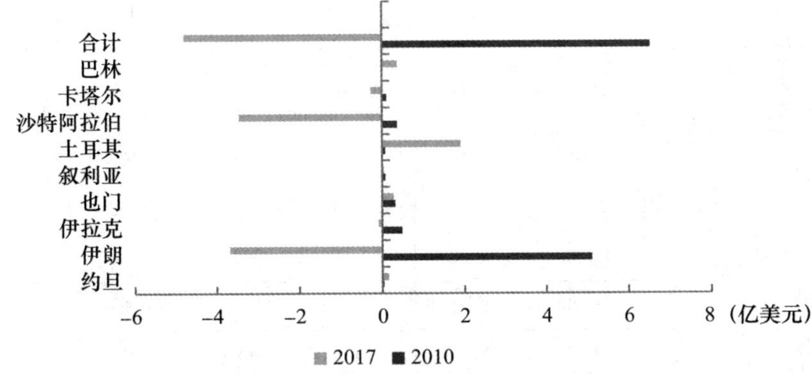

图4—1　2010年、2017年中国对西亚9国直接投资流量比较

资料来源：整理自中华人民共和国商务部、中华人民共和国国家统计局、国家外汇管理局联合出版的《2017年度中国对外直接投资统计公报》。

一　人口自然变动

（一）人口增长状况

1. 人口数量增长

中国与西亚国家人口总量不断增长（见表4—1），2000—2015年，从人口年增长量看，各国均有不同程度的增减起伏。中国由于计划生育政策相继调整，2010年以前人口年增长量不断降低，2015—2017年人口净增长量小幅回升。巴林、卡塔尔、叙利亚、约旦等国家，人口年增长量小范围内有起伏，与世界人口总体发展趋势基本一致。从人口年增长量绝对值看，由于各国人口基数不同，人口年增长超过百万的有中国、土耳其，中国是区域内唯一人口过亿国家。2017年，西亚国家合计人口增长总量474.15万人，占中国—西亚人口增长量的40.38%。

表4—1　　世界与中国、西亚9国人口年增长量　　（单位：万人）

国别＼年份	2000	2005	2010	2015	2016	2017
世界	7986.42	8047.34	8330.04	8623.67	8659.79	8620.28
中国	991	764.5	644.5	695	744.5	773

续表

国别＼年份	2000	2005	2010	2015	2016	2017
巴林	2.81	5.93	5.58	3.55	5.33	6.74
卡塔尔	2.28	10.6	18.89	10.71	8.83	6.94
沙特阿拉伯	46.99	67.68	76.42	78.04	71.85	66.25
土耳其	95.28	89.56	98.77	124.08	124.1	123.26
叙利亚	39.48	48.80	19.39	-46.81	-30.45	-16.06
也门	49.66	56.59	63.19	66.99	66.80	66.62
伊拉克	68.73	69.18	86.80	110.96	108.69	107.2
伊朗	106.92	80.47	87.99	94.94	91.69	88.54
约旦	8.82	17.85	36.13	35.0	29.65	24.66

注：人口年增长量以前一年为基期，t 年与（t-1）年的差值即为净增长量。

资料来源：世界银行相关统计数据（https：//data.worldbank.org.cn/indicator/SP.POP.GROW）。

从人口年增长量看，不足 10 万的有巴林，2017 年卡塔尔也仅为 6.94 万，因上述国家人口基数小，年增长量基本保持稳定，其中卡塔尔最高年份 2010 年超过 18.89 万人，约旦 2010 年增长超过 36 万人；2005 年以来，巴林、叙利亚人口持续下降，其中增长量较大的有沙特、土耳其、伊拉克和伊朗。根据世界银行数据库数据，由于战争原因，叙利亚 2011 年以来人口持续负增长。2017 年西亚国家有土耳其、伊拉克年增长量超过百万；综合来看，中国与西亚 9 国人口年增长除了叙利亚负增长外，其他国家相对稳定，各国人口规模小幅上涨。

2. 人口增长率

中国与西亚 9 国 2000 年以来人口增长率变化可以分为几类（见表4—2），一是中国，已降至低于 1%，叙利亚呈负增长。2017 年，中国、叙利亚与伊朗低于世界平均水平，上述三国比世界平均值分别低了 0.599、2.033、0.061 个百分点，未出现大幅增长态势，预计将持续稳定于较低水平；二是约旦、巴林、土耳其和卡塔尔有起伏变化，与世界平均发展趋势基本一致；三是叙利亚从 2010 年以来呈负增长，尤其 2015 年降幅大；四是土耳其、伊朗，略有起伏波动，增减变化规律不十分明显，发展较为稳定。2017 年，西亚 9 国增长率最高的巴林达 4.622%，其次是伊拉克，两国分别比世界平均值高了 3.464、1.683 个百分点。总的来说，2000—2017 年，除了叙利亚外，人口增长总趋势为稳中有升。

表 4—2　　世界与中国、西亚 9 国人口增长率　　（单位：%）

国别＼年份	2000	2005	2010	2015	2016	2017
世界	1.325	1.253	1.219	1.186	1.177	1.158
中国	0.788	0.588	0.483	0.508	0.541	0.559
巴林	4.315	6.904	4.604	2.619	3.813	4.622
卡塔尔	3.929	13.076	11.221	4.413	3.495	2.665
沙特阿拉伯	2.289	2.872	2.826	2.504	2.251	2.032
土耳其	1.518	1.328	1.375	1.598	1.573	1.538
叙利亚	2.435	2.704	0.927	-2.468	-1.639	-0.875
也门	2.818	2.788	2.713	2.52	2.452	2.386
伊拉克	2.96	2.595	2.862	3.12	2.965	2.841
伊朗	1.63	1.149	1.187	1.204	1.149	1.097
约旦	1.744	3.174	5.161	3.896	3.186	2.574

资料来源：世界银行数据库（https://data.worldbank.org.cn/indicator/SP.POP.GROW）。

由中国与西亚 9 国人口增长情况可看出：由于各国人口基数不同，人口增长量存在显著差异，2017 年只有中国人口年增长量超过 700 万，伊拉克、土耳其超过 100 万，巴林、卡塔尔由于基数较小，增长不足十万，增长状况基本稳定。增长率上，巴林和伊拉克相对较高，不过由于其人口规模较小，故其增长规模依然较小。总体而言，域内各国人口规模除了叙利亚人口负增长外，其他国家增长率普遍缓慢上升，增速放缓。

（二）人口年龄结构

首先，从 0—14 岁人口占总人口比重看（见表 4—3），2000 年，仅中国与卡塔尔低于世界平均值，叙利亚、也门、伊拉克超过40%；随后各国与世界下降趋势一致，2005年，下降速度最快的伊朗，降低了8.89个百分点，远超过世界平均降速2.07个百分点，另外，中国、巴林、卡塔尔与沙特下降也超过了4%。2005—2010年，比重维持在30%—45%超过世界平均值的是沙特阿拉伯、土耳其、叙利亚、也门、伊拉克和约旦，比重较高，人口年龄结构较为年轻。

表4—3　　世界与中国、西亚9国0—14岁人口占总人口比重

（单位：%）

国别＼年份	2000	2005	2010	2015	2016	2017
世界	30.113	28.043	26.828	26.179	26.064	25.941
中国	24.629	19.892	17.848	17.686	17.701	17.677
巴林	30.141	25.684	20.312	20.85	20.292	19.722
卡塔尔	25.730	21.712	13.084	13.826	13.822	13.877
沙特阿拉伯	38.198	33.848	29.787	25.999	25.535	25.165
土耳其	30.603	28.6	26.902	25.583	25.302	24.957
叙利亚	41.014	39.109	36.367	38.092	37.364	36.576
也门	48.602	45.705	42.463	40.571	40.257	39.918
伊拉克	42.951	42.03	41.689	40.661	40.536	40.399
伊朗	34.941	26.051	23.459	23.632	23.674	23.689
约旦	39.459	37.773	37.004	36.027	35.781	35.505

资料来源：世界银行数据库（https：//data.worldbank.org.cn/indicator/SP.POP.GROW）。

2016—2017年，除了伊朗小幅上涨外，其他国家均持续下降。2017年，伊拉克依然超过40%，也门也非常接近，上述两国人口依然年轻，属典型的年轻型国家；伊朗、土耳其与世界平均值基本一致，2017年比重为20%—30%，人口年龄结构类型相对老年化；中国和卡塔尔分别在2005年、2006年就已低于20%，已完全进入老年型社会；另外，巴林、卡塔尔、沙特阿拉伯和伊朗，2000—2017 年该值分别下降了 10.419、11.853、13.033、11.252 个百分点，沙特阿拉伯降速最快，2017 年与世界平均值接近。总体来看，中国与西亚 9 国 0—14 岁人口占总人口比重虽各不相同，降幅也不同，但整体均呈下降趋势，域内有年轻型社会的伊拉克和也门，也有相对老化的伊朗四国，更有中国和卡塔尔典型人口老龄化国家。

其次，从 15—64 岁人口占总人口比重看（见表 4—4），一是 2000—2017 年，与世界发展一致的有沙特阿拉伯、土耳其、也门和巴林，不断上升，其中沙特阿拉伯上升较快，从 58.8% 增长至 71.54%。二是中国、卡塔尔、叙利亚和伊朗 2010 年以前逐年不断增长，其中卡塔尔 2000—2005 年保持增长，2010 年达到最高峰值的 85.87%，但此后劳动年龄人口比重呈缓慢下降，劳动力资源优势在缓慢消退，与世界平均水平变化趋势相同。三是土耳其、伊拉克和约旦变化虽有一定起伏，但整体处于不断增长态势，且比重较高，正是处于劳动力资源充足、社会扶养负担较轻的人口红利期，有利于该地区经济发展。四是域内劳动年龄人口比重最高的是卡塔尔，2017 年高达 84.816%，劳动力资源十分丰富，最低的伊拉克仅 56.416%，与卡塔尔同期相差 28.4 个百分点，两国劳动力人口差异较大。整体看，中国、西亚 9 国该值超过 70% 的国家有中国、巴林、沙特、伊朗与卡塔尔，其他国家在 56%—66% 间。

表 4—4　　世界与中国、西亚 9 国 15—64 岁人口占总人口比重　　（单位：%）

年份 国别	2000	2005	2010	2015	2016	2017
世界	62.997	64.65	65.536	65.537	65.455	65.363
中国	68.463	72.413	73.752	72.638	72.177	71.682
巴林	67.406	72.075	77.609	76.826	77.366	77.906
卡塔尔	72.589	77.048	85.872	85.084	84.93	84.816
沙特阿拉伯	58.801	63.186	67.232	70.948	71.301	71.54

续表

国别＼年份	2000	2005	2010	2015	2016	2017
土耳其	63.305	64.722	65.886	66.615	66.734	66.89
叙利亚	55.645	57.525	60.164	57.868	58.457	59.08
也门	48.571	51.583	54.839	56.572	56.85	57.16
伊拉克	53.581	54.598	55.020	56.061	56.347	56.416
伊朗	60.855	69.026	71.610	71.333	71.111	70.872
约旦	57.478	58.854	59.331	60.21	60.434	60.685

资料来源：世界银行数据库（https://data.worldbank.org.cn/indicator/SP.POP.GROW）。

最后，从65岁及以上人口占总人口比重看（见表4—5），各国老年人口比重不同，老龄化程度也有所不同。2000年域内仅中国基本接近老龄化社会，西亚国家该比重很小，最高的土耳其也刚到6%；2005年，大部分国家与世界平均发展方向一致，呈增长状态，但有巴林、卡塔尔、沙特阿拉伯、也门和伊拉克小幅下降，说明这些国家少儿人口比重增加超过同期老年人口比重增加值；土耳其于2009年该值超过7%进入老龄化社会，2005—2010年，西亚也有如巴林、卡塔尔、也门、伊拉克该值持续下降。

表4—5　世界与中国、西亚9国65岁及以上人口占总人口比重　（单位：%）

国别＼年份	2000	2005	2010	2015	2016	2017
世界	6.889	7.306	7.636	8.284	8.482	8.696
中国	6.908	7.695	8.4	9.676	10.123	10.641
巴林	2.453	2.240	2.080	2.324	2.343	2.372
卡塔尔	1.682	1.240	1.044	1.09	1.188	1.307
沙特阿拉伯	3.0	2.965	2.981	3.053	3.163	3.295
土耳其	6.092	6.678	7.212	7.802	7.964	8.153

续表

国别＼年份	2000	2005	2010	2015	2016	2017
叙利亚	3.341	3.366	3.469	4.04	4.179	4.344
也门	2.827	2.713	2.697	2.857	2.892	2.922
伊拉克	3.469	3.373	3.291	3.074	3.116	3.186
伊朗	4.205	4.923	4.931	5.035	5.215	5.44
约旦	3.063	3.373	3.665	3.763		3.81

资料来源：世界银行数据库（https：//data.worldbank.org.cn/indicator/SP.POP.GROW）。

2017年，中国与西亚9国老年人口比重可以分为几类：一是中国超过了10%，已进入较深老龄化阶段，且趋势不断加深。二是土耳其也超过了8%，是西亚9国中唯一一个进入老龄化的国家。三是巴林、卡塔尔、沙特阿拉伯、叙利亚、也门、伊拉克、伊朗及约旦，老年人口系数尚未达到6%，且平均值仅为3.33%，年龄结构较为年轻，人口资源对社会经济发展的支持潜力较大。四是伊拉克，西亚9国中唯一持续下降的国家，巴林比重十多年来没有多大变化，其他国家则与全球变化趋势基本一致，逐年增加。

综合中国与西亚9国人口年龄结构可看出：一是中国、土耳其人口年龄结构早于西亚国家进入老年型社会，正处于“少子化、老龄化”时期，劳动年龄人口逐年减少，老年人口社会抚养负担在不断加重。二是巴林、卡塔尔、沙特阿拉伯等其他西亚国家，人口年龄结构属成年型，少年人口众多，年龄结构较为年轻，劳动年龄人口占绝对优势，经济社会发展所需劳动力资源充足，正处于经济起飞和快速发展黄金期。三是巴林、卡塔尔与也门三国，老龄人口比重低于3%，老年抚养比很低，抚养负担主要集中在潜在的劳动力人口——少儿人口上，预示着未来人力资源的丰富。

（三）人口抚养比

西亚部分国家人口抚养比会因老年抚养比上升与人口出生率下降，总抚养比开始下降，并且主要受制于少儿抚养比变动。比较中国与西亚9

国总抚养比可看出（见表4—6）：2000—2017年，有沙特阿拉伯、土耳其、也门、伊拉克和约旦与世界平均发展趋势一样，逐年下降。从人口总抚养比高低看，2017年超过70%的有伊拉克和也门，叙利亚也接近70%，上述国家远高于世界平均水平，社会抚养负担较重，1单位劳动力人口需要抚养超过1单位非劳动年龄人口，最高伊拉克为77.256%，由于除土耳其以外的西亚9国均为年轻型国家，因此其抚养比中主要为少儿人口。中国、巴林、卡塔尔、沙特阿拉伯、土耳其和伊朗总抚养比低于50%，其社会抚养负担相对较轻；从总人口抚养比发展趋势看，巴林、卡塔尔自2000—2010年持续下降，此后缓慢上升，人力资源优势逐渐消减；叙利亚自1983—2010年持续下降，期间下降了41.651个百分点，2011—2015年上升较快，随后又下降，起伏变动较大。伊朗自1989年起持续下降至2012年，2013年平稳缓慢增长，未来趋势目前难以预计；而沙特阿拉伯、土耳其和约旦该值仍不断下降，当前正是发展经济的较佳人口红利期。

表4—6　世界与中国、西亚9国人口总抚养比　（单位：%）

国别＼年份	2000	2005	2010	2015	2016	2017
世界	60.110	56.284	54.274	54.064	54.202	54.356
中国	46.065	38.096	35.59	37.668	38.549	39.505
巴林	48.355	38.743	28.852	30.164	29.257	28.36
卡塔尔	37.762	29.790	16.453	17.531	17.744	17.903
沙特阿拉伯	70.065	58.262	48.738	40.948	40.250	39.782
土耳其	57.966	54.506	51.776	50.117	49.849	49.499
叙利亚	79.710	73.837	66.212	72.807	71.066	69.262
也门	105.883	93.864	82.351	76.766	75.90	74.948
伊拉克	86.635	83.158	81.750	77.730	77.470	77.256
伊朗	64.326	44.873	39.645	40.187	40.625	41.100
约旦	73.979	69.913	68.545	66.086	65.471	64.785

资料来源：世界银行数据库（https://data.worldbank.org.cn/indicator/SP.POP.GROW）。

（四）主要指标预测

根据《世界人口展望2017（修订版）》数据，比较中国与西亚9国2020—2050年主要人口指标可看出（见表4—7）：一是人口总量，2050年中国与西亚9国人口总量将达17.93亿。其中，中国在2030年左右达到人口峰值，此后将逐渐下降，规模逐渐缩小。同期西亚9国人口总量仍处于不断增长状态，规模不断扩大。特别是伊朗和土耳其，2050年总人口分别为9355万和9562万人，2020—2050年，西亚国家中人口增量最多的是伊拉克，为3998.7万人，最少的是巴林，为62.9万人。

表4—7 中国与西亚9国2020—2050年人口主要指标预测 （单位：万人，%）

国别	年份	人口总量	0—14岁人口比重	15—64岁人口比重	65岁及以上人口比重	总抚养比
中国	2020	142454.8	17.46	70.35	12.19	42.15
	2030	144118.2	15.38	67.56	17.06	48.03
	2040	141747.3	13.93	62.23	23.84	60.70
	2050	136445.7	13.98	59.72	26.30	67.45
巴林	2020	169.8	18.25	79.10	2.66	26.43
	2030	201.3	16.68	77.66	5.67	28.77
	2040	220.5	15.37	75.08	9.55	33.19
	2050	232.7	13.46	73.49	13.05	36.07
卡塔尔	2020	279.2	13.97	84.27	1.75	18.66
	2030	323.2	13.20	82.19	4.61	21.67
	2040	353.7	11.90	78.65	9.45	27.14
	2050	377.3	11.35	76.00	12.65	31.58
沙特阿拉伯	2020	3471.0	24.28	71.96	71.96	133.75
	2030	3948.0	21.93	71.47	71.47	130.68
	2040	4277.8	18.06	70.25	70.25	125.71
	2050	4505.6	16.80	66.52	66.52	125.25
土耳其	2020	8383.6	23.81	67.37	67.37	135.35
	2030	8841.7	20.70	67.22	67.22	130.79

续表

国别	年份	人口总量	0—14 岁人口比重	15—64 岁人口比重	65 岁及以上人口比重	总抚养比
土耳其	2040	9298.1	18.35	65.58	65.58	127.99
	2050	9562.7	16.80	62.65	62.65	126.82
叙利亚	2020	3471.0	18.65	33.20	33.20	156.17
	2030	3948.0	18.97	44.17	44.17	142.94
	2040	4277.8	17.97	48.02	48.02	137.44
	2050	4505.6	16.55	50.20	50.20	132.96
也门	2020	3024.5	38.81	58.19	58.19	166.70
	2030	3681.5	34.09	62.52	62.52	154.53
	2040	4298.6	29.41	66.62	66.62	144.15
	2050	4830.4	25.60	68.43	68.43	137.41
伊拉克	2020	4150.3	39.89	56.75	56.75	170.30
	2030	5329.8	37.15	59.27	59.27	162.68
	2040	6675.2	34.60	60.51	60.51	157.18
	2050	8149.0	32.38	61.46	61.46	152.68
伊朗	2020	8358.7	23.36	70.38	6.26	42.09
	2030	8886.3	17.93	72.20	9.88	38.51
	2040	9189.9	14.52	71.14	14.34	40.56
	2050	9355.3	14.83	62.17	23.00	60.85
约旦	2020	1020.9	34.43	61.64	61.64	155.85
	2030	1112.2	29.83	64.77	64.77	146.05
	2040	1268.0	26.38	65.42	65.42	140.32
	2050	1418.8	23.87	65.15	65.15	136.64

资料来源：整理自 World Population Prospects，*The 2017 Revision*，New York：United Nations。

二是人口结构，中国与西亚 9 国 0—14 岁人口比重将继续整体下降，2050 年，该比重低于 15% 的“超少子化”的有中国、巴林、卡塔尔和伊朗，“少子化”问题将十分突出。其次，15—64 岁劳动年龄人口比重变化趋势较为复杂，巴林和卡塔尔超过 70%，中国则低于 60%，除了中国、巴林、卡塔尔和沙特阿拉伯维持持续下降趋势外，约旦在 2040 年左右达到峰值，然后开始下降，劳动力资源优势逐渐消减，土耳其和伊朗在

2020—2030 年间上升，在 2040—2050 年间呈下降趋势。与此同时，叙利亚、也门和伊拉克劳动年龄人口比重不断增长，劳动力资源充足。最后，中国与西亚 9 国 65 岁及以上老年人口比重也将保持持续增长趋势，目前已进入人口老龄化阶段的中国，程度不断加深、速度不断加快，2050 年达 26.3%，老年人口绝对数量共计达 3.6 亿人，数量十分庞大。2050 年，老年人口比重低于 10% 的有也门和伊拉克，土耳其和伊朗将相继超过 20%。

三是人口抚养状况，中国、巴林、卡塔尔、沙特阿拉伯、土耳其五国人口总抚养比不断增长。2050 年，中国将达 69.70%，伊拉克达 62.7%，值得注意的是，除了中国和土耳其的抚养负担中主要为老年人口外，其余国家抚养负担更多地来自 0—14 岁年轻人口，两者社会抚养主体不同。前者可以说是负担，届时将面临较沉重的社会抚养负担，经济发展阻力明显。而后者是年轻人口比重较高，对未来经济增长的刺激作用大。另外，叙利亚、约旦人口总抚养比呈现下降将延续到 2020—2040 年，届时将下降到 50% 左右。此后随着人口老龄化程度加深，总抚养比又呈增长趋势。伊朗已呈下降态势，2020—2030 年间不断下降，此后开始上升达到 60.85%。同时，也门和伊拉克也处于不断下降趋势，随着劳动年龄人口不断增长，人口老龄化尚处于初期，两国人力资源丰富，保持较大人口红利，经济发展潜力较大。

比较中国与“一带一路”沿线西亚 9 国人口自然变动趋势大致可归纳为：首先，从人口规模看，中国人口增长趋势将保持到 2020—2030 年，此后人口规模逐渐缩小，而西亚 9 国将持续不断扩大；其次，从人口结构看，除中国、土耳其已经进入人口老龄化社会以外，其他国家人口年龄结构依然年轻，正处于有利于经济发展的人口红利期；最后，从人口抚养状况看，已进入人口老龄化的中国、土耳其随着老龄化程度不断深入，人口抚养负担也将不断加重，相反其他国家抚养比将大体呈现先降后升，现阶段抚养重点主要集中在 0—14 岁少儿人口，当进入老龄化后，抚养重点将集中在老年人口上，届时人口抚养比又会逐渐升高。

二　人口社会变动

（一）人口素质

比较现阶段中国与西亚 9 国高等教育入学率和平均受教育年限状况

可看出（见图4—2）：从高等教育入学率来看，各国发展状态各不相同，入学率超过30%的国家有中国、巴林、沙特阿拉伯、土耳其、叙利亚、伊朗和约旦。低于20%的国家有：卡塔尔、也门、伊拉克，域内该值最低的也门比最高值的土耳其低了84.76个百分点，两国差距十分显著；从平均受教育年限来看，最长的约旦，为10.1年，最短的也门只有3年，两国相差7.1年。该值接近10年的国家有：卡塔尔（9.8年）、沙特阿拉伯（9.6年）、巴林（9.4年）。

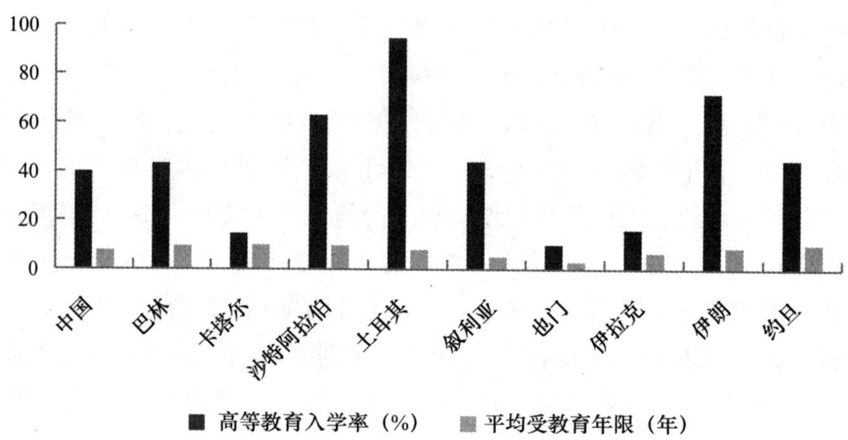

图4—2 2015年中国与西亚9国高等教育入学率和平均受教育年限

资料来源：高等教育入学率整理自世界银行数据库（https：//data. worldbank. org. cn/indicator/SE. TER. ENRR？view = chart）；平均受教育年限整理自联合国开发计划署《2016年人类发展报告》（http：//hdr. undp. org/en/countries/profiles/CHN#）。

可以看出，经济发展较好的国家，其高等教育更为先进，高等教育入学率更高，平均受教育年限也越长，其培养高素质人才的渠道和方式也更为多元化，从而使得劳动力资源素质普遍较高。不过卡塔尔似乎属于特例，该国作为高收入国家，其教育事业在国内受到的重视和发展程度与其经济发展水平严重不对等，不利于人口素质的提升和社会经济社会长远发展。而也门、伊拉克是西亚区域内受到战乱动荡因素影响较深、经济发展受到严重阻碍的国家，教育培养机制不够健全，适龄人口接受高等教育的机会有限，严重阻碍了劳动力人口素质的提升。

（二）就业率

2000—2018年，世界平均值起伏在2个百分点左右，中国与西亚9国中，同期降幅较大的有中国和叙利亚，分别下降了8.501、11.012个百分点（见表4—8），中国主要是因为劳动年龄人口比重下降的缘故。叙利亚，战争是其最主要的因素。西亚9国中上升幅度较大的有卡塔尔和巴林，分别上涨了12.537、6.828个百分点。起伏较大的是巴林，该国2010年与2018年比重较高，均超过了70%，最低值在2000年，不过也有64.924%，超过世界同期平均值。从就业率变动趋势看，中国与西亚9国十几年间变化幅度较小，增减基本保持在1—4个百分点之间，说明中国与西亚各国经济发展状况相对较为稳定。

表4—8　世界与中国、西亚9国15岁以上人口就业率　（单位：%）

年份 / 国别	2000	2005	2010	2015	2016	2017	2018
世界	61.1	60.66	59.38	59.23	58.67	58.546	58.441
中国	73.7	70.3	68.0	67.5	66.141	65.709	65.199
巴林	64.924	67.739	71.404	70.775	70.992	71.33	71.752
卡塔尔	74.204	79.262	86.275	87.42	87.019	86.795	86.741
沙特阿拉伯	49.101	48.185	49.171	52.522	52.727	53.024	53.341
土耳其	45.634	41.201	43.328	45.783	46.16	45.802	45.719
叙利亚	45.626	42.456	39.539	35.466	35.33	34.948	34.614
也门	40.217	35.452	32.483	32.382	32.754	32.599	32.502
伊拉克	37.971	38.966	42.939	42.819	42.607	42.678	42.828
伊朗	38.853	41.651	37.324	38.063	38.824	38.624	38.47
约旦	36.266	34.84	36.629	34.028	33.181	33.259	33.294

资料来源：世界银行数据库（https：//data.worldbank.org.cn/indicator/SP.POP.GROW）。

2018年，与世界平均水平相比，中国、巴林、卡塔尔就业率分别高于世界平均值6.758、13.311和28.3个百分点，西亚其余国家均低于58.441%的世界平均值，其中土耳其、叙利亚、也门、伊拉克、伊朗和约旦不到50%，叙利亚、也门与约旦不及35%，就业率很低。这一方面说明中国及西亚9国就业状况存在一定差距，另一方面也说明部分国家产业结构不尽合理，部分国家有很大一部分劳动力从事于第一产业，导致统计上就业率较高，城镇人口就业率或许不容乐观。从结合各国经济发展来看，经济发展水平相对较低的国家，其就业率反而更高，如巴林和卡塔尔，说明西亚部分国家产业布局不尽合理，从事第一产业的富余劳动力未得到转移和充分利用。

（三）人口效率

2000—2015年，从中国与西亚9国就业人口效率变化趋势看，除了中国、土耳其逐年增长，与世界平均发展趋势一致外，其他国家呈起伏变化，增长最快的是中国，其年均增长率为8.8%。叙利亚、巴林、卡塔尔和也门年均增长率为负值（见表4—9）。

表4—9　　世界与中国、西亚9国就业人口效率比较　　（单位：美元）

国别 \ 年份	2000	2005	2010	2015	2016	2017	2018
世界	24262.34	26797.89	30346.86	33860.55	34541.9	35429.75	36391.89
中国	6553.76	10012.61	16777.58	24324.42	26001.6	27842.04	29731.89
巴林	100402.03	86955.31	72244.21	79451.5	78168.98	75944.06	73208.20
卡塔尔	196553.52	176951.66	166884.2	158960.06	157744.14	156431.86	158032.19
沙特阿拉伯	146354.19	145237.05	134113.77	130505.3	128511.85	123681.77	123254.23
土耳其	43777.59	55533.6	57653.58	68629.06	68674.96	72512.88	73665.11
叙利亚	7448.31	8494.84	9691.32	6555.6	6387.91	6110.64	6083.85
也门	18837.48	21587.79	23963.56	13723.69	11881.86	9968.31	9613.06
伊拉克	56211.57	48233.54	50792.96	58756.2	63494.84	61287.15	60750.88
伊朗	47361.9	47211.61	61059.24	55078.04	60565.69	62033.36	64136.43
约旦	32951.82	40588.75	41052.32	39005.71	39372.11	40400.7	40131.48

注：劳动力人口效率指就业人口的人均GDP，用以说明每单位就业人口创造的社会价值。

资料来源：根据世界银行数据库就业人口及GDP（现价美元）相关数据整理计算（https://data.worldbank.org.cn/indicator/SP.POP.GROW）。

2018年，中国与西亚国家就业人口效率差距十分明显。首先，除了叙利亚、也门外，其余西亚 8 国均高于世界平均水平，其中卡塔尔、沙特阿拉伯、土耳其、伊拉克和巴林遥遥领先，分别比世界平均值高出 12.2 万、8.7 万、3.7 万、2.4 万和 3.7 万美元。其次，西亚 9 国中，除了中国 2000 年、也门 2018 年以及叙利亚所有年份该值低于 10000 美元外，其余国家该值均超过 10000 美元。也就是说，创造同样价值的 GDP，卡塔尔只需要 1 个人就能完成叙利亚近 26 人实现的社会产值。可见，人口效率较低的中国、叙利亚和也门，创新投入和产出均较低，所面对的市场竞争形势将更具压力，三国应全面提高就业人口效率，充分发挥知识密集型、创新型产业以及高新技术产业对人口效率的拉力。

结合表 4—8、表 4—9 中 2018 年各国就业状况可看出：第一，就业率排名前四的国家从高至低依次排序是：卡塔尔、巴林、中国和沙特阿拉伯，就业人口效率排名最后的四个国家依次是：叙利亚、也门、中国和约旦，由此可看出，经济发展相对落后的国家，其人口就业效率较低，导致大量劳动力仅创造了较低的社会总产值，浪费了劳动力资源。第二，经济发展状况相对较好的国家，往往人口素质较高，就业人口效率也高，从而可以利用有限的就业人口创造出较高的社会价值。第三，就业率排名居中的国家，比如叙利亚和也门等国，其人口效率明显低于世界平均水平，2018 年两国分别低于世界平均值近 3.0 万、2.7 万美元，急需改善国内和平稳定环境，加快提高人口效率，才能更好地促进经济社会发展。

（四）劳动参与率

由于域内各国传统文化、社会制度以及经济类型等差异较大，15 岁以上男女劳动力参与社会劳动状况也不尽相同。首先，所研究的国家中巴林、沙特阿拉伯和卡塔尔的男性劳动参与率高于世界平均水平 75.045%（见图 4—3），女性只有卡塔尔高于世界平均值，说明中国与上述三国男性劳动力经济活动参与率较高，社会融入能力也较强；其次，西亚各国劳动参与率男性普遍高于女性，其中差距较大的国家依次是：也门、叙利亚、沙特阿拉伯、伊拉克和伊朗，男性分别比女性高出 63.88、58.08、57.41、55.30 和 54.55 个百分点，说明这些国家中尚有大量女性劳动力未进入市场参与社会经济活动，女性劳动力资源开发潜力大。

通过比较中国与“一带一路”沿线西亚 9 国人口社会变动可看出：第一，各国人口素质差异较大，经济状况较好的国家，人口素质普遍较

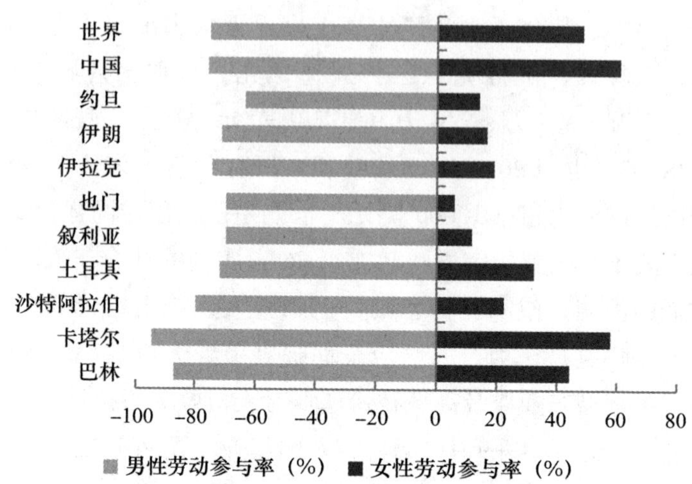

图4—3 2018年世界与中国、西亚9国分性别劳动力参与率

资料来源：世界银行数据库（https：//data. worldbank. org. cn/indicator/SP. POP. GROW）。

高，在保持较高就业率的同时，就业人口效率也较高，能为经济发展创造更多财富，如卡塔尔等国；第二，经济发展较为落后或战乱频繁的国家，如叙利亚、伊拉克等国，人口受教育状况不容乐观，高素质人才培养机制匮乏，劳动力人口素质普遍偏低，就业率和劳动参与率虚高，产业布局不尽合理，劳动力资源就业途径和就业方式单一，多集中于第一产业，导致人口效率低下，经济发展乏力；第三，其余西亚国家随着人口受教育状况的逐渐提升，产业结构调整和优化升级，就业结构改善，劳动人口效率在不断提升，经济发展潜力较大；第四，各国男性和女性劳动参与率存在明显差距，较多国家女性劳动力未充分参与社会经济活动，女性劳动力就业空间较大，应积极开发女性劳动力资源。

三 人口迁移变动

（一）国际迁移率

由2000—2015年国际迁移者占本国常住人口比重变化趋势看（见表4—10），一是中国、沙特阿拉伯和也门呈不断增长趋势，说明上述国家吸引的国际迁移者逐年递增，不过中国涨幅很小；二是巴林和卡塔尔，2000—2010年上升，2010—2015下降，且变动起伏较大，卡塔尔比重最高，2010 年曾达 82.49%，最低年份也超过了 60%；三是叙利亚、巴林，2000—2005 年呈下降趋势，2005—2010 年则呈上升趋势；四是约旦、伊朗的变化波动呈不规律状态。从 2015 年国际迁移者所占比重看，除了中国和伊拉克外，其余国家该值均超过 1%，其中巴林、卡塔尔和约旦分别高出世界水平 47.789、72.16 和 37.639 个百分点，且该三国的国际迁移者平均值高达 53%，这说明吸引国际迁移人口数量越多的国家，可以为人口迁入国的经济发展注入新的发展活力。

表 4—10　　世界与中国、西亚 9 国国际迁移者比重　（单位：%）

国别＼年份	2000	2005	2010	2015
世界	2.831	2.943	3.206	3.338
中国	0.04	0.052	0.063	0.071
巴林	35.894	46.599	52.156	51.127
卡塔尔	60.611	77.191	82.492	75.498
沙特阿拉伯	24.604	26.275	30.010	32.295
土耳其	2.026	1.944	1.891	3.769
叙利亚	5.089	4.833	8.021	4.730
也门	0.806	0.834	1.212	1.283
伊拉克	0.893	0.492	0.380	0.972
伊朗	4.258	3.664	3.719	3.446
约旦	40.437	43.604	41.777	40.977

资料来源：世界银行数据库（https：//data.worldbank.org.cn/indicator/SP.POP.GROW）。

（二）净迁移率

从净迁移率看，2015 年人口净迁出的有叙利亚、伊朗、也门和中国（见图 4—4），人口净迁入的分别是卡塔尔、约旦、沙特阿拉伯、土耳其、巴林和伊拉克。可以看出，净迁入国经济发展状况普遍较好，尤其卡塔尔，其综合实力较强，经济、文化相对更为开放，能够吸引世界各地劳动力资源。另一方面，从净迁移率变化趋势看，一是巴林、卡塔尔和沙特阿拉伯，始终为人口净迁入国，尤其卡塔尔，15 年间净迁移率上升了 20.6 个百分点；二是土耳其、伊拉克和约旦，净迁移率由负转正，由净迁出国变为净迁入国。三是叙利亚、中国和也门，始终为净迁出国，特别是叙利亚净迁出率15年上升了39.4个百分点，中国和也门并未发生显著变化。四是伊朗，由净迁入国转变为净迁出国，可以看出，凡是受战乱、局势动荡等因素影响的国家，诸如叙利亚、也门、伊朗均为净迁出国，其余局势较为稳定的西亚6国均显示为净迁入国，可见，国际人口迁移受经济社会发展、政局稳定与否等有着密切的联系。

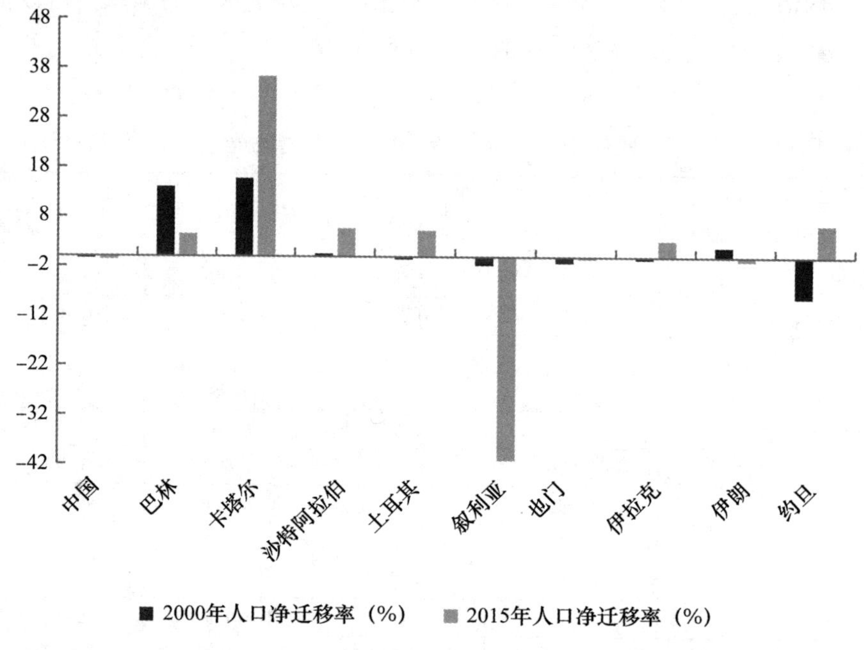

图4—4 中国与西亚9国人口净迁移率

资料来源：联合国开发计划署《2016年人类发展报告》相关网站统计（http://hdr.undp.org/en/countries/profiles/CHN#）。

从人口迁移变动分析可看出：中国及“一带一路”建设合作方的西亚9国人口迁移较为频繁，尤其是经济发展水平较高的卡塔尔、沙特阿拉伯和巴林，是近年来外籍人口迁移的主要目的地。

第二节 区域经济发展状况

中国—西亚自由贸易区建立以来，在经济交往和人员往来方面取得了显著进步，不仅区域综合实力和国际影响力得到了加强，区域内各国经济水平、贸易投资、人员交往等也都获得了极大发展。这里主要从国民收入、贸易状况和城市发展等方面分析各国经济发展状态，这也是为实现“一带一路”建设框架与深化合作提供重要基础。

一　收入状况

（一）收入类型

总体来看，除了叙利亚数据信息不全没法分析外，域内只有中国和约旦两国人均GNI呈不断上涨趋势，而巴林、卡塔尔、沙特阿拉伯、土耳其、也门、伊拉克、伊朗7国有起伏波动。其中只有巴林、卡塔尔自2000年以来均为高收入国家，沙特自2004年起进入高收入行列；土耳其一直处于中等偏上收入行列；也门到2009年人均GNI才过1000美元进入中等偏下收入国家，此前均为低收入国家；约旦基本处于中等偏下收入国家行列。

根据世界银行2017年7月1日实行的最新收入上限值，2017年域内10个国家可分为三类：一是高收入国家：巴林、卡塔尔、沙特阿拉伯，三国比标准线12236美元分别高出8914美元、48274美元、7854美元；二是中等偏上收入国家：中国、土耳其、伊拉克、伊朗和约旦，人均GNI分别高于中等偏上收入最低标准线（3956美元）4734美元、6984美元、674美元、1474美元和24美元，其中只有土耳其超过了世界平均值（见表4—11）；三是中等偏下收入国家，包括也门和叙利亚，分别比世界同期值低了9121美元、8531美元。说明在同一经济合作组织、区域联盟中，各个国家经济发展水平存在巨大差异，不仅表现在最发达与最落后

表4—11　　世界与中国、西亚9国人均GNI比较　　（单位：美元）

国别＼年份	2000		2005		2010		2015		2017	
	收入	类型	收入	类型	收入	类型	收入	类型	收入	类型
世界	5475	中等偏上	7341	中等偏上	9384	中等偏上	10576	中等偏上	10371	中等偏上
中国	940	中等偏下	1760	中等偏下	4340	中等偏上	7950	中等偏上	8690	中等偏上
巴林	10940	高收入	16550	高收入	18970	高收入	22660	高收入	21150	高收入
卡塔尔	28190	高收入	38280	高收入	66360	高收入	75150	高收入	60510	高收入
沙特阿拉伯	8110	中等偏上	12610	高收入	18750	高收入	23900	高收入	20090	高收入

续表

年份 国别	2000		2005		2010		2015		2017	
	收入	类型	收入	类型	收入	类型	收入	类型	收入	类型
土耳其	4300	中等偏上	6760	中等偏上	10430	中等偏上	12000	中等偏上	10940	中等偏上
叙利亚	970	中等偏下	1510	中等偏下	—	—	—	—	1840	中等偏下
也门	420	低收入	690	低收入	1180	中等偏下	1340	中等偏下	1250	中等偏下
伊拉克	—	—	2020	中等偏下	4430	中等偏上	5810	中等偏上	4630	中等偏上
伊朗	1740	中等偏下	2930	中等偏下	6140	中等偏上	5340	中等偏上	5430	中等偏上
约旦	1680	中等偏下	2360	中等偏下	3470	中等偏下	3890	中等偏下	3980	中等偏上

注：“—”代表数据缺失，其中也门共和国2017年一栏使用的是2016年数据，伊拉克2005年一栏使用的是2006年数据，卡塔尔2000年数据使用的是2002年数据，叙利亚2017年使用的是2007年数据。

资料来源：世界银行数据库（https://data.worldbank.org.cn/indicator/NY.GNP.PCAP.CD?view=chart）。

国家间，还表现在发达国家与发展中国家，例如也门2017年人均GNI仅占同期卡塔尔的2.07%，中国该值也仅占卡塔尔的14.36%。同时，从各国人均GNI发展趋势看，中国与西亚9国收入水平呈增长趋势，卡塔尔2010—2017年降低了5850美元，其余国家与世界发展方向一致，呈上升态势。

（二）国内生产总值

1. 人均GDP

一方面，从2000—2017年人均GDP（现价美元）增长趋势看（见表4—12），大致可分为三类：一是中国、伊朗，2000年以来不断增长；二是卡塔尔（2000—2008年、2010—2012年）、也门（2000—2008年、2010—2015年）、伊朗（2000—2012年）人均GDP在相应期间（括号中年份）不断增长，相关年份呈下降趋势，可能受全球经济增长乏力的大趋势影响；三是巴林、沙特阿拉伯呈现波动变化形势。另一方面，比较各国2017年人均GDP，超过10000美元的国家有巴林、卡塔尔、沙特阿拉伯、土耳其，分别是世界平均值的2.21倍、5.9倍、1.94倍、0.98倍；人均GDP在5000—9999美元的有中国、伊拉克和伊朗，分别比世界平均水平低了 1894. 62 美元、5703. 64 美元和 5127. 76 美元；低于 5000 美元的有也门和约旦，分别仅占同期世界平均值的 10. 32%、38. 52%。总体来看，中国与西亚 9 国经济发展水平在不断提升，但个别国家与世界平均水平还有一定差距，同时区域内各国间差距十分明显，比如也门的 2017 年人均 GDP 只是刚过 1000 美元，比 2015 年还减少了 587. 11 美元。

表 4—12　　世界与中国、西亚 9 国人均 GDP 比较　　（单位：美元）

国别＼年份	2000	2005	2010	2015	2016	2017
世界	5488. 34	7282. 98	9514. 95	10182. 19	10209	10721. 61
中国	959. 37	1753. 42	4560. 51	8069. 21	8117. 27	8826. 99
巴林	13636. 65	17959. 18	20722. 1	22688. 88	22560. 58	23655. 04
卡塔尔	29986. 29	51499. 5	70306. 23	65177. 23	59044. 25	63249. 42
沙特阿拉伯	9126. 95	13739. 83	19259. 59	20732. 86	19982. 09	20849. 21
土耳其	4316. 56	7384. 26	10672. 4	10984. 8	10862. 73	10546. 15
叙利亚	1177. 63	1577. 46	1762. 25	2058. 04	—	—
也门	540. 01	813. 6	1309. 23	1693. 91	1320. 92	1106. 8
伊拉克	1391. 96	1849. 6	4502. 75	4914. 73	4584. 62	5017. 97
伊朗	1657. 17	3215. 65	6531. 93	4862. 3	5219. 11	5593. 85
约旦	1657. 89	2203. 08	3679. 19	4096. 1	4087. 94	4129. 75

注：表中“—”表示数据缺失，另因数据缺失，叙利亚 2010 年、2015 年分别为 2006 年、2007 年数据，伊拉克 2000 年数据为 2004 年数据。

资料来源：世界银行数据库（https：//data. worldbank. org. cn/indicator/SP. POP. GROW）。

2. 人均 GDP 年增长率

与 2000 年相比，2017 年西亚 9 国人均 GDP 增长率全体呈下降态势。2000 年，西亚 9 国中有沙特等 4 国该值超过世界平均值，卡塔尔、伊拉克为负增长；2017 年，有巴林等 6 国呈负增长，仅土耳其与伊朗高出世界平均值（见表 4—13）。首先，中国与西亚大部分国家增长趋势与世界平均水平一致，均从2010年开始放缓，迎来经济发展的新一轮减速期。与世界平均发展速度比较，2000—2017年，卡塔尔在2001、2003、2005、2009、2012—2017年为负增长，同时约旦自2010—2017年持续负增长，另外，也门升降幅度较大，如2011年为-15.038%，2013年为2.092%，2015年又降至-18.752%，波动特别大。最后，结合收入类型看，高收入国家的卡塔尔和沙特阿拉伯，由于经济发展惯性，已进入低速稳定发展时期，而其他发展中国家正处于发展黄金期，“一带一路”倡议的提出，既是团结发展中国家的有利平台，也是高收入国家寻求经济再突破的新发展机遇，必须牢固树立区域合作意识，互帮互助，才能实现区域经济协调发展。

表4—13　　中国与西亚9国人均GDP年增长率　　（单位：%）

国别＼年份	2000	2005	2010	2015	2016	2017
世界	3.022	2.56	3.063	1.65	1.321	1.957
中国	7.64	10.743	10.103	6.358	6.124	6.304
巴林	0.853	-0.354	-0.36	0.203	-0.645	-0.807
卡塔尔	-0.248	-5.683	6.899	-0.817	-1.377	-1.092
沙特阿拉伯	3.235	2.585	2.113	1.532	-0.593	-2.851
土耳其	5.033	7.572	7.006	4.404	1.573	5.801
叙利亚	0.271	3.367	1.556	1.835	—	—
也门	3.232	2.689	4.82	-18.752	-15.713	-8.16
伊拉克	-1.551	1.726	3.4	-0.671	9.722	-4.816
伊朗	4.147	2.011	4.549	-2.501	12.101	2.623
约旦	2.443	4.768	-2.835	-1.521	-1.195	-0.621

注：表中“—”表示数据缺失，卡塔尔2000年数据选用2001年数据，叙利亚2010年、2015—2017年数据缺失，选用2006年、2007年数据替代2010、2015年数据。

资料来源：世界银行数据库（https：//data. worldbank. org. cn/indicator/SP. POP. GROW）。

二　三次产业发展状况

由于中国与西亚9国产业结构布局不尽相同，分别比较各国三次产业发展及就业状况，能够为区域经济合作和贸易投资提供重要参考。

（一）三次产业增加值

比较中国与西亚9国2010年、2017年三次产业增加值变化状况可看出（见图4—5、图4—6）：一是农业，伊朗、约旦和卡塔尔农业增加值

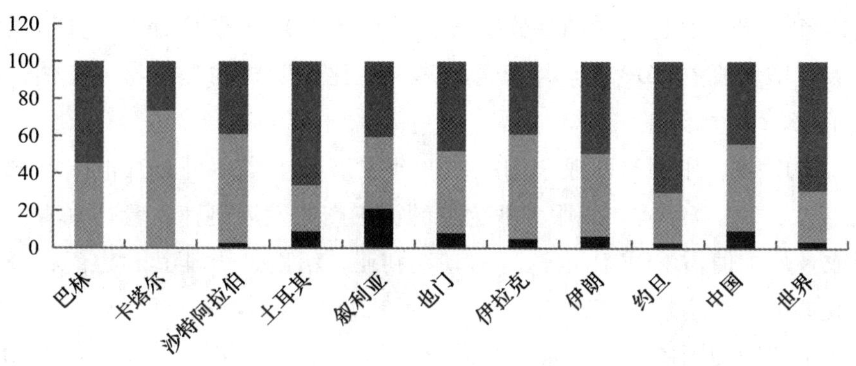

图4—5　2010年世界与中国、西亚9国三次产业增加值占GDP比重

注：卡塔尔2010年工业数据缺失，用2011年数据代替；叙利亚2010年农业、工业数据缺失，用2006年数据代替；叙利亚2010年农业、工业数据缺失，用2007年数据代替。

资料来源：世界银行数据库（https：//data. worldbank. org. cn/indicator/SP. POP. GROW）

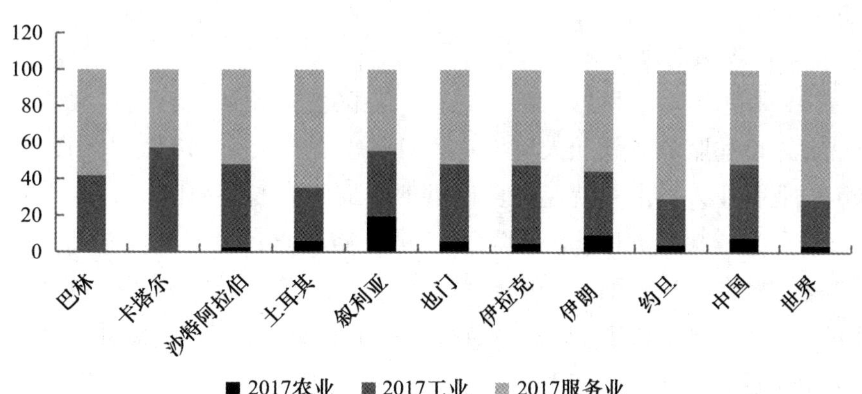

图4—6　2017年世界与中国、西亚9国三次产业增加值占GDP比重

注：世界2017年数据缺失，用2016年数据代替。

资料来源：世界银行数据库（https：//data. worldbank. org. cn/indicator/SP. POP. GROW）

占GDP比重出现不同程度增长，分别增长了3.0、1.02和0.07个百分点，中国和其余西亚国家该值均呈减少态势，其中下降最快的是土耳其和也门，下降了2.94、2.14个百分点；二是工业，除土耳其工业增加值占GDP比重增长了4.56个百分点外，其他国家均呈下降趋势，降幅最大的是卡塔尔，期间下降了16.27个百分点；三是服务业，土耳其下降了1.61个百分点，也门和约旦分别增加了3.70、0.44个百分点，其他国家服务业增加值占GDP比重均显著提高，变化最明显的是沙特阿拉伯，提高了16.2个百分点。

2017年，中国与西亚9国三次产业发展除卡塔尔外，其他国家均呈“三、二、一”结构，以服务业为主的第三产业发展迅速。具体来看：一是农业增加值占GDP比重较高的有叙利亚、伊朗、土耳其和也门，分别比同期世界平均水平高出15.99、5.95、2.54和2.48个百分点，说明农业在上述四国国民经济发展中仍占相当大比重；二是工业增加值占GDP比重，卡塔尔达56.95%左右，工业在该国经济发展中占据主导地位，巴林、沙特阿拉伯、伊拉克和也门四国该比重均超过40%，西亚9国工业增加值占GDP比重均高于世界平均水平；三是服务业增加值占GDP比重，世界平均水平已达70%左右，只有约旦服务业增加值占GDP比值超过70%，是70.56%，其余西亚8国家均低于60%，第三产业发展速度有待提高。

（二）三次产业就业状况

2010—2018年，除沙特阿拉伯外，各国农业就业人员逐年减少，工业就业人口和服务业就业人员变化相对较小（见表4—14）。其中，域内国家农业就业人员占总就业人员比重下降最明显的是中国，下降了9.78个百分点，其次是土耳其，下降了4.94个百分点，说明其农业人口转移就业速度较快，比重增长的有巴林、沙特阿拉伯、叙利亚、也门，增长最高的是也门，增长了23.57个百分点；工业就业人员占总就业人员比重变化相对稳定，中国、巴林、土耳其、卡塔尔、伊朗、约旦与世界发展基本一致，卡塔尔、叙利亚、也门该值显著高于世界平均水平，卡塔尔超过了50%；服务业就业人员占总就业人员比重有中国、巴林、土耳其、伊拉克、伊朗呈增长态势，有沙特阿拉伯、叙利亚、也门、约旦呈下降趋势，其中也门降幅最大，下降了16.72个百分点。

表4—14　　世界与中国、西亚9国三次产业就业人员占总就业人口的比重　　（单位：%）

国别	2010年			2018年		
	农业	工业	服务业	农业	工业	服务业
世界	30.82	22.95	46.23	25.96	22.33	51.71
中国	26.23	30.15	43.61	16.45	26.31	57.24
巴林	1.09	35.72	63.19	1.05	35.60	63.35
卡塔尔	1.504	57.16	41.33	1.24	54.59	44.17
沙特阿拉伯	4.28	21.37	74.35	6.35	22.55	71.1
土耳其	23.70	26.22	50.07	18.76	26.91	54.34
叙利亚	15.17	34.28	50.56	22.95	33.01	44.04
也门	24.11	19.03	56.86	47.68	12.17	40.14
伊拉克	23.06	18.68	58.26	19.18	19.50	61.32
伊朗	19.22	32.21	48.58	16.63	32.42	50.95
约旦	3.72	26.38	69.9	3.68	26.78	69.54

资料来源：世界银行数据库（https：//data. worldbank. org. cn/indicator/SP. POP. GROW）。

从中国与西亚9国三次产业发展及就业可看出：首先，经济发展状况较好的国家，如中国、土耳其、卡塔尔、约旦、沙特阿拉伯，三次产业增加值和三次产业就业状况较为合理，服务业创造的社会总产值较高，吸纳就业人员能力较强。其次，以叙利亚、也门和伊朗为代表的国家，三次产业结构调整仍在进行中，农业增加值不断降低，农业就业人员不断转移向工业和服务业。

三　贸易状况

无论中国—西亚贸易区还是“一带一路”倡议的提出，出发点都是为了加强区域间的合作与交流，实现区域间资金、技术和人员的自由往来，消除贸易壁垒。因此，分析中国与西亚各国贸易发展状况具有重要意义。

（一）贸易发展

与2000年相比，至2015年世界贸易额占GDP比重在上升，包括伊拉克、也门、约旦和伊朗，贸易额占 GDP 比重在下降，期间分别下降了 48.579、42.712、12.257 和 2.24 个百分点（见表 4—15）；2016—2017 年世界平均值大幅上涨，期间土耳其上涨较快。2017 年比 2015 年除了伊朗上涨了 9.764 个百分点外，其余国家呈现下降趋势，其中巴林降幅最大，下降了 14.513 个百分点，沙特阿拉伯也下降了 8.671 个百分点。

表 4—15 世界与中国、西亚 9 国贸易额占 GDP 比重 （单位：%）

国别＼年份	2000	2005	2010	2015	2016	2017
世界	51.167	56.182	56.929	57.83	56.213	71.701
中国	39.411	62.208	48.889	39.453	37.034	37.803
巴林	135.809	148.313	120.472	154.067	139.554	—
卡塔尔	89.613	94.746	86.07	93.708	89.548	88.299
沙特阿拉伯	68.166	81.954	82.550	72.075	61.802	63.404
土耳其	42.001	45.437	45.900	49.3	46.816	54.122
叙利亚	63.971	82.013	78.228	76.476	—	—
也门	75.439	76.773	64.386	32.727	—	28.378
伊拉克	125.337	115.743	73.497	76.758	73.821	75.998
伊朗	41.257	56.054	45.735	39.017	43.214	48.781
约旦	110.334	147.540	117.286	98.077	91.317	92.939

注：“—”表示数据缺失，叙利亚 2007 年数据，2010、2015 年的该国数据为 2006、2007 年数据。

资料来源：世界银行数据库（https：//data. worldbank. org. cn/indicator/SP. POP. GROW）。

具体可分为三种情况：一是在所研究的西亚 9 国中，贸易额占 GDP 比重处于不断变化中；二是中国、也门、伊拉克和约旦从 2005 年开始不断下降；三是巴林、伊拉克和约旦，随着本国经济政策调整以及国际环境变化，进出口贸易占 GDP 比重变化较大，域内仅巴林该值超过 100%。

另外，从各国贸易额占 GDP 比重看，超过 100% 的国家分别有巴林、伊拉克和约旦，这些都是发展中国家，其中巴林拥有丰富的能源等资源，大大增加了该国贸易额；其余国家如中国、土耳其和伊朗，进出口贸易占GDP比重相对较小，当下及未来在区域合作日益紧密形势下，可以加快进出口贸易发展，及时解决面临的诸多发展机遇与挑战。

（二）货物和服务出口

一方面，2000—2015年，叙利亚数据最新呈现在2007年，除中国、卡塔尔、也门和伊拉克货物和服务出口额占GDP比重不断下降外（见表4—16），其他国家起伏较大，且大多处于下降态势，而世界平均发展趋势则相对稳定，基本保持在30%左右。另一方面，2017年可分为几类：一是与世界平均水平较为一致的有伊朗；二是比重超过50%的有巴林、卡塔尔，其余包括中国、也门等国，货物和服务出口率较低，不足20%，进出口贸易发展相对落后；三是货物和服务出口占比最高的巴林，2005年为64.419%，比世界同期水平高出35.801个百分点，货物和服务出口占绝对优势，2016年降至65.587%；四是2017年西亚其他国家，包括卡塔尔、伊拉克、巴林三国均高于世界平均水平，但与巴林相比仍存在较大差距，进出口贸易仍有较大提升空间。

表4—16 世界与中国、西亚9国货物和服务出口占GDP比重 （单位：%）

国别＼年份	2000	2005	2010	2015	2016	2017
世界	26.048	28.618	28.83	29.306	28.509	36.954
中国	20.893	33.83	26.267	21.348	19.658	19.757
巴林	56.628	64.419	50.935	71.651	65.587	—
卡塔尔	67.283	65.085	62.32	57.062	47.714	51.042
沙特阿拉伯	43.405	57.051	49.57	33.321	31.144	34.842
土耳其	19.449	21.018	20.449	23.346	21.965	24.804
叙利亚	35.389	40.388	39.505	38.643	—	—
也门	41.41	40.90	30.00	—	—	3.29
伊拉克	75.704	54.348	39.417	35.34	32.699	38.674

续表

国别 \ 年份	2000	2005	2010	2015	2016	2017
伊朗	21.467	30.331	24.40	19.743	22.404	24.942
约旦	41.829	53.332	48.256	37.588	35.142	35.683

注：“—”代表数据缺失，叙利亚2015年数据为2007年数据。

资料来源：世界银行数据库（https：//data. worldbank. org. cn/indicator/SP. POP. GROW）。

四 城市化发展

（一）城市化率

西亚9国城市化整体呈现较高水平，2015年平均值为73.3%（见图4—7），一方面，除伊拉克1990年至今小幅下降外，其他国家均不断增长，可分为两个加速期：1990—2010年为第一个快速增长期；2010年至今为第二个增长期，城市化增长速度放缓。另一方面，从城市化发展水平看，卡塔尔1990—2017年平均超过90%，城市化水平极高；2017年超过80%的国家有：卡塔尔、巴林、约旦和沙特阿拉伯；超过70%的国家是伊朗、土耳其；超过50%的国家有：伊拉克、叙利亚和中国；最低的也门，仅34.78%，与卡塔尔相差近64.17个百分点。

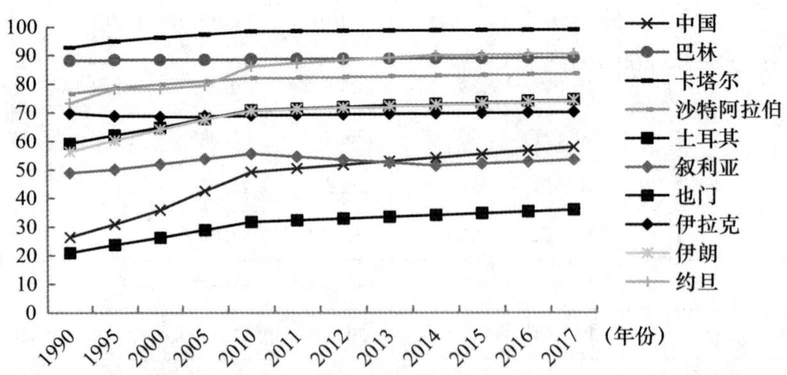

图4—7 中国与西亚9国城市化率

资料来源：世界银行数据库（https：//data. worldbank. org. cn/indicator/SP. POP. GROW）。

（二）城市群发展

比较中国与西亚国家人口超100万大城市吸纳人口可看出（见表4—17）：2000—2017年，除了伊拉克外，其余各国人口超过100万城市群所吸纳人口占本国总人口比重不断增加，说明大城市对人口吸引能力不断增强；[①] 同时除了约旦和也门外，其余国家均高于世界平均水平，2015年西亚8国（除巴林和卡塔尔外）的均值为26.52%，高于世界平均水平3.26个百分点。2017年，仅也门和约旦该比重低于世界平均水平，最高的是沙特阿拉伯，为46.799%，高出同期世界平均水平23.085个百分点，同时土耳其也超出世界同期13.259个百分点。

表4—17　世界与中国、西亚9国人口超过100万的城市群中的人口占总人口百分比

国别＼年份	2000	2005	2010	2015	2016	2017
世界	20.263	21.199	22.275	23.264	23.489	23.714
中国	17.127	19.962	23.27	26.126	26.701	27.271
沙特阿拉伯	41.79	42.427	44.621	45.718	46.205	46.799
土耳其	29.437	32.366	35.726	36.933	36.947	36.973
叙利亚	30.936	32.123	32.466	23.717	27.745	28.675
也门	7.537	8.459	8.829	9.269	9.376	9.49
伊拉克	29.764	27.29	25.809	24.813	24.681	24.578
伊朗	23.830	24.623	25.460	25.728	25.778	25.842
约旦	19.933	19.151	19.448	19.466	19.8	20.264

注：巴林、卡塔尔没有人口超100万的城市。

资料来源：世界银行数据库（https://data.worldbank.org.cn/indicator/SP.POP.GROW）。

综合来看，中国与西亚各国根据收入类型划分，收入水平较高的巴林、卡塔尔、沙特阿拉伯和土耳其，人均GDP、人均GNI增长速度逐渐趋于缓慢，正处在不断稳定增长期，且进出口贸易额也趋于下降，城市

---

① 巴林和卡塔尔的统计数据缺失，因此未将两国纳入比较。

化发展程度相对较高，已进入经济发展平台期，必须从多个方面予以政策性调整。而其余收入水平相对较低的国家，正处于经济发展加速期，人均 GNI 和人均 GDP 仍维持相对较高的增速，尤其进出口贸易发展迅速，对外贸易对区域经济的拉动作用显著，但这些国家的城市化水平仍较低，阻碍了产业结构调整和工业化、信息化发展。因此，各国产业经济、贸易发展现状，在“一带一路”倡议下，实现中国与西亚沿线国家的深入合作、协调发展显得尤为重要，也是双边、多边共赢的大好机遇。

第三节　人口与区域经济发展耦合协同研究

一　人口与区域经济耦合内涵与指标构建

根据研究内容需要，本着指标选取的代表性、科学性、独立性、可操作性的原则，参考以往文献，从人口子系统与经济子系统的内在联系出发，选取 2015 年代表人口子系统的 11 项指标及经济子系统的 11 项指标反映中国和“一带一路”沿线西亚 9 国人口与经济耦合发展状况，并运用熵值法确定指标体系及权重参见表 2—18，人口子系统与经济子系统耦合阶段协调度等级划分参见表 2—19，协调类型及判别标准参见表 2—20。

二　统计性分析结果

根据相关统计数据，并经标准化处理之后，采用熵值法得到各指标权重，计算中国—西亚 9 国人口发展与经济发展水平，再根据公式 2—3 和公式 2—4 分别计算出 2015 年的中国和西亚 9 国的耦合度与协调度（见图 4—8）。

人口与经济发展的耦合关系在空间分布上存在一定的差异性，体现了区域性特征。从 2015 年的耦合度曲线可看出（见图 4—8）：中国与西亚 9 国的耦合度分布在 0.4117 与 0.4980 之间，中国的耦合度最高为 0.4980，约旦最低为 0.3992，按照耦合阶段划分标准，这些国家均处于拮抗阶段，该类型大致处于工业化发展时期。而各个国家的协调度主要分布在 0.1824 与 0.3571 之间，结合人口经济耦合协调度分析表（见表 4—18）：2015 年，中国与西亚 9 国均属于衰退失调型，其中只有卡塔

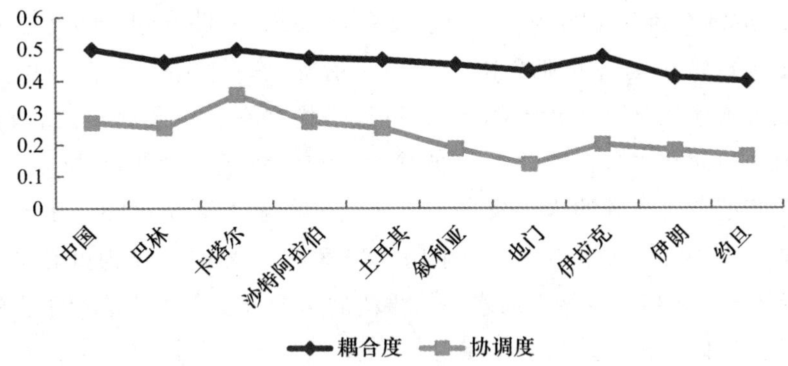

图4—8　2015年中国与西亚9国耦合度与协调度

资料来源：世界银行数据库，2016年人类发展报告。

尔处于轻度失调状态，中国、巴林、沙特阿拉伯、土耳其和伊拉克处于中度失调状态，而叙利亚、也门、伊朗和约旦处于高度失调状态，其中也门失衡最为严重，协调度为0.1379，协调度数值仅为卡塔尔的38.6%，处于高度失调的起步阶段，而卡塔尔的协调度最高，达到0.3571，人口与经济发展之间的矛盾相对较小。

表4—18　　2015年中国与西亚9国人口经济耦合协调度分析

国别	耦合度数值	协调度数值	协调度等级	协调度类型
中国	0.4980	0.2693	中度失调	衰退失调型
巴林	0.4594	0.2534	中度失调	
卡塔尔	0.4970	0.3571	轻度失调	
沙特阿拉伯	0.4722	0.2716	中度失调	
土耳其	0.4662	0.2519	中度失调	
叙利亚	0.4505	0.1874	高度失调	
也门	0.4311	0.1379	高度失调	
伊拉克	0.4756	0.2009	中度失调	
伊朗	0.4117	0.1824	高度失调	
约旦	0.3992	0.1636	高度失调	

资料来源：整理自世界银行数据库（https://data.worldbank.org.cn/indicator/SP.POP.GROW）。

依据2016年公布的《工业化蓝皮书：“一带一路”沿线国家工业化进程报告》将中国与西亚9国分为两种情况：一种是处于工业化中期，经济发展水平较低，人均GDP低于世界平均水平的主要有也门、约旦、伊拉克、伊朗和中国，这些国家虽然人口与经济耦合度非常高，但是这种高关联耦合所体现的人口发展与经济之间的密切联系可能是由于两者之间的矛盾冲突过大所导致，如也门，2015年人均GDP仅为世界平均水平的7.6%，人口与经济发展水平均很落后，经济发展主要依赖于少数经济作物的出口，工业落后且农业生产效率低，产业结构单一化，农业人口比重过高，人口与经济之间协调性较差。

另一种是指处于工业化后期，第二产业所占比重明显高于第一产业，主要有中国和卡塔尔、沙特阿拉伯和巴林。这类国家人口就业结构与经济产业结构的矛盾有所缓和，人口与经济发展之间协调性较强，人口因素在一定程度上促进了经济的发展，同时经济因素也开始促进人口质量与数量的优化。

总体看，中国与西亚9国人口与经济协调发展均处于拮抗阶段，仍然处于失调发展状态，人口要素对经济发展所起的作用相对有限，支持条件与能力也相对有限，因此各国应依托自身资源禀赋及产业比较优势，取长补短，在各领域施行优势互补、合作共赢的生产模式，在此基础上建立有效的合作机制，促进人口与经济的协调发展。

第四节　人口变动对区域经济发展的影响

根据上述中国与西亚9国人口变动与经济发展的基本状况，进一步考察人口变动对区域经济发展的影响机制，为“一带一路”建设框架下促进中国与西亚区域经济发展提供新思路。

一　人口自然变动与经济发展

（一）人口规模与经济发展水平不相称：也门最典型

2017年，除中国外，西亚9国人口规模增长速度均处在较高水平，其中人口增长率最低的土耳其，也仍有近2.3%的年增长率，高于

1.158%的世界平均水平。巴林、叙利亚、伊拉克、伊朗的增长率在3%—4%，特别是卡塔尔和沙特阿拉伯，现阶段人口增长率仍超过5%，远高出同期世界平均水平。

在既定的社会生产能力和收入水平下，人口总量不断增加会稀释人均财富，影响生活水平的提高，对发展较为滞后的国家影响更为明显，例如巴林人口规模与卡塔尔较为接近，但人均GNI不足卡塔尔的33%，约旦人口总量是卡塔尔的近5倍，但人均GNI仅是卡塔尔的5%，最典型的是也门，人口总量约是卡塔尔的13倍，人均GNI不到卡塔尔的2%。总体看，在经济水平较低的情况下，过大的人口规模会带来人口压力，造成社会总需求增加，若不及时、合理地解决人口日益增长的物质需要，提高社会生产效率，可能造成资源紧缺、环境破坏，阻碍经济社会均衡发展。

（二）“少子化”现象初现，卡塔尔最明显

中国、伊朗、巴林、土耳其、沙特阿拉伯、卡塔尔，2017年少儿人口占总人口比重均低于世界平均水平，比世界平均水平分别低了8.26、2.25、6.22、0.98、0.78和12.06个百分点。西亚9国该值最高的是伊拉克，其次是也门，分别高出世界同期14.46、13.98个百分点，叙利亚2017年该值也达36.576%。预计到2050年，中国、巴林、沙特阿拉伯、卡塔尔该值将分别跌至13.51%、13.46%、16.8%和11.35%，四国“少子化”问题将更加严重。一方面，“少子化”会直接影响教育、医疗和社会公共事业的发展，学校生源急剧减少、相关产业被迫转型，引起一系列社会连锁效应。另一方面，从长远看，“少子化”必然带来人口结构失衡、人口规模缩减，经济社会发展所需的劳动力资源短缺，影响产业结构调整和就业结构完善，国家适龄兵役减少，老年人口赡养义务转移至社会和国家，造成代际传递断裂。全社会必须统筹多方资源逐渐消减“少子化”带来的各种风险。

（三）老龄化及社会负担

1. 老年人口规模增长

2020—2050年，中国与西亚9国中，中国老年人口增长量最大，为1.85亿人，西亚9国增加数量为4521万人，占10国老年人口比重从2020年的9.23%上升为2050年的14.91%，伊朗、土耳其和沙特阿拉伯

增加老年人口分别为1629万人、1226万人和6213万人，其中伊朗增加最高，为2.37个百分点，沙特阿拉伯次之，为1.1个百分点。中国2000年、土耳其2010年分别进入人口老龄化，现阶段老年人口系数分别达到10%和7.964%，到21世纪中叶，伊朗、土耳其和中国3国老龄化系数将分别达到23%、20.55%和27.55%，老龄化形势十分严峻。其余7国在2050年预计还不会进入老龄化国家行列。人口老龄化对国家社会保障制度、基础设施建设、储蓄与消费等方面提出了新要求。同时需要对老龄化加速时期呈现出的“高龄化”现象予以重视，目前世界多国呈现出高龄人口增长速度快于老龄人口增速现象，使得老龄人口问题更为突出，在“少子化”“老龄化”共同作用下，伊朗、土耳其和中国需不断调整社会经济制度、引进人才，以此消减人口老龄化带来的压力。

2. 社会抚养负担加重，重点在养“小”

不同年龄结构类型决定了人口抚养侧重点不同。一方面，中国人口抚养比不断加重，受人口老龄化影响日益严重，老年人口抚养压力主要集中在养老、医疗方面，迫切需要社会保障制度的改革和完善。同时，老年人口增多，将改变本国消费储蓄结构，进而影响社会投资。另一方面，除巴林和卡塔尔外，土耳其、沙特阿拉伯、伊朗人口总抚养比超过40%，约旦、叙利亚、也门、伊拉克超过60%，由于老年人口相对较少，被抚养人群主要集中于少年儿童，本国教育、医疗、就业、住房和婚姻等方面压力较大，且年轻人社会需求更为多元化，对社会经济发展要求更为强烈。但是，伴随着各国老龄人口比重上升，社会抚养负担又逐渐转向老年人口，届时将面临与发达国家同样的难题。该地区人口抚养负担加重趋势不可逆转。

二 人口社会变动与经济发展

（一）人口效率低，产业结构需优化升级

2018年，西亚9国中，巴林、卡塔尔、沙特阿拉伯、土耳其、伊拉克、伊朗和约旦的劳动年龄人口就业率分别是世界平均值的201.17%、434.25%、338.69%、202.42%、166.94%、176.24%和110.28%，上述西亚7国超过世界平均值1倍以上，部分国家诸如也门、叙利亚和中国就业人口效率不容乐观，比如卡塔尔1单位劳动力创造的GDP，叙利亚、

也门大约需要26个、16个单位劳动力，中国也需要5个。2016年，巴林、卡塔尔、沙特阿拉伯工业增加值分别高出世界平均水平13.0、24.6、16.0个百分点，农业增加值占GDP比重分别是：0.32%、0.18%和2.68%，均低于世界3.78%的平均水平；服务业增加值占GDP比重分别为：58.45%、47.63%和54.03%，比世界平均水平分别低10.5、20.9和15.0个百分点。中国、土耳其、叙利亚、也门的农业及工业增加值均高于世界平均水平，而服务业分别低于世界水平11.4、8.2、19.9和26.8个百分点，可见，以上国家第一、二产业发展水平高，第三产业所占比重偏低，对GDP贡献率低于世界平均水平。

（二）部分国家进出口贸易发展相对滞后

2017年，中国—西亚9国中，中国和也门进出口贸易发展相对滞后，货物和服务出口占GDP比重远落后于其他国家。贸易对经济发展的贡献较低，缺乏高附加值产品出口，限制了贸易的长远发展。与巴林相比，中国和也门贸易额占GDP比重分别低了101.754、111.2个百分点，另外，伊朗该值也不足50%，与域内最高比重相比，差距较大。说明中国、伊朗和也门的贸易发展空间相对较大，在产业结构调整和优化的基础上，必须相应调整进出口贸易结构，进一步消除贸易壁垒，实现产品出口尤其是高附加值、高科技含量的产品出口，增加国际、区域间贸易往来。

（三）女性劳动力市场待开发

西亚9国受宗教传统文化、社会制度以及经济类型的影响，其女性劳动力参与率较低，2016年，分性别的劳动力参与率叙利亚最低仅为17.5%，[①] 沙特阿拉伯、伊拉克、伊朗和约旦为22%左右，且西亚9国平均值仅为32.2%，而中国该值为80.8%，说明西亚9国大量女性劳动力未参与社会经济活动，造成劳动力资源的极大闲置和浪费。

三　人口迁移变动对经济发展的影响

（一）城市化水平有待提高

城市化水平越低，代表该国经济发展越落后，人口在空间、职业和地区分布不优化。除中国、叙利亚和也门外，2015年其他国家城市化水

---

① 参见世界银行官网2017年相关数据，后同。

平整体较高，平均城市化率水平为81.6%。中等偏下收入的也门，城市化率仅为34.61%，尚有大量人口囤积在农村，囿于第一产业生产领域，收入水平较低，人民生活水平得不到显著改善。约旦和也门100万以上人口大城市发展相对较少，大城市人口集中度较低，大城市对人口的吸纳有限，缺乏充足的就业机会，不能有效发挥大城市的集散效应和区域经济带动效应。

（二）国际迁移

人口迁移受到“推—拉”双重因素影响，吸引人口迁移的首要“拉力”即经济发展水平，经济发展水平较高的国家对外籍人口的吸引力越高，同时人口迁移还受到其他因素的制约，受战乱、局势动荡等因素影响的国家（叙利亚、也门、伊朗）为净迁出国，长此以往不利于一国社会经济的建设，而较为发达的迁入国则因吸纳了高素质人才及需要的劳动力获得经济的发展，进一步扩大了迁出国与迁入国的经济发展差距。

四　人口经济耦合不协调对经济发展的影响

相比中国，西亚9国的人口和经济发展普遍存在耦合度不够、协调性不高的问题。各国协调性较差与其人口经济发展较为落后有关，从人口和经济发展的多维度进行分析，其人口、经济发展水平得分较低，说明西亚9个国家整体发展较为落后，但是，从耦合度和耦合协调度分析，西亚各国仍有较大发展空间，也存在巨大挑战。耦合度均处于拮抗时期，其中，中国、卡塔尔、伊拉克和沙特阿拉伯耦合度相对较高，耦合度在0.47—0.50之间，经过人口和经济的进一步发展，有望从拮抗时期改善至磨合时期；西亚区域内各国的人口和经济的协调性差异明显，卡塔尔处于轻度失调上限，其经济发展速度较快，若能进一步优化产业结构，增加就业，发展城市化水平以匹配其经济的中高速增长，卡塔尔的人口经济将向更加协调共进的方向发展；相反，约旦情况不容乐观，人口和经济发展处于高度失调状态，协调度仅为0.164，处于协调度评价等级的最低位，国内人口增长虽然快速，劳动力年龄人口占比较大，但人口质量较低，国内陷入人口、经济两系统相互产生负向作用的困境，因为人力资本的缺乏以及生存环境的恶劣导致国内经济发展乏力，产业结构不合理，经济发展的落后反过来又对人口发展产生抑制作用。

西亚 9 国除了约旦以外，沙特阿拉伯、巴林、土耳其和伊拉克协调度均处于 0. 2—0. 3 之间，这些处于中度失调的国家，人口和经济发展均存在不同程度的失调问题；相比之下，中国的人口和经济发展的协调度较高，属过渡型国家，在“一带一路”倡议下，中国和西亚 9 国应该根据其人口和经济发展现状，加强合作，互通友谊，对于协调度较低的国家，在各国的互通往来中加强当地教育、对外贸易、基础设施建设等，由此促进地区人口、经济协调发展。

第五章

中国—西亚8国（Ⅱ）人口变动与经济发展

随着“一带一路”建设框架的持续推进，中国正进一步发展与沿线国家的经济合作关系，在与“一带一路”沿线国经济合作方面，跨境直接投资作为一个关键和核心领域，合作重点包括基础设施互联互通，能源资源合作，工业园区和优势产能合作等。近几年来，中国对“一带一路”沿线国直接投资流量快速增长，投资行业日趋多元化，同时并购持续活跃。2015 年，中国企业对“一带一路”沿线国家投资流量 189.3 亿美元，[①] 同比增长 38.6%，是对全球投资增幅的 2 倍，占当年流量总额的 13%，截至 2015 年末，中国对“一带一路”沿线国家的直接投资存量为 1156.8 亿美元，占中国对外直接投资存量的 10.5%。2016 年中国企业对“一带一路”沿线国家投资流量 153.4 亿美元，[②] 同比下降 19%，占当年流量总额的 7.8%，截至 2016 年末，中国对“一带一路”沿线国家的直接投资存量为 1294.1 亿美元，占中国对外直接投资存量的 9.5%。投资流量与相关存量指标虽然有所下降，但质的发展有较大提升。2017 年中国企业对“一带一路”沿线国家投资流量 201.7 亿美元，[③] 同比增长 31.5%，占当年流量总额的 12.7%，截至 2017 年末，中国对“一带一路”沿线国家的直接投资存量为 1543.98 亿美元，占中国对外直接投资

① 整理自中华人民共和国商务部、中华人民共和国国家统计局、国家外汇管理局联合出版的《2016 年年度中国对外直接投资统计公报》。

② 整理自中华人民共和国商务部、中华人民共和国国家统计局、国家外汇管理局联合出版的《2017 年度中国对外直接投资统计公报》。

③ 同上。

存量的 8.5%。

本章研究的西亚 8 国包括黎巴嫩、以色列、阿曼、科威特、阿联酋、希腊、塞浦路斯和巴勒斯坦。2017 年，中国对西亚 8 国投资流量净增加 11.4505 亿美元（见图 5—1），2017 年中国对上述西亚 8 国的直接投资流量分别为 -0.0033 亿美元、1.3687 亿美元、0.0017 亿美元、1.5222 亿美元、3.1240 亿美元、0.2814 亿美元、5.1387 亿美元和 0.0018 亿美元。中国对上述国家的直接流量投资与日俱增。可以说，中国"一带一路"倡议的提出，既是中国—西亚各国双边关系加固的又一架桥梁，也是中国与西亚的拓展和延伸，有利于扩大区域经济合作和贸易投资，加强中国与西亚的国际影响力，提升中国与西亚贸易的整体竞争力。重点从"一带一路"沿线国家中的部分西亚国家的人口与经济发展状况、人口变动对区域经济发展的影响分析出发，对中国—西亚人口与区域经济耦合协调发展状况进行研究，同时分析中国与部分西亚国家经济发展中所面临的相关问题，并对该区域人口经济发展提出相关发展建议，以便更健康地推进"一带一路"建设，有利于中国与上述国家的经济贸易往来，

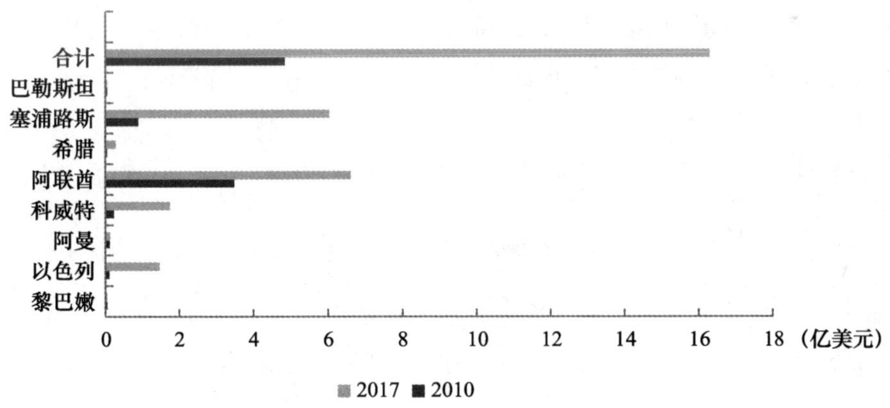

图 5—1　2010 年、2017 年中国对西亚 8 国直接投资流量比较

注：黎巴嫩 2017 年数据缺失，用 2014 年数据替代。希腊、塞浦路斯 2010 年数据缺失，用 2011 年数据替代。巴勒斯坦 2010 年数据缺失，用 2012 年数据替代；2017 年数据缺失，用 2016 年数据替代。

资料来源：整理自中华人民共和国商务部、中华人民共和国国家统计局、国家外汇管理局联合出版的《2017 年度中国对外直接投资统计公报》。

更好地实现互补、双赢。

第一节　人口变动基本状况

一　人口自然变动

（一）人口数量增长

1. 人口规模

中国与西亚8国人口总量不断增长（见表5—1），首先，从人口年增长趋势看，2000年以来，除希腊人口年增长量不断下降外，其他国家均不同程度增减起伏，而且希腊自2011年起人口呈现负增长。中国由于计划生育政策的相继调整，2017年人口净增长量为773万人，人口增长率有小幅提升。而黎巴嫩、以色列、科威特等国家与世界人口总体发展趋势基本一致，也有起伏变化。其次，从人口年增长量绝对值看，由于各国人口基数不同，涨幅也不一。2017年超过百万的国家仅有中国；年增长量在十万至二十万的有以色列、阿联酋。年增长量不足十万的有黎巴嫩、科威特、塞浦路斯，希腊人口为负增长。综合来看，中国与西亚8国中，除了巴勒斯坦数据缺失，希腊人口负增长外，人口年增长状况相对稳定，各国人口规模在不断扩大。

表5—1　世界与中国、西亚8国人口年增长量　（单位：万人）

国别＼年份	2000	2005	2010	2015	2016	2017
世界	7986.42	8047.34	8330.04	8623.67	8659.79	8620.28
中国	991	764.5	644.5	695	744.5	773.0
黎巴嫩	7.87	12.36	15.40	24.82	15.52	7.57
以色列	16.40	12.11	13.80	16.44	16.59	16.64
阿曼	1.31	6.65	15.85	23.89	22.50	21.15
科威特	9.37	6.87	17.91	15.33	11.68	8.39
阿联酋	16.68	49.16	60.43	8.34	11.53	13.05
希腊	4.41	3.21	1.43	-7.15	-4.49	-1.56

续表

国别 \ 年份	2000	2005	2010	2015	2016	2017
塞浦路斯	1.72	1.72	1.45	0.87	0.91	0.94
巴勒斯坦	—	—	—	—	—	—

注：巴勒斯坦数据缺失，以下未出现该国数据均如此。

资料来源：整理自世界银行数据库（https：//data.worldbank.org.cn/indicator/SP.POP.GROW）。

2. 人口增长率

2000—2017 年，域内人口增长率体现为以下特征：一是中国和希腊低于世界平均增长值，希腊自 2011 年以来负增长，包括塞浦路斯（自 2015 年来低于世界平均值），预计上述三国将持续稳定较低水平（见表 5—2）；二是阿联酋、希腊和以色列不断下降，与世界整体发展趋势基本一致；三是黎巴嫩、科威特和阿曼，增长率呈小幅波动，尤其 2016—2017 年下降较快，分别下降了 1.366、0.874、0.549 个百分点，不过增长率依然高于世界平均水平；四是阿曼，2000 年开始人口增长率有明显回升，2013 年达到 6.882% 的峰值，2017 年远高于世界平均值。总的来说，2000 年以来，除了阿曼远高于世界平均值，希腊人口负增长外，中国与西亚其他国家人口增长率总趋势与世界平均水平基本一致，增长速度在放缓。

表 5—2　　世界与中国、西亚 8 国人口增长率　　（单位：%）

国别 \ 年份	2000	2005	2010	2015	2016	2017
世界	1.325	1.253	1.219	1.186	1.177	1.158
中国	0.788	0.588	0.483	0.508	0.541	0.559
黎巴嫩	2.463	3.149	3.615	4.334	2.618	1.252
以色列	2.642	1.763	1.827	1.981	1.96	1.928
阿曼	0.578	2.684	5.353	5.856	5.218	4.669

续表

年份 国别	2000	2005	2010	2015	2016	2017
科威特	4. 675	3. 063	6. 161	3. 974	2. 924	2. 05
阿联酋	5. 431	11. 356	7. 587	0. 916	1. 252	1. 398
希腊	0. 409	0. 293	0. 129	-0. 659	-0. 416	-0. 144
塞浦路斯	1. 844	1. 693	1. 315	0. 750	0. 784	0. 802
巴勒斯坦	—	—	—	—	—	—

注：巴勒斯坦数据缺失。

资料来源：整理自世界银行数据库（https：//data. worldbank. org. cn/indicator/SP. POP. GROW）。

（二）人口年龄结构

首先从0—14岁人口占总人口比重看（见表5—3），2000—2017年，西亚8国与世界趋势基本一致，呈下降趋势，主要体现为：一是以色列，除了2000年、2005年外，该国少儿人口比重略高于世界平均值，人口结构较为年轻；二是黎巴嫩、阿曼、科威特与世界平均值基本接近，有进一步下降趋势，年龄结构类型趋于相对老年化；三是阿联酋与中国，降幅明显，阿联酋期间下降了12. 084个百分点，中国降低了6. 952个百分点；四是希腊、塞浦路斯比重相对较低，希腊2000年仅为15. 45%，降幅虽不大，2017年也仅下降了1. 235个百分点，但比世界同期水平低了近12个百分点，说明该国早已进入老年型社会。从总趋势看，中国与西亚8国0—14岁人口比重差距较大，降幅不同，但无一例外呈现不断下降趋势。

表5—3　　世界与中国、西亚8国0—14岁人口占总人口比重　　（单位：%）

年份 国别	2000	2005	2010	2015	2016	2017
世界	30. 115	28. 044	26. 827	26. 178	26. 064	25. 941
中国	24. 629	19. 892	17. 848	17. 686	17. 701	17. 677
黎巴嫩	28. 638	27. 907	23. 721	23. 991	23. 568	23. 089

续表

国别＼年份	2000	2005	2010	2015	2016	2017
以色列	28.089	27.858	27.273	27.859	27.906	27.862
阿曼	37.104	32.477	25.689	22.712	22.034	21.813
科威特	28.394	25.977	23.211	20.886	20.978	21.091
阿联酋	25.980	18.414	13.377	13.787	13.888	13.896
希腊	15.450	15.074	14.918	14.546	14.347	14.215
塞浦路斯	22.400	19.997	17.836	16.895	16.871	16.83
巴勒斯坦	—	—	—	—	—	—

注：巴勒斯坦数据缺失。

资料来源：整理自世界银行数据库（https：//data. worldbank. org. cn/indicator/SP. POP. GROW）。

其次，从15—64岁人口占总人口比重看（见表5—4），一是中国、塞浦路斯、以色列、希腊，2010年前，该人口比重不断增长，最高分别达73.751%（2010年）、70.746%（2010年）、62.385%（2008年）、68.2%（1999年），但此后缓慢下降，劳动力资源优势将逐渐消退；二是黎巴嫩、阿曼、科威特、阿联酋，各国该值仍不断增长，正处于劳动力资源充足、社会负担较轻的人口红利期，有利于经济快速发展；三是2000—2017年涨幅最高的阿曼，上涨了15.369个百分点，科威特也上涨了6.533个百分点，其余国家变化不大。2017年，该人口比重超过70%的有阿联酋、科威特、阿曼、中国，塞浦路斯也接近70%。比重最高的阿联酋比中国还高13.279个百分点，达84.961%，最低的以色列仅60.404%，比同期世界平均水平低了近5个百分点，比中国低了近12个百分点。

表5—4　世界与中国、西亚8国15—64岁人口占总人口比重　（单位：%）

国别＼年份	2000	2005	2010	2015	2016	2017
世界	62.997	64.650	65.537	65.538	65.455	65.363
中国	68.463	72.413	73.751	72.638	72.177	71.682

续表

国别＼年份	2000	2005	2010	2015	2016	2017
黎巴嫩	64. 254	64. 628	67. 882	67. 866	68. 113	68. 397
以色列	61. 899	62. 124	62. 279	60. 917	60. 624	60. 404
阿曼	60. 463	64. 936	71. 622	75. 513	75. 64	75. 832
科威特	70. 030	71. 864	74. 796	77. 05	76. 827	76. 563
阿联酋	72. 923	80. 666	85. 872	85. 192	85. 028	84. 961
希腊	68. 166	67. 105	66. 732	65. 506	65. 463	65. 389
塞浦路斯	67. 371	69. 237	70. 746	70. 272	70. 005	69. 753
巴勒斯坦	—	—	—	—	—	—

注：巴勒斯坦数据缺失。

资料来源：整理自世界银行数据库（https：//data. worldbank. org. cn/indicator/SP. POP. GROW）。

最后，从65岁及以上老年人口占总人口比重看（见表5—5），中国与西亚8国均呈不断增长态势，与全球老龄化趋势基本一致，2000—2017年，世界平均值上涨了1. 807个百分点，西亚各国老龄化程度有所不同，超过世界平均增长值的国家有希腊和塞浦路斯，分别提高了4. 01、3. 19个百分点，说明这两个国家老龄化速度快，老龄化程度高。2017年主要特征表现为：一是中国、以色列、希腊、塞浦路斯、黎巴嫩超过7%，表明已进入老龄化阶段，其中希腊和塞浦路斯分别高达20. 396%、13. 416%，并且在不断加深；二是阿曼、科威特、阿联酋三国尚未超过6%，甚至不到3%，还处在十分年轻的年龄阶段，老年抚养负担较轻，社会经济发展潜力较大。

表5—5　世界与中国、西亚8国65岁及以上人口占总人口比重　（单位：%）

国别＼年份	2000	2005	2010	2015	2016	2017
世界	6. 889	7. 306	7. 636	8. 283	8. 482	8. 696
中国	6. 908	7. 695	8. 400	9. 676	10. 123	10. 641

续表

国别＼年份	2000	2005	2010	2015	2016	2017
黎巴嫩	7.108	7.465	8.396	8.143	8.319	8.514
以色列	10.012	10.018	10.447	11.224	11.47	11.733
阿曼	2.433	2.587	2.689	2.314	2.326	2.355
科威特	1.575	2.158	1.993	2.064	2.195	2.345
阿联酋	1.097	0.919	0.750	1.022	1.084	1.144
希腊	16.384	17.821	18.35	19.948	20.191	20.396
塞浦路斯	10.229	10.766	11.418	12.833	13.124	13.416
巴勒斯坦	—	—	—	—	—	—

注：巴勒斯坦数据缺失。

资料来源：整理自世界银行数据库（https：//data.worldbank.org.cn/indicator/SP.POP.GROW）。

从中国与西亚8国人口年龄结构可看出：一是中国、以色列、希腊、塞浦路斯、黎巴嫩人口年龄结构属老年型，正处于“少子化、老龄化”时期，劳动年龄人口逐年减少，老年人口社会抚养负担不断加重，尤其希腊，2017年老龄系数超过了20%；二是阿曼、科威特、阿联酋，年龄结构属年轻型，少年人口比重较高，老龄化尚未到来，劳动年龄人口占绝对比重，正处于人口红利期，有丰富的劳动力资源促进经济起飞和快速发展。

（三）人口抚养比

比较中国与西亚8国总抚养比可看出（见表5—6），2000—2017年，除了希腊抚养比持续上升以外，其余国家与世界发展趋势一致，一是按人口总抚养比高低看，与世界同样超过50%的以色列，希腊也于2011年起超过50%，且持续攀升，社会抚养负担较重，说明上述两国1单位劳动力人口需要抚养超过1单位非劳动年龄人口，其余国家均低于50%，社会抚养负担相对较轻；二是从总人口抚养比发展趋势看，包括中国、阿联酋、塞浦路斯，2010年以前持续下降，此后又缓慢增长，人口优势逐渐消减；黎巴嫩、阿曼、科威特等国总人口抚养比不断下降，正是发展经济的最佳人口红利期。西亚8国，造成抚养比高低的影响因素不同，其中由于老年人口比重较高，需要抚养更多老年人口的是中国、黎巴嫩、以色列、希腊和塞浦路斯；而少儿比重较高影响抚养比的国家是阿曼、科威特和阿联酋。

表 5—6　　世界与中国、西亚 8 国人口总抚养比　　（单位：%）

年份 国别	2000	2005	2010	2015	2016	2017
世界	60.11	56.284	54.274	54.064	54.202	54.356
中国	46.065	38.096	35.59	37.668	38.549	39.505
黎巴嫩	55.632	54.731	47.314	47.348	46.815	46.206
以色列	61.553	60.968	60.567	64.158	64.95	65.551
阿曼	65.390	53.999	39.621	32.427	32.206	31.87
科威特	42.795	39.151	33.697	29.786	30.163	30.611
阿联酋	37.131	23.967	16.452	17.382	17.608	17.702
希腊	46.701	49.021	49.854	52.657	52.759	52.93
塞浦路斯	48.432	44.432	41.350	42.305	42.848	43.362
巴勒斯坦	—	—	—	—	—	—

注：巴勒斯坦数据缺失。

资料来源：整理自世界银行数据库（https：//data.worldbank.org.cn/indicator/SP.POP.GROW）。

通过比较中国与"一带一路"沿线西亚 8 国人口自然变动可清楚以下特征：首先，中国与西亚各国人口规模仍不断扩大，但增速明显放缓；其次，除中国、阿联酋、希腊、塞浦路斯外，其他国家人口结构相对年轻，少儿人口占总人口比重较大，人口抚养负担以少年儿童为主；最后，中国、以色列、希腊、塞浦路斯、黎巴嫩已进入老龄化，老年人口占总人口比重不断增加，其中以色列和希腊 2017 年总抚养负担超过 50%，随着老龄化不断深入，抚养负担将不断加重，人口红利将进一步下降。

（四）人口主要指标预测

根据《世界人口展望 2017（修订版）》分析中国与西亚国家 2020—2050 年主要人口指标可看出（见表 5—7）：一是人口总量上，至 2050 年，中国与西亚国家将达 14.29 亿，比 2015 年净减少 161.98 万人。其中，中国、黎巴嫩、希腊分别将在 2030 年、2020 年和 2020 年左右达到峰值，此后将逐年下降，规模逐渐缩小。同期西亚其余国家仍不断增长，规模不断扩大。特别是以色列，2050 年人口依然持续增长，每十年增长人数均超过百万。

表 5—7　　中国与西亚 8 国 2020—2050 年人口主要指标预测

（单位：万人，%）

国别	年份	人口总量	0—14 岁人口比重	15—64 岁人口比重	65 岁及以上人口比重	总抚养比
中国	2020	142454. 83	17. 46	70. 35	12. 19	42. 15
	2030	144118. 18	15. 38	67. 56	17. 06	48. 03
	2040	141747. 28	13. 93	62. 23	23. 84	60. 70
	2050	136445. 67	13. 98	59. 72	26. 30	67. 45
黎巴嫩	2020	601. 98	21. 65	69. 13	9. 22	44. 66
	2030	536. 86	18. 86	67. 27	13. 87	48. 66
	2040	539. 24	16. 52	65. 67	17. 81	52. 27
	2050	541. 18	13. 79	62. 90	23. 31	58. 98
以色列	2020	871. 36	27. 54	60. 01	12. 46	66. 65
	2030	998. 36	24. 97	61. 21	13. 82	63. 37
	2040	1128. 16	23. 46	61. 17	15. 36	63. 47
	2050	1257. 73	22. 60	60. 30	17. 11	65. 84
阿曼	2020	514. 97	21. 25	76. 26	2. 50	31. 13
	2030	589. 75	18. 93	76. 62	4. 45	30. 51
	2040	634. 35	15. 50	76. 42	8. 08	30. 86
	2050	675. 66	14. 75	71. 48	13. 77	39. 90
科威特	2020	430. 29	21. 32	75. 69	3. 00	32. 12
	2030	487. 37	19. 06	74. 29	6. 65	34. 61
	2040	532. 38	17. 16	70. 29	12. 55	42. 27
	2050	564. 35	17. 08	67. 24	15. 68	48. 71
阿联酋	2020	981. 32	13. 86	84. 76	1. 38	17. 99
	2030	1105. 46	12. 09	83. 48	4. 43	19. 79
	2040	1220. 73	12. 11	78. 34	9. 56	27. 66
	2050	1316. 36	12. 03	74. 26	13. 72	34. 66

续表

国别	年份	人口总量	0—14 岁人口比重	15—64 岁人口比重	65 岁及以上人口比重	总抚养比
希腊	2020	1110. 26	13. 74	65. 14	21. 12	53. 52
	2030	1078. 36	11. 57	63. 00	25. 42	58. 72
	2040	1045. 19	11. 70	57. 24	31. 06	74. 71
	2050	998. 16	12. 14	52. 40	35. 45	90. 83
塞浦路斯	2020	120. 74	16. 58	69. 01	14. 41	44. 90
	2030	128. 22	14. 77	67. 06	18. 16	49. 11
	2040	134. 15	13. 72	64. 58	21. 70	54. 84
	2050	138. 28	13. 45	60. 82	25. 73	64. 43
巴勒斯坦	2020	532. 26	38. 87	57. 99	3. 14	72. 45
	2030	673. 91	35. 48	60. 55	3. 98	65. 16
	2040	820. 81	31. 48	63. 16	5. 36	58. 32
	2050	970. 42	28. 47	64. 47	7. 06	55. 11

资料来源：整理自 World Population Prospects，*The 2017 Revision*，New York：United Nations。

二是人口结构，除以色列外，其余国家 0—14 岁人口比重将延续不断下降趋势，2050 年低于 15% 的有中国、黎巴嫩、希腊、阿曼、阿联酋和塞浦路斯，届时“少子化”问题将更突出；15—64 岁劳动年龄人口变化较为复杂，中国、黎巴嫩、科威特、阿联酋、希腊和塞浦路斯将持续下降，劳动力资源优势逐渐消减，仅巴勒斯坦将不断上升，劳动力资源充足；中国与西亚 8 国 65 岁及以上老年人口比重也将保持持续增长趋势，目前已进入老龄化阶段的中国、黎巴嫩、以色列、希腊和塞浦路斯，老龄化程度不断加深、速度不断加快，2050 年将分别达到 26. 30%、23. 31%、17. 11%、35. 45%、25. 73%，老年人数量十分庞大。其余国家如阿联酋、科威特将分别在 2020—2030 年先后进入老龄化时期，老年人口比重较低的巴勒斯坦在 2050 年左右步入老龄化行列，各国老龄化进程截然不同。2050 年，老年人口比重低于 10% 的只有巴勒斯坦，各国人口老龄化趋势不可逆转。

三是人口抚养状况，中国、黎巴嫩、科威特、阿联酋、希腊、塞浦路斯等国仍保持不断增长趋势，至 2050 年，希腊将达 90. 83%，远高于其他国家，届时将面临沉重的社会抚养负担，经济发展阻力明显；阿曼总抚养比下降趋势将延续到2020—2030年，然后随着老龄化程度加深，总抚养比逐渐呈增长趋势。

通过比较中国与“一带一路”沿线西亚8国人口自然变动可看出：从人口规模看，中国、黎巴嫩和希腊人口增长趋势将持续到2020—2030年，此后规模逐渐缩小，其他国家仍不断扩大，但增速明显放缓；从人口结构看，除中国、黎巴嫩、以色列、希腊和塞浦路斯已先期进入人口老龄化外，其他国家还相对年轻，将先后在2020—2030年步入，尤其阿曼与巴勒斯坦，少儿人口比重逐渐降低，劳动年龄人口比重仍不断增长，且步入老龄化较晚，正处于有利于经济发展的人口红利期；从人口抚养状况看，已进入人口老龄化的中国、黎巴嫩、以色列、希腊、塞浦路斯、巴勒斯坦随着老龄化不断深入，抚养负担将不断加重，相反其他尚未进入老龄化的国家，抚养比将先降后升，现阶段抚养重点主要集中在0—14岁少儿人口，进入老龄化后，抚养重点将集中在老年人口，届时人口抚养比又将逐渐升高。

二　人口社会变动

（一）人口素质

比较2015年中国与西亚国家教育状况可看出（见图5—2），从高等教育入学率看，各国发展结果不尽相同，除科威特外，其余国家都超过30%；从平均受教育年限分析看，超过10年的有以色列、希腊和塞浦路斯，最短的科威特和中国，两国均为7.45年，比以色列少了5.35年，比塞浦路斯少了3.25年。可看出，经济发展较好的国家高等教育较为先进，培养高素质人才的渠道和方式更多元化，且人口平均受教育年限较长，劳动力资源素质普遍较高。

（二）就业率

首先从就业率变动趋势看（见表5—8），2000—2018年，除了以色列和阿曼持续增长外，中国和其他西亚国家与世界平均趋势一致，十几年来变化幅度较小，增减基本保持在2—3个百分点，2000年，中国、科威特与阿联酋就业率超过世界平均值，2018年包括中国、以色列等5个国家超过世界平均值，说明中国与西亚国家经济发展相对稳定，西亚国家就业率甚至超过世界平均值。其次，中国、以色列、阿曼、科威特、阿联酋劳动年龄人口就业率均高于世界平均水平，一方面说明域内国家

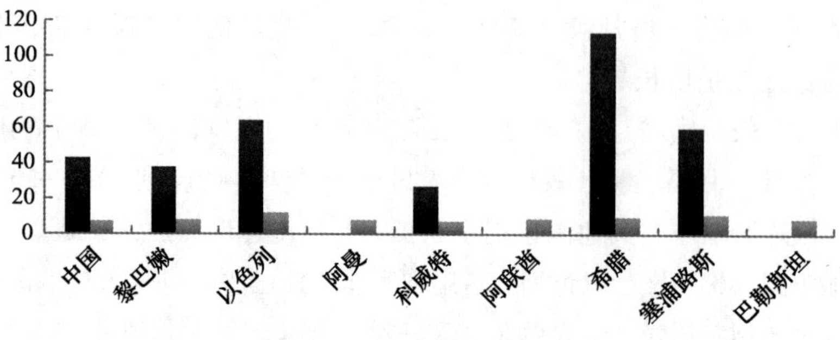

图5—2 2015年中国与“一带一路”沿线西亚国家高等教育入学率和平均受教育年限

注：由于高等教育入学率个别国家、个别年份存在缺失，科威特用2013年数据代替，希腊用2014年数据代替。阿曼和阿联酋数据缺失。

资料来源：高等教育入学率整理自世界银行数据库（https：//data. worldbank. org. cn/indicator/SE. TER. ENRR？view = chart）；平均受教育年限整理自联合国开发计划署《2016年人类发展报告》（http：//hdr. undp. org/en/countries/profiles/CHN#）。

就业状况良好，另一方面也说明域内部分国家产业结构不尽合理，部分劳动力主要从事第一产业，导致统计上的就业率较高，城镇人口就业率不容乐观。另外黎巴嫩、希腊和塞浦路斯就业率低于世界平均水平，其中希腊最低，2018年仅为41.485%，黎巴嫩也仅为44.08%，说明两国存在较高失业人口或老龄化较为严峻，导致经济发展前景不容乐观。最后，结合各国经济状况来看，经济发展水平相对较高的国家如阿联酋、科威特，就业率较高，说明经济发展水平与劳动就业率存在正相关关系。

表5—8 世界与中国、西亚8国15岁以上人口就业率 （单位：%）

国别＼年份	2000	2005	2010	2015	2016	2017	2018
世界	60.785	60.461	59.166	58.737	58.67	58.546	58.441
中国	73.719	70.341	67.992	66.521	66.141	65.709	65.199
黎巴嫩	40.725	42.447	42.807	43.805	44.042	44.057	44.08
以色列	54.42	54.715	57.686	60.764	61.144	61.44	61.638
阿曼	52.743	53.691	59.403	67.29	67.557	67.902	68.358

续表

国别＼年份	2000	2005	2010	2015	2016	2017	2018
科威特	66.718	67.181	68.74	68.914	68.053	67.552	67.193
阿联酋	74.167	75.945	79.200	79.708	79.062	78.322	77.793
希腊	47.359	48.283	47.492	39.868	40.645	41.507	41.485
塞浦路斯	57.775	59.672	60.036	53.293	54.726	55.854	56.174
巴勒斯坦	—	—	—	—	—	—	—

注：巴勒斯坦数据缺失。

资料来源：整理自世界银行数据库（https：//data. worldbank. org. cn/indicator/SP. POP. GROW）。

（三）人口效率

2000 年，西亚国家就业人口效率均远超世界平均值，随后起伏变化较大。比如科威特，2000 年以来峰值出现在 2006 年，达 190582.14 美元，2018 年仅为 128031.02 美元，降幅较大。2000—2018 年，除黎巴嫩、阿曼、科威特、塞浦路斯就业人口效率不断降低外，中国与其他西亚国家均不断增长，与世界平均水平发展趋势一致，说明工业化、信息化革新增加了单位就业人口创造社会财富的能力，很大程度上提升了就业人口效率。2018 年，从人口效率发展程度看，中国与西亚 8 国差异十分明显（见表 5—9）。首先，除了中国外，西亚国家均高于世界平均值，其中科威特和阿联酋遥遥领先，均比世界平均水平高出 7 万美元以上，而以色列、阿曼也高出 4 万美元之多；其次，低于世界平均值的只有中国，比世界平均水平低 6660 美元，说明中国与西亚 8 国就业人口效率存在明显差距。

表 5—9　　世界与中国、西亚 8 国就业人口效率比较　　（单位：美元）

国别＼年份	2000	2005	2010	2015	2016	2017	2018
世界	24262.34	26797.89	30346.86	33860.55	34541.9	35429.75	36391.89
中国	6553.76	10012.61	16777.58	24324.42	26001.6	27842.04	29731.89
黎巴嫩	43133.38	40106.38	49862.80	39306.09	38541.89	38493.65	39169.45
以色列	69720.08	70013.09	72431.67	75786.51	77191.02	78039.29	79182.45

续表

国别 \ 年份	2000	2005	2010	2015	2016	2017	2018
阿曼	132532.58	114355.7	102700.32	76644.82	76202.15	72271.4	71186.16
科威特	146356.36	187959.22	142472.09	127161.64	129646.56	125929.63	128031.02
阿联酋	188027.92	149006.86	83929.29	96006.95	98607.57	99835.30	101641.27
希腊	60159.94	70084.70	69075.75	68220.97	66972.48	66475.47	67609.69
塞浦路斯	49373.34	50676.22	51295.79	50087.65	49752.16	50198.77	50909.16
巴勒斯坦	—	—	—	—	—	—	—

注：巴基斯坦数据缺失。

资料来源：根据世界银行数据库就业人口及 GDP（2011 年不变价购买力平价美元现价美元）的相关数据计算。

由表 5—8、表 5—9 可看出，就业率排名前四的国家由高至低依次是阿联酋、阿曼、科威特和中国；就业人口效率排名最后的三个国家依次是中国、黎巴嫩和塞浦路斯。这些国家都能利用有限的就业人口创造极高的社会价值，如科威特、阿联酋，这与国家经济状况和产业发展密不可分。中国可以多多学习西亚这些国家的先进技术和管理水平，应不断提升就业率与人口就业效率，从而促进经济社会更快发展。

（四）两性劳动参与率

首先，2018 年，除以色列、希腊、塞浦路斯和黎巴嫩外，中国与西亚其他国家男性劳动力参与率均高于 75.05% 的世界平均值（见图 5—3），女性劳动力参与率除以色列、塞浦路斯外，均低于 48.47% 的世界平均值，说明西亚各国男女两性劳动力经济活动参与率较低，社会融入能力较弱；其次，中国与西亚各国男性劳动参与率普遍高于女性，其中塞浦路斯、以色列、中国、希腊和科威特两性差值分别为：9.28%、9.7%、14.79%、14.91% 和 36.78%，两性差值较大的有阿曼、阿联酋和黎巴嫩，男性比女性分别高出 57.66、51.04 和 47.83 个百分点，说明上述三国尚有大量女性劳动力未进入市场，女性劳动力资源开发潜力大。

由上述分析可看出：第一，各国就业率均高于世界平均水平，且基本保持持续稳定；第二，经济发展越落后的国家，其就业率和劳动参与率反而越高，说明其产业布局不尽合理，劳动力资源就业途径和就业方

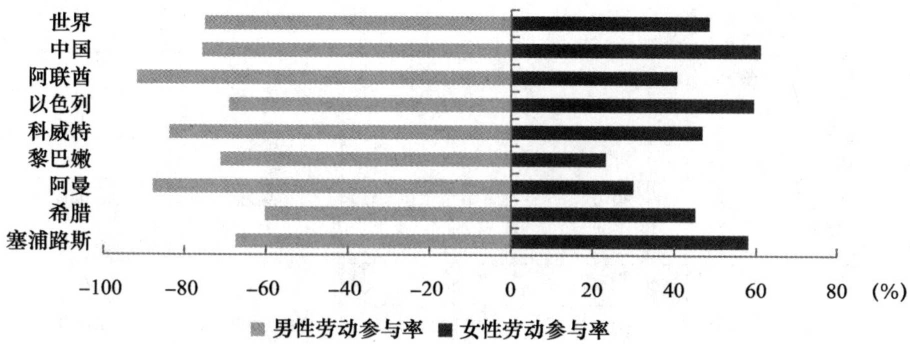

图 5—3 2018 年世界与中国、西亚 8 国分性别劳动力参与率

注：巴勒斯坦数据缺失。

资料来源：整理自世界银行数据库（https：//data. worldbank. org. cn/indicator/SP. POP. GROW）。

式单一，多集中于第一产业；第三，男性和女性劳动参与率存在明显差距，女性劳动力未充分参与社会经济活动中，女性劳动力就业空间较小。

三 人口迁移变动

（一）国际迁移率

2000—2015 年，国际迁移者占本国常住人口比重体现为以下特征（见表 5—10），一是中国、阿联酋、希腊小幅增长，说明吸引国际迁移者不断增多；二是以色列不断下降，本国吸收外籍人口占常住人口比重逐渐减少；三是黎巴嫩、阿曼、科威特、塞浦路斯 2015 年明显上涨。从 2015 年各国国际迁移者比重看，仅中国低于 1%；比重在 5%—20% 的有希腊和塞浦路斯；吸收国际迁移者最多的是阿联酋，高达 88. 404%。说明经济发展状况越好、收入水平越高的国家，开放程度也越高，吸引国际迁移人口也越多。

表 5—10 世界与中国、西亚 8 国国际迁移者比重 （单位：%）

国别＼年份	2000	2005	2010	2015
世界	2. 831	2. 943	3. 206	3. 338
中国	0. 04	0. 052	0. 063	0. 071

续表

年份 国别	2000	2005	2010	2015
黎巴嫩	21.417	18.982	18.922	34.146
以色列	30.789	28.613	26.287	24.947
阿曼	27.847	26.573	27.727	41.086
科威特	58.443	58.903	61.172	73.640
阿联酋	80.215	73.205	87.840	88.404
希腊	10.148	10.756	11.360	11.342
塞浦路斯	8.489	11.347	17.027	16.834
巴勒斯坦	—	—	—	—

注：巴勒斯坦数据缺失。

资料来源：整理自世界银行数据库（https：//data.worldbank.org.cn/indicator/SP.POP.GROW）。

（二）净迁移率

2015年，人口净迁出国有中国、希腊、巴勒斯坦（见图5—4），净迁入国家有黎巴嫩、以色列、阿曼、科威特、阿联酋、塞浦路斯，迁入国经济发展状况普遍相对较好，其综合实力较强，经济、文化相对更为开放，能够吸引世界各地劳动力资源；从净迁移率变化趋势看，科威特、

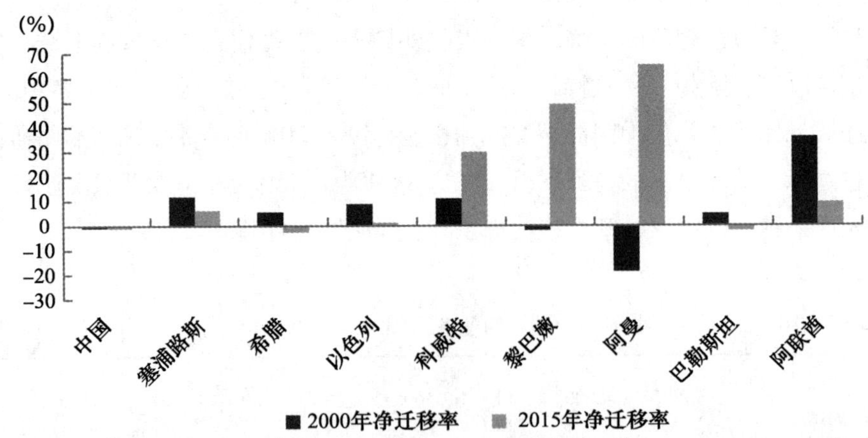

图5—4 中国与西亚8国人口净迁移率

资料来源：整理自联合国开发计划署出版的《2016年人类发展报告》中的相关数据。

黎巴嫩、阿曼、阿联酋十几年来人口迁移变动较大，由净迁出国变为净迁入国有黎巴嫩和阿曼。塞浦路斯、希腊、以色列、巴勒斯坦、阿联酋净迁出率明显下降，其中希腊和巴勒斯坦由迁入国转为迁出国。

中国与“一带一路”沿线西亚 8 国人口迁移较频繁，尤其是经济发展水平相对较高的科威特、黎巴嫩、阿曼，近年来外籍人口成为向西亚地区迁移的首选。而希腊、巴勒斯坦由于本国的政治经济制度、人口环境以及经济发展水平所限，导致该国人口外流趋势较为明显。

第二节　区域经济发展状况

中国与西亚各国在最近几十年的发展过程中，经济交往和人员往来取得了显著进步，不仅区域经济整体性提升，区域综合实力和国际影响力也在不断加强，并且区域内各个国家的经济水平、贸易投资都获得了极大发展。

一　收入状况

（一）收入类型

根据世界银行 2017 年 7 月 1 日公布的最新收入上限值，结合中国与西亚各国 2000—2017 年人均 GNI 状况可看出以下特征（见表 5—11）：中国 2000—2005 年均为中等偏下收入国家，2010 年后为中等偏上收入国家。西亚国家一直是高收入国家行列的有以色列、科威特、阿联酋、希腊和塞浦路斯。只有阿曼 2000—2005 年为中等偏上，而后进入高收入国家行列，黎巴嫩一直处在中等偏上收入行列。

2017 年，一是人均 GNI 超过 3 万美元的高收入国家有阿联酋、科威特、以色列，分别比 12235 美元的标准线高出 26895 美元、19195 美元、25035 美元；二是中等偏上收入国家仅有黎巴嫩、中国，低于 1 万美元，分别高于中等偏上收入标准线 4444 和 4734 美元，尚未达到世界平均值。在同一区域中，各国经济发展水平存在巨大差异，参差不齐，不仅表现在发达国家之间，还表现在发达国家与发展中国家之间。总之，西亚国家经济发展状况不错，基本都跨入高收入行列并没有陷入“中等收入陷阱”。

表5—11　　世界与中国、西亚8国人均GNI比较　　（单位：美元）

国别	2000		2005		2010		2015		2017	
	收入	类型	收入	类型	收入	类型	收入	类型	收入	类型
世界	5475	中等偏上	7341	中等偏上	9384	中等偏上	10576	中等偏上	10371	中等偏上
中国	940	中等偏下	1760	中等偏下	4340	中等偏上	7950	中等偏上	8690	中等偏上
黎巴嫩	5470	中等偏上	5750	中等偏上	8540	中等偏上	8110	中等偏上	8400	中等偏上
以色列	19270	高收入	21450	高收入	29580	高收入	36080	高收入	37270	高收入
阿曼	7070	中等偏上	10620	中等偏上	18170	高收入	18140	高收入	14440	高收入
科威特	17930	高收入	34400	高收入	42060	高收入	40750	高收入	31430	高收入
阿联酋	31200	高收入	37570	高收入	34520	高收入	43380	高收入	39130	高收入
希腊	13330	高收入	22760	高收入	27660	高收入	20360	高收入	18090	高收入
塞浦路斯	14860	高收入	24450	高收入	31330	高收入	26210	高收入	23720	高收入
巴勒斯坦	—	—	—	—	—	—	—	—	—	—

注：巴勒斯坦数据缺失。

资料来源：整理自世界银行数据库（https：//data. worldbank. org. cn/indicator/SP. POP. GROW）。

（二）国内生产总值

1. 人均GDP

2000—2017年，中国—西亚国家人均GDP大致可分为两类（见表5—12）：一是中国、以色列与世界平均发展趋势一致，持续增长，其他国家有起伏变化；二是人均GDP超过3万美元的是以色列和阿联酋，10000—29999美元的有阿曼、科威特、希腊和塞浦路斯，分别是世界平均值的1.46倍、2.71倍、1.74倍、2.35倍；人均GDP不足9999美元的是中国和黎巴嫩，分别比世界平均水平低了1894.62美元和1913.02美元。总体看，域内国家经济发展水平不断提升，但发展差距十分明显。

表5—12　　世界与中国、西亚8国人均GDP　　（单位：美元）

国别＼年份	2000	2005	2010	2015	2016	2017
世界	5488.34	7282.98	9514.95	10182.19	10209	10721.61
中国	959.37	1753.42	4560.51	8069.21	8117.27	8826.99
黎巴嫩	5334.90	5390.21	8858.28	8529.51	8571.13	8808.59

续表

国别＼年份	2000	2005	2010	2015	2016	2017
以色列	21042.98	20557.12	30642.94	35690.96	37180.85	40270.25
阿曼	8601.19	12376.98	19281.0	16406.71	15102.38	15668.37
科威特	18389.38	35490.26	38497.62	29109.07	27368.29	29040.36
阿联酋	33071.27	39439.80	35037.89	39122.05	38517.80	40698.85
希腊	12042.95	22551.74	26917.76	18070.78	17881.53	18613.42
塞浦路斯	14672.88	25324.49	30818.48	23212.23	23666.97	25233.57
巴勒斯坦	—	—	—	—	—	—

注：巴勒斯坦数据缺失。

资料来源：整理自世界银行数据库（https://data.worldbank.org.cn/indicator/SP.POP.GROW）。

2. 人均 GDP 增长率

2000—2017 年，仅中国与以色列与世界趋势一致未出现负增长（见表 5—13）。首先，阿曼自 2002 年以来，除了 2006—2009 年、2012 年、2016 年外，其余年份均呈负增长，黎巴嫩除了在 2006—2010 年、2012 年、

表 5—13　　世界与中国、西亚 8 国人均 GDP 年增长率　　（单位：%）

国别＼年份	2000	2005	2010	2015	2016	2017
世界	3.022	2.56	3.063	1.65	1.321	1.957
中国	7.64	10.743	10.103	6.358	6.124	6.304
黎巴嫩	-1.124	-0.437	4.202	-4.009	-0.888	0.266
以色列	5.348	2.314	3.319	1.017	2.074	1.358
阿曼	4.794	-0.224	-0.658	-1.219	0.027	-4.822
科威特	-0.088	6.755	-8.201	-3.325	0.563	-4.838
阿联酋	4.993	-6.401	-5.821	4.107	1.707	-0.609
希腊	3.496	0.305	-5.601	0.368	0.171	1.498
塞浦路斯	4.606	2.241	-1.298	2.561	2.924	3.094
巴勒斯坦	—	—	—	—	—	—

注：巴勒斯坦数据缺失。

资料来源：整理自世界银行数据库（https://data.worldbank.org.cn/indicator/SP.POP.GROW）。

2017年外，其余年份为负增长，科威特2002—2007年、2011—2012年、2016年为正增长，其余年份均为负增长。可见2008年国际金融危机对以资源为导向的国家经济冲击很大。其次，与世界平均发展速度相比，2017年高于世界平均值的仅有中国、塞浦路斯。阿曼、科威特和阿联酋为负增长，分别为-4.822%、-4.838%和-0.609%。阿曼和科威特比世界平均增长值低了近6个百分点，阿联酋比世界平均增长值低了近2.566个百分点。可见，西亚8国经济年增长缓慢甚至倒退，呈现十分疲软态势。从收入类型看，西亚基本都属于高收入国家，由于经济发展惯性，已进入低速稳定发展时期。

二 三次产业发展状况

由于中国与西亚国家产业结构布局不尽相同，分别比较各国三次产业发展状况，能够为区域经济合作和贸易投资提供重要参考价值。

一方面，比较中国与西亚国家2010、2017年三次产业增加值可看出（见图5—5、图5—6），一是农业，中国与西亚国家农业增加值占GDP比重变化不大，说明各国农业发展水平相对稳定；二是工业，除希腊工业增加值占GDP比重有所增加外，其他国家均下降，降幅最大的是阿曼和科威特，分别下降了24.72、10.20个百分点；三是服务业，中国与西亚国家服务业增加值占GDP比重逐年增加，除希腊稍微下降外，其他国家均显著提高，变化最明显的是阿曼，提高了24.21个百分点。

另一方面，除阿曼和科威特外，其他国家产业结构均呈现“三、二、一”模式，以服务业为主的第三产业发展迅速。首先，西亚国家农业增加值占GDP比重都很低，说明其发展并不依靠农业，农业更多是“自给自足”。其次工业增加值占GDP比重有科威特超过50%，说明工业在该国经济发展中占据主导地位，其他国家均低于50%。三是服务业增加值占GDP比重，世界平均水平接近70%，塞浦路斯、黎巴嫩、希腊和以色列都高于世界平均水平，分别高出15.69、11.12、10.63和6.60个百分点，其余国家均低于60%，第三产业发展速度有待提高。因此，中国与西亚相关国家产业结构调整还需持续。

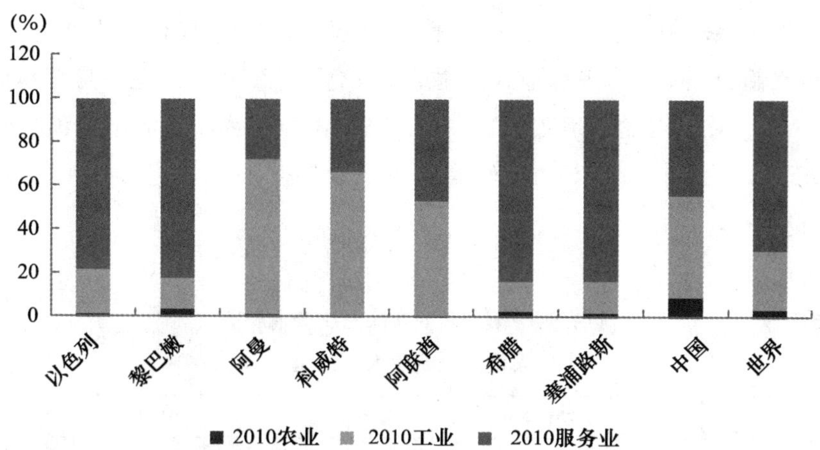

图 5—5　2010 年世界与中国、西亚 8 国三次产业增加值占 GDP 的比值

注：巴勒斯坦数据缺失。

资料来源：整理自世界银行数据库（https：//data. worldbank. org. cn/indicator/SP. POP. GROW）。

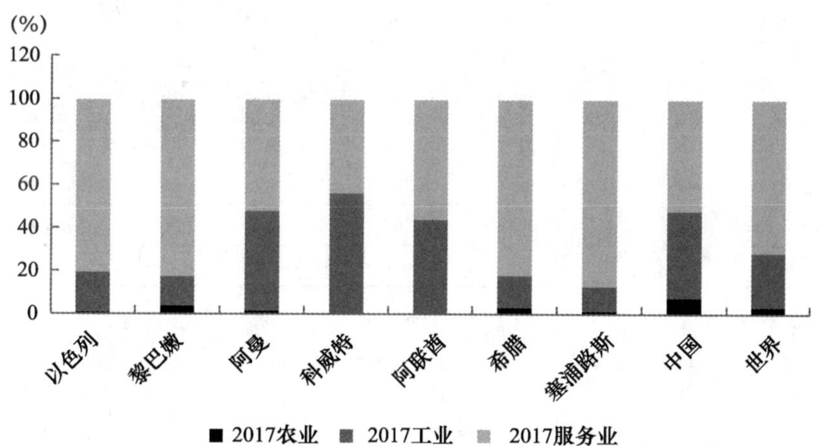

图 5—6　2017 年中国、西亚 8 国三次产业增加值占 GDP 的比重

注：巴勒斯坦数据缺失。

资料来源：整理自世界银行数据库（https：//data. worldbank. org. cn/indicator/SP. POP. GROW）。

三　三次产业就业状况

2010—2018 年，中国—西亚 8 国农业就业人员占总就业人口比重除了中国外，西亚国家变化量不大，基本在 1—2 个百分点之间（见表 5—14）；工业就业人员比重同样相对稳定，降幅相对较大的是希腊，降低了 4. 25 个百分点，其余国家基本在 1—2 个百分点变动，高于世界平均值的国家有中国、阿曼、科威特、阿联酋，阿联酋高于世界平均值16.36个百分点；服务业就业人员比重也没有明显变动，总趋势与世界平均水平一致，除了巴勒斯坦数据缺失外，其余国家均高于世界平均值。西亚各国三大产业结构分布相对比较稳定和完善，未出现大幅变动，经济呈相对平稳状态。

表5—14　世界与中国、西亚8国三次产业就业人员占总就业人口比重　（单位：%）

国别	2010年			2018年		
	农业	工业	服务业	农业	工业	服务业
世界	30.82	22.95	46.23	25.96	22.33	51.71
中国	26.23	30.15	43.61	16.45	26.31	57.24
黎巴嫩	2.46	19.2	78.34	3.17	20.2	76.63
以色列	1.6	20.22	78.18	1.06	17.18	81.77
阿曼	5.16	36.88	57.96	6.48	38.23	55.29
科威特	3.14	25.68	71.18	3.55	26.6	69.85
阿联酋	0.76	29.31	69.93	0.34	38.69	60.96
希腊	12.4	19.59	68.01	11.88	15.34	72.78
塞浦路斯	3.8	20.40	75.8	3.46	16.93	79.61
巴勒斯坦	—	—	—	—	—	—

注：巴勒斯坦数据缺失。

资料来源：世界银行数据库（https://data.worldbank.org.cn/indicator/SP.POP.GROW）。

四　贸易状况

无论是中国—西亚自由贸易区的建立，还是“一带一路”倡议的提出，出发点都是为了加强区域间的合作与交流，实现区域间资金、技术和人员的自由往来，消除贸易壁垒。因此，分析中国与西亚各国的贸易发展状况具有重要意义。

2000—2017年，中国与西亚8国贸易额发展趋势看：一是阿联酋、希腊和塞浦路斯，贸易额占GDP比重与世界一样不断增长（见表5—15），进出口贸易对本国GDP拉动作用十分明显，对经济有重要贡献作用；二是中国、以色列均是域内经济发展状况相对较好的国家，受国内经济结构调整影响较大，中国自 2006 年（64.48%）为峰值后，进出口贸易额占 GDP 比重不断下降，2017 年比世界平均值低了 33.898 个百分点，以色列 2007 年（81.96%）为峰值，2016 年仅为 58.45%；三是阿联酋，随着本国经济政策调整以及国际环境变化，进出口贸易占 GDP 比重上升幅度最大，2017 年为域内最高值。

表 5—15　　世界与中国、西亚 8 国贸易额占 GDP 比重　　（单位：%）

年份 / 国别	2000	2005	2010	2015	2016	2017
世界	51.167	56.182	56.929	57.83	56.213	71.701
中国	39.411	62.208	48.889	39.453	37.034	37.803
黎巴嫩	50.12	93.62	96.03	72.40	69.44	67.85
以色列	71.23	81.70	67.89	59.53	58.45	—
阿曼	79.59	89.34	106.86	108.9	93.29	98.87
科威特	86.62	92.24	97.03	98.7	94.66	97.98
阿联酋	89.865	119.55	141.31	175.22	176.748	172.811
希腊	58.42	50.90	52.83	63.39	61.64	67.52
塞浦路斯	137.50	111.92	107.69	128.82	129.67	133.57
巴勒斯坦	—	—	—	—	—	—

注：阿联酋 2000 年数据缺失，用 2001 年数据替代，以色列缺 2017 年数据。巴勒斯坦数据缺失。

资料来源：整理自世界银行数据库（https://data.worldbank.org.cn/indicator/SP.POP.GROW）。

（一）贸易额占 GDP 比重

2000 年，域内国家贸易额占 GDP 比重超过 100% 的仅有塞浦路斯，此后该国随时间推移持续下降，最低值为 2009 年（102.80%），至 2017 年上涨至 133.57%，调整周期相对较短。2005 年，阿联酋与塞浦路斯超过 100%。至 2010 年又增加了阿曼，阿曼增长较快。2017 年，该值超过 100% 的仅有阿联酋和塞浦路斯，既有经济发达国家，也有发展中国家，国际交往频繁，但各国进出口产品类型有很大差异；贸易额占 GDP 比重在 70%—99% 的国家有阿曼和科威特，这些国家进出口水平高于世界平均水平，发展潜力较大；其余包括中国、以色列、黎巴嫩和希腊等国的进出口贸易占 GDP 比重相对较小，未来在区域合作日益紧密的新形势下，可以加快双方进出口贸易发展。

（二）货物和服务出口

除了巴勒斯坦数据缺失外，西亚国家大都从 2005 年以后货物和服务占 GDP 比重不断下降（见表 5—16），且起伏较大，世界平均发展趋势则相对稳定，2000—2017 年上涨了 10 个百分点左右，域内期间超过世界平均增长值的国家仅有阿联酋和希腊。2017 年，可分为几类：一是与世界平均值基本接近的是希腊，希腊低 3.734 个百分点；二是低于 20% 的是中国，说明中国货物和服务出口率较低，进出口贸易发展相对落后；三是最高的是阿联酋，2017 年达 100.384%，比世界平均值高出 63.43 个百分点，货物和服务出口占绝对优势；四是阿曼、科威特、塞浦路斯，高于世界平均水平，但与阿联酋相比差距较大，进出口贸易有较大提升空间。

表 5—16　世界与中国、西亚 8 国货物和服务出口占 GDP 比重　（单位：%）

国别＼年份	2000	2005	2010	2015	2016	2017
世界	26.048	28.618	28.830	29.306	28.509	36.954
中国	20.893	33.830	26.267	21.348	19.658	19.757
黎巴嫩	14.178	37.302	35.794	26.093	23.952	23.932
以色列	35.570	40.792	34.991	31.271	30.267	—
阿曼	53.689	58.280	65.652	55.522	46.583	50.789
科威特	56.474	63.977	66.674	53.765	48.232	50.145
阿联酋	49.159	67.585	77.738	100.870	101.003	100.384
希腊	23.718	21.312	22.102	31.723	30.459	33.220
塞浦路斯	69.963	55.692	50.212	64.511	64.534	65.026
巴勒斯坦	—	—	—	—	—	—

注：货物和服务出口指向世界其他国家供应的所有货物和其他市场服务的价值。阿联酋 2000 年数据用 2001 年替代，以色列 2017 年数据缺失。

资料来源：世界银行数据库（https://data.worldbank.org.cn/indicator/SP.POP.GROW）。

五　城市化状况

（一）城市化率

一方面，除塞浦路斯 1990 年至 2015 年城市化率缓慢下降外，其他国家均呈不断上涨态势（见图5—7），可分为两个加速期：1990—2010年为第一个快速增长期；2010至今为第二个增长期，增速放缓。另一方面，从城市化高低看，黎巴嫩、以色列、阿曼、科威特、阿联酋、希腊和巴勒斯坦城市化率超过75%，城市化水平相对较高；2011年，中国超过50%，一半以上人口在城市居住和就业，为区域经济发展提供了相对充足的劳动力资源，但仍有较大发展空间；整体来看，西亚国家城市化率较高，其生活质量、经济收入、劳动就业也就能得到更多保障，且可以进一步促进区域经济快速发展。从城市化变动水平看，中国是城市化率增长最快的国家，正朝着高城市化率快速前进，但是与发达的西亚国家相比还存在较大差距，所以努力学习发达国家城市化经验，稳步推进中国城市化进程也十分有必要。

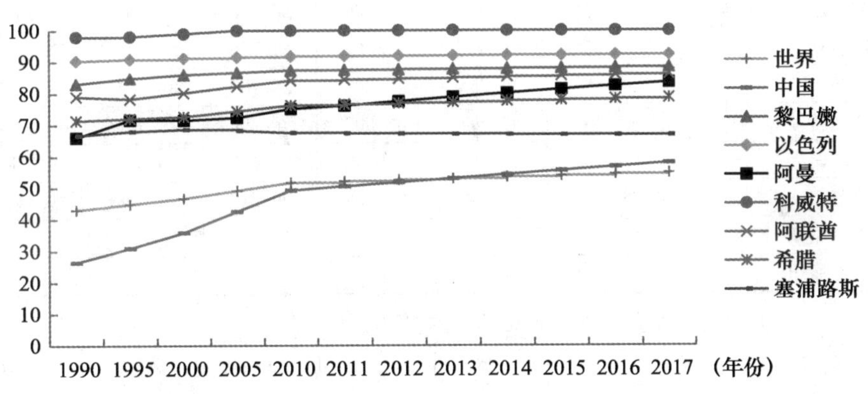

图5—7　世界与中国、西亚8国城市化率

注：巴勒斯坦数据缺失。

资料来源：世界银行数据库（https：//data. worldbank. org. cn/indicator/SP. POP. GROW）。

（二）城市群发展

中国与西亚国家人口超100万的大城市吸纳人口状况特征体现为（见表5—17）：2000—2017年除黎巴嫩、以色列下降外，其他各国该比重不断增加，说明大城市对人口的吸附能力逐渐增强。期间世界平均增长了3.451个百分点，西亚国家中有阿曼和科威特超过世界平均水平，下降最大的是黎巴嫩，下降了7.612个百分点，阿联酋也下降了1.162个百分点；2017年，域内国家均高于世界平均水平，进一步说明大城市对人口的吸引力在增强。中国大城市发展迅速，并不断扩大成为超大城市、特大城市，逐渐形成大城市越来越大、大中小城市差距越来越明显的状况。西亚国家中除了塞浦路斯人口不足100万，巴勒斯坦数据缺失外，其他国家该值均超过世界平均值，科威特最高，达68.698%，超过世界平均值近45个百分点，其次是阿联酋与以色列，也接近60%。

表5—17　世界与中国、西亚8国人口超过100万的城市群人口占总人口比重

单位:%

国别＼年份	2000	2005	2010	2015	2016	2017
世界	20.263	21.199	22.275	23.264	23.489	23.714
中国	17.127	19.962	23.27	26.126	26.701	27.271
黎巴嫩	45.951	44.58	45.889	38.088	37.953	38.339
以色列	57.954	58.003	57.162	57.326	57.515	57.724
阿曼	24.859	24.755	23.715	28.107	29.645	29.711
科威特	63.397	67.994	66.503	65.25	66.66	68.698
阿联酋	59.24	56.762	44.58	53.293	55.673	58.078
希腊	29.423	28.94	28.508	29.213	29.318	29.343
塞浦路斯	—	—	—	—	—	—
巴勒斯坦	—	—	—	—	—	—

注：塞浦路斯没有人口超100万的城市，巴勒斯坦数据缺失。

资料来源：整理自世界银行数据库（https：//data. worldbank. org. cn/indicator/SP. POP. GROW）。

根据收入类型划分看，收入水平较高的国家人均GDP和人均GNI增长速度都在放缓甚至出现负增长，但进出口贸易额都呈上升趋势，说明在经济全球化大背景下，各国都在积极打开国门，增强经济贸易往来。西亚国家城市化发展程度较高，已进入经济发展平台期，还需进一步采取措施予以政策性调整，这样才能不断提高城市化高质量水准，推动城市化建设发展。中国和黎巴嫩收入水平相对较低，应当更加注重经济平衡发展以及产业结构布局更加合理规范。同时要大力鼓励进出口贸易发展，对外贸易对区域经济的拉动作用显著，要大力倡导和鼓励城市化建设，否则会阻碍产业结构调整和工业化、信息化的发展。因此，在“一带一路”倡议下，应实现中国与西亚国家进一步深入合作、协调发展。

第三节　人口与区域经济发展耦合协同状况

一　指标构建

根据评价指标选取的全面性、科学性和可操作性等原则，结合本研究内容需要，从人口子系统与经济子系统的内在联系出发，选取 2015 年人口子系统的 11 项指标和经济子系统的 11 项指标来反映中国和西亚 8 国（由于数据缺失，这里不包括巴勒斯坦）人口与经济耦合发展状况，并运用熵值法确定指标体系及权重参见表 2—18，人口子系统和经济子系统耦合阶段划分参见表 2—19，协调度等级及协调类型判别标准参见表 2—20。

二　统计性分析结果

采用熵值法得到各指标权重，计算各国人口发展水平与经济发展水平，再根据公式 2—3 和公式 2—4 分别计算出 2015 年的中国与西亚 8 国的耦合度与协调度（见表 5—18）。

表 5—18　　2015 年中国与西亚 8 国人口经济耦合、协调度分析

国别	耦合度数值	耦合阶段	协调度数值	协调度等级	协调度类型
以色列	0. 499705	拮抗时期	0. 357556	轻度失调	衰退失调型
科威特	0. 486725		0. 325335	轻度失调	
中国	0. 498396		0. 341987	轻度失调	
塞浦路斯	0. 494753		0. 379297	轻度失调	
希腊	0. 483905		0. 329718	轻度失调	
阿联酋	0. 487884		0. 391037	轻度失调	
阿曼	0. 485808		0. 312188	轻度失调	
黎巴嫩	0. 430736		0. 214444	中度失调	
巴勒斯坦	—				

注：巴勒斯坦数据缺失。

资料来源：整理自世界银行数据库（https：//data. worldbank. org. cn/indicator/SP. POP. GROW）。

第一，从人口经济耦合度结果看。中国与西亚 8 国的耦合度均在 0.4—0.5 之间，尚处在拮抗时期。各国人口子系统与经济子系统之间相互促进作用逐渐显现，但作用力并不强，仍然存在一定的负面因素。其中，黎巴嫩人口经济耦合度为 0.430736，相对西亚其他国家水平较低，说明黎巴嫩的人口发展速度滞后于高速的经济发展，导致人口因素对经济发展的贡献率较低；中国和其余西亚国家的耦合度基本在 0.49 左右，特别是以色列达到了 0.499705，经过后续人口子系统和经济子系统的调整和不断提升，加强人口与经济的良性互动后，都有望进入磨合期。

第二，从人口经济协调度验算结果看。中国与西亚协调度差异相对较大，但都属于衰退失调型，基本分为中度失调和高度失调两个等级。首先，阿联酋、塞浦路斯和以色列的人口经济协调度相对较高，分别为 0.391037、0.379297 和 0.357556，但依旧处于轻度失调期，距离过渡型分别相差 0.008963、0.020703 和 0.042444 个单位值。其次，中国与科威特、希腊、阿曼的人口经济协调度均在 0.31—0.35 之间，协调度等级同样为轻度失调。而黎巴嫩的协调度仅为 0.214444，其人口经济协调度与西亚其他国家相差较大，稍有不慎极有可能跌入高度失调阶段，届时人口与社会经济的发展将面临更大的威胁和挑战。阿联酋经过人口与经济系统的深入调整和不断完善后，有望改善至濒临失调。

第三，结合人口经济耦合度和协调度（见图 5—8），由 2015 年中国与西亚国家人口经济耦合度和协调度水平可看到：各国耦合度差异相对较小，协调度差异相对较明显，但各个国家的人口经济协调度和耦合度变化趋势大致一致。其中，以色列和阿联酋的人口经济耦合度、协调度水平均较高；而在耦合度水平相当的国家中，希腊的协调度明显低于阿联酋和塞浦路斯，说明在人口与经济相互作用较强的国家中，人口与经济并不一定具有同等强度的协调度；经过横向比较，发现黎巴嫩是区域内经济发展水平较低的国家，其人口与经济的耦合度、协调度均明显偏低，人口因素的变动对经济发展水平的影响力较小，贡献率较低，经济社会的发展对人口因素的提升作用也不显著。综合来看，中国与“一带一路”沿线西亚国家的人口经济耦合协调发展水平均有较大的提升空间，需要不断完善区域内影响人口与经济协调发展的因素，实现向高水平的耦合与区域协调发展。

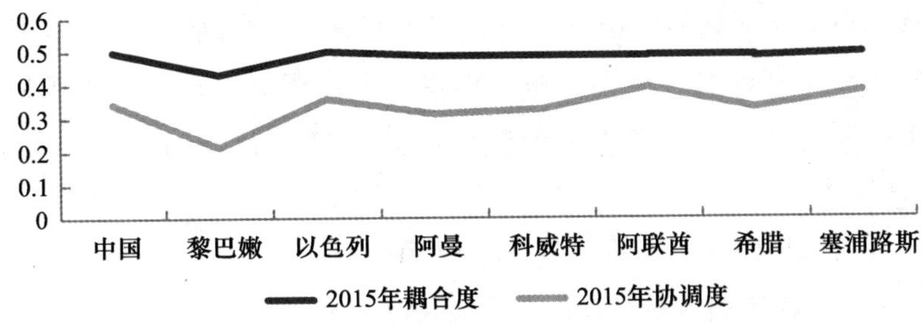

图 5—8　2015 年中国与西亚 8 国耦合度与协调度

注：巴勒斯坦数据缺失。

依据 2016 年公布的《工业化蓝皮书：“一带一路”沿线国家工业化进程报告》指出的，工业化综合指数最高的几个国家中有 1 个位于东南亚，9 个位于中东欧，2 个位于西亚。这两个西亚国家分别为以色列和黎巴嫩。中国与其余几个西亚国家处于工业化中后期阶段，其中工业化水平最高的是以色列，其工业化综合指数为 100，人均 GDP 位于“一带一路”65 个国家的第八位，城镇化率为 92.1%，第一产业就业人口比重在 1% 左右，为 65 个国家中最低。现阶段已发展至后工业化时期。各国工业化发展水平的评价结果在一定程度上佐证了本研究的实证结果，工业化作为经济发展的重要方面，代表着一个国家的经济发展水平和发展方向，人口与经济的耦合协调发展，能极大地促进经济社会尤其是工业化的快速发展，工业化的发展能带动经济的可持续发展，也可以促进人口因素在数量、质量和结构发展方面的不断优化。

总体来看，中国与西亚 8 国人口与经济耦合协调发展均处于拮抗阶段，处于轻度失调状态，人口要素对经济的发展所起的作用有限，对经济发展的贡献率也相对较低。促进人口与经济协调发展是“一带一路”倡议下深入合作、深化改革的重要目标，各国必须根据自身人口与经济发展的现实状况，加强区域合作和交流，实现互通往来、优势互补，共同促进区域的人口经济协调发展。

第四节　人口变动对区域经济发展的影响

根据上述中国与西亚国家人口变动、经济发展的基本状况，需进一步考察人口变动对区域经济发展的影响机制，发现并提出二者不相适应、不相协调的地方，为“一带一路”倡议下促进中国与西亚各国区域经济发展提供新思路。

一 人口自然变动对经济发展的影响

（一）人口规模不断扩大，社会总需求增加

中国与西亚 8 国人口增长率虽不断下降，但 2017 年阿曼、科威特人口增长率仍超过 2%，其中阿曼为 4.669%，另有黎巴嫩、以色列、阿联酋人口增长率高出同期世界平均值，增长速度相对较快，不过这些国家总人口基数不大，净增长量较小，同时希腊人口呈负增长，塞浦路斯人口增长率也不足 1%。同时西亚国家普遍出现经济增长缓慢甚至衰退现象，再加上抚养比较高，社会有效劳动力不足，这样将可能导致经济进一步下降，在收入水平增长与人口增长率不成正比时，人均 GDP 可能出现下降，影响人们生活水平提高。可以看出，西亚国家人口增加并不直接带来经济增长，不断递增的人口规模有可能带来人口压力，造成社会总需求增加、资源紧缺、环境破坏，将阻碍经济社会长远发展。

（二）人口老龄化程度不断加深，社会抚养负担较重

希腊、塞浦路斯、以色列、中国、黎巴嫩都已步入老龄化，2017 年，65 岁以上老年人口系数分别达 20.396%、13.416%、11.733%、10.641%和 8.514%，且老龄化趋势不断加深，对国家社会保障制度、基础设施建设、储蓄与消费等方面提出了新要求。一方面，对希腊、塞浦路斯和以色列影响最直接的是养老医疗制度完善和解决劳动力资源短缺，在“少子化”“老龄化”共同作用下，均需不断调整社会经济制度、引进人才，以消减人口老龄化冲击；另一方面，黎巴嫩经济发展水平较发达国家还有一定差距，人均 GNI 还未达到世界平均水平，但老龄化速度不断加快，若不提高经济发展水平、完善社会保障制度，很有可能跌入“未富先老”困境，届时将严重阻碍经济社会发展。同时，阿曼、科威特、阿联酋属年轻型国家，应充分利用好年轻劳动力，鼓励更多人就业，在抚养比相对较小的时期，既要将人口红利优势发挥到最大，也要趁此机会加快经济社会发展。

（三）成年型国家人口红利未得到有效充分开发

包括阿曼、科威特、阿联酋在内的国家劳动年龄人口相对丰富，老年系数低于3%，正处于劳动力鼎盛时期与人口红利期。并且各国每单位劳动力创造的GDP都明显高于世界平均水平。这几个国家老龄人口系数远低于7%，应该说发展前景一片大好，这些国家应积极充分发挥年轻劳动力优势，不断扩大经济规模和就业机会，不要导致人口红利的极大浪费。随着年龄结构变化，人口红利会在一定时期后消退，若未及时调整产业结构，进一步提高生产效率与人口效率，待到人口老龄化阶段，经济与人口的双重压力将一定程度上阻碍发展。

（四）人口总抚养负担不断加重

不同年龄结构决定了人口抚养的侧重点不同。首先，黎巴嫩、阿曼和科威特老年人口比重较低、数量较少，社会被抚养人群主要集中于少年儿童，其中教育、就业和医疗面对的压力相对较大，这些国家应当有效利用好教育资源，提高教育的普及性，全面提高国民受教育水平和素质。少年儿童事故发生率最高，因此要大力加强儿童的安全教育，保证医疗资源合理分配，不断提升医疗水平以供给人民的需要。其次，中国、以色列和希腊人口抚养比不断加重，以色列和希腊人口总抚养比已超过50%，受人口老龄化影响日益严重，老年抚养压力主要集中在养老、医疗方面，迫切需要社会养老保障制度的改革和完善，真正做到病有所医，提升老年人晚年生活质量。由于老人数量增多，将改变本国消费储蓄结构，进而影响社会投资，政府应引导老年人正当投资，让其所拥有的资金发挥最大效用。最后，阿联酋人口抚养率也很低，且增长趋势缓慢，与年龄结构较年轻的优势一并构成了人口红利期，经济发展潜力大。总之，人口抚养负担加重趋势不可逆转，中国与西亚各国必须充分发展时间先后优势，实现区域互补，充分利用人口红利期发展经济。

二　人口社会变动对经济发展的影响

（一）人口就业率提高的同时进一步提高人口效率

西亚各国劳动年龄就业人口效率虽高出世界平均水平，但就业人口就业率不容乐观，希腊和黎巴嫩更是远低于世界平均值。因此，西亚国家就业状况面临的共同问题就是质达标，量不达标。如果国家不积极倡导年轻人就业，尤其是鼓励女性人口的就业参与，就将导致社会上出现更多的自愿性失业，这不利于国家长期稳定的社会发展。

（二）产业结构不合理

西亚部分国家产业结构不合理，阿曼、科威特和阿联酋第三次产业对 GDP 贡献率低于世界平均水平，第二产业比重过高。众所周知，制造业对一个国家的经济发展起着重要作用而非决定性作用，而以色列、黎巴嫩、希腊、塞浦路斯的第三产业占比又过大，导致国家基础性制造业又不够，缺乏更多的实体性经济的支持将会面临很多风险。最后，西亚国家面临着第一产业比重过低的问题。农业可以说对人类的生存和发展起着最基本的作用，这些国家国土面积较小，有些国家粮食依靠进口，政府应当想办法提高当地农民的耕地技术以提高粮食产量，在做到自给自足的同时还能依靠农业带动当地经济发展。

（三）部分国家进出口贸易发展相对滞后

中国、以色列和希腊进出口贸易发展相对滞后，尤其是货物和服务出口占 GDP 比重远落后于西亚其他国家，贸易对经济发展的贡献较低，缺乏高附加值产品出口，限制了贸易的长远发展。2017 年，中国、黎巴嫩、以色列和希腊四国的贸易额占 GDP 比重低于世界平均值，分别低了 33.9 个、3.85 个、13.25 个、4.18 个百分点，与最高的阿联酋相比则相差了 100 多个百分点。上述四国货物和服务出口占 GDP 比重也比世界平均值分别低了 17.19 个、13.02 个、6.68 个、3.73 个百分点，与阿联酋相比，差距更为悬殊。说明中国、黎巴嫩、以色列和希腊贸易发展空间还相对较大，在产业结构调整和优化的基础上，必须相应调整进出口贸易结构，进一步消除贸易壁垒，实现产品出口尤其是高附加值、高科技含量的产品出口，增进国际、区域间贸易往来。

（四）女性劳动力资源开发有限

中国与西亚国家女性劳动力社会参与率相对较低，女性劳动力资源开发空间较大，尤其阿曼和黎巴嫩，女性劳动力参与率比同期男性劳动力参与率低将近 30 个百分点，大量女性劳动力未参与社会经济活动，造成劳动力资源的极大闲置和浪费，存在“帕累托改进”余地。

（五）国民受教育水平有待进一步提高

大力发展教育事业，中国应大力发展和落实好义务教育，从基础教育阶段开始牢牢把关，同时还应培养热爱教育、团结协作、奋发向上的教师队伍，提升对教师的要求，不断学习西方先进的教学经验，教师渊博的专业知识、先进的教育理念以及创新的教学模式是有效提高教育质量的决定性因素。同时，西亚各国也只有不断提高教育水平才能为各国提供有用的科学技术实用人才，才能进一步促进国家发展。

三　人口迁移变动对经济发展的影响

（一）区域内人口迁移率低，缺乏劳动力资源共享机制

一方面，经济发展越落后的国家人口净迁移率越低。以色列、希腊、巴勒斯坦等国人口迁移率变化趋势不明显，虽以人口输出为主，但迁出人口比重相对较低，与区域内高收入国家的人员互动不频繁，缺乏劳动力资源互补的积极性。另一方面，经济越发达的国家对国际迁移的需求越大。阿曼、黎巴嫩迁移发生率高，但两国吸纳的国际迁移者多以技术型高端人才为主，对西亚地区的廉价低端劳动需求较少，无法带动区域内国家共同发展，缺乏劳动力资源共享机制。

（二）城市化水平有待提高

城市化水平的提高能够带来诸多益处，比如更能吸引投资，带来资金的流入；能够扩大城市经济的发展空间，缓和就业压力；能促进区域特色发展，带来区域的融合，优化资源的配置；能带动地区的基础设施发展，改善生活条件等。城市化水平越低，代表该国经济发展越落后，人口在空间、职业和地区分布上不优化。中国、塞浦路斯、巴勒斯坦的城市化水平整体还不高，且各国间差距相对较大。域内科威特和以色列城市化水平建设较高，各国应当积极学习高城市化率国家的发展经验，充分鼓励发展科学技术，城市要大力吸收知识分子，鼓励人们进城发展，不断提升就业水平，有效发挥大城市的集散效应和区域经济带动效应。

（三）国际迁移与国际合作有待进一步提升

西亚各国虽然国际迁移率均高于世界平均水平，但是与世界发达国家相比还存在一定差距，要想实现经济进一步快速发展，各国在提高国际迁移率的同时还要加强国际合作，坚持共商共建共享原则。各国间贸易不是封闭的，而是开放包容的。各国要加强与合作国家政策的沟通和协调，把推进经济全球化、支持多边贸易体制、促进贸易投资自由化、

便利化的鲜明立场转化为各国的具体实际行动。“一带一路”倡议旨在提高各国对外开放能力，注重提高对外开放的质量与效益，为培育国际合作竞争新优势提供有力支撑。域内国家要把握好经济全球化这一大背景，努力开展国际贸易市场，实现资源共享，优势互补。

四 人口经济耦合程度低带来的相关影响

（一）区域内人口与经济发展都处于拮抗期，两者关联作用较弱

根据实证结果可以看到，中国与西亚国家人口经济耦合度均在0.4—0.5之间，尚处于拮抗时期，说明人口与经济相互促进作用逐渐显现，但作用力相对较弱。2015年，按照人口子系统综合得分高低排序为：希腊、阿曼、阿联酋、塞浦路斯、黎巴嫩、以色列、中国、科威特；按照经济子系统综合得分的高低排序为：阿联酋、塞浦路斯、科威特、以色列、中国、希腊、阿曼、黎巴嫩。可以看到，希腊、阿曼和科威特经济子系统排名远低于其人口子系统排名，而科威特、以色列和中国的经济子系统排名高于人口子系统排名，特别是科威特两系统排名差异较大。说明该国人口发展对其经济发展的不协调性与支持力度不够，科威特两性劳动参与率均处于西亚国家的中等水平，还有很多劳动力资源尚未开发，其平均受教育年限、高等教育入学率和平均预期寿命都排在西亚国家最后，因此需要将更多的资金投入到该国医疗与教育中，提升全民受教育水平和完善医疗保障制度，提高全民素质，实现人口经济协调发展。

（二）人口与经济尚属衰退失调型，二者发展不相适应

通过耦合分析结果可看到，西亚区域内各国的人口与经济协调度数值在0.214444与0.391037之间，阿联酋的0.391037即将摆脱轻度失调来到濒临失调，而黎巴嫩的0.214444很有可能从中度失调跌落到高度失调。总体上看，经济发展水平相对较高的国家其人口经济协调度也相对较高。阿联酋的人均GDP达到了39101.75美元，就业率达到77.1%，都显著高于其他国家。黎巴嫩的人均GDP为8046.633美元与中国的8069.21美元旗鼓相当，但与中国的人口与经济协调度数值0.341987相差较大，究其原因是对外贸易还不够开放导致其贸易额太低，仅仅只是中国贸易额的12.8%，其就业率也比中国低了23.9%，因此没法充分发挥劳动力资源的作用，同时其高新技术产品研发生产不足，其产值仅占

出口产品比重的 2.06%，也远远低于中国的 25.6%。可以看出，西亚国家中人口对经济的发展与促进作用相对较小，二者存在不耦合的状况，即劳动力资源丰富的国家并不是经济发展最快最好的国家，经济发展较好的国家，其人口素质往往相对较高，或许人口对经济发展的支持作用明显地体现在人口素质与人口效率上。

第六章

中国—中亚5国人口变动与经济发展

“一带一路”倡议的提出，将对世界及亚洲格局产生深刻影响。中国与“一带一路”建设沿线国家已在多个领域展开务实合作。中亚国家不仅作为“一带一路”沿线主要国家，也是联通欧亚大陆的中亚枢纽，区域优势尤为重要。随着“一带一路”建设的加快推进，可进一步加深中国和中亚国家的政治互信和区域经济合作。同时因为国与国之间存在着国家间不同的政治组织形式、制度、社会文化、地理环境、人口和经济发展等相关因素，本着从机制合作、互惠互利与共赢发展出发，本章从分析中国与“一带一路”沿线中亚5国人口自然变动、社会变动和迁移变动以及各国经济发展基本状况，探讨人口变动影响区域经济发展的影响与支持条件，人口与经济发展的协调耦合度，人口变动对区域经济发展的影响，在此基础上提出中国与中亚5国人口变动对区域经济协调发展的可行性路径与发展建议。

《2017—2021年中国“一带一路”建设深度调研及投资机会研究报告》中指出，中亚是“一带一路”建设的重要地区，尤其是中亚国家处于关键地段。这一地区扼守新欧亚大陆桥经济走廊，位于中国—中亚—西亚经济走廊的核心区域，“丝绸之路经济带”建设成功与否，国内首先看新疆，国外首选看中亚。可见，中亚在整个“一带一路”中的重要位置与区域优势。据《2017年度中国对外直接投资统计公报》相关数据显示，截至2017年末，中国在亚洲的投资存量为11393.2亿美元，占63%，在中亚5国中，存量列为亚洲投资前10的国家是哈萨克斯坦。中国在转型经济体[①]中直接投放存量为 274.93 亿美元，占存量总额的 1.5%，中亚 5 国中，哈萨克斯坦 75.61 亿美元，比重为 27.5%；吉尔吉斯斯坦 12.99 亿美元，比重 4.7%；塔吉克斯坦 16.16 亿美元，比重 5.9%；土库曼斯坦 3.43 亿美元，比重 1.2%。截至 2017 年底，中国是哈萨克斯坦第二大贸易伙伴、第四大直接投资国；同时也是乌兹别克斯坦的第二大贸易伙伴、第一大投资来源国；是吉尔吉斯斯坦第一大贸易伙伴、第一大直接投资来源国；是塔吉克斯坦的第二大贸易伙伴、第一大投资来源国；是土库曼斯坦第一大贸易伙伴、第一大投资来源国。

相较于 2010 年，2017 年中国对中亚 5 国投资流量净增加 20.1115 亿美元，除土库曼斯坦和乌兹别克斯坦外，呈现减少态势，分别净减少了 0.7112 亿美元和 0.7296 亿美元（见图 6—1）。中国对中亚其他国家的投资流量明显增加，其中哈萨克斯坦净增加 20.3441 亿美元，塔吉克斯坦净增加 0.7959 亿美元，吉尔吉斯斯坦净增加 0.4123 亿美元，这意味着双方贸易更加频繁，中国与中亚国家更加深度合作取得的成果，有利于区域内互惠互利，共同发展。

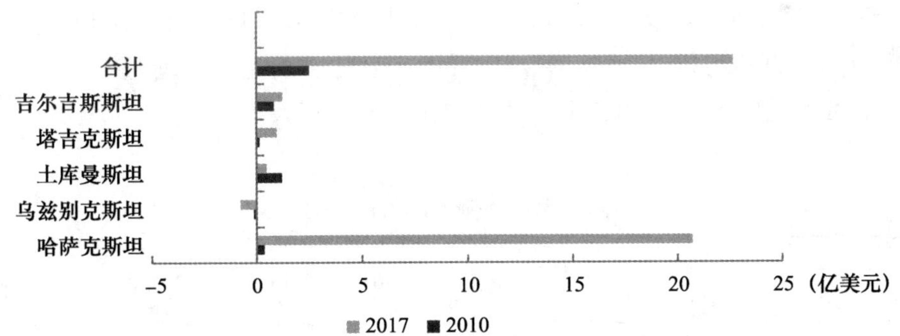

图 6—1　2010 年、2017 年中国对中亚 5 国直接投资流量比较

资料来源：整理自中华人民共和国商务部、中华人民共和国国家统计局、国家外汇管理局联合出版的《2017 年度中国对外直接投资统计公报》附表 1。

① 转型经济体包括：东南欧、独联体和格鲁吉亚。东南欧包括阿尔巴尼亚、波斯尼亚和黑塞哥维纳、塞尔维亚、黑山、马其顿共和国。独联体包括：亚美尼亚、阿塞拜疆、白俄罗斯、吉尔吉斯斯坦、摩尔多瓦、俄罗斯联邦、乌克兰、塔吉克斯坦、哈萨克斯坦、土库曼斯坦、乌兹别克斯坦。

第一节 人口变动基本情况

一 人口自然变动

人口自然变动主要包括人口数量、性别结构、年龄结构以及人口结构变迁等相关要素。

（一）人口增长情况

1. 人口数量增长

中国与中亚5国人口总量不断增长（见表6—1），且增长状况相对稳定，各国人口规模在不断扩大。与中国相比，中亚人口并不多，也没有过亿的国家。中亚5国人口年增长率在小范围内有起伏变化，与世界人口总体发展趋势基本一致。从人口增长量绝对值看，各国人口基数不同，人口年增长量也就有一定差别。2000年，哈萨克斯坦减少了4.48万人，其次，同年数量增长较少的国家是土库曼斯坦与吉尔吉斯斯坦，在5万人左右；2005年，哈萨克斯坦增长较大，增加了13.41万人，是人数增加最多的国家，其次是塔吉克斯坦，人数减少的是乌兹别克斯坦，相比2000年少增加3.6万人；2010年，中国新增加人数减少将近100万人，中亚5国增长均超过2005年；2015年，除乌兹别克斯坦增长数量减少外，其他四国均超过2010年，中国增加了695万人。

表6—1 世界与中国、中亚5国人口年增长量 （单位：万人）

年份 / 国别	2000	2005	2010	2015	2016	2017
世界	7986.42	8047.34	8330.04	8623.67	8659.79	8620.28
中国	991.0	764.5	644.5	695.0	744.5	773.0
哈萨克斯坦	-4.48	13.40	22.91	25.45	25.12	24.36
乌兹别克斯坦	33.88	30.27	79.50	54.12	54.90	53.93
土库曼斯坦	5.00	5.12	7.93	9.90	9.73	9.55
塔吉克斯坦	10.13	14.13	16.88	18.59	18.63	18.64
吉尔吉斯斯坦	5.80	5.79	6.46	12.14	12.26	12.20

注：人口年增长量以前一年为基期，t年与（t-1）年的差值即为净增长量。

资料来源：世界银行相关统计数据（https://data.worldbank.org.cn/indicator/SP.POP.GROW）。

2017 年，中亚 5 国人数增加最多的是乌兹别克斯坦，增加了 53.9 万人。土库曼斯坦增长量最少，仅增长了 9.55 万人，也是中亚 5 国中人口最少的国家。还有哈萨克斯坦在 2000 年为负增长，且持续到 2001 年，此后逐年增加，2017 年增加了 24.36 万人，在中亚 5 国中人口净增长量排名第二。

2. 人口增长率

自 2000 年以来中国人口增长率降幅较大，2000 年已低于 1%，2017 年比世界平均水平低了 0.599 个百分点（见表 6—2）。中亚 5 国增长率变动尽管有起伏，但增长率大多快于世界平均值，2000 年哈萨克斯坦为负的 0.301%，随后逐年正增长，塔吉克斯坦 2005 年超过 2%，中国、哈萨克斯坦同年低于 1%，吉尔吉斯斯坦有小幅下降。2010 年，乌兹别克斯坦达峰值 2.823%，随后逐年下降，至 2015 年降至 1.744%。

表 6—2　　世界与中国、中亚 5 国人口增长率　　（单位：%）

国别＼年份	2000	2005	2010	2015	2017
世界	1.325	1.253	1.219	1.186	1.158
中国	0.788	0.588	0.483	0.508	0.559
哈萨克斯坦	-0.301	0.889	1.413	1.461	1.36
乌兹别克斯坦	1.384	1.163	2.823	1.744	1.679
土库曼斯坦	1.113	1.084	1.57	1.796	1.673
塔吉克斯坦	1.643	2.084	2.234	2.199	2.111
吉尔吉斯斯坦	1.191	1.128	1.193	2.059	1.987

资料来源：世界银行数据库（https：//data.worldbank.org.cn/indicator/SP.POP.GROW）。

2017 年，中亚 5 国人口增长率均超过世界平均值，哈萨克斯坦、乌兹别克斯坦、土库曼斯坦、塔吉克斯坦与吉尔吉斯斯坦分别高出世界平均值 0.202、0.521、0.515、0.953、0.829 个百分点。这意味着该区域人口依然处于较快增长状态，而且也说明中亚 5 国年龄较为年轻，均属于较为富裕的劳动力市场。

（二）人口年龄结构

首先，从 0—14 岁人口占总人口比重看（见表 6—3），中国与世界、中亚5国存在较大差异，2000年起，中国低于世界平均水平5—9个百分点。2010年不足20%，2017年，中国17.677%，比世界平均值低了近10个百分点，中国依然明显低于世界平均水平，比中亚最低的哈萨克斯坦低10.308个百分点，这说明中国早已进入较为深度的老年型社会。中亚5国中除了哈萨克斯坦基本在24%—27%之间，其他四国大多年份稳定在30%，塔吉克斯坦在2000年超过40%，且持续到2002年；2017年哈萨克斯坦、乌兹别克斯坦虽低于30%，但也接近28%，仍属于年轻型社会，其中吉尔吉斯斯坦在2009年（29.877%）处于最低值，此后逐年上升。2017年中亚5国0—14岁人口比重均高于世界平均水平，最高塔吉克斯坦达35.252%。中亚5国如果按层级划分为两层，哈萨克斯坦和乌兹别克斯坦属于一个队列，在28%左右，土库曼斯坦、塔吉克斯坦、吉尔吉斯斯坦2017年仍超过30%。可以说，中亚5国0—14岁人口比重依然没有下降趋势，在较长时间内依然处于年轻型国家。

表6—3　　世界与中国、中亚5国0—14岁人口占总人口比重　　（单位：%）

年份 国别	2000	2005	2010	2015	2016	2017
世界	30.115	28.004	26.827	26.178	26.064	25.941
中国	24.629	19.892	17.848	17.686	17.701	17.677
哈萨克斯坦	27.573	24.501	24.038	26.776	27.403	27.928
乌兹别克斯坦	37.264	32.596	29.132	28.055	27.978	27.985
土库曼斯坦	36.267	32.607	29.517	30.444	30.829	30.912
塔吉克斯坦	42.524	38.124	35.738	35.121	35.168	35.252
吉尔吉斯斯坦	34.94	30.956	29.898	31.099	31.515	31.844

资料来源：世界银行数据库（https：//data.worldbank.org.cn/indicator/SP.POP.GROW）。

其次，从15岁—64岁人口所占比重看（见表6—4），2010年以前，中国劳动年龄人口比重不断增长，最高超过73.752%，也是近20年来的峰值，2010年后劳动年龄人口比重缓慢下降，劳动力资源优势在不断减退，不过2017年依然高于世界平均值6.319个百分点。中亚5国中，和世界人口变化较为相似，仍在不断上升的国家仅有塔吉克斯坦，哈萨克斯坦在 2010 年达峰值（69.139%），土库曼斯坦 2011 年达峰值（66.591%）和吉尔吉斯斯坦在 2010 年达峰值（65.579%），此后逐年回落，以哈萨克斯坦下降幅度较大，2010—2017 年下降了 4.058 个百分点。总体看，2017 年，中亚 5 国仅乌兹别克斯坦高于世界平均值，最低的塔吉克斯坦低于世界平均值 4.081 个百分点，中亚 5 国 15—64 岁人口比重在缓慢下降。

表 6—4　　世界与中国、中亚 5 国 15—64 岁人口占总人口比重　（单位：%）

国别＼年份	2000	2005	2010	2015	2016	2017
世界	62.997	64.651	65.537	65.538	65.455	65.363
中国	68.463	72.413	73.752	72.638	72.177	71.682
哈萨克斯坦	65.602	67.822	69.139	66.47	65.757	65.081
乌兹别克斯坦	58.113	62.561	66.358	67.714	67.691	67.547
土库曼斯坦	59.455	62.8	66.344	65.481	65.014	64.811
塔吉克斯坦	53.875	58.022	60.819	61.557	61.448	61.282
吉尔吉斯斯坦	59.553	63.401	65.579	64.622	64.129	63.667

资料来源：世界银行数据库（https：//data. worldbank. org. cn/indicator/SP. POP. GROW）。

最后，从 65 岁及以上老年人占总人口比重看（见表 6—5），中国与中亚 5 国相比上升速度更快，幅度更大，2016 年起超过 10%，2017 年达 10.641%，这说明中国已进入较深老龄化，且逐年加深。中亚 5 国中，仅哈萨克斯坦于 2001 年（7.053%）超过 7%，且上涨至 2004 年峰值（7.723%），此后下降至 2010 年缓慢回升，也意味着该国曾进入老龄化，且即将又重新进入。另外，乌兹别克斯坦、土库曼斯坦、塔吉克斯坦和吉尔吉斯斯坦 2017 年未超过 5%，其中塔吉克斯坦还不到 4%，吉尔吉斯斯坦最高峰值 2003 年，为 5.77%，此后逐年下降，这意味着上述国家仍属年轻型国家，人口红利将持续进行，社会抚养负担较小，有充足的人力资源发展经济。

表6—5　世界与中国、中亚5国65岁及以上人口占总人口比重　（单位：%）

国别＼年份	2000	2005	2010	2015	2016	2017
世界	6.889	7.306	7.636	8.283	8.482	8.696
中国	6.908	7.695	8.4	9.676	10.123	10.641
哈萨克斯坦	6.825	7.677	6.823	6.754	6.84	6.991
乌兹别克斯坦	4.622	4.842	4.51	4.232	4.33	4.469
土库曼斯坦	4.278	4.593	4.138	4.075	4.158	4.277
塔吉克斯坦	3.6	3.583	3.442	3.322	3.384	3.466
吉尔吉斯斯坦	5.507	5.643	4.523	4.279	4.356	4.489

资料来源：世界银行数据库（https：//data.worldbank.org.cn/indicator/SP.POP.GROW）。

可以看出：中国和中亚5国人口年龄结构存在较大差异，中国属老年型结构，而且人口老龄化问题日益严峻，劳动年龄人口与少儿人口逐年减少，老年数量、老年比重逐年增多，给社会带来了较大抚养负担。中亚5国目前基本不存在上述问题，哈萨克斯坦虽然即将步入老年型社会，但0—14岁人口比重在2017年接近28%，15—64岁人口比重也接近世界平均值，乌兹别克斯坦、塔吉克斯坦、土库曼斯坦、吉尔吉斯斯坦仍属年轻型国家，少儿人口与劳动年龄人口占绝对比重，说明目前正处于绝对人口红利期，有利于国家和经济社会全面发展。在人口结构方面，中国和中亚5国互补，应多加强彼此人力资源交往与合作。

（三）人口抚养比

2000—2017年，中国由于人口出生率不断下降，导致人口总抚养比短期内下降明显，2010年为最低值（35.59%），此后随之上升，2017年接近40%（见表6—6）。随着老龄化问题不断加深，人口总抚养比依然将快速上涨，中国总抚养比受制于老年抚养比快速升高。

中亚5国则不同，2000年均超50%，社会抚养负担较重，但主要原因在于这些国家少儿抚养比较高，抚养对象主要为少年人口。哈萨克斯坦自2000年以来持续下降，2010年最低（44.637%），此后持续攀升，2017年达53.656%。从整体趋势看，中亚国家总抚养比逐年下降，也就意味着少儿抚养比不断下降。其中快速下降的有乌兹别克斯坦、塔吉克斯坦、土库曼斯坦、吉尔吉斯斯坦，这也说明其人口抚养负担将不断减轻，劳动力优势逐年上升。2017 年，中亚 5 国有哈萨克斯坦和乌兹别克斯坦低于世界平均值，最高的塔吉克斯坦达 63.179%，高于世界同期平均值近 10 个百分点，中亚 5 国处于少儿抚养比较高的潜在劳动力资源丰富的快速经济发展好时期。

表 6—6　世界与中国、中亚 5 国人口总抚养比　（单位：%）

国别＼年份	2000	2005	2010	2015	2016	2017
世界	60.11	56.282	54.271	54.061	54.202	54.356
中国	46.065	38.096	35.59	37.668	38.549	39.505
哈萨克斯坦	52.434	47.445	44.637	50.443	52.075	53.656
乌兹别克斯坦	72.077	59.843	50.699	47.68	47.729	48.046
土库曼斯坦	68.194	59.236	50.729	52.715	53.814	54.295
塔吉克斯坦	85.614	72.347	64.421	62.451	62.738	63.179
吉尔吉斯斯坦	67.918	57.727	52.488	54.747	55.937	57.067

资料来源：世界银行数据库（https：//data.worldbank.org.cn/indicator/SP.POP.GROW）。

（四）人口主要指标预测

中国和中亚 5 国 2020—2050 年主要人口指标特征体现在（见表 6—7）：一是人口总量上，除中国外，中亚国家人口总数仍不断上涨，规模在扩大，预计到 2050 年乌兹别克斯坦依然是中亚人口最多的国家。中国在 2030 年达人口峰值，此后总量开始下降，规模逐渐缩小。

表 6—7　中国、中亚 5 国 2020—2050 年人口主要指标预测　（单位：万人，%）

国别	年份	人口总量	0—14 岁人口比重	15—64 岁人口比重	65 岁及以上人口比重	总抚养比
中国	2020	140284.8	17.12	70.79	12.09	41.3
	2030	141554.5	14.82	68.00	17.18	47.1
	2040	139471.5	13.32	62.09	24.59	61
	2050	134805.6	13.51	58.94	27.55	69.7

续表

国别	年份	人口总量	0—14 岁人口比重	15—64 岁人口比重	65 岁及以上人口比重	总抚养比
哈萨克斯坦	2020	1877.71	28.85	63.59	7.5	57.3
	2030	2030.13	24.59	65.03	10.36	53.8
	2040	2162.11	21.99	66.26	11.74	50.9
	2050	2295.94	22.27	64.54	13.17	54.9
乌兹别克斯坦	2020	3323.58	27.89	67.06	5.03	49.1
	2030	3671.22	23.82	68.26	7.9	46.5
	2040	3924.64	20.42	69.39	10.18	44.1
	2050	4095.03	19.24	67.57.	13.25	48.1
土库曼斯坦	2020	603.11	30.79	64.44	4.77	55.2
	2030	676.74	27.2	65.72	7.06	52.1
	2040	737.11	23.74	67.54	8.7	48.1
	2050	788.76	23.09	66.33	10.56	50.8
塔吉克斯坦	2020	947.52	35.37	60.81	3.8	64.5
	2030	1119.44	31.64	62.65	5.69	59.6
	2040	1287.6	28.09	64.63	7.27	54.7
	2050	1452.12	26.62	64.37	9	55.3
吉尔吉斯斯坦	2020	630.17	32.49	62.49	5.01	60
	2030	699.72	28.23	63.88	7.87	56.5
	2040	759.61	24.93	65.49	9.57	52.7
	2050	811.26	24.08	64.87	11.04	54.2

资料来源：整理自 World Population Prospects，*The 2017 Revision*，New York：United Nations.（https：//esa. un. org/）。

二是人口结构上，2020—2050 年，中国和中亚 5 国 0—14 岁人口的比重均呈下降趋势。而且有些国家降幅较大，不过由于目前少儿人口比重较大，暂时不会对人力资源造成很大负面影响。15—64 岁人口比重除了中国逐渐下降以外，中亚 5 国均将在 2040 年达到峰值，然后开始下降，劳动力资源优势也将逐渐消减。2050 年也基本稳定甚至超过 65%，中亚 5 国在 21 世纪中叶依然有充足的劳动力资源；65 岁及以上人口比重最明显的就是中国老龄化加重，2050 年将达 27.55%，将进入深度老龄化社会，中亚5国中除了塔吉克斯坦外，其余国家基本均超过10%，初步进入老龄化社会。由此可见，人口老龄化趋势不可逆转，只是各国进入人口老龄化的时间与速度不同。

三是人口抚养比，中国逐渐加深，2050年将达69.7%。而中亚5国的峰值均在2020年，之后逐渐下降，然后再回升。2020年的峰值主要是由于少儿抚养比的升高导致总抚养比升高。2030年开始上升，主要来自老年人口。可以说，中亚5国人口抚养比问题基本一致。

中国人口自然变动趋势基本和世界平均水平趋于一致。中亚国家人口处于逐渐增长状态，结构相对年轻，进入老龄化的时间大概在21世纪中叶，到时依然有大量充足的劳动力资源，属于人口红利期，十分有利于发展经济。中国人口和中亚国家正好相反，呈现区域内的互补发展，随着“一带一路”倡议的实施，这将更有利于促进人口的国际迁移流动，有利于域内人力资源的强势互补，从而可以实现互惠互利地彼此发展经济，也完全符合“一带一路”倡议提出的合作共赢宗旨。

二　人口社会变动

（一）人口素质状况

从高等教育入学率看，域内各个国家发展程度不同，2015年超过25%的国家有（见图6—2）：中国、哈萨克斯坦、塔吉克斯坦和吉尔吉斯斯坦。其中吉尔吉斯斯坦和哈萨克斯坦分别超过中国3.51、2.87个百分点。低于10%的国家有：乌兹别克斯坦和土库曼斯坦，可以看出，中亚5国高等教育发展差距还是比较明显的。从平均受教育年限看，中亚5国均超过了10年，其中乌兹别克斯坦平均受教育年限最长为11.7年。相比较而言，中国仅为7.6年。整体看，哈萨克斯坦、吉尔吉斯斯坦、塔吉克斯坦人口素质较高。其中哈萨克斯坦和吉尔吉斯斯坦的高等教育入学率与平均受教育年限均超过中国。说明上述国家重视教育，培养了大批量受过高等教育的人才。中亚5国平均受教育时限都比较长，表明重视人才的高素质和多元化的培养，为中亚的经济发展提供了人才供给。

（二）就业率

2000—2018年，除了中国就业率持续下降外，中亚国家十几年来均呈现缓慢上升态势，且比重基本与世界平均值持平。2000年，最低塔吉

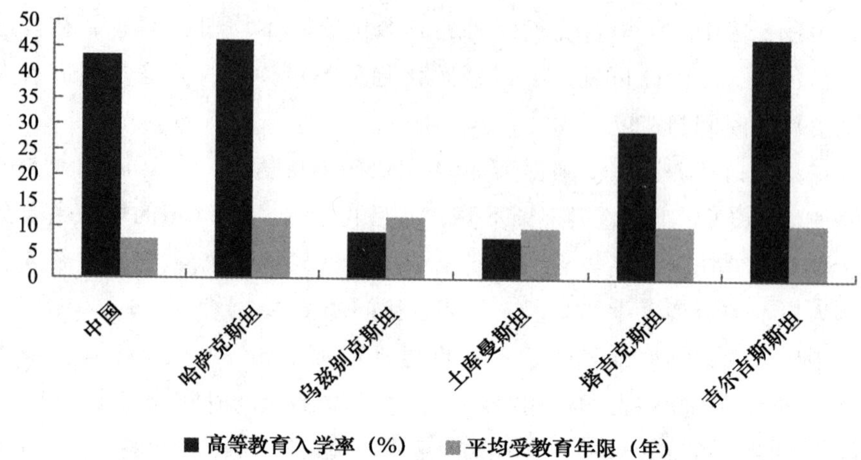

图 6—2 2015 年中国与中亚 5 国高等教育入学率和平均受教育年限

资料来源：高等教育入学率整理自世界银行数据库（https：//data. worldbank. org. cn/indicator/SE. TER. ENRR？view = chart）平均受教育年限整理自联合国开发计划署《2016 年人类发展报告》（http：//hdr. undp. org）。

克斯坦比同期世界平均值低了 8. 141 个百分点，2018 年低了 5. 219 个百分点，说明该国增速高于世界平均速度（见表 6—8）。中国—中亚 5 国中，只有吉尔吉斯斯坦 15 岁以上人口就业率有小幅波动，其余国家均呈下降趋势。2018 年，低于世界平均值的国家有塔吉克斯坦和吉尔吉斯斯坦，不过后者比重十分接近世界平均值。另外，哈萨克斯坦、乌兹别克斯坦和土库曼斯坦均高于世界平均水平，最高哈萨克斯坦高出世界平均值近 10 个百分点。总的来看，中亚 5 国就业率较为稳定，同时也说明了其还有很大上升空间。不过，中亚国家就业率较高也说明了部分国家产业结构不合理，更多的劳动力或许囤积于第一产业，从而导致就业率虚高。

表 6—8 世界与中国、中亚 5 国 15 岁以上人口就业率 （单位：%）

年份 国别	2000	2005	2010	2015	2016	2017	2018
世界	60. 785	60. 461	59. 166	58. 737	58. 67	58. 546	58. 441
中国	73. 719	70. 341	67. 992	66. 521	66. 141	65. 709	65. 199

续表

年份 国别	2000	2005	2010	2015	2016	2017	2018
哈萨克斯坦	61.959	63.849	66.272	67.421	67.481	67.524	67.287
乌兹别克斯坦	57.705	58.002	58.865	60.186	60.605	60.938	61.187
土库曼斯坦	60.89	61.092	61.642	63.096	63.212	63.232	63.185
塔吉克斯坦	51.643	51.835	52.157	53.056	53.091	53.169	53.212
吉尔吉斯斯坦	59.43	59.588	58.545	57.693	57.175	57.154	57.077

资料来源：世界银行数据库（https：//data. worldbank. org. cn/indicator/SE. TER. ENRR？view = chart）。

（三）人口效率

中国和中亚 5 国人口效率与世界发展趋势相同，呈不断增长态势（见表 6—9），这也说明了经济和社会发展，教育和人口素质的提升，对于人口效率的提升有很大促进作用。2000 年，中亚 5 国中只有哈萨克斯坦就业人口效率基本接近世界平均值，低于世界平均值 2342 美元，其次是土库曼斯坦，其他国家远低于世界平均值，最低的塔吉克斯坦，2000 年仅为 3968 美元；2005 年，有且只有哈萨克斯坦超过世界平均值 5580 美元，塔吉克斯坦与吉尔吉斯斯坦涨幅依旧很慢，不到 6000 美元；2010 年与 2005 年基本相同，只有哈萨克斯坦超过世界平均值，且超过 9386 美元，增幅最大最快，域内最低依旧是塔吉克斯坦与吉尔吉斯斯坦，不足 7000 美元；2015 年，中国比世界平均值低 9536 美元，乌兹别克斯坦、塔吉克斯坦与吉尔吉斯斯坦分别比世界平均值低 20585. 85、26174. 19、25588. 76 美元，同时有哈萨克斯坦与土库曼斯坦超出世界平均值，哈萨克斯坦超出了 13234 美元。

表 6—9　　世界与中国、中亚 5 国就业人口效率比较　　（单位：美元）

年份 国别	2000	2005	2010	2015	2016	2017	2018
世界	24262. 34	26797. 89	30346. 86	33860. 55	34541. 9	35429. 75	36391. 89
中国	6553. 76	10012. 61	16777. 58	24324. 42	24324. 42	27842. 04	29731. 89

续表

国别＼年份	2000	2005	2010	2015	2016	2017	2018
哈萨克斯坦	21920. 25	32378. 1	39732. 97	47094. 55	47299. 27	48839. 63	50515. 56
乌兹别克斯坦	6838. 82	7730. 76	10129	13274. 70	14037. 62	14600. 44	15213. 41
土库曼斯坦	13742. 99	15791. 1	22883. 98	34154. 28	35840. 72	37553. 18	39251. 94
塔吉克斯坦	3968. 15	5330. 15	6280. 76	7686. 36	8063. 98	8322. 28	8617. 0
吉尔吉斯斯坦	5341. 03	5859. 96	6830. 44	8271. 79	8586. 47	8797. 87	9036. 63

注：劳动力人口效率指就业人口的人均 GDP，用以说明每单位就业人口创造的社会价值。

资料来源：根据世界银行数据库就业人口及 GDP（现价美元）相关数据整理计算（https：//data. worldbank. org. cn/indicator/SP. POP. GROW）。

2016—2018 年，超过世界就业人口效率的中亚国家有哈萨克斯坦和土库曼斯坦，尚不足 1 万美元的国家是塔吉克斯坦与吉尔吉斯斯坦，远低于世界就业人口效率，上述两国单位就业人口创造的社会价值 2018 年分别占世界平均水平的 22. 7% 和 24. 43% ，可以说，这两国生产效率较为低下。

结合表 6—8、表 6—9 可看出各国就业发展状况，哈萨克斯坦属于高就业率、高就业人口效率国家，这说明，在利用众多就业人口时还需要提高就业人口效率才能创造较高社会总产值。土库曼斯坦是经济发展状况较好的国家，利用有限的就业人口也创造了较高的社会生产价值，这与国家的经济状况和产业发展密不可分。乌兹别克斯坦与中国就业人口效率不高，需要大力提高劳动者素质以提高就业效率。而吉尔吉斯斯坦和塔吉克斯坦则是经济发展落后的国家，就业人口主要集中在第一产业，就业结构不合理，大量劳动力仅创造了不高的社会总产值，浪费了劳动力资源。

（四）两性劳动参与率

2018 年，除塔吉克斯坦外，中国和中亚其他 4 国男女两性劳动参与率均高于世界平均水平，这说明中国和中亚 5 国经济活动参与率较高（见图 6—3），社会较为平等，社会融入性较高。中国和中亚 5 国两性劳动参与率，仍是男性普遍高于女性。吉尔吉斯斯坦、塔吉克斯坦、土库曼斯坦、乌兹别克斯坦、哈萨克斯坦以及中国，男性比女性分别高出 27.936、28.054、24.931、24.177、11.974、14.792 个百分点，除中国和哈萨克斯坦外，其他国家男性和女性劳动参与率差异均超过 20%，说明上述国家中还有大量女性劳动力并没有进入到劳动力市场，说明女性劳动力就业还有很大上升空间。

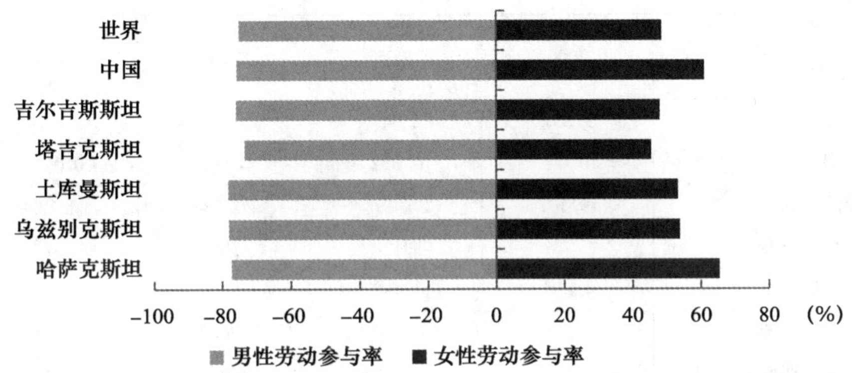

图 6—3　2018 年世界与中国、中亚 5 国分性别劳动力参与率

资料来源：世界银行数据库（https：//data. worldbank. org. cn/indicator/SP. POP. GROW）。

通过比较中国和中亚 5 国人口变动可看出：第一，各国人口素质差异较大，接受高等教育入学情况与受教育年限有着较大差距；第二，各国两性劳动参与率也存在显著差异，较多女性劳动力未充分参与社会经济活动，也说明上述国家中女性劳动力就业空间较小。

三　人口迁移变动

（一）国际迁移率

一方面，中国和世界国际迁移者比重趋势基本一致，国际迁移比重在逐年上升，中亚 5 国情况则相反，逐年下降（见表 6—10）。从迁移比重上看，2000 年，哈萨克斯坦比重接近 20%，远高于世界平均值的 2.83%，中亚 5 国中最低的塔吉克斯坦，比重也接近 5%，中国仅为 0.04%；2005—2010 年，中亚 5 国中哈萨克斯坦比重依旧最高，超过 20%，其余国家期间有小幅下降，但比重依旧高于世界平均值，中国涨幅很小。2015 年，中亚 5 国除了塔吉克斯坦低于世界平均水平外，其余四国哈萨克斯坦、乌兹别克斯坦、土库曼斯坦和吉尔吉斯斯坦分别超过世界国际迁移者比重16.79、0.58、0.32和0.10个百分点。哈萨克斯坦国际迁移者占了本国常住人口的五分之一，说明该国是一个有较高包容性和多元文化的国家。

表6—10　　世界与中国、中亚5国国际迁移者比重　　（单位：%）

国别＼年份	2000	2005	2010	2015
世界	2.831	2.943	3.206	3.338
中国	0.04	0.052	0.063	0.071
哈萨克斯坦	19.197	20.082	20.444	20.123
乌兹别克斯坦	5.731	5.128	4.399	3.917
土库曼斯坦	4.864	4.487	3.927	3.655
塔吉克斯坦	4.838	4.121	3.669	3.243
吉尔吉斯斯坦	7.862	6.117	4.237	3.441

资料来源：世界银行数据库（https：//data.worldbank.org.cn/indicator/SP.POP.GROW）。

（二）净迁移率

2000—2015年，中国人口净迁移率基本没有发生变化。中亚5国哈萨克斯坦和塔吉克斯坦由净迁人国转变为净迁出国，乌兹别克斯坦、土库曼斯坦和吉尔吉斯斯坦则一直为迁出国。乌兹别克斯坦和土库曼斯坦人口净迁出率在减慢，其间下降了1.1、1.8个百分点（见图6—4）。只有吉尔吉斯斯坦人口净迁出率在上升，其间上升了2.6个百分点。2015年，属人口净迁出国的有：中国、乌兹别克斯坦、土库曼斯坦和吉尔吉斯斯坦，净迁移率分别为－0.3%、－1.4%、－1%和－4%。净迁入国家有：哈萨克斯坦和塔吉克斯坦，净迁移率分别为1.9%和1.9%。

由人口迁移变动可看出中亚5国人口迁移变动十分频繁，远高于世界同期水平，这些国家有着相似的历史背景和文化社会基础，国与国之间接壤，交往互动表现频繁，“一带一路”建设框架的推进将更加有利于中国和中亚5国进一步的经济文化和人员上的交流往来。

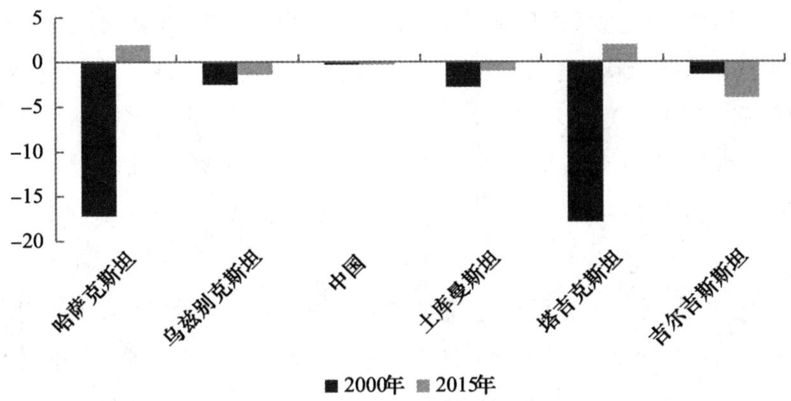

图 6—4　中国与中亚 5 国人口净迁移率（%）

资料来源：根据联合国开发计划署《2016 年人类发展报告》相关网站统计数据（http：//hdr. undp. org）。

第二节　区域经济发展状况

中国与中亚 5 国这十几年间在经济交往和人员往来方面取得了显著进步，不仅区域综合实力和国际影响力显著加强，并且区域内各国经济发展、贸易投资、社会促进等方面也获得了极大发展。这里从国民收入、贸易状况和城市发展三个方面比较各国经济发展水平，以进一步加深彼此了解和认识，作为实现“一带一路”倡议与深化合作的重要基础。

一　收入情况

（一）收入类型

依据世界银行 2017 年 7 月 1 日实行的最新收入上限，结合中国和中亚 5 国 2000—2017 年人均 GNI 特征体现为（见表 6—11）：2000 年中亚 5 国中仅哈萨克斯坦属中等偏下收入行列，其他均为低收入国家，而且人均 GNI 相当低，塔吉克斯坦仅为 170 美元；2005 年，土库曼斯坦进入中等偏下收入行列，其他国家依然是低收入国家，且提高幅度不大；2010—2015 年，哈萨克斯坦、土库曼斯坦均进入中等偏上收入行列，且提高幅度较大，乌兹别克斯坦进入中等偏下行列，另外两国在 2015 年才进入中等偏下行列，且刚破 1000 美元，收入依然很低，与域内最高的哈萨克斯坦相比，低了近 10000 美元。

2017 年，哈萨克斯坦下降较快，比 2015 年减少了 3450 美元，比同属中等偏上收入的中国低 720 美元，比土库曼斯坦高 1590 美元，三国均没有达到世界平均值。属于中等偏下收入的国家是乌兹别克斯坦（2000 美元）、吉尔吉斯斯坦，该国超过最低线（1005 美元）125 美元。塔吉克斯坦属低收入国家，即将破 1000 美元，仍属于经济落后国家。由表 6—11 可以看出，自 2000 年以来，中亚各国 GNI 在持续增长，也就说明各国收入在逐年增长，不过在 2015—2017 年期间均呈现下降趋势。

表 6—11　　世界与中国、中亚 5 国人均 GNI 比较　　（单位：美元）

国别＼年份	2000		2005		2010		2015		2017	
	收入	类型	收入	类型	收入	类型	收入	类型	收入	类型
世界	5475	中等偏上	7341	中等偏上	9384	中等偏上	10576	中等偏上	10371	中等偏上
中国	940	中等偏下	1760	中等偏下	4340	中等偏上	7950	中等偏上	8690	中等偏上
哈萨克斯坦	1260	中等偏下	2950	中等偏下	7440	中等偏上	11420	中等偏上	7970	中等偏上
乌兹别克斯坦	630	低收入	530	低收入	1340	中等偏下	2170	中等偏下	2000	中等偏下
土库曼斯坦	600	低收入	1590	中等偏下	4070	中等偏上	7030	中等偏上	6380	中等偏上
塔吉克斯坦	170	低收入	320	低收入	910	低收入	1240	中等偏下	990	低收入
吉尔吉斯斯坦	280	低收入	450	低收入	850	低收入	1180	中等偏下	1130	中等偏下

资料来源：世界银行数据库（https：//data. worldbank. org. cn/indicator/SP. POP. GROW）。

（二）国内生产总值

1. 人均 GDP

2000—2017 年，中国和中亚 5 国人均 GDP 均呈增长状态，和世界趋势保持一致（见表 6—12）。2000 年以来，中国—中亚 5 国中仅哈萨克斯坦在 2011—2015 年超过世界平均水平，且该国连续 5 年超过世界平均水平。其余国家包括中国在内没有国家任何一年达到世界平均值。

表 6—12　　世界与中国、中亚 5 国人均 GDP　　（单位：美元）

国别＼年份	2000	2005	2010	2015	2016	2017
世界	5488. 34	7282. 98	9514. 95	10182. 19	10209. 0	10721. 61
中国	959. 37	1753. 42	4560. 51	8069. 21	8117. 27	8826. 99
哈萨克斯坦	1229. 0	3771. 28	9070. 49	10510. 77	7714. 84	9030. 38
乌兹别克斯坦	558. 23	546. 78	1377. 08	2137. 58	2117. 74	1533. 85
土库曼斯坦	643. 18	1704. 42	4439. 2	6432. 68	6389. 35	6586. 63
塔吉克斯坦	138. 43	337. 36	738. 35	918. 81	795. 96	801. 05
吉尔吉斯斯坦	279. 62	476. 55	880. 04	1121. 08	1120. 67	1219. 82

资料来源：世界银行数据库（https：//data. worldbank. org. cn/indicator/SP. POP. GROW）。

2016—2017 年，乌兹别克斯坦该指标降幅较大，减少了 583. 89 美元，哈萨克斯坦该值 2017 年比 2015 年减少了 1480. 39 美元，其余国家与世界发展趋势一致，有小幅上涨，塔吉克斯坦仅上涨了 5. 09 美元。2017 年，中国—中亚 5 国人均 GDP 均没有超 1 万美元，5000—9999 美元的有中国、哈萨克斯坦和土库曼斯坦，分别比世界平均水平低了 1894. 62 美元、1691. 23 美元、4134. 98 美元，差距较大。乌兹别克斯坦、塔吉克斯坦、吉尔吉斯斯坦不足 2000 美元，分别只是世界平均水平的 14. 31%、7. 47%、11. 38%。中国和中亚 5 国经济发展水平极不均衡，人均 GDP 均处于世界平均水平以下，需要加快发展经济。

2. 人均 GDP 增长率

2000—2017 年，中国和中亚国家年增长率大多年份明显高于世界平均水平（见表 6—13），如中国历年增长率均高出世界平均水平 2—5 倍。2000 年，中亚 5 国仅乌兹别克斯坦低于世界平均值，中国、哈萨克斯坦和塔吉克斯坦均超过 6%；2005 年，吉尔吉斯斯坦为负增长，且该国在 2005 年、2010 年、2012 年（-1. 738%）均呈现负增长，其间其他国家该值均高于世界平均值；2015—2017 年，哈萨克斯坦在 2015—2016 年呈负增长，2017 年转为正增长态势，另外有乌兹别克斯坦 2015—2017 年下降 2. 586 个百分点，降幅较大。2017 年，中国—中亚 5 国人均 GDP 均高于世界平均水平。上述经济发展态势说明，世界整体经济发展状况对发展中国家经济的影响，需要各国针对自身能力进行有效调控，以促进经济与人均 GDP 持续快速增长。

表 6—13　　世界与中国、中亚 5 国人均 GDP 年增长率　　（单位：%）

国别＼年份	2000	2005	2010	2015	2016	2017
世界	3.022	2.56	3.063	1.65	1.321	1.957
中国	7.64	10.743	10.103	6.358	6.124	6.304
哈萨克斯坦	10.131	8.729	5.794	-0.268	-0.328	2.694
乌兹别克斯坦	2.374	5.762	5.48	6.133	5.942	3.547
土库曼斯坦	4.301	11.816	7.499	4.605	4.376	4.733
塔吉克斯坦	6.559	4.445	4.168	3.703	4.594	5.369
吉尔吉斯斯坦	4.178	-1.295	-1.652	1.759	2.232	2.526

资料来源：世界银行数据库（https：//data. worldbank. org. cn/indicator/SP. POP. GROW）。

二　三次产业发展状况

由于中国与中亚 5 国产业结构布局不尽相同，分别比较各国三次产业发展状况及就业状况，能够为区域经济合作和贸易投资提供重要参考价值。

（一）三次产业增加值

2010—2017 年，中国和中亚 5 国三次产业增加值变化特征体现为（见图 6—5、图 6—6），农业方面，世界农业增加值占 GDP 比重逐年下降。域内除了哈萨克斯坦和塔吉克斯坦以外，其他国家农业增加值占 GDP 比重与世界发展趋势一致。2010—2017 年，下降幅度最大的是吉尔吉斯斯坦，下降了 5.12 个百分点。工业增加值占 GDP 比重均呈现下降趋势，其间哈萨克斯坦、土库曼斯坦、乌兹别克斯坦、塔吉克斯坦和吉尔吉斯斯坦分别下降了 8.38、2.165、0.781、4.591 和 13.937 个百分点，中国也下降了 5.94 个百分点。

服务业增加值占 GDP 比重除了塔吉克斯坦下降了 3.048 个百分点以

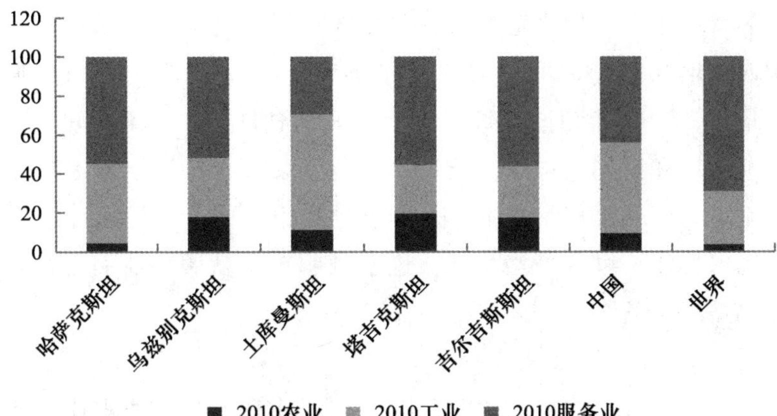

图 6—5　2010 年世界与中国、中亚 5 国三次产业增加值占 GDP 比重（%）

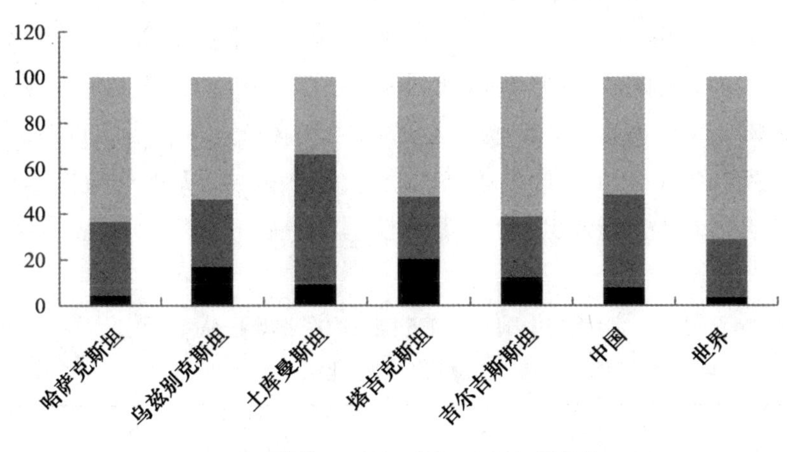

图 6—6　2017 年世界与中国、中亚 5 国三次产业增加值占 GDP 比重（%）

注：由于土库曼斯坦 2017 年数据缺失，用 2015 年数据替代；塔吉克斯坦 2017 年数据缺失，所以使用 2016 年的数据；世界 2017 年的数据缺失，用 2016 年数据替代。

资料来源：世界银行数据库（https：//data. worldbank. org. cn/indicator/SP. POP. GROW）。

外，其余国家均呈增长态势，其中哈萨克斯坦、乌兹别克斯坦和吉尔吉斯斯坦分别提高了 8. 531、1. 75 和 4. 927 个百分点，增长较快，中国也提高了 7. 555 个百分点，服务业增加值普遍上涨。

总的来说，中国和中亚 5 国三次产业增加值占 GDP 比重均呈现出“三、二、一”结构模式，同时都以服务业为主，所占 GDP 比重提高最快。具体看，中国、哈萨克克斯、乌兹别克斯坦、塔吉克斯坦和吉尔吉斯斯坦农业增加值占 GDP 比重都超过世界平均水平，其中塔吉克斯坦所占比重最高，2017 年超过 20.376%。就工业增加值占 GDP 比重上，除了吉尔吉斯斯坦和世界平均水平所占比例差不多以外，其余国家均超过世界平均水平。而就服务业增加值占 GDP 比重世界平均值已超过 70%，域内所有国家均低于世界平均水平，这也说明单纯就服务业而言，各国第三产业仍需不断发展。

（二）三次产业就业状况

2010—2018 年，中国和中亚 5 国三次产业就业人口所占比重体现为（见表 6—14）：农业方面，域内国家农业就业人员逐年减少，塔吉克斯坦、土库曼斯坦和吉尔吉斯斯坦降幅低于世界平均值，降幅最大的是哈萨克斯坦，其间下降了 10.54 个百分点，中国也下降了 9.785 个百分点。中亚 5 国农业就业人员所占比重均较高，2010 年塔吉克斯坦高达 53.125%，2018 年为 51.201%，这说明在三次产业中，塔吉克斯坦大量劳动力投入到了农业生产中；工业就业人员中，世界平均值基本稳定，中亚 5 国中吉尔吉斯斯坦与世界平均值基本一致，中国下降了近 4 个百分

表 6—14　　世界与中国、中亚 5 国三次产业就业人员占总就业人口比重

（单位：%）

国别	2010 年			2018 年		
	农业	工业	服务业	农业	工业	服务业
世界	30.818	22.951	46.232	25.957	22.333	51.71
中国	26.234	30.154	43.613	16.449	26.313	57.239
哈萨克斯坦	28.283	18.716	53.002	17.743	20.753	61.504
乌兹别克斯坦	27.188	37.123	35.689	21.369	37.694	40.937
土库曼斯坦	12.637	45.07	42.293	7.914	44.846	47.24
塔吉克斯坦	53.125	15.475	31.4	51.201	16.543	32.256
吉尔吉斯斯坦	29.904	22.762	47.334	26.064	22.442	51.494

资料来源：世界银行数据库（https：//data.worldbank.org.cn/indicator/SP.POP.GROW）。

点，2010 年土库曼斯坦该值是世界平均值的 2 倍，说明该国工业在三次产业中比重高，乌兹别克斯坦也高达 37%。2018 年，土库曼斯坦与乌兹别克斯坦比重依然远高于世界同期平均值；从服务业就业人员比重变化看，世界平均值提升了 5.478 个百分点，中亚 5 国中塔吉克斯坦与吉尔吉斯斯坦升幅低于该值，中国上升最快，上升了 13.626 个百分点。2018 年，中亚国家中比重最低的是塔吉克斯坦，为 32.256%，另有土库曼斯坦与乌兹别克斯坦低于世界平均值，上述 3 国需要进一步采取措施加快第一产业就业人员转移力度。

由中国和中亚 5 国三次产业发展和就业情况可以看出：域内经济发展状况较好的国家是哈萨克斯坦和吉尔吉斯斯坦，也是三次产业增加值和三次产业就业状况分布较为合理的国家，服务业创造的社会总价值较高。中国、土库曼斯坦和乌兹别克斯坦，虽然农业增加值和农业从业人员有所降低，但是将就业人员不断转向工业和服务业，仍然是产业结构的重中之重。最后，经济发展相对落后的塔吉克斯坦农业增加值较低，而且大部分就业人员在从事农业产业，也说明该国劳动力资源并未得到真正充分的利用。

三　贸易状况

（一）贸易发展状况

2000—2017 年，贸易额占 GDP 比重仅吉尔吉斯斯坦超过世界平均值（见表 6—15）。2000 年，中亚 5 国该值超过 100% 的有土库曼斯坦与塔吉克斯坦，最低的乌兹别克斯坦仅 44.054%，中国更低，说明中国—中亚 5 国贸易额差异较大。2005 年，土库曼斯坦降幅较大，5 年下降了 49.608 个百分点，也是域内唯一一个低于世界平均值的国家，同时塔吉克斯坦比重依然超过 100%。2010 年，中国下降了 13.319 个百分点，中亚 5 国均高于世界平均值，最高的吉尔吉斯斯坦高达 133.233%。2015—2017 年，世界平均水平上涨了 13.871 个百分点，中国却在下降，中亚 5 国仅土库曼斯坦下降，下降了 27.725 个百分点，吉尔吉斯斯坦也下降了 8.756 个百分点，不过该国 2017 年比重依然超过 100%，也是唯一一个超过世界平均值的国家。其间上涨幅度最大的是乌兹别克斯坦，上涨了 19.195 个百分点。总之，贸易额占 GDP 比重变化说明中国—中亚 5 国基本处于下降趋势，与世界总体变化相反，说明中国—中亚5国出口贸易额占国家GDP比重在缩小，还有很大上升空间。从趋势上看，除了哈萨克斯坦以外，各国均降幅较大，下降速度快。

表6—15　　世界与中国、中亚5国贸易额占GDP比重　　（单位：%）

国别＼年份	2000	2005	2010	2015	2016	2017
世界	51.167	56.182	56.929	57.83	56.213	71.701
中国	39.411	62.208	48.889	39.453	37.034	37.803
哈萨克斯坦	105.7	97.76	74.14	53.05	60.312	60.622
乌兹别克斯坦	44.054	69.525	59.306	49.324	51.153	68.519
土库曼斯坦	103.58	53.972	96.863	81.3	62.028	53.575
塔吉克斯坦	175.351	126.995	73.493	52.73	54.973	56.733
吉尔吉斯斯坦	89.431	95.084	133.233	110.962	105.824	102.206

资料来源：世界银行数据库（https：//data.worldbank.org.cn/indicator/SP.POP.GROW）。

（二）货物与服务出口

2000—2017年，由货物和服务出口占GDP比重可以看出，中国和中亚5国所占比重虽有一定起伏，但基本呈不断下降趋势，下降幅度最大的是塔吉克斯坦，其间下降了近71个百分点，而世界平均水平上升了近10个百分点（见表6—16）。具体看，2000年，中国与乌兹别克斯坦该值低于世界平均水平，最高塔吉克斯坦，高出世界平均值近60个百分点；2005年，域内国家均高于世界平均值，2010年，世界平均水平变化幅度不大，塔吉克斯坦下降了39.303个百分点。2015年，中国与中亚5国降幅更大，仅土库曼斯坦与吉尔吉斯斯坦高于世界平均值。2016年，土库曼斯坦下降较快，而哈萨克斯坦上升较快，超过世界平均值。2017年，域内没有高于世界平均值的国家，分为三种类型，一是低于20%的有中国和塔吉克斯坦，说明两国出口贸易还需加大力度；二是超过30%且低于世界平均值的有哈萨克斯坦、吉尔吉斯斯坦，分别仅低了2.596、1.536个百分点；三是比重为20%—30%的有乌兹别克斯坦与土库曼斯坦，与世界平均水平还有一定差距。综上所述，中国与中亚5国2000—2017年货物和服务出口占GDP比重有较大起伏变化，总体仅乌兹别克斯坦与世界发展方向一致，处于上升态势，但比世界平均增长值低了5.641个百分点。

表6—16　　世界与中国、中亚5国货物和服务出口占GDP比重　（单位：%）

国别＼年份	2000	2005	2010	2015	2016	2017
世界	26.18	28.71	28.84	29.37	28.55	36.954
中国	20.893	33.83	26.267	21.348	19.658	19.757
哈萨克斯坦	56.602	53.194	44.244	28.517	31.844	34.358
乌兹别克斯坦	24.663	37.809	31.269	19.596	18.737	29.796
土库曼斯坦	55.236	30.687	45.904	35.675	22.144	22.468
塔吉克斯坦	86.752	54.242	14.939	10.49	12.935	15.746
吉尔吉斯斯坦	41.848	38.306	51.554	35.19	35.825	35.418

注：货物和服务出口指向世界其他国家供应的所有货物和其他市场服务的价值，包括商品、货运、保险、运输、旅游、版税、特许权费，以及通信、建筑、金融、信息、商务、个人和政府服务等其他服务。

资料来源：世界银行数据库（https://data.worldbank.org.cn/indicator/SP.POP.GROW）。

四　城市化状况

（一）城市化率

除了哈萨克斯坦从1995—2015年城市化率缓慢下降外，其他国家均不断增长（见图6—7）。乌兹别克斯坦、塔吉克斯坦和吉尔吉斯斯坦先下降后上升，这可能和当时历史背景有关。2015年，城市化率超过50%的有中国、哈萨克斯坦和土库曼斯坦，这也说明了上述国家至少一半及以上人口在城市居住和就业，为国家经济社会发展提供了充足的劳动力资源。30%左右的有乌兹别克斯坦和塔吉克斯坦，这意味着有大量人口尚生活工作在农村，从事的也多为农业产业，不利于经济快速发展。中亚5国中城市化率最低的国家是塔吉克斯坦，2015年仅为25%，这就意味着该国仅有四分之一的人生活工作在城市，大多数人从事农业工作，不利于城市发展，也不利于整体经济快速发展，产业结构过于单一。

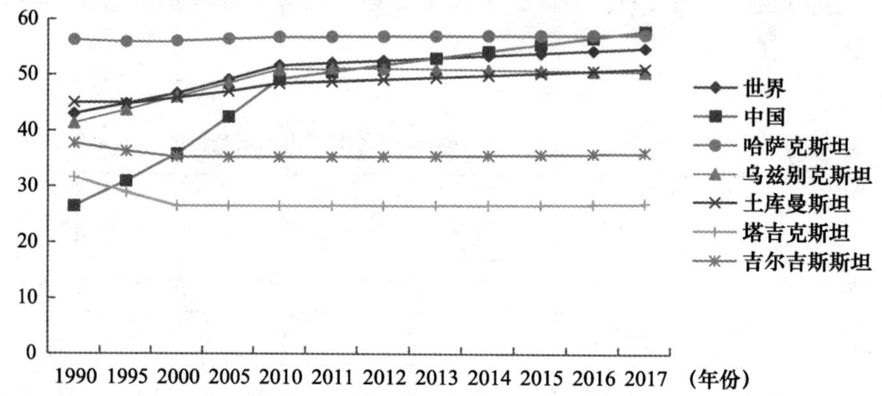

图6—7　世界与中国、中亚5国城市化率

资料来源：世界银行数据库（https：//data. worldbank. org. cn/indicator/SP. POP. GROW）。

（二）城市群发展

比较中国与中亚5国人口超100万大城市吸纳人口状况可看出（见表6—17）：土库曼斯坦、塔吉克斯坦没有人口超过100万的城市，吉尔吉斯斯坦最大城市比什凯克2018年人口刚好超过100万，故世界银行数据库中暂时没有该国详细数据。就哈萨克斯坦与乌兹别克斯坦看，两国发展态势刚好相反，2000—2017年，哈萨克斯坦与世界平均水平以及中国发展趋势一致，在不断增加，说明该国大城市对人口的吸附能力在逐渐增强。世界平均增长了3. 451个百分点，中国上升了近10个百分点，中亚上述两国该值均没有超过世界平均水平，乌兹别克斯坦持续下降，虽然只下降了1. 14个百分点，但该值在逐年下降。2017年，中国高于世界平均值3. 557个百分点，进一步说明中国大城市对人口吸引力在增强。中亚5国中仅三个国家大城市人口超过百万，另外两国由于总人口相对较少且较为分散，加上吉尔吉斯斯坦暂时缺少数据，哈萨克斯坦、乌兹别克斯坦2017年分别低于世界平均值8. 305、16. 194个百分点，差距较大，而且乌兹别克斯坦该值还在持续下降，大城市对人口吸引力逐年减弱。

表6—17　世界与中国、中亚5国人口超过100万的城市群人口占总人口比重

（单位：%）

国别＼年份	2000	2005	2010	2015	2016	2017
世界	20.263	21.199	22.275	23.264	23.489	23.714
中国	17.127	19.962	23.27	26.126	26.701	27.271
哈萨克斯坦	10.286	11.969	12.795	14.588	14.987	15.409
乌兹别克斯坦	8.66	8.288	7.858	7.601	7.558	7.52
土库曼斯坦	—	—	—	—	—	—
塔吉克斯坦	—	—	—	—	—	—
吉尔吉斯斯坦	—	—	—	—	—	—

注：土库曼斯坦、塔吉克斯坦没有人口超100万的城市，吉尔吉斯斯坦最大城市2018年人口刚超100万，但缺数据。

资料来源：来自世界银行数据库（https://data.worldbank.org.cn/indicator/SP.POP.GROW）。

分析中国与“一带一路”沿线中亚国家区域经济发展有助于清楚了解和认识区域经济发展面临的主要问题。根据收入类型划分看，收入水平较高的国家人均GDP和人均GNI增长速度都在放缓甚至出现负增长现象，比如人均GDP增长率2000—2017年期间，哈萨克斯坦2009年为-1.434%，2015、2016年分别为-0.268%、-0.328%，但进出口贸易额、货物和服务出口占GDP比重基本均呈上升趋势，乌兹别克斯坦在2015—2016年货物和服务出口占GDP比重下降，不过该国2016—2017年增长较快。说明在全球经济一体化大背景下，各国都在大力增强经济贸易往来。另外，中亚5国中城市化发展相对较低，比如2015年塔吉克斯坦仅为25%，乌兹别克斯坦、吉尔吉斯斯坦也接近30%，这些国家还需进一步采取相应措施予以促进城市化发展，大力倡导和鼓励城市化建设，推动城市化建设对人口的吸引与经济的促进。同时要大力鼓励进出口贸易发展。在“一带一路”建设框架下，实现中国与中亚各国的深入全面合作，扩展发展渠道，真正早日实现双边、多边共赢的大好局面，促进区域内经济社会快速发展。

第三节　人口与区域经济发展耦合协同状况

一　指标体系构建

根据研究内容需要，本着指标选取的代表性、科学性、独立性、可操作性的原则，参考以往文献，从人口子系统与经济子系统的内在联系出发，选取2015年代表人口子系统的11项指标及经济子系统的12项指标反映中国和中亚5国人口与经济耦合发展状况，并运用熵值法确定指标体系及权重，参见表2—18；另外，人口子系统与经济子系统耦合阶段划分参见表2—19，协调类型及判别标准参见表2—20。

二　统计性分析结果

本书利用2015年各国相关统计数据，经标准化处理之后，采用熵值法得到各指标权重，计算各国人口发展状况与经济发展水平，再根据第二章公式2—3和公式2—4分别计算出2015年中国和中亚5国的耦合度与协调度（图6—8）。

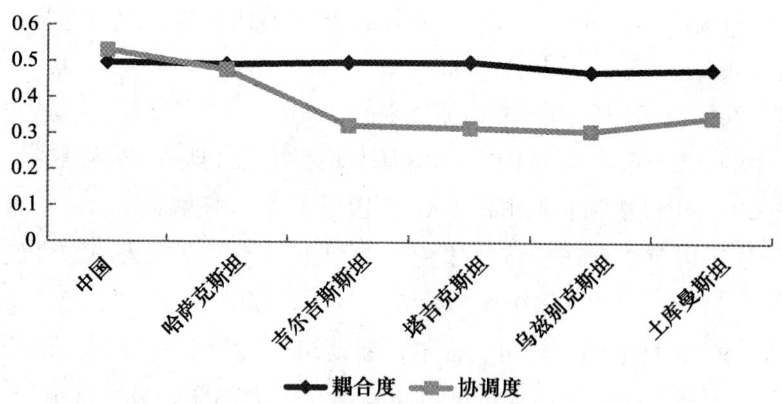

图6—8　中国与中亚5国耦合度与协调度变化

资料来源：世界银行数据库，2016年人类发展报告。

人口与经济发展的耦合关系在空间分布上存在一定的差异性，体现了区域性特征。由中国与中亚 5 国耦合度与协调度变化示意图可以看出（见图 6—8），2015 年，耦合曲线中国和中亚国家的耦合度主要集中在 0.4727 到 0.4999 之间，其中耦合度最高的是塔吉克斯坦，耦合度最低的是乌兹别克斯坦。从中国与中亚 5 国人口经济耦合协调度中可以发现（见表 6—18），协调度处于过渡型的国家有中国和哈萨克斯坦。处于衰退失调型的国家有吉尔吉斯斯坦、塔吉克斯坦、乌兹别克斯坦和土库曼斯坦。这 4 个国家都属于轻度失调型国家。在过渡型国家中，协调度数据最高的是中国，在衰退失调型国家中，协调度数值最高的国家是土库曼斯坦，协调度数值最低的是乌兹别克斯坦。中国的协调度数值最高表示在这几个国家中中国的人口与经济适应性最好，也说明该国经济社会矛盾最小。协调度数值最低的国家是乌兹别克斯坦，这也说明该国人口和经济的适应性是域内最差的，其人口与经济发展的矛盾最多，这也要求该国应该采取措施既注重经济和人口方面的协调发展问题，也应采取措施促进人口经济社会的协调发展。

表 6—18　　2015 年中国与中亚 5 国人口经济耦合协调度分析

国别	耦合度数值	协调度数值	协调度等级	协调度类型
中国	0.4969	0.5302	勉强失调	过渡型
哈萨克斯坦	0.4918	0.4766	濒临失调	
吉尔吉斯斯坦	0.4982	0.3236	轻度失调	衰退失调型
塔吉克斯坦	0.4999	0.3174	轻度失调	
乌兹别克斯坦	0.4727	0.3092	轻度失调	
土库曼斯坦	0.4806	0.3478	轻度失调	

资料来源：整理自世界银行数据库（https：//data. worldbank. org. cn/indicator/SP. POP. GROW）。

总体来说，中国和中亚 5 国中的人口与经济协调发展大多处于不协调发展阶段，就目前而言，发展仍属于失衡状态，更好地让人口和经济协调发展需要更多的探索，也需要各国之间加强合作与交流。共同解决人口与经济之间的矛盾问题，共同促进人口经济之间的协调和发展，共同构建人类命运共同体。

第四节 人口变动对区域经济发展的影响

不同的社会规模、人口年龄结构、人口迁移变动和就业状况直接或者间接影响区域经济发展，经济活动应适应人口变动规律，以促进二者协调发展。

一 人口自然变动与经济发展

（一）人口规模小，但人口增速快

目前中亚5国人口总量为6000万，其中乌兹别克斯坦人口最多。从2000年到2017年，中亚5国人口持续增长，且人口增长率一直超过世界平均水平。所以中亚国家的人口规模将持续增长，据《世界人口展望2017》相关数据，到21世纪中叶，中亚5国人口将超过9441万，与2017年相比，将增加57%的人口。域内人口规模的快速增长，将对经济社会诸如基础设施建设等带来巨大挑战，同时环境和资源面临严峻问题。若经济水平无法实现可持续发展，将无法满足人民日益增长的物质和文化水平的需求。

（二）大多数属于年轻型国家，有充足的劳动力资源

2017年，中亚5国0—14岁人口占总人口比重明显高于世界平均水平。其中，最高的塔吉克斯坦超过世界平均水平9.311个百分点，吉尔吉斯斯坦也超出了5.903个百分点，这说明在未来的10—20年后上述国家将出现大量适龄劳动力，同时中亚国家人口总抚养比的主要来源是少儿人口，说明未来有大量劳动适龄人口参与经济社会发展。2017年，15—65岁的劳动年龄人口所占比重中亚5国仅乌兹别克斯坦超出世界平均水平2.184个百分点，中国超出6.319个百分点，其他国家与世界平均值基本接近。另外，中亚5国老年人口比重均低于世界平均值，仅哈萨克斯坦即将迈入老龄化行列，其他国家老龄人口比重较低，说明中亚国家主要在于养小，将有大量的劳动力进入人口红利期，是中亚国家经济社会发展良好时期。中亚国家大多到2040年左右才进入老龄化国家行列，如何运用中亚各国大量劳动力资源合理地发展经济，合理运用人口红利期

快速发展经济，这将是中亚地区所面临的重要问题。

（三）人口红利并未充分利用，人口效率低

中亚国家拥有大量劳动力资源将持续到 2040 年左右，这也是各国经济快速发展的时期，但由于中亚大多数国家人口效率偏低，劳动年龄人口经济产出较低，除哈萨克斯坦和土库曼斯坦以外，乌兹别克斯坦、塔吉克斯坦和吉尔吉斯斯坦就业人口效率分别只是世界平均水平的 44. 39%、20. 76% 和 24. 88%，还不到世界平均水平的一半，这也说明各国劳动力资源优势没能带来更好的经济效益，造成了人口红利的极大浪费。尽快提高人口效率既能影响人口红利直接结果，也能带来更高的经济产出，提高人口效率是各国值得认真探讨的问题。

二　人口社会变动与经济发展

（一）三次产业就业人口分布不合理，农业人口转移亟待解决

2017 年，就中亚国家三次产业就业人员状况来看，大部分国家农业就业人口逐渐减少，工业人口变化不大，服务业人口增加明显，总体变化趋势和世界平均水平一致，但是各国人口分布需要更加合理化。比如塔吉克斯坦的三次产业就业人口分布中，农业就业人口比重依然超过 50%，2010—2018 年服务业就业人口仅上升了 0. 856 个百分点。2018 年，该国农业就业人员占总就业人口比重的 53. 125%，而农业增加值占 GDP 比重仅为 24%。这也说明，该国大量劳动力生活在农村，从事农业生产，创造着较低的社会产值。

（二）出口贸易仍是重中之重

对中国与中亚 5 国来说，出口贸易都很重要，2017 年仅吉尔吉斯斯坦超过 100%，也是唯一一个高于世界平均值的国家，哈萨克斯坦和乌兹别克斯坦虽然也超过了 60%，但比世界平均值分别低了 11. 079、3. 182 个百分点，中国则差距更大，2017 年低了世界平均值近 34 个百分点。这说明对于中国和土库曼斯坦等国家而言，出口贸易发展空间还很大，同时在产业结构的调整和优化基础上，必须相应调整进出口贸易结构，实现出口产品高附加值、高科技含量的产品出口，可以尽快增加国际、区域间的贸易往来。

三 人口迁移变动与经济发展

（一）城市化水平有待提高

城市化水平越低，代表该国经济发展越落后。2015 年，中亚国家中城市化率超过 50% 的国家有哈萨克斯坦和土库曼斯坦，城市化率在 30% 左右的国家有乌兹别克斯坦和塔吉克斯坦，这也意味着上述两国有三分之二的人口尚在农村，从事的多为农业，而最低城市率的国家是塔吉克斯坦，仅为 25%，这意味着该国四分之三的人口生活在农村，城市的建设需要不断完善，而农村由于人口众多，基础设施、社会保障等相关问题都影响经济社会发展。

（二）国际人口迁移有待进一步深化

中亚 5 国在地理位置上决定了各国间的紧密程度，基本上任何一个国家都与 2 个或以上的中亚国家相接壤，由于有相同的历史背景和文化社会基础，所以中亚国家互动十分频繁，五国中净迁出国家较多，长此以往，很可能造成人口结构失衡。

四 人口经济耦合协调度的影响

中国与中亚 5 国从人口经济耦合协调度上看，中国是其中协调度数值最高的国家，处于勉强协调发展阶段，与中亚 5 国相比，人口与经济发展间相互促进的作用力较强，产业布局更为合理，在人口和经济相对协调发展上处于更优越阶段。但中国当前人口就业结构滞后于经济优化发展，如何尽早实现中国人口就业结构"三、二、一"模式更合理地适应经济发展还需继续努力。比如，2015 年，中国平均受教育年限仅有 7.6 年，与中亚 5 国相比排名第三，而高等教育入学率也不足一半，与中亚 5 国相比排名最后；表现为整体人口素质偏低，这可能制约了经济社会发展。

中亚 5 国就人口就业模式看分为两种情况，一种是呈现"三、二、一"模式的哈萨克斯坦、乌兹别克斯坦和土库曼斯坦三国。哈萨克斯坦的耦合度为 0.4918，协调度为 0.4766，是中亚 5 国中耦合度和协调度最高的国家。同时，该国人均 GDP 比重在中亚 5 国中排名第一，说明该国经济和人口之间起到了正相关作用。在人均 GNI 指标上，哈萨克斯坦属于中等偏上收入国家，同样说明该国人口与经济间的相对协调。就人口就业模式来看，呈现典型的“三、二、一”模式，2016 年哈萨克斯坦就业人口效率为 47026 美元，超世界平均人口效率水平 13289 美元，也说明哈萨克斯坦的人口和经济状况的相对协调。可以看出，人口与经济的协调发展，两者之间相互作用力越强，产业布局合理，越有利于经济社会发展。乌兹别克斯坦人口经济耦合度为 0.4727，协调度为 0.3092，是中亚 5 国中耦合度和协调度最低的国家，处于轻度失调型；虽然同样属于“三、二、一”就业发展阶段，但三次产业人口数量相差并不大，农业人口比重和工业人口所占比重相差不大，而且该国人均受教育年限和高等教育入学率在中亚 5 国中排在第四，导致从事第二、三产业从业人员科技水平较低，而该国人均 GDP 仅有 1961 美元，贸易额占 GDP 比重仅为 39.49%。该国明显呈现人口和经济发展之间的不协调，较低的人口素质制约了经济的发展，在提高人口素质促进产业结构优化上十分必要。土库曼斯坦人口经济耦合度为 0.4806，协调度为 0.3478，该国耦合度和协调度排在中亚 5 国的第四位，处于轻度失调型。该国人均 GDP 为 6986 美元，排在中亚国家第二位，这说明该国人口和经济发展不相适应。该国出口贸易额占 GDP 比重为 120.79%，说明该国第三产业、第二产业所占比重较大，但土库曼斯坦人均受教育年限和高等教育入学率为中亚 5 国中最低，导致人口发展跟不上产业结构调整，人力资源开发缓慢，出口产品附加值低。

另一种为其他人口就业类型，比如塔吉克斯坦的“一、三、二”就业模式，吉尔吉斯斯坦的“三、一、二”模式。塔吉克斯坦人口经济的耦合度为 0.4999，协调度为 0.3174，处于轻度失调状态。塔吉克斯坦的经济基础薄弱，结构十分单一。苏联解体后的政治经济危机以及多年内战使该国国民经济遭受严重破坏，并且 2008 年国际金融危机对该国经济造成了一定冲击，塔吉克斯坦政府采取了系列应对措施，随后该国经济逐年增长。但另一方面因本国经济规模相对较小，其发展对国际社会依赖较重，塔吉克斯坦全面恢复并发展经济任重道远。2016 年，塔吉克斯坦 57.4% 的人口从事农业生产，大量劳动力囤积于第一产业，可以说，人才的培养和经济的发展对塔吉克斯坦同样重要，应加大发展农业发展中的技术和资金的投入。该国工业有资源上的较大优势，如何提高技术水平和增加产品附加值等问题，需要塔吉克斯坦进行更多的考虑。吉尔吉斯斯坦人口经济的耦合度为0.4982，协调度为0.3236，处于轻度失调状态。该国国民经济以多种所有制为基础，农牧业为主，工业基础较为薄弱，主要生产原材料。旅游和服务行业是今后一段时间该国经济的重点发展方向，从而更快地实现人口就业“三、一、二”结构模式。如何解放更多的第一产业劳动力转移到第二、第三产业中显得十分重要，尽快提高吉尔吉斯斯坦教育水平、科技水平，在产业发展方面十分有必要。

第七章

中国—独联体7国、蒙古人口变动与区域经济发展

独联体国家作为中国“一带一路”建设倡导向西开放的重要枢纽，其中多数国家地处中亚和欧亚交界处，是“一带一路”发展的关键区域。中国与该区域各国合作具有巨大潜力，该区域蕴含着丰富的自然资源、国土面积巨大、人口密度不高，为独联体国家发展提供了十分有利的地理优势。同时，独联体国家一直存在计划经济形式的国家分工体系，这种体系一定意义上带来了低效率与资源的巨大损失。苏联解体以后，独联体国家希望通过改革剔除过去不合理分工，为此大多数国家奉行积极吸收国外投资的政策，以及加强立法以保护投资者相关权益。随着新时代的到来，中国与独联体各国之间的合作交流越来越频繁，合作领域越来越广泛。为方便研究，这里的沿线独联体相关国家将蒙古国纳入该区域研究范围。

“一带一路”倡议发展框架的提出，有利于进一步加深中国与独联体国家的区域经济合作，为中国与独联体国家自贸区的发展提供重大活力。目前，中国与独联体大部分国家在银行、信贷、保险等方面以及基础设施尚不尽完善，双方企业难以利用各种融资手段开展经贸业务和合作，一定程度上制约了一些项目的实施，不利于经贸合作的健康稳定发展，因此，完全有必要建立完善的服务体系以解决上述问题，加深“一带一路”沿线国家在政体结构、文化背景、经济发展以及人口结构分布等方面均存在较大差异，各因素对区域交流和经济合作产生的影响也不尽相同。本章基于人口变动对区域经济发展的影响机制，分析中国与“一带一

路"沿线独联体国家的人口自然变动、社会变动、迁移变动与各国经济发展基本状况，探讨人口变动对区域经济协调发展的影响，并在此基础上提出中国与独联体各国人口变动对实现区域经济协调发展的可行性路径。

从地理位置考虑，为便于统计分析，本章研究的国别包括中国、独联体 7 国与蒙古。[①] 2017 年该区域人口达 2.21969 亿、GDP 为 255.116 亿美元的巨大经济体。[②] 同年，中国对"一带一路"沿线独联体国家投资流量为 16.2868 亿美元，占中国对外投资流量总额的 1.27%，占中国对欧洲投资流量的 8.82%；中国对"一带一路"沿线独联体国家投资存量为 187.3545 亿美元，占中国对外投资存量总额的 1.47%，占对欧洲投资存量的 16.9%。相较于 2010 年，2017 年中国对"一带一路"沿线独联体各国投资总额增加了 11.4505 亿美元，除蒙古、格鲁吉亚和阿塞拜疆直接投资流量为负值外，分别净减少了 2.2175 亿美元、0.0211 亿美元和 0.0057 亿美元，其他国家均为正值（见图 7—1）。中国对俄罗斯联邦、

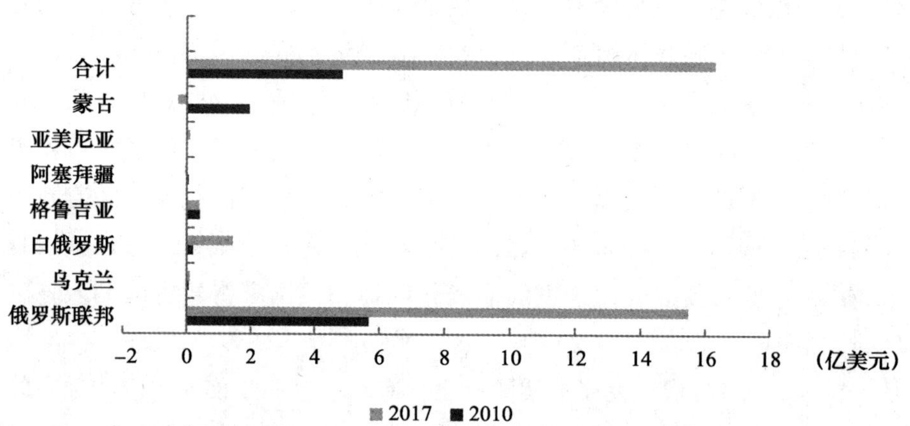

图 7—1 2010、2017 年中国对独联体 7 国、蒙古直接投资流量比较

注：摩尔多瓦由于数据缺失，未纳入直接投资流量比较之中。

资料来源：整理自中华人民共和国商务部、中华人民共和国国家统计局、国家外汇管理局联合出版的《2016 年年度中国对外直接投资统计公报》附表 1。

---

① 格鲁吉亚于 2008 年 8 月 18 日退出独联体，但便于研究，这里把该国依然放入独联体国家中。

② 根据世界银行 2016 年相关统计数据整理计算所得。

白俄罗斯投资流量显著增加，贸易往来频繁密切，分别净增加了 9.807 亿美元和 1.235 亿美元。可以说，“一带一路”倡议的提出既是中国与独联体 7 国、蒙古双边关系加固的一架桥梁，也是中国与该地区各国家自由贸易的拓展和延伸，有利于扩大区域经济合作和贸易投资，加强中国—独联体国家自贸区的国际影响力，提升区域整体竞争力。

经济发展离不开人口，区域经济协调发展须与人口变动基本规律相适应。中国与独联体 7 国、蒙古人口数量众多，人口规模庞大，人口变动趋势复杂，通过了解中国与独联体各国发展所面临的人口环境，探讨区域人口数量增长、人口结构变化、人口就业状况以及人口迁移等因素对经济发展的影响机制，有利于加深区域合作共识、巩固区域合作基础，也有助于实现区域内人口、经济和社会的协调发展。

第一节　人口变动基本状况

一　人口自然变动

（一）人口增长

1. 数量增长

2000—2017 年，中国与独联体 7 国、蒙古人口年增长量均有不同程度增减起伏（见表 7—1）。俄罗斯联邦、乌克兰、阿塞拜疆和蒙古期间人口年增长量不断上升，各国变动较小。同时，乌克兰和摩尔多瓦人口一直呈负增长，人口规模连续缩减，尤其乌克兰，最近几十年来人口峰值出现在 1993 年，该年人口为 5217.92 万人，此后持续下降，2017 年该国人口为 4483.12 万人，24 年间减少了 734.8 万人。同时格鲁吉亚人口也自 1993 年开始呈现断崖式下降，持续到 2015 年，其间减少了 119.4 万人，该国 1993 年人口峰值人口也不足 500 万，可见其减少幅度之大；中国、阿塞拜疆和蒙古与世界发展趋势一致，人口规模则连续增长，独联体其他国家人口规模有增有减，但近几年人口规模开始呈上涨趋势。2017 年，人口年增长量绝对值看，各国人口基数不同，除中国和俄罗斯联邦以外，其他国家每年人口增长量均低于 15 万，乌克兰、格鲁吉亚和摩尔多瓦依然呈负增长。总之，中国与独联体 7 国、蒙古人口年增长状况相对稳定，变化幅度较小。

表 7—1　　世界与中国、独联体 7 国、蒙古人口年增长量　（单位：万人）

国别＼年份	2000	2005	2010	2015	2016	2017
世界	7986. 42	8047. 34	8330. 04	8623. 67	8659. 79	8620. 28
中国	991	764. 5	644. 5	695	744. 5	773
俄罗斯联邦	-61. 78	-54. 85	6. 41	27. 72	24. 55	15. 26
乌克兰	-49. 75	-34. 65	-18. 26	-11. 79	-14. 94	-17. 35
白俄罗斯	-4. 71	-6. 62	-1. 62	1. 51	1. 192	0. 634
格鲁吉亚	-3. 42	-5. 5	-5. 2	0. 99	0. 22	-0. 22
阿塞拜疆	6. 59	8. 54	10. 71	11. 43	10. 85	10. 46
亚美尼亚	-1. 94	-1. 94	-1. 13	1. 07	0. 79	0. 56
摩尔多瓦	-0. 74	-0. 88	-0. 36	-0. 23	-0. 22	-0. 22
蒙古	2. 13	2. 96	4. 44	5. 30	5. 05	4. 82

注：人口年增长量以前一年为基期，t 年与（t-1）年的差值即为净增长量。

资料来源：整理自世界银行数据库（https：//data. worldbank. org. cn/indicator/SP. POP. GROW）。

2. 人口增长率

2000—2015 年，有中国、阿塞拜疆和蒙古与世界发展趋势基本一致（见表 7—2），乌克兰、格鲁吉亚和摩尔多瓦持续负增长，不过负增长趋势趋于缓慢。俄罗斯联邦自 1993 年起持续至 2008 年连续负增长，此后转为正增长。乌克兰、白俄罗斯、格鲁吉亚、亚美尼亚人口增长也由负转正。2016—2017 年，除了蒙古人口增长率超过世界平均水平外，中国与独联体其他国家均低于世界平均水平，阿塞拜疆基本接近世界平均值，可分为以下几类：一是阿塞拜疆和蒙古，人口增长率超过 1%，有下降趋势，预计将持续稳定超过 1% 一段时间；二是中国、格鲁吉亚，自 2015 年起小幅回升，未来发展情势有待考证；三是乌克兰和摩尔多瓦，分别自 1994 年、1993 年起人口增长率始终为负，人口总量持续减少；四是俄罗斯联邦和亚美尼亚，2010 年开始略有波动，增减变化规律不明显。总体上，2000—2017 年，中国与独联体 7 国、蒙古人口增长率在上升，但人口增长速度较慢甚至有些国家持续出现负增长。

表 7—2　　世界与中国、独联体 7 国、蒙古人口增长率　　（单位：%）

国别＼年份	2000	2005	2010	2015	2016	2017
世界	1. 322	1. 253	1. 216	1. 186	1. 177	1. 158
中国	0. 788	0. 588	0. 483	0. 508	0. 541	0. 559
俄罗斯联邦	-0. 421	-0. 381	0. 045	0. 193	0. 170	0. 106
乌克兰	-1. 007	-0. 733	-0. 397	-0. 261	-0. 331	-0. 386
白俄罗斯	-0. 471	-0. 683	-0. 170	0. 159	0. 126	0. 067
格鲁吉亚	-0. 771	-1. 304	-1. 316	-0. 266	0. 059	-0. 059
阿塞拜疆	0. 822	1. 022	1. 190	1. 191	1. 118	1. 066
亚美尼亚	-0. 631	-0. 647	-0. 391	0. 369	0. 269	0. 192
摩尔多瓦	-0. 203	-0. 243	-0. 100	-0. 064	-0. 061	-0. 062
蒙古	0. 891	1. 179	1. 649	1. 796	1. 683	1. 581

资料来源：整理自世界银行数据库（https：//data. worldbank. org. cn/indicator/SP. POP. GROW）。

（二）人口年龄结构

首先，从 0—14 岁人口占总人口比重看（见表 7—3），中国与独联体 7 国不尽相同，2000 年，与世界平均水平一样超过 30% 的有阿塞拜疆和蒙古，低于 20% 的有俄罗斯联邦、乌克兰和白俄罗斯，至 2005 年，域内国家均呈下降趋势，同时蒙古高于世界平均值 0. 926 个百分点，2000—2005 年，中国—独联体相关国家降幅均超过世界平均降幅的 2. 111 个百分点，降幅最大的是蒙古，5 年下降了 5. 842 个百分点；2010 年，域内仅阿塞拜疆与蒙古超过 20%，且蒙古与世界平均值基本接近；2015—2017 年，俄罗斯、乌克兰、白俄罗斯、格鲁吉亚、阿塞拜疆、亚美尼亚和蒙古等国均呈上升趋势，其中蒙古上升幅度最大，上升了 0. 888 个百分点，也是 2017 年域内唯一超过世界平均值的国家。总趋势看，中国与独联体 7 国 0—14 岁人口占总人口比重略有不同，下降幅度也各有不同，虽整体呈下降趋势，不过近几年在缓慢上升。

表 7—3　世界与中国、独联体 7 国、蒙古 0—14 岁人口占总人口比重

（单位：%）

国别 \ 年份	2000	2005	2010	2015	2016	2017
世界	30. 115	28. 004	26. 827	26. 178	26. 064	25. 941
中国	24. 629	19. 892	17. 848	17. 686	17. 701	17. 677
俄罗斯联邦	18. 244	15. 173	14. 891	16. 833	17. 292	17. 605
乌克兰	17. 118	14. 625	14. 126	15. 060	15. 231	15. 493
白俄罗斯	18. 530	15. 598	14. 846	16. 136	16. 454	16. 742
格鲁吉亚	22. 610	19. 457	18. 018	18. 714	18. 948	19. 183
阿塞拜疆	31. 148	26. 229	22. 835	22. 910	23. 169	23. 277
亚美尼亚	25. 811	21. 462	19. 461	19. 845	19. 920	20. 007
摩尔多瓦	23. 455	18. 516	16. 516	15. 727	15. 717	15. 74
蒙古	34. 772	28. 930	26. 954	28. 780	29. 305	29. 668

资料来源：整理自世界银行数据库（https：//data. worldbank. org. cn/indicator/SP. POP. GROW）。

其次，15—64 岁人口占总人口比重大体可分为两类（见表 7—4），中国、俄罗斯联邦、乌克兰、白俄罗斯、格鲁吉亚、阿塞拜疆、亚美尼亚和蒙古，2000—2010 年间，劳动年龄人口占总人口比重不断增长，其中中国 2010 年接近 74%，俄罗斯联邦也超过 72%，摩尔瓦多超过 73%。2010 年之后上述国家逐渐下降，劳动力资源优势缓慢消退，与世界平均水平变化趋势相同。表现突出的是摩尔多瓦，该比重仍处在不断增长期，峰值出现在 2014 年，达 74. 338%，该国正处于劳动力资源充足、社会负担较轻的人口红利期，有利于经济快速发展。2017 年，域内国家均高于世界平均水平，最低的蒙古国也高出 1. 296 个百分点，比重最高的摩尔多瓦高出 8. 034 个百分点，说明域内国家劳动力资源十分丰富。

表7—4　世界与中国、独联体7国、蒙古15—64岁人口占总人口比重

（单位：%）

国别＼年份	2000	2005	2010	2015	2016	2017
世界	62.997	64.650	65.536	65.537	65.453	65.363
中国	68.463	72.413	73.751	72.638	72.177	71.682
俄罗斯联邦	69.313	71.008	72.022	68.679	68.917	68.216
乌克兰	69.080	69.484	70.163	69.053	68.606	68.045
白俄罗斯	67.974	69.666	71.169	69.529	68.981	68.459
格鲁吉亚	64.981	66.194	67.670	66.671	66.322	65.953
阿塞拜疆	63.002	67.185	71.266	71.351	70.982	70.705
亚美尼亚	64.173	66.639	69.546	69.246	69.016	68.761
摩尔多瓦	67.122	71.558	73.337	74.335	73.957	73.397
蒙古	61.537	67.345	69.234	67.335	66.749	66.301

资料来源：整理自世界银行数据库（https：//data. worldbank. org. cn/indicator/SP. POP. GROW）。

最后，65岁及以上老年人口占总人口比重（见表7—5），2000—2015年，中国与独联体7国与全球老龄化变化趋势基本一致，但各国老龄化程度有所不同，区域内差距较大。2000年，包括俄罗斯联邦等5国超过10%，最高的白俄罗斯达13.496%。最低的蒙古仅3.691%，其次阿塞拜疆也不足6%；2005年，乌克兰接近16%，白俄罗斯与格鲁吉亚超过14%，俄罗斯联邦也接近14%，增速较快，而蒙古还不到4%；阿塞拜疆自2006年开始至2014年连续下降，其间出现下降趋势的还有俄罗斯联邦、乌克兰、白俄罗斯、格鲁吉亚。2015年，乌克兰最高，达15.887%，比同期最低的蒙古国（3.885%）高出12.002个百分点，比重较低的还有阿塞拜疆，中国与摩尔多瓦稍高于10%。

表7—5 世界与中国、独联体7国、蒙古65岁及以上人口占总人口比重 （单位：%）

国别 \ 年份	2000	2005	2010	2015	2016	2017
世界	6.889	7.306	7.636	8.284	8.482	8.696
中国	6.908	7.695	8.400	9.676	10.123	10.641
俄罗斯联邦	12.443	13.819	13.087	13.489	13.791	14.178
乌克兰	13.082	15.891	15.711	15.887	16.163	16.462
白俄罗斯	13.496	14.735	13.986	14.335	14.565	14.799
格鲁吉亚	12.409	14.349	14.312	14.615	14.730	14.864
阿塞拜疆	5.850	6.586	5.898	5.738	5.850	6.018
亚美尼亚	10.016	11.900	10.994	10.909	11.064	11.232
摩尔多瓦	9.423	9.927	10.147	9.938	10.326	10.864
蒙古	3.691	3.725	3.813	3.885	3.946	4.031

资料来源：整理自世界银行数据库（https：//data. worldbank. org. cn/indicator/SP. POP. GROW）。

2016—2017年，区域人口老龄化可以分为两类：一是中国、俄罗斯联邦、乌克兰、白俄罗斯、格鲁吉亚、亚美尼亚和摩尔多瓦，均超过10%，全部进入深度老龄化，且部分国家老龄化相当严重；二是蒙古，老年人口系数尚未超过6%，阿塞拜疆也只是刚过6%，两国还处于年轻型年龄结构，老年抚养负担较轻，社会经济发展潜力较大。

综合各人口年龄结构指标可看出：一是中国、俄罗斯联邦、乌克兰、白俄罗斯、格鲁吉亚、亚美尼亚和摩尔多瓦，人口年龄结构属于老年型，处于“少子化、老龄化”时期，劳动年龄人口逐渐减少，老年人口社会抚养负担加重；二是阿塞拜疆和蒙古国，人口年龄结构属成年型，少年儿童人口众多，人口老龄化尚未到来，劳动年龄人口占绝对比重，经济社会发展所需的劳动力资源充足，正处于经济起飞和快速发展的关键时期。

（三）人口抚养比

2000年，与世界平均水平一致超过60%的仅有蒙古，比重在50%—59%的有格鲁吉亚、阿塞拜疆和亚美尼亚，其他国家与中国一样比重在

40%—50%间（见表7—6）。2000—2010年，与世界一样呈下降趋势，降幅最大的是蒙古，下降了18.065个百分点，其次是阿塞拜疆，也下降了18.405个百分点，降幅低于世界平均值的是乌克兰、俄罗斯联邦，仅下降了2.233、5.426个百分点。2015年，俄罗斯联邦与蒙古上升较快，摩尔多瓦与阿塞拜疆有少许下降。2016—2017年，人口总抚养比超过50%的有格鲁吉亚和蒙古，与世界平均水平相当，社会抚养负担较重，1单位的劳动力人口需要抚养超过1单位的非劳动年龄人口，其余国家总抚养比均低于50%，社会抚养负担相对较轻。按照总人口抚养比发展趋势，域内大多数国家总人口抚养比在2010年以前持续下降，此后总人口抚养比又缓慢增长，人口优势逐渐消减；而阿塞拜疆和摩尔多瓦仍处于不断下降时期，正处于发展经济的最佳人口红利期。

表7—6　　世界与中国、独联体7国、蒙古人口总抚养比　　（单位：%）

国别＼年份	2000	2005	2010	2015	2016	2017
世界	60.11	56.282	54.271	54.061	54.202	54.356
中国	46.065	38.096	35.59	37.668	38.549	39.505
俄罗斯联邦	44.272	40.830	38.846	43.516	45.101	46.593
乌克兰	44.759	43.919	42.526	44.816	45.760	46.961
白俄罗斯	47.115	43.541	40.511	43.825	44.967	46.073
格鲁吉亚	53.891	51.070	47.776	49.991	50.780	51.622
阿塞拜疆	58.724	48.844	40.319	40.151	40.882	41.433
亚美尼亚	55.828	50.063	43.790	44.412	44.895	45.432
摩尔多瓦	48.982	39.747	36.357	34.527	35.214	36.246
蒙古	62.503	48.489	44.438	48.511	49.815	50.826

资料来源：整理自世界银行数据库（https://data. worldbank. org. cn/indicator/SP. POP. GROW）。

中国与独联体7国、蒙古人口自然变动趋势体现为：中国与独联体各国人口规模仍在不断扩大，但增速明显放缓；只有阿塞拜疆和蒙古国人口结构相对年轻，少年人口占总人口比重较大，两国人口抚养负担以少年儿童为主；中国、俄罗斯联邦、乌克兰、白俄罗斯、格鲁吉亚、亚美尼亚和摩尔多瓦已进入人口老龄化，老年人口比重不断增加，抚养负担加重。2017 年，阿塞拜疆和蒙古国人口总抚养负担超过 50%，虽然这些国家属于年轻型国家，但随着时间推移，少年儿童数量不断增多，抚养负担也将不断加重。

（四）人口主要指标预测

根据《世界人口展望 2017（修订版）》比较中国与独联体 7 国、蒙古 2020—2050 年主要人口指标可看出：一是人口总量上，到 2050 年，中国与独联体 7 国、蒙古人口总量将达到 15.6668 亿，同比 2016 年净增长 2.96 亿人（见表 7—7）。其中，阿塞拜疆和蒙古人口不断上升；中国在 2030 年左右达到人口峰值，此后总量逐渐下降，规模逐渐缩小；同期独联体其余国家人口总量仍处于不断减少，规模不断缩减。2050 年仅中国、俄罗斯联邦、乌克兰和阿塞拜疆人口总量超过 1000 万。

二是人口结构，2020—2050 年，除阿塞拜疆和蒙古 0—14 岁人口比重不断下降外，中国与独联体其余国家在 2040 年之前不断下降，2040—2050 年开始有所上升。2050 年，0—14 岁人口比重低于 15% 的有中国、亚美尼亚和摩尔多瓦，届时"少子化"问题十分明显；15—64 岁劳动年龄人口比重变化趋势较复杂，中国、乌克兰、白俄罗斯、格鲁吉亚、阿塞拜疆和摩尔多瓦持续下降，俄罗斯联邦和亚美尼亚在 2030—2040 年轻微上涨，之后继续保持下降状态，蒙古劳动年龄人口比重在 2040 年之前处于不断增长期，之后开始下降，劳动力资源优势逐渐消减；中国与该区域国家 65 岁及以上老年人口比重持续上涨，目前已进入老龄化阶段的中国、俄罗斯联邦、乌克兰、白俄罗斯、格鲁吉亚、亚美尼亚和摩尔多瓦人口老龄化程度不断加深、速度不断加快，到 21 世纪中叶，上述国家分别达 26.30%、22.10%、25.48%、23.86%、22.65%、22.96% 和 23.73%，老人绝对数量共计达到 4.02 亿，占中国与该区域国家老年人口总量的 99.51%。其余两国将在 2020—2030 年先后进入老龄化，届时各国老龄化程度将截然不同。2050 年，老年人口比重低于 20% 的国家只有蒙古。由此可见，人口老龄化趋势各国不可逆转。

表 7—7　　中国、独联体 7 国、蒙古 2020—2050 年人口主要指标预测

（单位：万人，%）

国别	年份	人口总量	0—14 岁人口比重	15—64 岁人口比重	65 岁及以上人口比重	总抚养比
中国	2020	142454. 8	17. 46	70. 35	12. 19	42. 15
	2030	144118. 2	15. 38	67. 56	17. 06	48. 03
	2040	141747. 3	13. 93	62. 23	23. 84	60. 70
	2050	136445. 7	13. 98	59. 72	26. 30	67. 45
俄罗斯联邦	2020	14378. 7	18. 21	66. 33	15. 45	50. 76
	2030	14054. 3	17. 24	63. 44	19. 33	57. 64
	2040	13583. 6	15. 77	64. 29	19. 94	55. 55
	2050	13273. 1	17. 42	60. 48	22. 10	65. 33
乌克兰	2020	4357. 9	16. 18	66. 50	17. 33	50. 38
	2030	4120. 0	15. 19	64. 49	20. 32	55. 06
	2040	3865. 8	14. 21	63. 82	21. 97	56. 68
	2050	3641. 6	15. 24	59. 28	25. 48	68. 69
白俄罗斯	2020	941. 5	17. 43	66. 95	15. 62	49. 37
	2030	916. 3	16. 65	63. 58	19. 78	57. 29
	2040	883. 7	15. 29	63. 15	21. 56	58. 36
	2050	857. 1	16. 55	59. 59	23. 86	67. 83
格鲁吉亚	2020	389. 9	19. 78	64. 87	15. 35	54. 16
	2030	374. 8	17. 94	63. 23	18. 83	58. 16
	2040	357. 7	16. 78	62. 42	20. 80	60. 21
	2050	339. 4	17. 32	60. 04	22. 65	66. 57
阿塞拜疆	2020	1010. 0	23. 37	69. 82	6. 80	43. 22
	2030	1068. 0	20. 01	68. 26	11. 73	46. 50
	2040	1098. 9	17. 62	67. 84	14. 54	47. 41
	2050	1103. 9	17. 33	65. 36	17. 31	53. 01
亚美尼亚	2020	293. 9	20. 04	67. 89	12. 07	47. 30
	2030	290. 7	16. 78	65. 87	17. 36	51. 82
	2040	281. 8	14. 61	66. 39	19. 00	50. 63
	2050	270. 0	14. 79	62. 25	22. 96	60. 64

续表

国别	年份	人口总量	0—14 岁人口比重	15—64 岁人口比重	65 岁及以上人口比重	总抚养比
摩尔多瓦	2020	401.8	15.77	71.65	12.58	39.56
	2030	384.4	13.69	69.05	17.26	44.82
	2040	358.4	12.31	68.85	18.84	45.24
	2050	329.3	12.58	63.69	23.73	57.01
蒙古	2020	320.9	30.31	65.29	4.39	53.15
	2030	356.1	26.17	66.72	7.11	49.88
	2040	382.7	22.44	67.53	10.04	48.09
	2050	407.5	22.30	64.99	12.71	53.87

资料来源：整理自 World Population Prospects，*The 2017 Revision*，New York：United Nations.

三是人口抚养状况，中国、阿塞拜疆、格鲁吉亚、白俄罗斯、摩尔多瓦和乌克兰等国总抚养比仍不断增长，2050 年，各国人口总抚养比均超过或接近 50%，劳动年龄人口抚养负担加重，经济发展阻力增加；蒙古下降趋势将延续到 2040—2050 年，总抚养比陆续降至 50% 以下，然后随着老龄化程度加深，总抚养比逐渐呈增长趋势；同时，亚美尼亚和俄罗斯联邦总抚养比轻微波动，随着时间推移，两国人口总抚养比仍不断增加，抚养负担不断加重。

中国与独联体 7 国、蒙古人口自然变动趋势基本特征为：首先，从人口规模看，阿塞拜疆和蒙古不断扩大，但增速明显放缓，中国人口增长趋势将保持到 2020—2030 年左右，此后逐渐缩小，而独联体其他国家不断减少。其次，从人口结构看，只有阿塞拜疆和蒙古相对年轻，将先后在 2020、2030 年步入老龄化，而中国和独联体其余国家早已进入并处于持续加深状态。从人口抚养状况看，已进入老龄化的中国、俄罗斯联邦、乌克兰、白俄罗斯、格鲁吉亚、亚美尼亚和摩尔多瓦随着老龄化不断深入，抚养负担将不断加重，而其他尚未进入老龄化的国家，抚养比将呈现先降后升，现阶段抚养重点主要集中在 0—14 岁少儿人口，进入老龄化后，抚养重点将是老年人口，届时人口抚养比又将升高，由于阿塞拜疆 65 岁以上人口增速大于 0—14 岁少儿人口减速，所以阿塞拜疆总抚养比不断增加。

二　人口社会变动

（一）人口素质状况

2015年，中国与独联体7国、蒙古高等教育入学率差异十分明显（见图7—2），除阿塞拜疆外，其他国家均高于世界平均值（35.69%），比最高的白俄罗斯低了62.46个百分点，差距很明显。同时，平均受教育年限超过10年的有俄罗斯联邦、乌克兰、白俄罗斯、格鲁吉亚、阿塞拜疆、亚美尼亚和摩尔多瓦，最长的是格鲁吉亚（12.2年），最短的是中国，两国相差4.6年。可以看出，经济发展较好的国家高等教育也较为先进，培养高素质人才的渠道和方式更为多元化，且人口平均受教育年限较长，劳动力资源素质普遍较高。同时也说明中国高素质人才培养机制还不够健全，导致高技能人才短缺，阻碍了劳动力人口素质的提高。

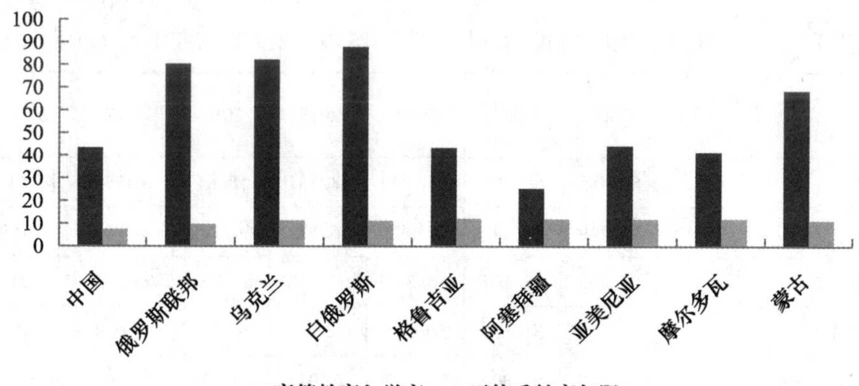

图7—2　2015年中国与“一带一路”沿线独联体国家高等教育入学率和平均受教育年限

注：由于高等教育入学率个别年份存在缺失，乌克兰用2014年数据代替。

资料来源：高等教育入学率整理自世界银行数据库（https：//data. worldbank. org. cn/indicator/SE. TER. ENRR？view = chart）；平均受教育年限整理自联合国开发计划署《2016年人类发展报告》（http：//hdr. undp. org/en/countries/profiles/CHN#）。

（二）就业率

2000 年，中国 15 岁以上人口就业率超过 70%，域内国家都低于世界平均值，最低的摩尔多瓦比世界平均值低 14.218 个百分点（见表 7—8）。2005—2010 年，世界平均值持续下降，乌克兰、格鲁吉亚、摩尔多瓦与蒙古同样下降，2015 年，超过 60% 的有中国、俄罗斯联邦、白俄罗斯与阿塞拜疆，比重低于 50% 的有乌克兰、亚美尼亚和摩尔多瓦，最低的摩尔多瓦为 42.475%。2016—2018 年，世界平均值持续下降，域内国家大多也下降，增减基本保持在 2—3 个百分点，表明中国与独联体其他各国经济发展状况相对较为稳定。2018 年，中国、俄罗斯联邦、白俄罗斯、格鲁吉亚和阿塞拜疆均高于世界平均水平，一方面说明中国与部分独联体国家就业状况良好，另一方面也说明其产业结构不尽合理，比如摩尔多瓦该值自 2002 年起持续下降至 2010 年，自 2011 年起上涨至 2015 年又开始下降，且 2018 年仅为 40.223%，说明该国劳动力就业率较低，需要大力开发劳动力资源。

表 7—8　世界与中国、独联体 7 国、蒙古 15 岁以上人口就业率　（单位：%）

年份 国别	2000	2005	2010	2015	2016	2017	2018
世界	60.785	60.461	59.166	58.737	58.67	58.546	58.441
中国	73.719	70.341	67.992	66.521	66.141	65.709	65.199
俄罗斯联邦	55.392	57.147	58.358	60.112	60.296	60.228	59.958
乌克兰	50.348	51.139	50.532	49.582	49.353	49.079	49.087
白俄罗斯	58.532	60.306	62.282	63.942	63.935	63.699	63.406
格鲁吉亚	56.637	54.622	54.278	59.973	59.56	59.79	59.852
阿塞拜疆	55.842	58.813	60.405	62.265	62.935	62.78	62.59
亚美尼亚	49.698	46.902	48.248	48.884	49.095	49.174	49.294
摩尔多瓦	46.567	44.951	38.872	42.475	41.007	40.558	40.223
蒙古	57.569	57.3	55.15	57.405	54.991	55.209	55.362

资料来源：整理自世界银行数据库（https://data.worldbank.org.cn/indicator/SP.POP.GROW）。

结合各国经济状况，经济发展水平较低的国家其就业率也相对较低，例如摩尔多瓦是域内国家中人均收入最低的国家，2018年其就业率比世界同期平均水平低了18.218个百分点，说明域内国家产业布局不尽合理，大量劳动力闲置于第一产业，农村富余劳动力未得到有效转移和充分开发利用。

（三）人口效率

2000—2015年，中国与域内各国就业人口效率与世界整体趋势一样呈增长态势，其间增长最快的是阿塞拜疆，人口效率提高了23413.1美元，俄罗斯联邦也提高了18030.51美元，增幅最小的是乌克兰，仅提高了5430美元，摩尔多瓦也仅增加了5950.24美元（见表7—9），这是两个低于世界平均增长值的国家。域内人口效率水平的大幅提高，说明工业化、信息化的革新增强了单位就业人口创造社会财富的能力，在很大程度上提升了就业人口效率。

表7—9　世界与中国、独联体7国、蒙古就业人口效率比较

（单位：美元）

国别＼年份	2000	2005	2010	2015	2016	2017	2018
世界	24262.34	26797.89	30346.86	33860.55	34541.90	35429.75	36391.89
中国	6553.76	10012.61	16777.58	24324.42	26001.6	27842.04	29731.89
俄罗斯联邦	31068.92	39839.56	46425.7	49099.43	49084.66	50096.57	51395.41
乌克兰	11575.52	16672.73	18062.09	17005.52	17600.33	18301.75	19016.33
白俄罗斯	15933.06	22134.16	30668.18	32139.28	31432.26	32455.35	33807.59
格鲁吉亚	6967.34	10406.11	14039.81	17415.06	18189.16	19142.95	20082.67
阿塞拜疆	11491.44	18238.83	34302.81	34904.54	33202.32	32837.48	33273.7
亚美尼亚	7932.54	14541.67	17249.21	20876.37	20792.01	21987.49	22971.64
摩尔多瓦	5641.26	7808.47	10509.76	11591.5	12517.04	13214.53	13944.77
蒙古	12396.4	14849.46	19135.0	27907.11	29139.99	29884.69	30396.53

资料来源：根据世界银行数据库就业人口及GDP（现价美元）的相关数据计算（https://data.worldbank.org.cn/indicator/SP.POP.GROW）。

2016—2018 年，中国与域内各国差异十分明显，域内国家中仅俄罗斯联邦就业人口效率高于世界平均值，高出了 15003. 52 美元；另外，就业人口效率超过 30000 美元低于世界平均水平的国家有白俄罗斯、阿塞拜疆和蒙古，分别比世界平均水平低 2584. 3、3118. 19、5995. 36 美元，还需尽快提高人口效率；最后，其他如摩尔多瓦、乌克兰、格鲁吉亚、亚美尼亚、中国和蒙古，分别比世界平均水平低 22447. 12、17375. 56、16309. 22、13420. 25、6660、5995. 36 美元，需要尽快提高就业人口效率。

由表 7—8、表 7—9 各国就业状况可看出：2018 年，就业率排名前四的国家分别是中国、白俄罗斯、俄罗斯联邦和格鲁吉亚，就业人口效率排名前四的国家分别是俄罗斯联邦、白俄罗斯、阿塞拜疆和蒙古，二者基本吻合。结合域内各国区域分布，这部分地区拥有一定的工业基础，就业率比较高，且就业人口效率也相对比较高，如俄罗斯联邦、白俄罗斯、阿塞拜疆，说明如果经济发展状况较好，利用有限的就业人口也能创造极高的社会价值，如蒙古，这与其国家经济状况和产业发展密不可分。另外有部分国家就业率比较高，但就业人口效率较低，如中国，这与其产业结构不合理有很大关系，造成投入大量劳动力仅创造了极低的社会总产值，极大地浪费了劳动力资源。如格鲁吉亚等就业率排名居中的国家，人口效率也有待提高。

（四）两性劳动参与率

2018 年，仅中国和格鲁吉亚男性劳动力参与率高于 75. 045% 的世界平均值（见图 7—3），女性劳动力参与率除摩尔多瓦外，均高于 48. 472% 的世界平均水平，说明中国与格鲁吉亚两国两性劳动力经济活动参与率较高，社会融入能力较强，而其他各国男性劳动力经济活动参与率偏低。

中国—独联体 7 国与蒙古男性普遍高于女性，阿塞拜疆、摩尔多瓦、蒙古、白俄罗斯、中国、俄罗斯联邦、乌克兰和亚美尼亚男性比女性分别高出 6. 401、7. 10、13. 470、12. 171、14. 792、15. 076、16. 105、19. 149 个百分点，两性劳动参与率差值最大的是格鲁吉亚，男性比女性高出 20. 964 个百分点，说明该国尚有大量女性劳动力未进入市场参与社会经济活动，女性劳动力资源开发潜力大。

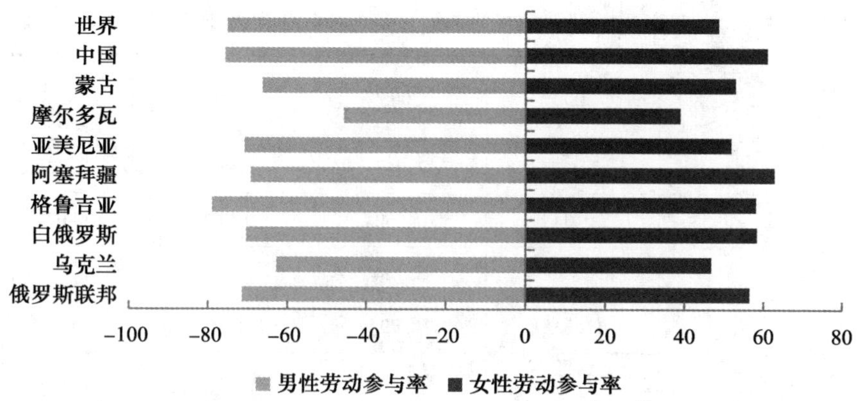

图7—3　2018年中国与独联体7国、蒙古分性别劳动力参与率

资料来源：整理自世界银行数据库（https：//data. worldbank. org. cn/indicator/SP. POP. GROW）。

中国与独联体7国、蒙古劳动就业呈现如下特征：第一，各国就业率整体略低于世界平均水平，就业水平有待提高；第二，独联体各国就业率越高，劳动参与率也相对越高，同时劳动力资源就业途径和就业方式较单一，多集中于第一产业；第三，两性劳动参与率存在明显差距，女性劳动力未充分参与社会经济活动，女性就业空间较小。

三　人口迁移变动

（一）国际迁移率

2000—2015年，中国和蒙古国国际迁移者占本国常住人口比重呈不断增长趋势（见表7—10），吸引国际迁移者不断增多；格鲁吉亚、阿塞拜疆、亚美尼亚和摩尔多瓦该比重呈不断下降趋势，说明吸收外籍人口占常住人口比重逐渐减少；俄罗斯、乌克兰和白俄罗斯该比重基本保持稳定。另一方面，从各国国际迁移者比重看，仅中国和蒙古低于1%，大多数国家在1%—10%之间，包括俄罗斯联邦、格鲁吉亚、阿塞拜疆、亚美尼亚和摩尔多瓦，乌克兰和白俄罗斯超过了10%。说明随着时代的发展，经济发展状况越好的国家开放程度逐渐提高，吸引国际迁移人口也越多，为本国经济发展注入了新的活力。

表 7—10　世界与中国、独联体 7 国、蒙古国际迁移者比重　（单位：%）

国别＼年份	2000	2005	2010	2015
世界	2. 831	2. 943	3. 206	3. 338
中国	0. 04	0. 052	0. 063	0. 071
俄罗斯联邦	8. 129	8. 124	7. 820	8. 116
乌克兰	11. 338	10. 792	10. 556	10. 786
白俄罗斯	11. 290	11. 482	11. 487	11. 404
格鲁吉亚	4. 608	4. 465	4. 287	4. 220
阿塞拜疆	4. 035	3. 529	3. 043	2. 709
亚美尼亚	21. 387	15. 560	7. 476	6. 336
摩尔多瓦	5. 899	4. 184	3. 860	3. 512
蒙古	0. 342	0. 454	0. 592	0. 595

资料来源：整理自世界银行数据库（https：//data. worldbank. org. cn/indicator/SP. POP. GROW）。

（二）净迁移率

2015 年，人口净迁出国家包括中国、蒙古、亚美尼亚、阿塞拜疆、格鲁吉亚和摩尔多瓦，人口净迁入的国家包括俄罗斯联邦、白俄罗斯和乌克兰（见图 7—4）。可以看出，迁入国的经济发展状况普遍相对较好，尤其是俄罗斯联邦，其综合实力较强，经济、文化相对更为开放，能够吸引世界各地的劳动力资源。另一方面，从净迁移率变化趋势看，只有俄罗斯联邦和白俄罗斯十几年来人口始终以迁入为主。乌克兰人口迁移由净迁出国转变为净迁入国，其他国家人口迁移率均未发生根本性变化，但大多数净迁出国家的迁移率近年来越来越低，如亚美尼亚、蒙古和阿塞拜疆等国。

由人口迁移变动比较分析可看出：中国与域内国家人口迁移较为频繁，尤其是经济发展水平相对较高的俄罗斯联邦、白俄罗斯和乌克兰，是近年来外籍人口迁移的首选国家。

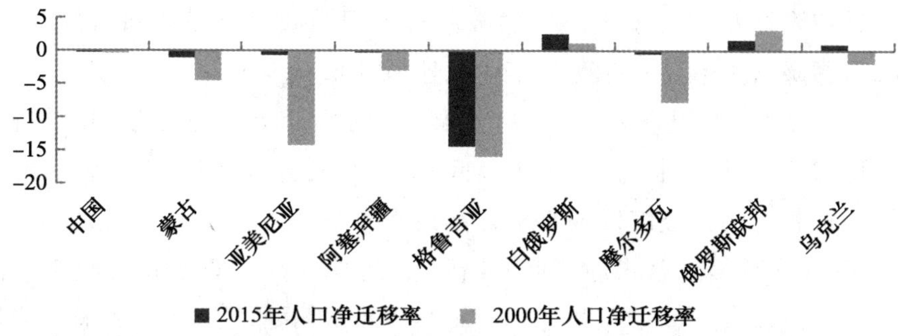

图7—4 2000—2015年中国与独联体7国、蒙古人口净迁移率

资料来源：整理自联合国开发计划署出版的《2016年人类发展报告》中的相关数据。

第二节 区域经济发展状况

中国与独联体7国、蒙古在自由贸易区建立前后十几年间，经济交往和人员往来取得了显著进步，不仅区域经济整体性提升，区域综合实力和国际影响力加强，同时区域内各国经济水平、贸易投资都获得了极大发展。

一 收入发展状况

（一）收入类型

根据世界银行2017年7月1日实行的最新收入上限值划分依据，结合中国与独联体各国2000—2015年人均GNI可看出：中国、俄罗斯、白俄罗斯、格鲁吉亚、阿塞拜疆、亚美尼亚、摩尔多瓦以及蒙古，其间均呈增长态势，与世界平均水平发展一致；唯有乌克兰在2010—2015年有所下降。具体来看，2000年，域内有中国、俄罗斯与白俄罗斯属中等偏下收入国家，其他六国均为低收入国家，且摩尔多瓦、蒙古该值不足500美元；2005年，唯俄罗斯进入中等偏上收入行列，其余国家均进入中等偏下收入国家行列；2010年，包括中国、俄罗斯、白俄罗斯、阿塞拜疆位于中等偏上收入国家，且只有俄罗斯该值高于世界平均水平；2015年与2010年基本一致，其中增幅最大的是蒙古，上涨了1850美元，而乌克兰其间减少了340美元。

2017年，属中等偏上收入的国家有中国、俄罗斯联邦和白俄罗斯，阿塞拜疆降落为中等偏下收入行列，比2015年减少了2470美元，上述国家均没有超过10000美元，也低于世界平均水平；其余国家均属中等偏下收入国家，可见在同一合作组织、区域联盟中，虽然同属于发展中国家行列，但各个国家经济发展水平存在巨大差异，参差不齐，例如摩尔多瓦2017年人均GNI仅占同期俄罗斯联邦的23.84%。随着世界经济结构的转型升级以及"一带一路"倡议提出，世界各国之间经贸往来日益频繁，各国经济将有较大幅度提升。

表7—11　　世界与中国、独联体7国、蒙古人均GNI比较　　(单位：美元)

国别	2000		2005		2010		2015		2017	
	GNI	类型	GNI	类型	GNI	类型	GNI	类型	GNI	类型
世界	5475	中等偏上	7341	中等偏上	9384	中等偏上	10576	中等偏上	10371	中等偏上
中国	940	中等偏下	1760	中等偏下	4340	中等偏上	7950	中等偏上	8690	中等偏上
俄罗斯	1710	中等偏下	4450	中等偏上	9980	中等偏上	11760	中等偏上	9230	中等偏上
乌克兰	700	低收入	1540	中等偏下	2990	中等偏下	2650	中等偏下	2390	中等偏下
白俄罗斯	1380	中等偏下	2820	中等偏下	6210	中等偏上	6720	中等偏上	5280	中等偏上
格鲁吉亚	750	低收入	1410	中等偏下	3000	中等偏下	4120	中等偏下	3780	中等偏下
阿塞拜疆	610	低收入	1270	中等偏下	5410	中等偏上	6550	中等偏上	4080	中等偏下
亚美尼亚	660	低收入	1540	中等偏下	3470	中等偏下	4030	中等偏下	3990	中等偏下
摩尔多瓦	380	低收入	890	中等偏下	1820	中等偏下	2230	中等偏下	2200	中等偏下
蒙古	470	低收入	900	中等偏下	2000	中等偏下	3850	中等偏下	3270	中等偏下

资料来源：整理自世界银行数据库（https：//data. worldbank. org. cn/indicator/SP. POP. GROW）。

（二）国内生产总值

1. 人均GDP

2000—2015年，中国—域内国家人均GDP均呈增长趋势（见表7—12）：一是俄罗斯联邦、乌克兰、白俄罗斯和阿塞拜疆，2000—2010年不断增长，2010—2015年受国际经济危机的影响，出现下降；二是中国与独联体其他国家，包括格鲁吉亚、摩尔多瓦、亚美尼亚和蒙古，人均 GDP 呈不断增长趋势，与世界平均发展水平一致。

表 7—12　　世界与中国、独联体 7 国、蒙古人均 GDP 比较　（单位：美元）

年份 国别	2000	2005	2010	2015	2016	2017
世界	5488. 34	7282. 98	9514. 95	10182. 19	10209. 0	10721. 61
中国	959. 37	1753. 42	4560. 51	8069. 21	8117. 27	8826. 99
俄罗斯联邦	1771. 59	5323. 47	10674. 99	9346. 62	8759. 04	10743. 1
乌克兰	635. 71	1828. 72	2965. 14	2124. 66	2185. 73	2639. 82
白俄罗斯	1276. 29	3126. 07	6030. 39	5949. 11	5025. 41	5727. 51
格鲁吉亚	692. 00	1530. 06	2964. 48	3764. 64	3865. 79	4057. 29
阿塞拜疆	655. 10	1578. 40	5842. 81	5500. 31	3880. 74	4131. 62
亚美尼亚	622. 74	1643. 76	3218. 38	3617. 94	3605. 74	3936. 80
摩尔多瓦	354. 00	831. 21	1631. 54	1832. 50	1913. 24	2289. 88
蒙古	474. 21	998. 82	2650. 35	3946. 96	3695. 17	3717. 47

资料来源：整理自世界银行数据库（https：//data. worldbank. org. cn/indicator/SP. POP. GROW）。

2016—2017 年，域内国家人均 GDP 全部增长，2017 年仅俄罗斯联邦高于世界平均值，另外人均 GDP 在 5000—10000 美元的有中国、白俄罗斯，分别比世界平均水平低了 1894. 62、4994. 1 美元；其他国家均低于 5000 美元，包括乌克兰、白俄罗斯、格鲁吉亚、阿塞拜疆、亚美尼亚、摩尔多瓦和蒙古，分别仅占世界平均值的 24. 62%、53. 42%、37. 84%、38. 54%、36. 72%、21. 36%和 34. 67%。总体看，中国与独联体各国经济发展水平在不断提升，但与世界平均水平有较大差距，且区域内各国间差距也十分明显。

2. 人均 GDP 年增长率

首先，除了中国、亚美尼亚外，其他国家人均 GDP 年增长率与世界平均水平基本一致，2010 年开始经济增长速度放缓（见表 7—13），迎来经济发展的新一轮减速期。其次，与世界平均发展速度比较，2000 年，格鲁吉亚、摩尔多瓦和蒙古经济增速低于世界平均值，最低的蒙古仅 0. 249%，俄罗斯联邦与阿塞拜疆超过 10%。2005 年，域内所有国家都超过世界平均增速，最高的阿塞拜疆达 25. 114%，比世界平均值高出 22. 554 个百分点，2010 年仅亚美尼亚经济增速低于世界平均值。2015—2016 年，经济增长率低于世界平均水平的有：俄罗斯联邦、白俄罗斯、阿塞拜疆和蒙古，其中俄罗斯联邦、白俄罗斯、阿塞拜疆人均 GDP 增长率从 2010 年起出现负增长。

2017 年，中国、乌克兰、白俄罗斯、格鲁吉亚、亚美尼亚、摩尔多瓦和蒙古增长率均高于世界平均水平，且中国仍保持在 6% 以上，经济发展形势大好。域内仅阿塞拜疆在 2011 年、2015—2017 年持续负增长，与 2005 年相比降幅很大。

表 7—13　世界与中国、独联体 7 国、蒙古人均 GDP 年增长率　（单位：%）

年份 / 国别	2000	2005	2010	2015	2016	2017
世界	3. 022	2. 56	3. 063	1. 65	1. 321	1. 957
中国	7. 640	10. 743	10. 103	6. 358	6. 124	6. 304
俄罗斯联邦	10. 464	6. 783	4. 457	-3. 038	-0. 408	1. 431
乌克兰	6. 971	3. 455	4. 615	-9. 444	2. 721	2. 952
白俄罗斯	6. 300	10. 150	7. 977	-3. 983	-2. 649	2. 354
格鲁吉亚	2. 627	11. 038	7. 657	3. 154	2. 788	4. 895
阿塞拜疆	10. 191	25. 114	3. 614	-0. 097	-4. 177	-0. 962
亚美尼亚	6. 570	14. 605	2. 600	2. 621	-0. 069	7. 293
摩尔多瓦	2. 316	7. 762	7. 207	-0. 336	4. 563	4. 565
蒙古	0. 249	5. 996	4. 626	0. 558	-0. 52	3. 65

资料来源：整理自世界银行数据库（https：//data. worldbank. org. cn/indicator/SP. POP. GROW）。

结合收入类型看，中低收入国家中的格鲁吉亚、阿塞拜疆、亚美尼亚和蒙古，由于受经济危机影响，人均 GDP 仍处于下降趋势，需要进一步采取相关经济措施，而其他发展中国家经济开始出现好转，“一带一路”倡议的提出，为发展中国家经济复苏提供了一个有利平台，同时也为寻求经济再突破提供了新的发展机遇，必须牢固树立区域合作意识，互帮互助，才能实现区域经济协调发展。

二　三次产业发展状况

由于中国与域内各国产业结构布局不尽相同，比较各国三次产业发展及就业状况，能够为区域经济合作和贸易投资提供重要参考价值。

（一）三次产业增加值

一是农业，2010—2017年，除乌克兰农业增加值占GDP比重增长2.783%外（见图7—5、图7—6），其他即使增加也低于1个百分点，如摩尔多瓦增加了0.067个百分点，白俄罗斯、亚美尼亚、蒙古、中国分别减少了0.902、2.975、1.387和1.615个百分点。

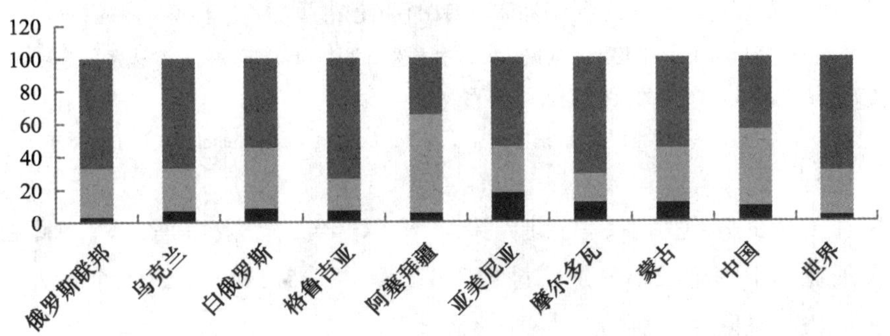

图7—5　2010年世界与中国、独联体7国、蒙古三次产业增加值占GDP的比重

注：亚美尼亚2010年的数据缺失，用2012年替代。

资料来源：世界银行数据库（https：//data. worldbank. org. cn/indicator/SP. POP. GROW）。

二是工业，除了格鲁吉亚、俄罗斯工业增加值占GDP比重期间分别增长了3.259、0.045个百分点外，其他国家均呈现下降趋势，下降幅度较大的是阿塞拜疆、白俄罗斯，分别下降了10.189、4.852个百分点。

三是服务业，除了格鲁吉亚和乌克兰服务业增加值占GDP比重处于负增长状态外，两国分别下降了2.934、0.871个百分点，其他国家均显著提高，其中俄罗斯联邦、摩尔多瓦和蒙古服务业增加值占GDP比重增

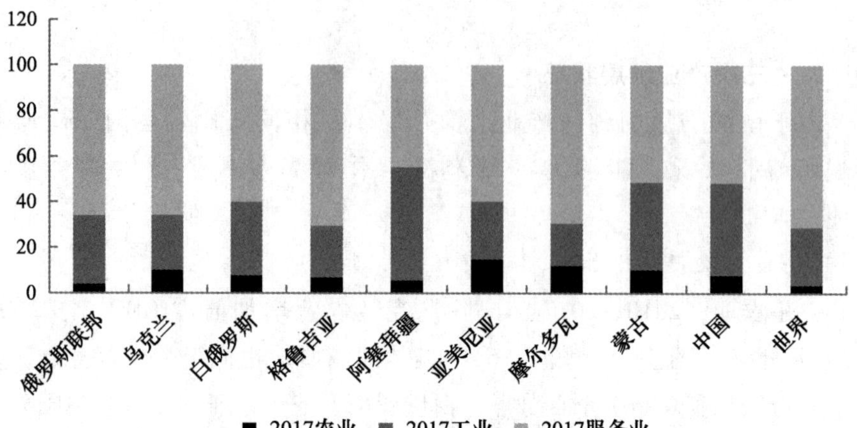

图7—6 2017年世界与中国、独联体7国、蒙古三次产业增加值占GDP的比重

注：由于2016年世界平均水平数据缺失，本书采用2015年最新数据代替；摩尔多瓦2017年的数据缺失，用2016年的数据替代。

资料来源：世界银行数据库（https：//data. worldbank. org. cn/indicator/SP. POP. GROW）。

长率在1个百分点左右，与世界平均水平相当，白俄罗斯、阿塞拜疆、亚美尼亚和中国增长率分别超过5. 754、10. 08、5. 511、7. 555个百分点，增长最快的是阿塞拜疆。

2017年，中国与域内各国三次产业结构均呈现“三、二、一”模式，以服务业为主的第三产业发展迅速。具体看，农业增加值占GDP比重较高的国家是亚美尼亚，比同期世界平均水平高出近15个百分点，说明农业在其国民经济发展中仍占据相当大的比重；二是工业增加值占GDP比重最大的是阿塞拜疆，近50%，工业在该国经济发展中占据主导地位，其他国家工业增加值占GDP比重均低于40%，乌克兰、格鲁吉亚和摩尔多瓦甚至低于世界平均水平；三是服务业增加值占GDP比重仅摩尔多瓦高出世界平均水平（70%）的1个百分点左右，其余国家均低于世界平均水平，第三产业发展有待提高。

（二）三次产业就业状况

2010—2018年，除摩尔多瓦农业就业人员占总就业人口比重上涨了5. 033个百分点外，其余各国农业就业人员逐渐减少，工业就业人口变化相对较小，服务业就业人员比重显著增加，总体变化趋势与世界平均水平一致。其中，农业就业人员占总就业人员比重下降明显的是中国、格鲁吉亚、乌克兰和亚美尼亚，分别下降了 9.785、8.397、5.877、5.355 个百分点（见表 7—14），说明上述国家农业人口转移就业速度较快。下降速度小于世界平均水平的国家是：俄罗斯联邦、白俄罗斯、阿塞拜疆、摩尔多瓦和蒙古。

工业就业人员占总就业人员比重变化相对稳定，经济发展水平相对较高的国家，如中国、俄罗斯联邦、乌克兰、白俄罗斯、摩尔多瓦，同比高于世界平均值，工业就业人员略有下降。相反，工业就业人员占总就业人员比重增长的国家有格鲁吉亚、阿塞拜疆和蒙古，分别增长了 0.9%、0.7%、4.3%，增长幅度相对较小，但均高于世界平均值。

表 7—14　世界与中国、独联体 7 国、蒙古三次产业就业人员占总就业人口的比重

（单位：%）

国别	2010 年			2018 年		
	农业	工业	服务业	农业	工业	服务业
世界	30.818	21.3	46.3	25.957	21.5	49.4
中国	26.234	24.0	41.9	16.449	23.9	48.3
俄罗斯联邦	7.747	27.7	64.4	6.601	27.3	66
乌克兰	20.329	25.7	54	14.452	24.4	59.6
白俄罗斯	10.824	33.8	55.1	9.658	32.5	57.9
格鲁吉亚	48.186	10.4	40.5	39.789	11.3	43.6
阿塞拜疆	38.23	13.7	48.1	37.481	14.4	49
亚美尼亚	38.596	17.3	44	33.241	15.8	48.9
摩尔多瓦	27.521	32.2	40.3	32.554	31.2	40.0
蒙古	33.527	16.2	50.2	29.802	20.5	51.3

资料来源：世界银行数据库（https：//data. worldbank. org. cn/indicator/SP. POP. GROW）。

除了摩尔多瓦以外，域内国家服务业就业人员占总就业人员比重均呈现增长态势，中国、乌克兰和亚美尼亚增长速度相对较快，分别增加了6.4%、5.6%、4.9%，而俄罗斯联邦、阿塞拜疆和蒙古等国家增长相对较慢，摩尔多瓦减少了0.3个百分点。

2018年，就业人口结构大体上可分为：中国、俄罗斯联邦、乌克兰、白俄罗斯，就业人口结构呈“三、二、一”模式，三次产业就业人口布局合理，尤其俄罗斯联邦服务业就业人口占总就业人口比重超过60%，乌克兰也接近60%；二是格鲁吉亚、阿塞拜疆、亚美尼亚、摩尔多瓦和蒙古，与世界平均水平一致，呈现“三、一、二”结构模式，服务业就业人口显著增加，工业就业人口基本稳定，农业就业人口虽有所下降，但仍保持较高比重，尚有大量就业人口囤积于农业，需尽快进行产业结构调整。

可以看出：首先，经济发展状况较好的国家，如俄罗斯联邦、乌克兰、白俄罗斯和摩尔多瓦，三次产业增加值和三次产业就业状况较为合理，服务业创造的社会总产值高，吸纳就业人员能力较强。其次，以中国、阿塞拜疆、亚美尼亚和蒙古为代表的国家，三次产业结构调整仍在进行，农业增加值不断降低，农业就业人员不断转移至工业和服务业，产业结构调整仍是经济发展的重中之重。经济发展相对落后的格鲁吉亚，农业增加值较低，大部分就业人口囤积于第一产业，近40%的就业人口创造了不到10%的社会总产值，这正是其就业率虚高经济发展缓慢的主要原因，劳动力资源未得到充分利用。

三 贸易发展状况

（一）贸易发展状况

2000—2015年，仅格鲁吉亚进出口贸易额占GDP比重不断增加，与世界平均水平基本一致（见表7—15）；中国、俄罗斯联邦和摩尔多瓦，均是区域内经济发展状况相对较好的国家，受国内经济结构调整影响较大，2005年开始不断下降，俄罗斯联邦最为严重，下降了18.917个百分点，中国又回到了2000年的水平；乌克兰、白俄罗斯、阿塞拜疆、亚美尼亚和蒙古，随着本国经济政策调整以及国际环境变化，进出口贸易占GDP比重变化较大。

表7—15　　世界与中国、独联体7国、蒙古贸易额占GDP比重　（单位：%）

国别＼年份	2000	2005	2010	2015	2016	2017
世界	51.167	56.182	56.929	57.83	56.213	71.701
中国	39.411	62.208	48.889	39.453	37.034	37.803
俄罗斯联邦	68.094	56.713	50.356	49.177	46.225	46.728
乌克兰	119.858	97.177	98.14	107.807	105.521	103.556
白俄罗斯	141.609	118.884	113.068	115.915	125.209	134.105
格鲁吉亚	62.662	85.316	87.716	107.008	102.93	112.514
阿塞拜疆	78.549	115.842	74.986	72.602	90.077	90.664
亚美尼亚	73.919	72.039	66.147	71.593	75.918	86.868
摩尔多瓦	126.163	143.024	117.771	116.668	114.406	—
蒙古	121.887	122.381	103.35	90.287	95.611	117.142

资料来源：整理自世界银行数据库（https://data.worldbank.org.cn/indicator/SP.POP.GROW）。

2017年，贸易额占GDP比重超过100%的国家有乌克兰、白俄罗斯、格鲁吉亚和蒙古，上述国家国际交往频繁，且各国进出口产品类型差异大；贸易额低于100%，但超过世界平均值的有阿塞拜疆、亚美尼亚，发展潜力较大；其余国家包括中国、俄罗斯联邦该比重相对较小，低于50%，“一带一路”倡议实施以来，未来在区域合作上将日益紧密，应加快区域间进出口贸易发展。

（二）货物和服务出口

2000—2015年，除俄罗斯联邦货物和服务出口额占GDP比重不断下降外，格鲁吉亚持续上涨，其他国家起伏较大，世界平均发展趋势则相对稳定，基本保持在28%左右（见表7—16）。2017年，中国与独联体各国该比重可分为以下几类：一是低于世界平均水平的国家有中国和俄罗斯联邦，货物和服务出口率较低，进出口贸易发展相对落后；二是高于世界平均水平且超过50%的国家有白俄罗斯、格鲁吉亚和蒙古，其进出口贸易拥有相当大的优势；三是该值高于世界平均水平但低于50%的国家，如乌克兰、阿塞拜疆、亚美尼亚，这些国家与白俄罗斯相比有较大差距，进出口贸易还有较大提升空间。

表7—16　世界与中国、独联体7国、蒙古货物和服务出口占GDP比重　（单位：%）

国别＼年份	2000	2005	2010	2015	2016	2017
世界	26.048	28.618	28.83	29.306	28.509	36.954
中国	20.893	33.83	26.267	21.348	19.658	19.757
俄罗斯联邦	44.061	35.203	29.216	28.606	25.699	26.04
乌克兰	62.445	48.746	47.053	52.598	49.299	47.947
白俄罗斯	69.211	59.798	50.11	58.011	62.509	67.043
格鲁吉亚	22.995	33.748	34.951	44.758	43.604	50.266
阿塞拜疆	40.171	62.941	54.305	37.795	46.428	48.688
亚美尼亚	23.375	28.809	20.83	29.728	33.148	37.32
摩尔多瓦	49.6	51.164	39.225	42.805	43.634	—
蒙古	53.997	58.769	46.679	45.646	50.201	59.753

注：货物和服务出口指向世界其他国家供应的所有货物和其他市场服务的价值。包括商品、货运、保险、运输、旅游、版税、特许权费，以及通信、建筑、金融、信息、商务、个人和政府服务等其他服务。

资料来源：世界银行数据库（https://data.worldbank.org.cn/indicator/SP.POP.GROW）。

从中国与域内各国进口贸易发展状况可得出以下结论：第一，乌克兰、白俄罗斯、格鲁吉亚和摩尔多瓦等国进出口贸易对经济的拉动作用显著，贸易贡献率较高，各国进出口产品类型差异大，白俄罗斯主要以货物和服务出口为主，乌克兰、格鲁吉亚和摩尔多瓦出口产品中货物和服务所占比重相对较低，缺乏高附加值产品出口，限制了贸易的长远发展；第二，阿塞拜疆、亚美尼亚和乌克兰，进出口贸易发展状况包括货物和服务出口与世界平均水平相近，贸易结构与贸易发展相对合理，发展潜力较大；第三，进出口贸易水平相对较低的国家，包括中国和俄罗斯联邦，贸易对经济发展贡献率较低，比重低于世界平均水平，贸易发展尤其是第二、三产业出口发展远落后于发达国家，需进一步进行产业结构调整。

四　城市化发展

人口城市化既是社会经济发展的必然阶段，也是一个国家或区域经济发展状况的直观反映。一般来说，城市化水平越高，区域经济发展水平越高。

（一）城市化率

除亚美尼亚1990—2017年城市化率缓慢下降外（见图7—7），其他国家城市化率总体上涨，可划分为两个加速期：1990—2010年为第一个快速增长期；2010年至今为第二个增长期，表现为城市化增长速度放缓。2017年，白俄罗斯城市化率超过75%，相对较高；中国、蒙古、亚美尼亚、阿塞拜疆、格鲁吉亚、俄罗斯联邦和乌克兰城市化率超过50%，也为区域经济发展提供了相对充足的劳动力资源，但仍有较大发展空间。同年摩尔多瓦城市化率仅为42.557%，尚有多数人口在农村，城市化空间提升较大。

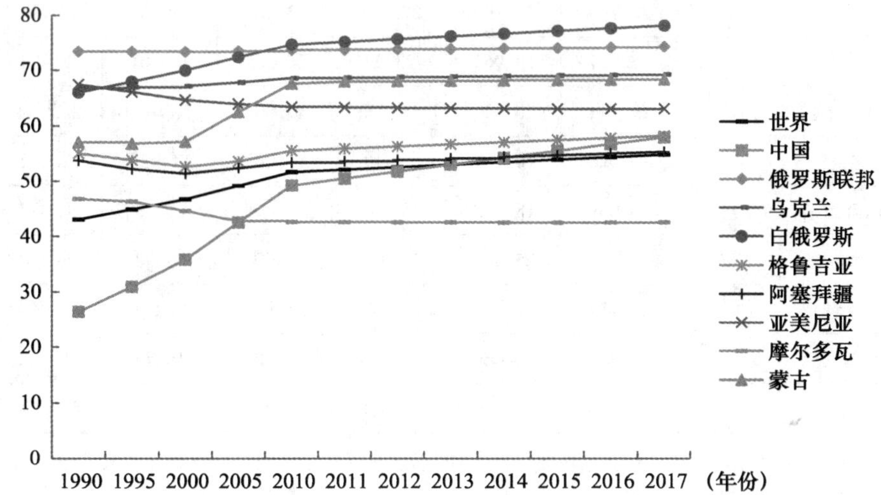

图7—7　世界与中国、独联体7国、蒙古的城市化率

资料来源：世界银行数据库（https：//data. worldbank. org. cn/indicator/SP. POP. GROW）。

（二）城市群发展

从宏观角度看，除了亚美尼亚自2010—2015年、阿塞拜疆自2000—2006年下降外，2000—2015年其他各国人口超过100万的城市群吸纳人口占本国总人口比重不断增加（见表7—17），说明大城市对人口吸附能力逐渐增强。2017年，俄罗斯联邦、乌克兰、白俄罗斯、阿塞拜疆四国该比重低于世界平均水平外，比重最小的乌克兰仅12.012%，比世界平均值低了11.702个百分点。其余国家人口超过100万的大城市发展相对较快，最高的蒙古达47.684%，比同期世界平均值高了23.97个百分点，同时也说明中小城市对人口吸引力也较强。中国大城市发展迅速，并不断扩大成为超大城市、特大城市，逐渐形成大城市越来越大、大中小城市差距越来越明显的状况。当然，人口过度集中于小城镇，也不利于发挥大城市的集聚效应和区域带动作用，同样不利于一国经济的协调发展。

表7—17　世界与中国、独联体7国、蒙古人口超过100万的城市群的人口比重

（单位：%）

国别＼年份	2000	2005	2010	2015	2016	2017
世界	20.263	21.199	22.275	23.264	23.489	23.714
中国	17.127	19.962	23.27	26.126	26.701	27.271
俄罗斯联邦	19.944	20.945	21.772	22.604	22.779	22.971
乌克兰	10.426	10.921	11.46	11.843	11.924	12.012
白俄罗斯	17.039	18.363	19.493	20.498	20.68	20.874
格鲁吉亚	24.892	25.794	27.495	29.004	28.98	28.99
阿塞拜疆	22.438	22.251	22.772	22.865	22.879	22.905
亚美尼亚	36.204	36.466	37.034	36.726	36.73	36.762
蒙古	31.914	36.93	41.946	45.837	46.73	47.684

注：表中摩尔多瓦的统计数据缺失，因此不将该国纳入比较序列；表中数字为人口超过100万的城市群的人口占总人口的百分比。

资料来源：整理自世界银行数据库（https://data.worldbank.org.cn/indicator/SP.POP.GROW）。

综合来看，中国与域内各国收入水平较高的中国、俄罗斯联邦和白俄罗斯人均GDP和人均GNI增长速度逐渐趋于缓慢，开始过渡到稳定增长阶段，进出口贸易额趋于下降，城市化发展程度相对较高，城市群发展较慢，暂时已进入经济发展平稳期，必须从多个方面予以政策性调整。其余收入水平相对较低的国家，正处于经济发展加速期，人均GNI和人均GDP维持着相对较高增速，尤其进出口贸易发展迅速，对外贸易对区域经济的拉动作用显著，但这些国家的城市化水平仍较低，阻碍了产业结构调整和工业化、信息化发展。因此，在“一带一路”倡议下，实现中国与域内国家的深入合作、协调发展显得尤为重要。

第三节　人口与区域经济发展耦合协同状况

一　指标体系的构建

本章研究从人口子系统与经济子系统的内在联系出发，选取2015年代表人口子系统的11项指标及经济子系统的11项指标反映中国独联体7国、蒙古人口与经济耦合发展状况，并运用熵值法确定指标体系及权重参见表2—18，人口子系统和经济子系统耦合阶段划分参见表2—19，协调类型及判别标准参见表2—20。

二　统计性分析结果

本部分利用2015年各国家相关统计数据，经标准化处理之后，采用熵值法得到各指标权重，计算各国人口发展水平与经济发展水平，再根据第二章中式2—3和式2—4分别计算出2015年的中国和“一带一路”沿线独联体国家的耦合度与协调度（见图7—8）。

人口与经济发展的耦合关系在空间分布上存在一定的差异性，体现了区域性特征。由2015年的耦合度曲线（见图7—8）可以看出：中国与“一带一路”沿线独联体国家的耦合度集中分布在0.4587与0.4988之间，其中白俄罗斯耦合度最高为0.4988，摩尔多瓦最低为0.4587，按照耦合阶段划分标准，这些国家均属于拮抗阶段，该类型大致处于工业化时期，人均GDP低于世界平均水平。而各个国家的协调度主要分布在

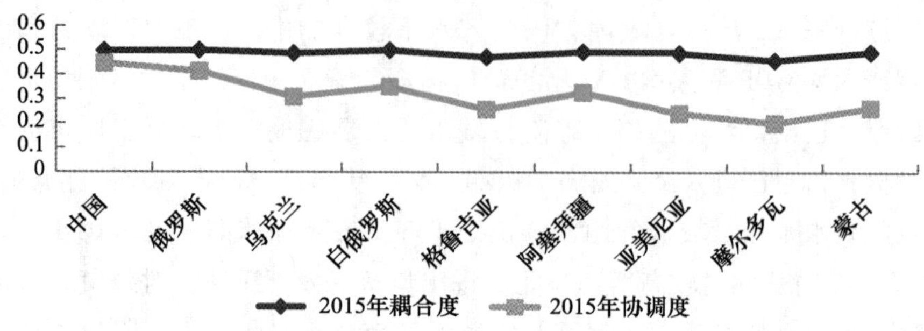

图 7—8　中国与独联体 7 国、蒙古耦合度与协调度变化

资料来源：世界银行数据库，2016 年人类发展报告。

0. 2020 与 0. 4452 之间，结合人口经济耦合协调度分析表（见表 7—18）：2015 年，只有中国与俄罗斯两国处于过渡型，但是两国仍然处于濒临失调状态，尚未达到协调状态；而其余国家均处于衰退失调型，其中格鲁吉亚、亚美尼亚、摩尔多瓦和蒙古国处于中度失调，白俄罗斯、乌克兰以及阿塞拜疆处于轻度失调，其中摩尔多瓦协调失衡最为严重，协调度为 0. 2020，协调度数值仅是中国的一半，处于中度失调的起步阶段，而中国的协调度最高，达到 0. 4452，人口与经济发展之间的矛盾相对较小。

表 7—18　2015 年中国与独联体 7 国、蒙古人口经济耦合协调度分析表

国别	耦合度数值	协调度数值	协调度等级	协调度类型
中国	0. 4969	0. 4452	濒临失调	过渡型
俄罗斯	0. 4983	0. 4126	濒临失调	
乌克兰	0. 4864	0. 3081	轻度失调	衰退失调型
白俄罗斯	0. 4988	0. 3508	轻度失调	
阿塞拜疆	0. 4932	0. 3275	轻度失调	
格鲁吉亚	0. 4710	0. 2571	中度失调	
亚美尼亚	0. 4875	0. 2419	中度失调	
摩尔多瓦	0. 4587	0. 2020	中度失调	
蒙古	0. 4924	0. 2646	中度失调	

资料来源：整理自世界银行数据库（https：//data. worldbank. org. cn/indicator/SP. POP. GROW）。

依据2016年公布的《工业化蓝皮书："一带一路"沿线国家工业化进程报告》可将中国与独联体7国以及蒙古分为两种情况：一种是处于工业化中期，经济发展水平低，人均GDP远低于世界平均水平，主要有：摩尔多瓦和亚美尼亚（工业化中期前段）、蒙古和格鲁吉亚（工业化中期中段）、乌克兰和阿塞拜疆（工业化中期后段）。这类国家虽然人口与经济耦合度非常高，但是这种高关联耦合所体现的人口发展与经济之间的密切联系可能是由于两者之间的矛盾冲突过大所导致，人口与经济发展均很落后，经济发展主要依赖于农业，产业结构单一化，农业人口比重过高，人口与经济之间协调性较差。

另一种是指处于工业化后期，第二产业所占比重明显高于第一产业，主要有：中国和俄罗斯（工业化后期中段）、白俄罗斯（工业化后期后段）。这类国家人口就业结构与经济产业结构的矛盾有所缓和，人口与经济发展之间协调性较强，人口因素在一定程度上促进了经济的发展，同时经济因素也开始促进人口质量与数量的优化。

总体来看，中国与独联体7国、蒙古人口与经济协调发展均处于拮抗阶段，发展仍然处于失调状态，人口要素对经济的发展所起的作用较小，这应该为各个国家敲响警钟，加强国家之间的合作交流，促使各国之间优势互补，取长补短，及时根据本国具体情况努力改变现状，促进人口经济之间的协调发展。

第四节　人口变动对区域经济发展的影响

根据中国与独联体7国、蒙古人口变动与经济发展基本状况，进一步考察人口变动对区域经济发展的影响机制，分析并提出二者不相适应的地方，为"一带一路"建设发展，促进中国与独联体国家区域经济发展提供新思路。

一　人口自然变动对经济发展的影响

（一）人口规模波动，人均GNI普遍偏低

中国与域内大部分国家人口规模和世界平均水平发展一致，处于不断上升阶段，尤其蒙古国，2017年人口增长率仍超过1.2%，高出同期世

界平均水平，人口净增长量相对较大。但乌克兰和摩尔多瓦人口规模呈现缩减趋势。

在既定的社会生产能力和收入水平下，人口总量不断增加会稀释人均财富，影响生活水平的提高，尤其对发展较为滞后的国家影响更为明显，例如2017年乌克兰人口总量是白俄罗斯的4.7倍，是摩尔多瓦的12.7倍，但是人均GNI与摩尔多瓦相当，仅是白俄罗斯的0.43倍，在中等偏下收入国家中，亚美尼亚人口规模最小，但其人均GNI却高于其他中等偏下收入国家。即，人口增加并不能直接促进经济增长，当经济水平较低时，人口规模过大会带来更大人口压力，造成社会总需求增加，如果不能及时、合理地解决人口日益增长的物质需要，提高社会生产效率，就会造成资源紧缺、环境破坏，阻碍经济社会长远发展。

（二）少儿人口比重普遍偏低，“少子化”问题相当突出

从世界发展经验看，“少子化”是发达国家面临的一大难题，对发展中国家同样造成很大冲击，带来一系列严重社会后果。中国与独联体国家0—14岁少儿人口比重均呈不断下降趋势，尤其是中国、俄罗斯联邦、乌克兰、白俄罗斯、格鲁吉亚、亚美尼亚和摩尔多瓦，2017年少儿人口占总人口比重已降至20%以下，比世界平均值分别低了8.264、8.336、10.448、9.199、6.758、2.664、5.934和10.201个百分点，仅蒙古比世界平均值高出3.727个百分点。到2050年，中国、格鲁吉亚、亚美尼亚和摩尔多瓦少儿人口比重将分别跌至13.98%、17.32%、14.79%和12.58%，届时阿塞拜疆少儿人口比重也将降至17.33%，“少子化”问题将更加严重。

“少子化”在短期内会直接影响教育、医疗等公共事业发展，学校生源急剧减少、相关产业被迫转型，引起一系列社会连锁反应。从长远看，“少子化”必然带来人口结构失衡、人口规模缩减，经济社会发展所需的劳动力资源短缺，影响产业结构调整和就业结构完善，老年人口赡养义务转移至社会和国家，造成代际传递断裂，必须统筹多方面资源逐渐消减“少子化”带来的社会风险。

（三）人口老龄化不断加深

1. 区域老龄化严重，应对措施不够完善

在中国与独联体7国、蒙古中，中国、俄罗斯联邦、乌克兰、白俄

罗斯、格鲁吉亚、亚美尼亚、摩尔多瓦等国均已进入老龄化，2017 年上述国家老年人口系数分别达 10.641%、14.178%、16.462%、14.799%、14.864%、11.232% 和 10.864%，比重均高于世界平均值，且全部高出 10%，仅阿塞拜疆与蒙古不到 7%。到 2050 年，这些国家的老年人口系数将分别达到 26.30%、22.10%、25.48%、23.86%、22.65%、22.96% 和 23.73%，老年人口绝对数量共计达到 4.02 亿，占中国与独联体 7 国、蒙古的老年人口总量的 99.51%，老年人口数量十分庞大。其余两国将在 2020—2030 年先后进入人口老龄化时期，各国老龄化程度截然不同。

人口老龄化对一个国家的社会保障制度、基础设施建设等方面提出了新要求。一方面，人口老龄化对中国的影响主要表现在地区发展不平衡问题、人均收入尚未达到世界平均水平以及人口老龄化速度不断加快方面，现阶段每单位人口的收入不足以应对同时期的养老、医疗问题，在“老龄化”背景下，中国需要不断提高人均收入，健全社会养老保险制度，以此消减人口老龄化冲击；另一方面，对于俄罗斯、乌克兰、白俄罗斯等进入老龄化社会较早的国家而言，现阶段经济发展水平较发达国家还有很大差距，且人口老龄化程度明显加深，需要进一步提高经济发展水平、充分发挥老年人力资源优势、积极发展老年消费市场。

2. 人口抚养负担加重且趋势不可逆转

不同年龄结构类型决定了人口抚养侧重点不同。一方面，中国、俄罗斯联邦、乌克兰、白俄罗斯、格鲁吉亚和亚美尼亚人口抚养比不断加重，主要受到人口老龄化影响，故独联体国家中老龄化最为严重的国家是乌克兰，老年人口抚养压力主要集中在养老保险以及医疗等方面，需要不断地完善社会养老保险制度。同时，老年人口增多，会改变本国消费储蓄结构，进而影响社会投资。

另一方面，蒙古 2017 年人口总抚养比接近 50%，由于老年人口较少，被抚养人群主要集中于少年儿童，因此，本国教育、医疗、就业、住房和婚姻等方面压力较大，且年轻人社会需求更为多元化，对社会经济发展要求更为强烈。21 世纪 30 年代左右，蒙古进入人口老龄化，社会抚养负担逐渐转向老年人口，届时也将面临与现阶段发达国家同样难题。因此，人口抚养负担加重趋势不可逆转。

（四）人口红利亟待进一步开发利用

1. 部分国家劳动力资源浪费

2017 年，域内大部分国家已步入老年型国家行列，包括中国、俄罗斯联邦、乌克兰、白俄罗斯、格鲁吉亚、亚美尼亚和摩尔多瓦，老年人口系数均超过 10%，老龄化较严重，劳动年龄人口占总人口比重逐渐下降，劳动力资源优势逐渐消退，但阿塞拜疆和蒙古在 21 世纪中叶以前劳动年龄人口优势仍继续保持。同时，阿塞拜疆和蒙古 2017 年老年人口系数分别只有 6.018%、4.031%，老年抚养比较低，与人口年龄结构较年轻的优势一并构成人口红利期，经济发展潜力巨大。随着人口年龄结构变化，人口红利会在一定时期后消退，若两国未有效提高劳动人口生产效率，待到人口老龄化阶段，经济与人口的双重压力将严重阻碍社会发展。

2. 高素质人才培养机制不健全，人口素质普遍偏低

阿塞拜疆和蒙古正处于人口红利期，尤其阿塞拜疆，人口红利期将延续至 2050 年左右。但阿塞拜疆高等教育入学率不足 26%，比入学率最高的白俄罗斯低了 62.46 个百分点。同时，阿塞拜疆人口平均受教育年限为 12 年，可以看到，阿塞拜疆虽是独联体区域内经济发展较为落后的国家，但重视基础教育，然而高素质人才培养机制不够健全，阻碍了劳动力人口素质全面提升，也极大地影响了科学技术的革新和生产效率提高，是对人口红利期的浪费和闲置，若不及时调整和改革，势必造成人口压力，影响社会经济和人口长远发展。

二　人口社会变动对经济发展的影响

（一）就业人口效率低，产业布局不合理

中国、俄罗斯联邦、白俄罗斯、格鲁吉亚和阿塞拜疆各国劳动年龄人口就业率均高于世界平均值，但多数国家的就业人口效率仍低于世界平均水平。中国、俄罗斯联邦、白俄罗斯、格鲁吉亚和阿塞拜疆三次产业虽不断调整，2017 年，农业增加值占 GDP 比重分别是：8.8%、4.6%、7.2%、9.1%和 6.8%，比世界平均水平分别高出 5.1、0.8、3.5、5.3 和 3 个百分点；工业增加值占 GDP 比重分别为：40.9%、32.8%、37.7%、24.7%和 49.3%，比世界平均水平分别低 13.7、5.5、10.4、－2.6 和 22 个百分

点；服务业增加值占 GDP 比重分别为：50.2%、62.7%、55.1%、66.2%和43.9%，比世界平均水平分别低18.7、6.3、13.9、2.7 和25 个百分点。可见，上述国家产业布局仍不尽合理，第一产业所占比重略高，第二产业发展缓慢，第三产业所占比重偏低，服务业发展十分滞后，对 GDP 的贡献率低于世界平均水平，就业人口劳动效率低下。由于本国经济发展相对滞后，国内生产总值较低，经济发展动力不足，囤积在第一产业的劳动力所创造的社会财富总额相对有限，致使国民生活水平得不到根本改善，需要尽快调整产业布局。

（二）部分国家进出口贸易相对滞后，产业附加值偏低

2017 年，中国和俄罗斯联邦进出口贸易发展相对滞后，尤其是货物和服务出口占 GDP 比重远远落后于独联体其他国家，贸易对经济发展的贡献率较低，缺乏高附加值产品出口，限制了贸易的长远发展。与白俄罗斯相比，中国和俄罗斯联邦贸易额占 GDP 比重分别低了 96.302、87.377 个百分点，货物和服务出口占 GDP 比重分别低了 47.286 和 41.003 个百分点，差距悬殊。域内其他国家货物与服务出口贸易均高出世界平均值，这也说明中国和俄罗斯联邦贸易发展空间还相对较大，在产业结构调整和优化的基础上，必须相应调整进出口贸易结构，进一步消除贸易壁垒，实现产品出口尤其是高附加值、高科技含量的产品出口，增加国际、区域间的贸易往来。

（三）农业人口数量众多，需有效转移

2000—2018 年，中国与域内各国农业就业人员虽逐年减少，工业就业人口变化相对较小，服务业就业人员比重显著增加，总体变化趋势与世界平均水平一致。其中，格鲁吉亚、阿塞拜疆、亚美尼亚、摩尔多瓦和蒙古，就业人口结构与世界平均水平一致，呈现“三、一、二”产业结构模式，农业就业人员不断转移至工业和服务业中。格鲁吉亚农业就业人口占总就业人口比重接近40%，比世界平均水平高出 13.832 个百分点，农业增加值较低，仍有大量就业人口囤积于农业，需要实施积极的有效转移。

（四）女性参与率低，开发空间较大

受传统文化、社会制度以及经济发展类型等因素影响，域内国家女性劳动力社会参与率相对较低，女性劳动力资源开发空间较大，尤其是

格鲁吉亚，2016 年，女性劳动力社会参与率比同期男性劳动力参与率低了 21 个百分点，大量女性劳动力未参与社会经济活动，造成劳动力资源的极大闲置和浪费，不利于女性社会地位的提高与家庭发展，不利于劳动力资源利用率的提高。

三 人口迁移变动对经济发展的影响

（一）人口迁移率偏低，劳动力资源利用不足

一方面，经济发展越落后的国家，人口净迁移率越低。中国、蒙古、亚美尼亚、格鲁吉亚、摩尔多瓦和阿塞拜疆人口迁移率主要以迁出为主，但近年来迁出率在逐渐降低，2015 年上述国家人口净迁移率分别为：-0.3%、-1.1%、-0.7%、-14.4%、-0.5%和-0.3%，与区域内高收入国家的人员互动不频繁，缺乏劳动力资源互补的积极性。另一方面，经济越发达的国家对国际迁移人口的需求越大，白俄罗斯和俄罗斯联邦人口迁移发生率较高，2015 年两国人口净迁移率分别为 2.5%、1.6%，其吸纳的国际迁移者多以技术型高端人才为主，对独联体区域内的廉价低端劳动力需求较少，区域内劳动力资源供需不对称，无法有效带动区域内国家共同发展，缺乏劳动力资源信息与互派共享机制。

（二）城市化水平整体不高，需加快城市群建设

城市化水平越低，代表该国经济发展越落后，人口在空间、职业和地区的分布就越难以优化。中国与独联体各国城市化水平整体不高，且国家间差距较大。城市化率超过 50% 的国家有中国、蒙古、亚美尼亚、阿塞拜疆、格鲁吉亚、俄罗斯联邦和乌克兰，属中等偏下收入国家的摩尔多瓦的城市化发展水平较低，尚有大量人口囤积在农村，囿于第一产业生产领域，导致收入水平较低，人民生活水平得不到显著改善；农村人口众多，致公共医疗卫生、教育和就业、养老等相关问题无法得到有效解决。同时，独联体大部分国家 100 万以上大城市发展相对较少，除摩尔多瓦外，乌克兰和白俄罗斯超 100 万以上人口的大城市发展仍然低于世界平均水平，大城市人口集中度较低，大城市对人口的吸纳有限，缺乏充足的就业机会，很难有效发挥大城市的集散效应和区域经济带动效应。

四 人口经济耦合协调度的影响

(一) 处于工业化中期阶段，人口经济耦合协调度较低，经济发展水平缓慢

这一时期该区域多数国家人口经济协调度较低，人口与经济之间相互促进作用弱，根据人口就业结构可分为三种形式：人口就业结构呈现“一、三、二”结构模式。例如：格鲁吉亚耦合度为0.4710，协调度为0.2571，处于中度失调状态，2016年，该国农业就业人口占总就业人口的45%，大量就业人口囤积在农业方面，这主要是由于其地形以山地为主，交通不发达，阻碍了人口和经济的交流与贸易往来，老年人口和少儿人口抚养负担过重，严重阻碍了人口素质的提高，而且国内矿产资源贫乏，极大地限制了工业发展，工业就业人口严重失调，因此需要提高人口高等素质教育，加快科技创新，促进工业发展，改善基础设施建设，有效缓解该国人口与经济发展之间的矛盾。

人口就业结构特征呈现“三、一、二”模式。例如：阿塞拜疆协调度为0.3275，处于轻度失调，而耦合度为0.4932，仅次于中国、俄罗斯和白俄罗斯。根据世界银行数据库可知：2017年阿塞拜疆农业就业人员占总就业人员的37.4%，[①] 产业就业结构不合理，尽管国内储存有大量的天然气和石油，但开采权由国外企业把持，且产业结构单一，对油气工业依赖过高，工业就业人员比重过低，仅14.1%，人口就业结构的滞后严重制约着经济产业结构升级，人口与经济矛盾尖锐，发展不协调。需要大幅度调整产业结构，提高经济发展水平，改善交通状况，才能有效缓解人口与经济发展之间的矛盾。亚美尼亚人口与经济的耦合度为0.4875，协调度为0.2419，处于中度失调。2017年，该国农业产业增加值占GDP比重为14.9%，而农业就业人员占就业总数的34.3%，农业就业人口偏多，产业就业结构严重失衡，同时国内能源匮乏，水资源稀缺，工业发展缓慢，出口产品主要以轻工业产品为主，产品附加值低，因此需要改善农业发展路径，加大农业科学技术创新，同时提高工业化投入力度，调整产业结构，加快基础设施建设，适当开发旅游业。蒙古耦合

① 该节相关数据均来源于世界银行数据库。

度为0.4924，协调度为0.2646，处于中度失调。蒙古矿产资源丰富，部分大矿储量在国际上处于领先地位，但受地理因素的限制，工业发展滞后，产业结构配比失衡，出口产品主要为矿产品、纺织品和畜产品等，进口则以机器设备、食品为主，2016年国内高等教育入学率比重达到64.6%，劳动年龄人口占总人口的比重为66.7%，人口发展与经济发展之间相互促进作用力较低，人口开发潜力巨大，因此应该因地适宜加快工业化发展，提高科学技术普及率，加快基础设施建设，完善交通体系，努力开发人口红利，提升人口与经济相互促进作用。

人口就业结构特征呈现“三、二、一”模式。例如摩尔多瓦，耦合度为0.4587，协调度为0.2020，处于中度失调，2017年人均GDP仅有2290美元，远低于世界平均水平，本土自然资源贫乏，摩尔多瓦工业基础薄弱，工业发展完全依赖于外部提供原料、能源和技术，高等教育入学率不足50%，人口就业结构“三、一、二”（33.3%、17.2%、49.5%）滞后于经济结构“三、二、一”（12.2%、17.9%、69.9%），人口发展制约着经济的发展，人口文化素质以及科学技术发展有待进一步提高与改善，以满足经济发展的需求。乌克兰耦合度为0.4864，协调度为0.3081，处于轻度失调。2017年乌克兰人均GDP仅有2640美元，远低于世界平均水平，乌克兰第一、二、三产业增加值占GDP的比重分别为10.2%、24.0%、65.8%，产业布局比较合理，乌克兰工农业较为发达，重工业基础雄厚，而人口文化素质高，掌握高科技技术人才较多，导致产业结构跟不上人口就业结构的步伐，国内自然资源丰富，但是资源开发利用不足，出口产品附加值低，受政治因素影响，导致人口优势对经济发展的促进作用不太明显。

（二）进入工业化后期阶段，人口经济耦合协调度相对较高，即将步入磨合阶段

进入工业化后期发展阶段，人口经济耦合度和协调度均有所提高，按照人口就业结构可将中国与“一带一路”沿线其余国家分为两种类型：人口就业结构呈现“三、一、二”模式。例如中国，耦合度为0.4969，协调度为0.4452，处于濒临失调，人口与经济同时朝向良性发展，两者之间相互作用力较强，产业布局合理，但人口就业结构滞后于经济结构，2015年中国平均受教育年限仅有7.6年，高等教育入学率不足白俄罗斯、

俄罗斯等国家的一半比重，人口素质制约着经济发展。另一种是人口就业结构呈现“三、二、一”模式。例如俄罗斯，耦合度为0.4983，协调度为0.4126，处于濒临失调，人口就业结构与产业结构均为“三、二、一”模式，人口与经济发展之间相互促进的作用力更强，即将步入磨合阶段。俄罗斯拥有世界上最大储量的矿产和能源资源，是最大的石油和天然气输出国，俄罗斯工业基础雄厚，但是工业结构不尽合理，重工业发达，轻工业发展缓慢，民用工业比较落后，主要出口商品是石油和天然气等矿产品、金属及其制品和机器设备等附加值高的产品，进口产品则以食品和农业原料产品、化工品和橡胶等产品为主。白俄罗斯，耦合度为0.4988，协调度为0.3508，处于轻度失调，白俄罗斯产业结构和人口就业结构与俄罗斯类似，均为“三、二、一”结构模式，结构布局合理，白俄罗斯工业基础较好，机器制造业、冶金加工业、机床、电子及激光技术比较先进，产品附加值高，人口文化素质高，但是白俄罗斯资金短缺、产品竞争力不强，未能充分发挥人口优势对经济发展的促进作用。

第八章

中国—中东欧7国（Ⅰ）人口变动与经济发展

欧洲聚集了全球大多数的发达国家，发达国家在全球经济等各方面活动中扮演着重要的角色。中国的发展离不开欧洲，在全球经济放缓的同时，欧洲的发展也离不开中国。中东欧地区作为“一带一路”沿线重要区域，在推进“一带一路”建设中居于重要位置。中国—中东欧国家合作（“16+1合作”）作为中国与中东欧16国的合作平台，为促进中国与中东欧国家合作发展将做出巨大贡献，不仅有助于中国和欧洲合作，也有利于“一带一路”建设顺利推进。根据中国驻欧盟使团经济商务参赞处数据，2016年中国是居美国之后欧盟第二大贸易伙伴，中东欧货物贸易额占欧盟对区外货物贸易额的15%（2016年为10%）。10年间，欧盟从中国进口占其从区外进口额的比重也从2006年的14%增至2016年的20%，向中国出口比重也从6%增至10%。在投资方面，虽然各年度间有些波动，但欧盟和中国间投资总体上保持积极态势。欧盟在中国的投资2013年为210亿欧元，2014年为90亿欧元，到2015年为60亿欧元，同年中国对欧盟投资为63亿欧元，中国首次成为欧盟净直接投资国，但是欧盟对中国投资存量仍然远大于中国对欧盟投资存量，截至2015年底，分别为1680亿欧元和350亿欧元。[①]

近年来中东欧国家经济快速发展，根据欧委会数据显示，2017年，

---

① 2019年1月12日，中国国务院（http://www.gov.cn/xinwen/2017-11/27/content_5242503.htm）。

罗马尼亚GDP增速约为6.4%,[①] 是所有成员国中增长最快的，波兰、捷克和匈牙利的增速也超过了西欧主要国家；到这些国家的访问者会发现近年出现了大量新的高速公路、现代化建筑和外国投资。与此同时，这些国家的国内需求和消费者信心上升，失业率太低以致成了问题。波兰作为中东欧地区最大的经济体，为避免劳工短缺现在主要从乌克兰进口劳工。这些国家的经济发展与欧盟凝聚资金大量流入密切相关，其基础设施建设和发展项目严重依赖欧盟。2014—2017年间，波兰半数国家公共投资来源于欧盟，罗马尼亚超过60%的公共投资来源于欧盟。随着经济发展，这些国家对欧盟财政的贡献将大大上升，同时这些国家希望欧盟继续支持中东欧，以助其在基础设施建设领域取得更大进展，如果欧盟不提供资金，它们很有可能转向中国。本章从人口学视角出发，基于人口变动对区域经济发展的影响机制，分析中国与中东欧7国人口自然变动、人口社会变动和人口迁移变动状况以及各国经济发展基本状况，探讨人口变动对区域经济协调发展的影响，并在此基础上提出中国与中东欧7国人口变动对实现区域经济协调发展的可行性路径。

本章主要就中东欧16国中的中东欧7国进行研究讨论，分别是：捷克、爱沙尼亚、拉脱维亚、立陶宛、波兰、斯洛伐克、斯洛文尼亚。2017年中东欧7国总人口达6216千万、GDP达990.084亿美元的经济体，中国与中东欧7国总人口占全球人口近1/5，GDP占全球总量七分之一还多。如此庞大的经济总量和人口总量，势必对各国经济发展，乃至全球经济的发展做出巨大的贡献。6年来，中国政府以“一带一路”建设为引领，秉持“共商、共建、共享”原则，积极稳妥推进对外投资合作。

相较于2010年，2017年中国对中东欧7国投资总额净增加了0.3亿美元，除斯洛文尼亚和波兰直接投资流量为负值外，分别净减少了0.2147亿美元和0.2107亿美元，其他国家均为正值，中国对捷克共和国投资流量显著增加，贸易往来频繁密切，净增加了0.7084亿美元。立陶宛、斯洛伐克、爱沙尼亚和拉脱维亚分别净增长了0.125亿美元、0.0022亿美元、0.0012亿美元和0.0011亿美元（见图8—1）。

---

① 2019年1月12日，中国商务部（http://www.mofcom.gov.cn/article/i/jyjl/m/201802/20180202711181.shtml）。

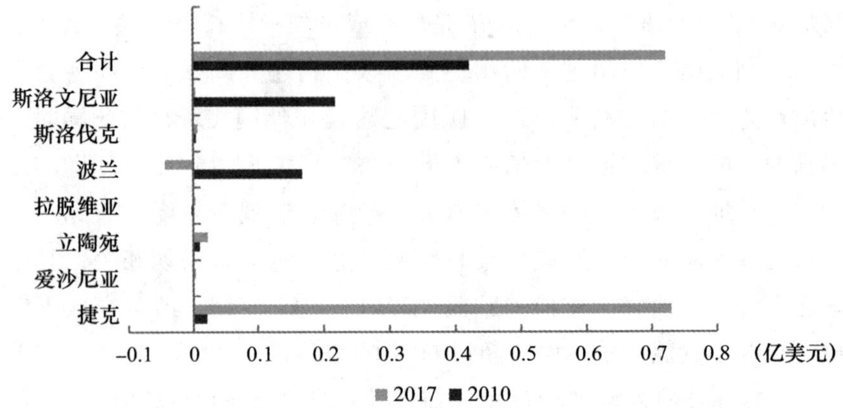

图8—1 2010年、2017年中国对中东欧7国直接投资流量比较

注：由于爱沙尼亚2010年数据缺失，以0纳入直接投资流量比较之中。立陶宛2010年数据缺失，用2012年数据替代；2017年数据缺失，用2016年数据替代。斯洛文尼亚2010年数据缺失，用2016年数据替代。

资料来源：整理自中华人民共和国商务部、中华人民共和国国家统计局、国家外汇管理局联合出版的《2017年度中国对外直接投资统计公报》附表1。

第一节 人口变动基本情况

一 人口自然变动

人口自然变动对社会经济的发展起着重要作用，主要包括人口数量变化以及人口结构变迁。

（一）人口增长状况

1. 人口数量增长

中国与中东欧7国区域人口总量增长主要来自中国（见表8—1）。中东欧7国在整体变化趋势当中有增有减，大致呈负增长态势。尤其2000年，中东欧7国当中，除了爱沙尼亚人口较1999年增加6741人外，其他国家均呈负增长。2005年以后，从人口增加量趋势看：除了中国人口增加量基本保持上升外，中欧7国人口增量都比较小，基本为负增长。2015年以来，捷克、爱沙尼亚、斯洛伐克、斯洛文尼亚转为正增长。相反，立陶宛、拉脱维亚、波兰依然负增长。2016年，未产生较大变化。中国由于人口基数大，所以增量是在百万级，中东欧 7 国人口基数小，经济相对发达，人口增量很小。综合来看，中国与中东欧国家人口年增长相对稳定，未出现显著变化，各国人口规模基本稳中有升。

表 8—1　　世界与中国、中东欧 7 国人口年增长量　　（单位：万人）

国别＼年份	2000	2005	2010	2015	2016	2017
世界	7986. 42	8047. 34	8330. 04	8623. 67	8659. 79	8620. 28
中国	991. 0	764. 5	644. 5	695	744. 5	773. 0
捷克	-2. 88	1. 41	3. 05	2. 07	1. 56	2. 50
爱沙尼亚	0. 67	-0. 78	-0. 30	0. 09	0. 11	-0. 031
立陶宛	-2. 47	-5. 45	-6. 56	-2. 75	-3. 26	-4. 05
拉脱维亚	-2. 29	-2. 43	-4. 41	-1. 63	-1. 71	-1. 88
波兰	-40. 16	-1. 68	-10. 88	-2. 53	-3. 84	0. 58
斯洛伐克	-0. 73	0. 05	0. 50	0. 52	0. 49	0. 91
斯洛文尼亚	0. 59	0. 35	0. 89	0. 16	0. 13	0. 171

注：人口年增长量以前一年为基期，t 年与（t-1）年的差值即为净增长量，负值为减少量。

资料来源：世界银行相关统计数据（https：//data. worldbank. org. cn/indicator）。

2000—2017 年，立陶宛、拉脱维亚、波兰人口增长量基本为负值（波兰在 2017 年增加了 0. 58 万人），总量持续下滑。虽然多数国家呈负增长，但下降趋势明显放缓，2000 年中东欧 7 国共减少人口 47. 28 万人，2017 年减少数为 1. 8 万人，说明人口总量在逐年回升。减少量明显的国家有立陶宛、拉脱维亚、波兰，2010 年，上述三国人口减少量分别为 6. 56 万、4. 41 万、10. 88 万，2017 年，立陶宛与拉脱维亚人口减少量分别为 4. 05 万、1. 88 万，波兰则增加了 5754 人。可以看出，人口减少量在下降，减少趋势明显放缓。

2. 人口增长率

2000—2017 年，中国与中东欧 7 国人口增长率体现为（见表 8—2）：一是中国、斯洛伐克、斯洛文尼亚，除个别年份为负增长外，其余年份基本为正，不过均低于 1%，2017 年，上述国家比世界平均值分别低了 0.599、0.991、1.075 个百分点，目前未出现大幅度增长态势，预计将持续稳定在低水平；二是立陶宛、拉脱维亚，人口增长率持续为负值，即人口在持续下降，2017 年增长率分别为：-1.422%、-0.964%，波兰除了 2008—2009 年、2011 年、2017 年外，其余年份均为负值。另外，立陶宛降幅最大，超过 -1%，与世界整体上升趋势相反。2000 年至今，中国与中东欧 7 国人口增长率总趋势下降，人口在减少。

表 8—2　　世界与中国、中东欧 7 国人口增长率　　（单位：%）

年份 / 国别	2000	2005	2010	2015	2016	2017
世界	1.325	1.253	1.219	1.186	1.177	1.158
中国	0.788	0.588	0.483	0.508	0.541	0.559
捷克	-0.28	0.138	0.291	0.197	0.192	0.236
爱沙尼亚	0.484	-0.572	-0.228	0.066	0.029	-0.024
立陶宛	-0.703	-1.628	-2.097	-0.941	-1.271	-1.422
拉脱维亚	-0.964	-1.081	-2.081	-0.819	-0.914	-0.964
波兰	-1.044	-0.044	-0.286	-0.067	-0.043	0.015
斯洛伐克	-0.135	0.01	0.093	0.095	0.129	0.167
斯洛文尼亚	0.296	0.173	0.436	0.075	0.073	0.083

资料来源：世界银行数据库（https://data.worldbank.org.cn/indicator/SP.POP.GROW）。

由于各国人口基数不同，人口增长量存在显著差异，中国人口年增长量超过百万，捷克、爱沙尼亚、斯洛伐克和斯洛文尼亚人口年增长量少于两万，甚至只有几千人的增长量，人口状况基本稳定。而立陶宛、拉脱维亚每年人口总量在减少，2017 年分别比上一年人口减少 4.05 万、1.88 万人。各国人口规模有增有减，有些国家波动较大，人口增长率普遍下降，人口增长速度放缓，部分国家人口持续减少。

（二）人口年龄结构

首先，从 0—14 岁人口占总人口比重看（见表 8—3），中国与中东欧

7国变化趋势基本一致，2000—2017年，除了立陶宛在2000年为20.04%外，其余国家所有年份均低于20%，且持续下降，与全球发展趋势一致。2017年，中国为17.677%，略高于中东欧7国比重。中东欧7国最高的爱沙尼亚也仅为16.368%，说明已完全进入老年型社会，最低的波兰为14.818%，少儿人口比重较低。从总趋势看，中国与中东欧7国0—14岁人口占总人口比重虽不同，下降幅度也不同，但无一例外均呈不断下降趋势。

表8—3　　世界与中国、中东欧7国0—14岁人口占总人口比重　（单位：%）

国别＼年份	2000	2005	2010	2015	2016	2017
世界	30.113	28.043	26.828	26.179	26.064	25.941
中国	24.629	19.892	17.848	17.686	17.701	17.677
捷克	16.423	14.732	14.242	15.131	15.221	15.374
爱沙尼亚	17.583	15.157	15.133	16.131	16.196	16.368
立陶宛	20.04	16.773	14.765	14.596	14.691	14.823
拉脱维亚	17.857	14.680	14.089	15.131	15.241	15.406
波兰	19.557	16.611	15.217	14.884	14.804	14.818
斯洛伐克	19.713	16.822	15.335	15.284	15.299	15.369
斯洛文尼亚	15.806	14.020	14.050	14.71	14.821	14.962

资料来源：世界银行数据库（https://data.worldbank.org.cn/indicator）。

其次，15—64岁人口占总人口比重大体可分为（见表8—4）：一是中国、捷克、波兰、斯洛文尼亚和斯洛伐克，2000—2017年，均曾达到或超过70%。比如中国最高峰值2010年达73.752%，捷克峰值在2005年，达71.225%，波兰2010年达71.310%，斯洛文尼亚2004年达70.511%，斯洛伐克2009年达72.227%，此后劳动年龄人口比重缓慢下降，至2017年，中国依然超过70%，高于世界同期6.319个百分点，另外四国比重最小的捷克，为65.599%，比2005年峰值下降了5.626个百分点，这几个国家劳动力资源优势在逐年消退。二是爱沙尼亚、拉脱维亚基本呈下降趋势，2017年不足65%，且爱沙尼亚为域内最低值，低于世界同期1.183个百分点，与世界同期水平基本接近，劳动力资源优势不是很明显。三是立陶宛、波兰基本没有大变动，劳动力人口维持相对较为稳定水平。总体来说，中国和中东欧7国劳动年龄人口占总人口比重基本保持在70%左右，都有缓慢下降趋势。

表8—4　世界与中国、中东欧7国15—64岁人口占总人口比重　（单位：%）

国别＼年份	2000	2005	2010	2015	2016	2017
世界	62.997	64.65	65.536	65.537	65.455	65.363
中国	68.463	72.413	73.752	72.638	72.177	71.682
捷克	69.776	71.225	70.32	66.875	66.246	65.599
爱沙尼亚	67.399	68.088	67.343	65.048	64.654	64.18
立陶宛	66.052	67.241	67.964	66.719	66.465	66.174
拉脱维亚	67.155	68.463	67.733	65.585	65.234	64.84
波兰	68.418	70.312	71.310	69.505	69.009	68.42
斯洛伐克	68.995	71.540	72.213	70.659	70.154	69.561
斯洛文尼亚	70.090	70.487	69.276	67.256	66.668	65.976

资料来源：世界银行数据库（https://data.worldbank.org.cn/indicator）。

最后，从65岁及以上老年人口占总人口比重看（见表8—5），中国与中东欧各国呈不断增长，与全球老龄化趋势基本一致。2000年，中东欧7国全部超过10%，远高于世界平均值，最低的斯洛伐克也达11.292%，最高的爱沙尼亚超过了15%，老龄化较为严重，此后各国逐年增长。2017年，中国与中东欧7国可以分为以下几类：一是中国，老年人口比重在10%左右，已进入轻度老龄化阶段，不过程度在不断加深；二是波兰和斯洛伐克共和国，比重在15%左右，分别为16.763%、15.07%，基本是同期世界平均值的2倍，已进入深度老龄化阶段；三是捷克、爱沙尼亚、立陶宛、拉脱维亚和斯洛文尼亚，接近20%，即将进入重度老年型社会。老龄化是全球发展趋势，是经济发展到一定阶段的一种普遍现象，不过，中东欧7国老龄化速度远远快于世界平均速度。

表 8—5　世界与中国、中东欧 7 国 65 岁及以上人口占总人口比重（单位：%）

国别＼年份	2000	2005	2010	2015	2016	2017
世界	6.889	7.306	7.636	8.284	8.482	8.696
中国	6.908	7.695	8.4	9.676	10.123	10.641
捷克	13.802	14.044	15.438	17.955	18.533	19.027
爱沙尼亚	15.018	16.755	17.524	18.822	19.151	19.452
立陶宛	13.908	15.985	17.271	18.685	18.844	19.002
拉脱维亚	14.988	16.857	18.178	19.284	19.525	19.754
波兰	12.025	13.077	13.472	15.612	16.187	16.763
斯洛伐克	11.292	11.638	12.452	14.057	14.547	15.07
斯洛文尼亚	14.104	15.492	16.674	18.035	18.512	19.062

资料来源：世界银行数据库（https：//data.worldbank.org.cn/indicator）。

综合中国与中东欧 7 国人口年龄结构状况可看出：人口年龄结构属于典型的老年型，正处于重度“少子化、老龄化”时期，劳动年龄人口逐渐减少，老年人口社会抚养负担不断加重；儿童少年人口减少加快，劳动年龄人口比重降低，经济社会发展所需的劳动力资源也随着降低，对经济快速发展有一定影响。

（三）人口抚养比

2000 年，中国—中东欧 7 国抚养比均低于世界平均水平，最高的立陶宛也低了 8.714 个百分点，最低的斯洛文尼亚仅为 42.674%，当世界该值持续下降至 2012 年（见表 8—6），此后以极其缓慢速度增长，而中东欧国家大多随之增长。2016 年，爱沙尼亚已超过世界平均值，有 4 个国家该值超过 50%，另外斯洛文尼亚也非常接近，这些国家总抚养比与世界平均水平相当，社会抚养负担较重，1 单位劳动力人口需要抚养超过 1 单位非劳动年龄人口。中东欧其余国家总抚养比在 50% 以下，其社会抚养负担相对较轻。2017 年，有 5 个国家超过 50%，抚养负担逐年增加。

中国和中东欧 7 国少儿人口比重逐年下降，下降趋势与世界水平相当。65 岁以上老年人口比重呈上升趋势（见表 8—6），这一变化与全球趋势不那么吻合，说明该地区老年抚养比上升较快。可以看出，中东欧 7 国人口总抚养比主要由于老年抚养比影响因素更大，老年人口增加给社会带来更大抚养负担。

表 8—6　　世界与中国、中东欧 7 国人口总抚养比　　（单位：%）

国别 \ 年份	2000	2005	2010	2015	2016	2017
世界	60. 11	56. 284	54. 274	54. 064	54. 202	54. 356
中国	46. 065	38. 096	35. 59	37. 668	38. 549	39. 505
捷克	43. 316	40. 401	42. 208	49. 533	50. 953	52. 441
爱沙尼亚	48. 370	46. 868	48. 494	53. 733	54. 671	55. 811
立陶宛	51. 396	48. 718	47. 138	49. 883	50. 456	51. 116
拉脱维亚	48. 909	46. 065	47. 639	52. 473	53. 295	54. 226
波兰	46. 161	42. 223	40. 232	43. 875	44. 909	46. 157
斯洛伐克	44. 938	39. 782	38. 480	41. 525	42. 543	43. 759
斯洛文尼亚	42. 674	41. 870	44. 350	48. 686	49. 998	51. 571

资料来源：世界银行数据库（https：//data. worldbank. org. cn/indicator）。

（四）人口主要指标预测

根据《世界人口展望 2017（修订版）》数据比较中国与中东欧 7 国 2020—2050 年主要人口指标（见表 8—7）：一是人口总量增长状况，2050 年，中国与中东欧 7 国人口总量将达到 14. 0248 亿，同比 2017 年的 13. 22808 亿增加近 8000 万，其中中国处于增加状态，中东欧 7 国人口大都减少。尤其 2030 年后，中国和中东欧 7 国人口都将下降，人口总量涨幅不明显。

表 8—7　　中国、中东欧 7 国 2020—2050 年人口主要指标预测　　（单位：万人，%）

国别	年份	人口总量	0—14 岁人口比重	15—64 岁人口比重	65 岁及以上人口比重	总抚养比
中国	2020	140284. 8	17. 12	70. 79	12. 09	41. 3
	2030	141554. 5	14. 82	68. 00	17. 18	47. 1
	2040	139471. 5	13. 32	62. 09	24. 59	61
	2050	134805. 6	13. 51	58. 94	27. 55	69. 7

续表

国别	年份	人口总量	0—14岁人口比重	15—64岁人口比重	65岁及以上人口比重	总抚养比
捷克	2020	1063.3	15.65	64.11	20.24	56.0
	2030	1052.8	14.42	63.03	22.55	58.7
	2040	1026.5	13.65	60.44	25.91	65.4
	2050	1005.4	14.65	55.41	29.94	80.5
爱沙尼亚	2020	130.1	16.68	62.98	20.34	58.8
	2030	125.4	15.24	61.21	23.55	63.4
	2040	119.8	14.16	59.68	26.16	67.6
	2050	114.5	14.99	56.10	28.91	78.3
立陶宛	2020	285.3	15.41	65.03	19.55	53.8
	2030	271.8	16.14	60.61	23.25	65.0
	2040	255.8	14.96	59.47	25.57	68.2
	2050	240.7	15.17	59.02	25.81	69.4
拉脱维亚	2020	189.3	15.77	63.74	20.48	56.9
	2030	174.7	14.60	61.63	23.77	62.3
	2040	162.3	13.78	60.31	25.91	65.8
	2050	151.7	15.05	57.40	27.55	74.2
波兰	2020	3794.2	14.80	66.65	18.55	50.0
	2030	3661.6	12.76	64.08	23.16	56.1
	2040	3465.5	11.81	62.25	25.94	60.6
	2050	3239.0	12.20	56.16	31.64	78.1
斯洛伐克	2020	545.1	15.56	67.78	16.66	47.5
	2030	538.8	14.73	64.43	20.84	55.2
	2040	519.3	13.47	62.70	23.83	59.5
	2050	496.5	13.73	57.67	28.61	73.4
斯洛文尼亚	2020	208.2	15.27	63.93	20.80	56.4
	2030	205.9	14.01	60.33	25.66	65.8
	2040	200.7	13.19	57.39	29.42	74.2
	2050	194.2	14.27	53.21	32.52	87.9

资料来源：整理自 World Population Prospects，https：//esa.un.org/unpd/wpp/Download/Standard/Population/。

二是人口结构，中国与中东欧7国0—14岁人口比重出现不断下降趋势，2050年，0—14岁人口比重低于15%的国家有：中国、捷克、爱沙尼亚、波兰、斯洛伐克、斯洛文尼亚，届时“少子化”问题将更加明显；15—64岁劳动年龄人口比重变化趋大致相同，呈下降趋势，2050年，斯洛文尼亚15—64岁劳动年龄人口比重最低，将下降到53.21%，其他国家能够基本维持在55%左右。总体来说，会一定程度下降，但不会出现较大波动。

三是人口抚养状况，中国和中东欧7国人口总抚养比仍保持不断增长，2050年，斯洛文尼亚将达87.9%，捷克达80.5%，两国总抚养比均超过80%，远高于其他国家，届时将面临沉重的社会抚养负担，经济发展阻力明显；爱沙尼亚、波兰、拉脱维亚、斯洛伐克分别为：78.3%、78.1%、74.2%、73.4%，均低于80%。2020—2050年，中国和中东欧7国总抚养比基本呈上升趋势，随着人口老龄化加深，总抚养比逐年增长。

二　人口社会变动

（一）人口素质状况

一方面，从高等教育入学率看，中东欧7国都有着较高的入学率，从高到低依次是：斯洛文尼亚（82.9%）、爱沙尼亚（71.4%）、立陶宛（68.5%）、波兰（68.1%）、拉脱维亚（67.0%）、捷克（66.0%）、斯洛伐克（52.9%）（见图8—7）。这些国家的高等院校入学率均超过50%。相对于中东欧7国，中国高等院校入学率偏低，只有39.4%，但是这个数值也是高于全球35.0%的水平。另一方面，从平均受教育年限看，中东欧7国平均受教育年限都是在12年左右，最高的立陶宛为12.7年，最低的拉脱维亚11.7年，中国仅为7.6年。

可以看出，经济发展较好的国家，无论是在受教育年限还是高等院校入学率都保持着较高水平。中国与中东欧7国相比，无论是高等院校入学率还是平均受教育年限都还是存在差异。平均受教育年限7国均超过10年，中国不到十年。高等院校入学率，7国都超过了50%，中国为40%左右。中国人口整体素质跟中东欧国家还存在一定差距。

（二）就业率

首先，中国与中东欧7国2000—2017年就业率起伏变化大于世界平

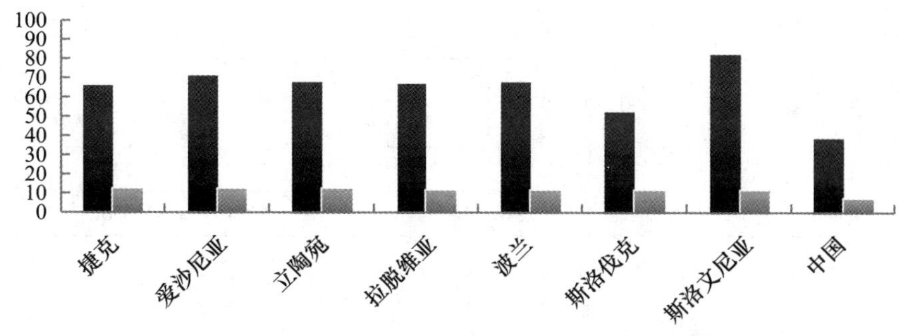

图8—2 2015年中国与中东欧7国高等教育入学率和平均受教育年限

资料来源：高等教育入学率整理自世界银行数据库（https：//data. worldbank. org. cn/indicator/SE. TER. ENRR？view = chart）；平均受教育年限整理自联合国开发计划署《2017年人类发展报告》（http：//hdr. undp. org/en/countries/profiles/CHN#）。

均水平，2000年，7国均低于世界平均值，最低波兰低于同期世界平均值14.004个百分点，最高的捷克也低了6.242个百分点（见表8—8）。此后持续到2016年，爱沙尼亚该值高于世界平均水平，且域内其他国家与世界平均值差距越来越小，说明中东欧7国就业率上升速度快于世界平均水平。总体看，无论中国还是中东欧7国，都保持着较好的就业水平，这也就保证了经济社会的良性与正常发展。近年来中东欧7国保持小幅上升趋势。

表8—8 世界与中国、中东欧7国15岁以上人口就业率 （单位：%）

国别＼年份	2000	2005	2010	2015	2016	2017	2018
世界	61.1	60.66	59.38	59.23	58.67	58.546	58.441
中国	73.7	70.3	68	67.5	66.141	65.709	65.199
捷克	54.858	54.781	54.102	56.609	57.767	58.197	58.466
爱沙尼亚	51.117	53.915	50.415	58.347	58.692	59.135	59.001
拉脱维亚	48.088	51.518	47.494	54.297	54.877	55.342	55.236
立陶宛	50.546	51.507	46.818	53.86	55.77	56.267	56.354
波兰	47.096	45.303	50.528	52.43	53.358	53.815	53.827

续表

国别＼年份	2000	2005	2010	2015	2016	2017	2018
斯洛伐克	48.361	49.88	50.333	52.759	54.246	54.933	55.188
斯洛文尼亚	53.411	55.354	54.944	52.227	52.143	52.566	52.346

资料来源：世界银行数据库（https：//data.worldbank.org.cn/indicator/）。

2018 年，除中国、爱沙尼亚以外，其余 6 国就业率均低于世界平均值，最大的差值是斯洛文尼亚低于世界平均值6.095 个百分点。同期全球人口就业率为 58.441%，中国为 65.199%，比世界水平高 6.758 个百分点。中东欧 7 国中，就业率最高的爱沙尼亚为 59.001%，比 2000 年高了 7.884 个百分点。

（三）人口效率

从 2000—2018 年就业人口效率变化趋势看，中国与中东欧 7 国人口效率均不断增长，与世界平均发展趋势一致，说明工业化、信息化革新大大增加了单位就业人口创造社会财富的能力，很大程度上提升了就业人口效率。从现阶段人口效率高低看，中国与中东欧 7 国有一定差异。2018 年，仅中国该值低于世界平均值，低了 6660 美元，7 国中除了拉脱维亚没有超过 6 万美元以外，其余国家都比世界平均值高至少 2 万美元，最高的斯洛文尼亚超过了 7 万美元（见表 8—9）。

表 8—9　　世界与中国、中东欧 7 国就业人口效率比较　　（单位：美元）

国别＼年份	2000	2005	2010	2015	2016	2017	2018
世界	24262.34	26797.89	30346.86	33860.55	34541.9	35429.75	36391.89
中国	6553.76	10012.61	16777.58	24324.42	26001.6	27842.04	29731.89
捷克	45947.24	54840.34	60616.15	62891.12	63150.77	65640.4	67695.95
爱沙尼亚	37216.95	49826.82	53125.76	55849.86	56561.31	59056.81	61397.06
拉脱维亚	28052.08	39571.53	44282.72	49655.96	50718.34	53474.35	57064.09
立陶宛	30139.03	42935.06	52350.19	58094.31	57926.05	60083.03	62442.27

续表

国别＼年份	2000	2005	2010	2015	2016	2017	2018
波兰	38592. 83	45278. 23	50447. 48	56277. 59	56788. 07	59029. 83	61556. 59
斯洛伐克	40113. 04	48021. 7	58898. 57	63034. 31	63275. 4	64621. 05	66446. 28
斯洛文尼亚	50541. 57	56756. 36	60829. 43	64967. 65	66681. 44	69759. 27	73199. 42

注：劳动力人口效率指就业人口的人均 GDP，用以说明每单位就业人口创造的社会价值。

资料来源：根据世界银行数据库就业人口及 GDP（现价美元）相关数据整理计算（https：//data. worldbank. org. cn/indicator/SP. POP. GROW）。

总体来看，就业人口效率可以把中国和中东欧 7 国分为两类：一是中国，到 2005 年该值刚刚超过 1 万美元，7 国中最低的拉脱维亚也接近 4 万美元，高出世界同期平均值 12773. 64 美元；二是中国—中东欧 7 国 2000—2018 年涨幅均超过世界平均值，涨幅最大的是立陶宛，增加了 32303. 24 美元，涨幅最小的捷克也增加了 21748. 71 美元，高于世界同期 12129. 55 美元的涨幅。相对来说，中国与中东欧 7 国就业人口效率差距较大。

2018 年，结合表 8—8、表 8—9 各国就业基本状况可看出：第一，就业率排名前四的国家，由高至低依次是：中国、爱沙尼亚、捷克和立陶宛，就业人口效率排名最后的四个国家依次是：中国、拉脱维亚、爱沙尼亚和波兰。这可以反映出：一些高就业率的国家，人口效率不高，结果导致大量劳动力创造着较低的社会总产值，一定程度上说明该国人口素质较低，一定程度上浪费了人力资源。

（四）两性劳动参与率

2018 年，各国的劳动参与率水平差距不大，男性劳动参与率主要分布在 60%—70% 这个阶段，女性劳动参与率在 50% 上下（见图 8—3）。首先，世界男、女劳动参与率水平分别为：75. 045% 和 48. 472% 。就中国和中东欧 7 国而言，仅中国的男性劳动参与率高于世界水平，为 76. 41% 。而女性劳动参与率中国和中东欧 7 国都高于世界水平。

中东欧 7 国劳动力参与率情况大致一样，男性劳动力参与率高于女性。但中东欧 7 国男性劳动参与率不仅低于中国也低于世界平均水平。女性劳动参与率虽然低于中国水平，但基本高于世界平均值。

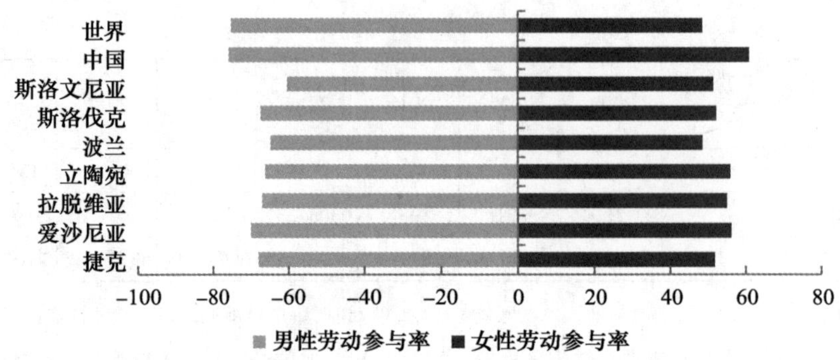

图8—3 2018年中国与中东欧7国分性别劳动力参与率（%）

资料来源：世界银行数据库（https：//data. worldbank. org. cn/indicator）。

三 人口迁移变动

（一）国际迁移率

一方面，2000—2015年国际迁移者占本国常住人口比重变化趋势看，一是中国、捷克和斯洛伐克不断增长，说明上述国家吸引国际迁移者人数不断增多；二是爱沙尼亚、立陶宛、拉脱维亚、波兰、斯洛文尼亚，呈不断下降趋势，说明其吸收外籍人员逐年减少；另一方面，从各国2015年国际迁移者比重看，中国不足1%，捷克、立陶宛、波兰和斯洛伐克在1%—5%，比重分别为：3. 842%、4. 726%、1. 604%、3. 265%。吸收国际迁移者最多的是爱沙尼亚、拉脱维亚和斯洛文尼亚，分别为：15. 416%、13. 353%和11. 413%（见表8—10）。说明经济发展状况越好、收入水平越高的国家，开放程度也越高，吸引国际迁移人口也越多，可以为本国经济发展注入更多更新的活力。

从全球迁移者比重变化趋势看，每个国家不尽相同。相比较而言，中国该值在上升，总体水平较低，不到1%。中东欧7国中较高的是拉脱维亚、爱沙尼亚和斯洛文尼亚，均超过10%，但是近年来都呈下降趋势。最低的波兰，国际迁移率仅为1. 604%。其他国家如捷克、立陶宛和斯洛伐克与世界平均水平相当。一般发达国家有着较高的国际迁移率，较高的国际迁移率说明国家与外面环境无论是在劳动力人才还是技术人才方面都有较频繁的交流，这也给经济发展提供了较好的基础和条件。

表8—10　　世界与中国、中东欧7国国际迁移者比重　　（单位：%）

国别＼年份	2000	2005	2010	2015
世界	2.831	2.943	3.206	3.338
中国	0.04	0.052	0.063	0.071
捷克	2.151	3.153	3.786	3.842
爱沙尼亚	17.833	17.239	16.357	15.416
立陶宛	6.147	6.018	5.148	4.726
拉脱维亚	18.140	16.912	15.010	13.353
波兰	2.144	1.878	1.665	1.604
斯洛伐克	2.161	2.423	2.706	3.265
斯洛文尼亚	8.600	9.881	12.365	11.413

资料来源：世界银行数据库（https://data.worldbank.org.cn/indicator/SP.POP.GROW）。

（二）净迁移率

一方面，2015年人口净迁出国家有：爱沙尼亚、拉脱维亚、立陶宛和波兰。净迁入国家有：捷克和斯洛文尼亚（见图8—4）；另一方面，从净迁移率变化趋势看，爱沙尼亚、拉脱维亚和立陶宛十几年来人口迁移变动较大，净迁出有所增长，其他国家人口迁移率变化较小，捷克和斯

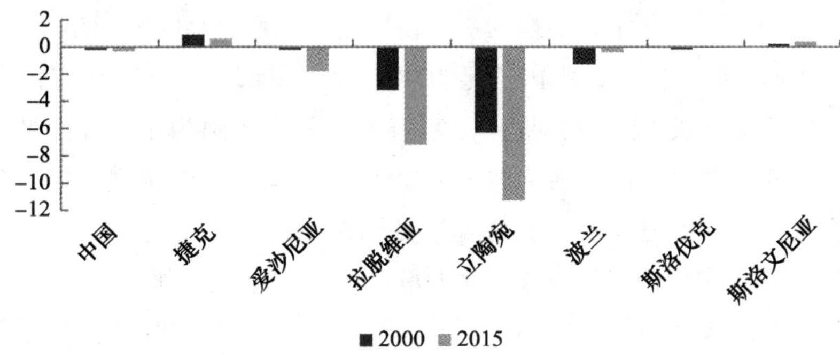

图8—4　中国与中东欧7国人口净迁移率（%）

资料来源：联合国开发计划署《2017年人类发展报告》相关网站统计数据（http://hdr.undp.org/en/countries/profiles/CHN#）。

洛文尼亚有小幅度迁入。中国和斯洛文尼亚，基本没有变化，迁入和迁出几乎为零。

由图 8—5 可看出，仅捷克和斯洛文尼亚人口净迁移率为正值，也就是说迁入人口大于迁出人口，但是迁移量比较小，对社会和经济发展只能起到有限的作用。另外，人口净迁移率为负值的有爱沙尼亚、拉脱维亚、立陶宛和波兰。这些国家迁出人口大于迁入数量，整体体现为人口向外流。人口的外流现象，会造成本国劳动力和高科技人才的减少，这不利于产业的调整和经济社会的转型，某种程度上是本国教育资源与人力资源的损失。

第二节　区域经济发展状况

“一带一路”倡议实施以来，中国与中东欧 7 国在经济社会和人员往来方面取得了显著的进步，不仅各国综合实力和国际影响力得到了加强，并且区域内各国经济发展、贸易投资、基础设施建设等方面都获得了更好发展。

一　收入发展状况

（一）收入类型

根据世界银行统计数据，中国—中东欧 7 国人均 GNI 均呈上升趋势（见表 8—11），2000 年，中东欧 7 国仅斯洛文尼亚为高收入国家，其他 6 国为中等偏上收入国家，中国不足 1000 美元；2005 年，包括捷克、斯洛伐克与斯洛文尼亚 3 国为高收入国家行列，其余 4 国为中等偏上收入国家，中国依然属中等偏下收入国家；2010—2016 年，中东欧 7 国全部进入高收入行列，中国也进入中等偏上收入国家。

2017 年，中国依然没有超过 10000 美元，中东欧 7 国较 2015 年均有所下降，不过依然全部处于高收入行列。最高的斯洛文尼亚高出世界平均值 11629 美元，捷克、爱沙尼亚该值也超过了 18000 美元，最低的波兰分别高出中国、世界均值 4040 美元、2359 美元。可见，中东欧 7 国近 10 多年来人均 GNI 增长幅度远高于世界涨幅。

表 8—11　　世界与中国、中东欧 7 国人均 GNI 比较　　（单位：美元）

国别	2000		2005		2010		2015		2017	
	GNI	类型	GNI	类型	GNI	类型	GNI	类型	GNI	类型
世界	5475	中等偏上	7341	中等偏上	9384	中等偏上	10576	中等偏上	10371	中等偏上
中国	940	中等偏下	1760	中等偏下	4340	中等偏上	7950	中等偏上	8690	中等偏上
捷克	6310	中等偏上	12390	高收入	19210	高收入	18250	高收入	20368	高收入
爱沙尼亚	4150	中等偏上	9710	中等偏上	14540	高收入	18380	高收入	18190	高收入
立陶宛	3210	中等偏上	7600	中等偏上	12430	高收入	15110	高收入	15200	高收入
拉脱维亚	3310	中等偏上	7360	中等偏上	12620	高收入	14970	高收入	14740	高收入
波兰	4680	中等偏上	7350	中等偏上	12770	高收入	13340	高收入	12730	高收入
斯洛伐克	5520	中等偏上	11320	高收入	17240	高收入	17580	高收入	16610	高收入
斯洛文尼亚	11350	高收入	18440	高收入	24560	高收入	22240	高收入	22000	高收入

资料来源：世界银行数据库（https：//data. worldbank. org. cn/indicator）。

（二）国内生产总值

1. 人均 GDP

2000—2015 年，中国和中东欧 7 国人均 GDP 均呈上升趋势，2000 年中国不足 1000 美元，与中东欧差距大，不到斯洛文尼亚的十分之一，是世界平均水平的 17. 48%（见表 8—12），仅斯洛文尼亚与捷克超过世界平均值。2005 年，中东欧 7 国均超过世界平均值，说明 7 国人均 GDP 增长速度远快于世界平均水平，中国发展也较快，是世界同期的 24. 08%。2010—2015 年，中东欧国家全部超过 1 万美元，最低的拉脱维亚 2010 年为 11326. 22 美元，高出世界平均值 1811. 27 美元，同年中国不及世界水平的一半，期间斯洛文尼亚在 2008 年为峰值，达 27501. 81 美元，随后逐年下降，2015 年为 20873. 16 美元，2016 年开始上升。

2017 年，中国为 8826. 99 美元，低于世界平均值 1894. 62 美元。中东欧 7 国大致可分为三类：一是波兰，13863. 18 美元，高于世界平均值，远高于中国；二是爱沙尼亚、立陶宛、拉脱维亚、斯洛伐克，人均 GDP 在 15001—19999 美元；三是捷克与斯洛文尼亚，人均 GDP 分别为 20368. 14 美元、23597. 29 美元，上述两国该值接近或超过世界同期平均值的 2 倍。

总体来看，中国和中东欧7国人均GDP增长态势与全球一致，但中国水平相对较低，增长较快，与中东欧7国有不小差距。2017年中东欧7国最高的斯洛文尼亚，最低的波兰也高于世界平均值3141.57美元。可见，中东欧7国拥有较高的人均GDP、人均GNI，有着较好的经济基础和发展环境，这为域内国家之间的经贸合作提供了良好条件和机遇，也为“一带一路”建设发展提供了良好的经济基础。

表8—12　　世界与中国、中东欧7国人均GDP比较　　（单位：美元）

国别＼年份	2000	2005	2010	2015	2016	2017
世界	5488.34	7282.98	9514.95	10182.19	10209	10721.61
中国	959.37	1753.42	4560.51	8069.21	8117.27	8826.99
捷克	6011.62	13346.18	19808.07	17715.62	18483.72	20368.14
爱沙尼亚	4070.03	10338.31	14638.60	17155.87	17736.80	19704.66
立陶宛	3297.36	7863.16	11984.87	14252.43	14900.78	16680.68
拉脱维亚	3352.73	7558.74	11326.22	13639.69	14070.42	15594.29
波兰	4492.73	8021.25	12597.86	12564.48	12414.10	13863.18
斯洛伐克	5402.93	11669.42	16600.61	16132.86	16529.54	17604.95
斯洛文尼亚	10227.74	18169.18	23437.47	20873.16	21650.21	23597.29

资料来源：世界银行数据库（https：//data.worldbank.org.cn/indicator/SP.POP.GROW）。

2. 人均GDP年增长率

首先，中国与中东欧7国大部分国家人均GDP年增长率趋势和世界平均水平一致（见表8—13），2000年，除了斯洛伐克外，其余国家均高于世界同期值，最高的爱沙尼亚达两位数，人均GDP增长率高。2005年，中国、拉脱维亚与爱沙尼亚达两位数，远高于世界平均值的2.56%，域内国家均高于世界平均水平。此后该值波动较大，比如爱沙尼亚，2006年为10.924%，2009年降至-14.96%，2011年涨至7.924%，可见该国受金融危机影响很大，但实现了“V”字形反弹。拉脱维亚也如出一辙，2007年该值为10.881%，2009年为-12.977%，2011年达8.336%，同样实现了绝地反击。2015 年，世界该值为 1.65%，中国、捷克超过 5%，最低的爱沙尼亚为 1.608%，起伏较大。2016—2017 年，域内国家与世界发展趋势一致上涨，且远高于世界同期平均值，2017 年最低的斯洛伐克也是世界水平的 1.65 倍，说明中东欧国家人均 GDP 增长率较快，经济复苏能力较强。

表 8—13　　世界与中国、中东欧 7 国人均 GDP 年增长率　　（单位：%）

国别＼年份	2000	2005	2010	2015	2016	2017
世界	3.022	2.56	3.063	1.65	1.321	1.957
中国	7.64	10.743	10.103	6.358	6.124	6.304
捷克	4.56	6.386	1.976	5.102	2.396	4.043
爱沙尼亚	10.035	10.001	2.493	1.608	2.034	4.879
立陶宛	4.565	9.496	3.794	2.999	3.654	5.316
拉脱维亚	6.428	11.9	-1.92	3.818	3.147	5.562
波兰	5.657	3.539	3.903	3.908	3.107	4.79
斯洛伐克	1.347	6.740	4.944	3.751	3.192	3.227
斯洛文尼亚	3.848	3.823	0.797	2.182	3.073	4.914

资料来源：世界银行数据库（https://data.worldbank.org.cn/indicator/SP.POP.GROW）。

二　三次产业发展状况

由于中国与中东欧 7 国产业结构布局与发展阶段不尽相同，分别比较各国三次产业发展状况及就业状况，能够为区域经济合作和贸易投资提供咨询与参考价值。

（一）三次产业增加值

一是农业，中国农业增加值占 GDP 比重最高，2010 年为 9.53%，其他国家均低于 5%（见图 8—5、图 8—6）。2017 年，中国、爱沙尼亚和拉脱维亚，农业增加值占 GDP 的比重小幅降低，其他国家在小幅上升。

二是工业，2010 年中国工业增加值占 GDP 比重最高为 46.4%，中东欧7国维持在30%左右，2017年不同国家变化不一样，有增有减，不过变化幅度都很小。

三是服务业，中国服务业增加值占GDP比重从2010年的44.07%增加到2017年的51.63%，增加了7.56个百分点；2017年，中东欧7国家中，服务业占GDP比重有增有减，最高拉脱维亚达77.07%，最低捷克为64.35%。服务业增加值占比基本稳定在60%，由于中东欧7国服务业增加值比重较高，增减变化幅度不大。

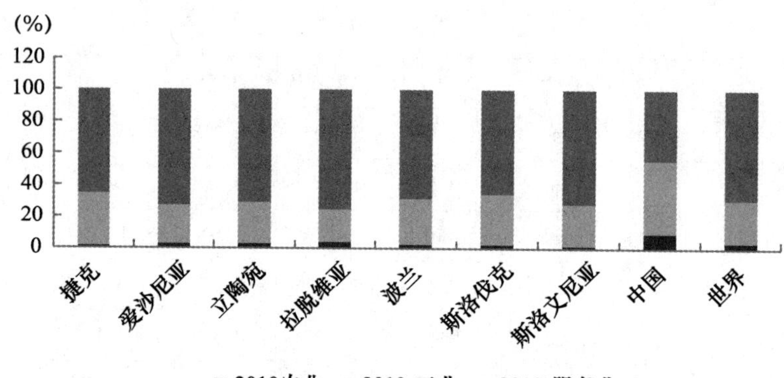

图8—5 2010年中国与中东欧7国三次产业增加值占GDP比重（%）

资料来源：世界银行数据库（https：//data. worldbank. org. cn/indicator/SP. POP. GROW）。

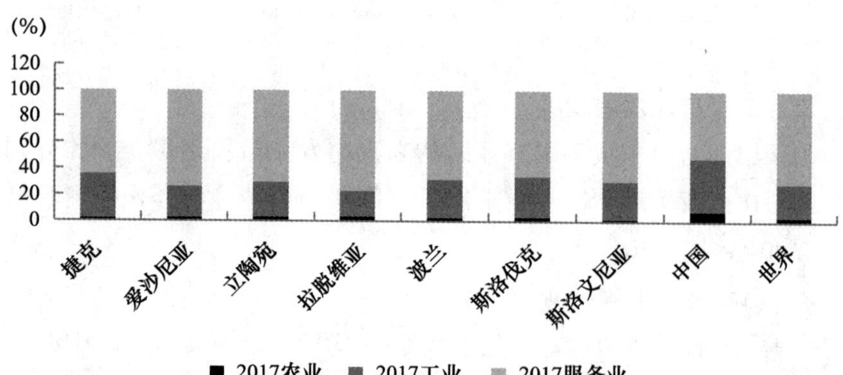

图8—6 2017年中国与中东欧7国三次产业增加值占GDP比重（%）

注：世界2017年数据缺失，用2016年数据替代。

资料来源：世界银行数据库（https：//data. worldbank. org. cn/indicator/SP. POP. GROW）。

（二）三次产业就业状况

2010—2018年，各国农业就业人员与世界发展趋势一致，均在减少（见表8—14）；工业就业人口变化相对较小，呈缩减趋势；服务业就业人员比重显著增加，总体变化趋势与世界方向一致，均呈现增长态势，期间世界平均增加了5.48个百分点，中国同期提高了13.63个百分点，中东欧7国中提高最快的是斯洛文尼亚，增长了4.812个百分点，由于中东欧国家2010年服务业就业人员比重本来就高，基本高出世界同期值近20个百分点，而中国2010年低于世界平均水平，不过2018年中国超过世界平均值5.53个百分点，说明中国该产业就业人员比重提高速度快。应该说，研究对象国就业人员均呈现“三、二、一”产业结构模式，而世界平均水平还是“三、一、二”结构模式，域内就业人员发展方向与趋势优越于世界平均水平。2018年，服务业人员有增有减，趋势变化不大。

表8—14　世界与中国、中东欧7国三次产业就业人员占总就业比重（单位：%）

国别	2010年			2018年		
	农业	工业	服务业	农业	工业	服务业
世界	30.82	22.95	46.23	25.96	22.33	51.71
中国	26.23	30.15	43.61	16.45	26.31	57.24
捷克	3.096	37.987	58.917	2.779	37.449	59.772
爱沙尼亚	4.217	30.318	65.465	3.804	29.7	66.495
立陶宛	8.83	24.56	66.61	7.554	24.718	67.728
拉脱维亚	8.614	23.074	68.312	7.316	23.848	68.836
波兰	13.054	30.303	56.643	10.279	31.098	58.623
斯洛伐克	3.234	37.116	59.65	2.85	36.069	61.081
斯洛文尼亚	8.818	32.581	58.601	4.795	31.792	63.413

资料来源：世界银行数据库（https：//data.worldbank.org.cn/indicator/SP.POP.GROW）。

三　服务贸易发展状况

（一）贸易发展状况

2000—2015年，中东欧7国与世界发展一样，呈上涨态势，中国有波动。2000年，中东欧7国包括爱沙尼亚在内的3国超过100%，域内7

国均高于世界同期水平，中国则低了 11.756 个百分点，说明中东欧 7 国对外贸易发展较好。2005 年，中国发展迅速，超过世界同期值，中东欧 7 国除了波兰仅为 70.275% 外，其余国家均超过 100%，贸易发展提高快。中国自 2006 年达到峰值 64.479%，随后逐年下降，2009 年降至 44.605%，随后又缓慢回升至 2011 年的 50.6%，上升幅度较小，随后又下降，2015 年仅为 39.453%。期间中东欧 7 国均为上升态势，2015 年，斯洛伐克高达 184.328%，2017 年为 189.181%，中东欧 7 国均呈现持续快速上涨态势（见表 8—15）。

表 8—15　　世界与中国、中东欧 7 国贸易额占 GDP 比重　　（单位：%）

国别＼年份	2000	2005	2010	2015	2016	2017
世界	51.167	56.182	56.929	57.83	56.213	71.701
中国	39.411	62.208	48.889	39.453	37.034	37.803
捷克	98.233	122.015	128.967	156.1	151.599	151.696
爱沙尼亚	126.514	136.917	143.8	153.21	154.103	151.581
立陶宛	83.274	114.917	132.562	152.153	147.61	160.602
拉脱维亚	81.753	100.833	108.789	121.318	119.187	122.262
波兰	60.791	70.275	82.108	96.009	100.353	104.558
斯洛伐克	110.699	148.679	154.123	184.328	185.747	189.181
斯洛文尼亚	103.679	119.797	127.141	145.397	146.152	154.764

资料来源：世界银行数据库（https：//data.worldbank.org.cn/indicator）。

2016—2017 年，世界发展趋势进一步加快，中国增速较慢，仅增加了 0.769 个百分点，世界平均值则上涨了 15.488 个百分点。中东欧 7 国除了爱沙尼亚下降了 2.522 个百分点外，其余国家均上涨，且域内国家全部超过 100%，贸易发展持续稳定。可以说，一个国家贸易额占 GDP 比重，一定程度上反映了该国家对进出口的依存度。2017 年，中国贸易额占 GDP 比重为 37.803%，不到 50%。中东欧 7 国中最低的波兰也达 104.558%。贸易依存度一定程度上反映出了一个国家的对外开放程度。

（二）货物和服务出口

2000—2017 年，大部分域内国家包括中国与世界发展趋势一样有起伏变化（见表 8—16），也有波兰、斯洛伐克与斯洛文尼亚三国该值呈直线上升趋势。具体来看，2000 年，中东欧 7 国该值均高于世界平均值，最低的波兰也高出世界均值 1.181 个百分点，最高的爱沙尼亚高出 35.588 个百分点，中国比同期世界值低了 5.155 个百分点，说明中国货物与服务出口发展低于世界平均水平。此后各国均快速发展，2005 年所有国家均超过世界同期值，涨幅也超过世界平均涨幅，其中涨幅最大的是立陶宛，达 15.296 个百分点，中国也达 12.937 个百分点。2010 年，中国自 2006 年达到峰值 36.035%，随后下降至 2009 年的 24.457% 后有缓慢回升，2010 年也仅为 26.267%，均低于世界平均水平，说明中国货物和服务出口起伏较大，而且在下降。期间中东欧 7 国由于受 2008 年全球金融危机的影响，2009 年均有下降，不过在 2010 年全部回升。中国自 2012 年起又持续下滑，至 2015 年比世界同期值低了 7.958 个百分点，差距越来越大，中东欧 7 国则高出世界均值 20—60 个百分点。

表 8—16　世界与中国、中东欧 7 国货物和服务出口占 GDP 比重　（单位：%）

国别＼年份	2000	2005	2010	2015	2016	2017
世界	26.048	28.618	28.83	29.306	28.509	36.954
中国	20.893	33.83	26.267	21.348	19.658	19.757
捷克	48.192	62.182	66.03	81.049	79.541	79.454
爱沙尼亚	61.636	65.906	75.078	78.606	78.981	78.034
立陶宛	38.546	53.842	65.342	75.837	74.451	81.308
拉脱维亚	36.883	43.175	53.657	60.404	60.042	60.467
波兰	27.229	34.61	40.055	49.553	52.195	54.29
斯洛伐克	54.066	72.046	76.335	92.968	94.625	96.304
斯洛文尼亚	50.006	59.58	64.288	76.992	77.654	82.211

资料来源：世界银行数据库（https：//data.worldbank.org.cn/indicator）。

2015—2016 年，世界有小幅回落，类似的有中国、捷克、立陶宛、拉脱维亚，中国降幅最大，达 1.69 个百分点。2016—2017 年，世界平均涨幅为8.445个百分点，期间捷克与爱沙尼亚小幅下降，其他国家小幅上涨，但全部低于世界平均增幅，可见，近年来世界货物和服务出口占GDP比重在快速上升，中东欧国家由于比重自2010年以来呈现高值，受发展惯性影响，经济会显缓慢，而中国还不及2000年水平，值得深思。

四 城市化发展状况

（一）城市化率

中国与中东欧7国城市化发展体现为（见图8—7）：中国增长速度较快，从1990年的26.4%上升到2017年的57.96%。中东欧7国城市化率本身就比较高，最低的斯洛伐克，虽然有下降趋势，但基本保持在50%。最高的捷克，2017年为73.675%。欧洲其他几个国家基本在50%—70%之间。中东欧7国一直都有着较高的城市化水平。城市化率增长最快的是中国，中国作为一个传统的农业国家。相对来说，城市化水平不高，随着改革开放的进行，以及近年来经济高速发展。所以中国城市化水平增加较快，但是与中东欧7国还是有一定差距。

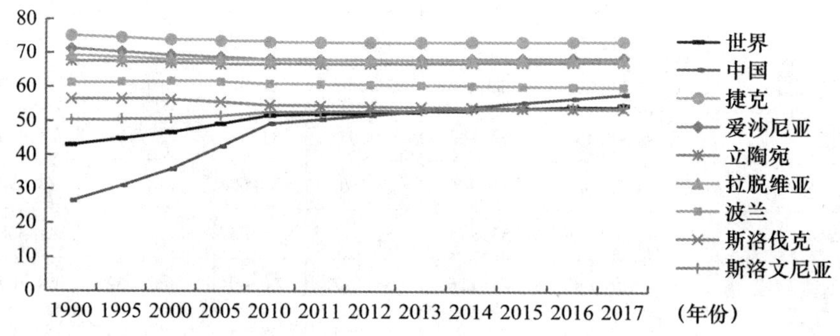

图8—7 世界与中国、中东欧7国城市化率（%）

注：根据世界银行的统计数据，中东欧城市化率从1990年至今均是100%，与其他各国不具有可比性，图中并未标注出。

资料来源：世界银行数据库（https：//data.worldbank.org.cn/indicator/SP.POP.GROW）。

较高的城市化率水平会对整个经济社会发展起到很大的促进作用。一是集群效应。城市化水平高的区域聚集了大量的人才、技术、资源等各种生产要素，这样能更大程度地发挥它们的作用。同时，在教育、医疗和科研等领域聚集大量高精尖人才，会对社会进步起到很好的作用。二是创造更多就业机会，虽然经济、科技等方面的发展和进步，农业劳动人口是在减少的，这样的话原有的部分农业劳动人口会转移到其他行业或领域，高城市化率不仅促进相关产业的调整和经济改革，同时也能够解决原有闲置劳动力。虽然中国和中东欧 7 国目前都有着较高的城市化水平，但是城市化率都还有提升空间。较高的城市化水平，不仅会促进经济发展和增长，同时也会为人民提供更好的就业环境和生活条件。

（二）最大城市人口占城市人口比重

在人口指标测度中，城市化水平发展最主要的指标是城市人口占总人口比重，而最大城市人口占城市人口比重能说明该国或该地区最大城市人口吸引力，或可以说明各国最大城市人口聚集度。2000—2017 年，世界最大城市人口占城市人口比重基本稳定在 16% 以上（见表 8—17），十多年来没有大的波动变化，期间下降了 0. 659 个百分点，从世界银行数据库中显示的信息发现，自 1960 年有记录以来，世界该值在 1974 年为高峰期，达 18. 15%，此后逐年缓慢下降，在城市化进程不断加快，城市化率不断上升过程中，上述数据说明世界最大城市对人口的吸引力在降低，或者说随着经济社会的发展，人口的聚集力在下降，分散性更强。中国与中东欧 7 国中，中国该值最低，基本稳定在 3% 左右，由于中国人口基数庞大，城市化进程加快，最大城市人口的吸纳能力与所占城市人口比重较低也是情理之中，中国自 1981 年（3. 061%）缓慢下降至 1990 年（2. 867%）随之有缓慢回升，2000 年该值重新上升至 3. 145%，这一变动过程与中国经济发展与城市化进程密不可分。

表 8—17　世界与中国、中东欧 7 国最大城市人口占城市人口比重　（单位：%）

国别＼年份	2000	2005	2010	2015	2016	2017
世界	16. 713	16. 361	16. 148	16. 055	16. 053	16. 054
中国	3. 145	3. 077	3. 085	3. 086	3. 089	3. 094

续表

国别 \ 年份	2000	2005	2010	2015	2016	2017
捷克	15. 447	15. 948	16. 076	16. 383	16. 425	16. 457
爱沙尼亚	41. 3	42. 651	43. 471	46. 251	46. 896	47. 567
立陶宛	23. 223	24. 145	25. 42	27. 203	27. 578	27. 994
拉脱维亚	47. 267	46. 738	46. 707	48. 04	48. 232	48. 441
波兰	7. 057	7. 178	7. 35	7. 6	7. 656	7. 704
斯洛伐克	14. 183	14. 264	14. 026	14. 436	14. 53	14. 612
斯洛文尼亚	—	—	—	—	—	—

注：表中数据表示人口超过 100 万的城市群人口占总人口的百分比，缺斯洛伐克数据。

资料来源：世界银行数据库（https：//data. worldbank. org. cn/indicator/SP. POP. GROW）。

由于斯洛文尼亚数据缺失，中东欧另外 6 国中捷克与世界平均值最接近，涨幅稍高于世界平均速度。斯洛伐克比世界平均水平低 2 个百分点左右，相对较为平稳，最低的波兰基本稳定在 7% 左右，由于波兰城市较多，人口分散，故其最大城市人口在城市人口中比重较低。其他包括爱沙尼亚、立陶宛和拉脱维亚三国，该值远高于世界平均值。其中爱沙尼亚比重最高，持续维持在 41%—47%，且涨幅最大，2000—2017 年增加了 6. 267 个百分点，说明该国最大城市塔林人口吸纳能力强，不过该国总人口也不到 140 万，生活在首都的人口接近全国人口的一半，城市首位度尤其高。另外，立陶宛、拉脱维亚期间该值也有小幅上涨，2000—2017 年，分别上涨了 4. 771 个、1. 174 个百分点。

可见，最大城市人口占城市人口比重越高的国家，其最大城市对人口的吸纳能力越强，比重越低的国家上升幅度较小，说明这些国家最大城市对人口的吸纳能力越小，不过也可能是由于人口基数的问题，城市化加快过程中不一定集中于最大城市，从而导致该数据逐年减小，比如中国。

第三节　人口与区域经济发展耦合协同状况

一　人口与区域经济耦合内涵与指标构建

本章根据研究内容需要，本着指标选取的代表性、科学性、独立性、可操作性原则，参考以往文献，从人口子系统与经济子系统的内在联系出发，选取2015年代表人口子系统的11项指标及经济子系统的11项指标，反映中国和中东欧7国有关人口与经济耦合发展状况具体指标数据，并运用熵值法确定指标体系及权重参见表2—18，人口子系统与经济子系统耦合阶段划分参见表2—19，协调类型及判别标准参见表2—20。进行构建与分析。

二　统计性分析结果

可靠的数据作为研究的重要基础，同时相同口径下的数据比较分析，才具有更可靠的说服力。在保证数据可靠性的同时也要保证数据的科学性。本章关于耦合度和协调度相关计算过程都是采用世界银行网站2015年数据，并经标准化处理之后，采用熵值法得到各指标权重，计算中国—中东欧7国人口发展与经济发展水平，再根据第二章中的公式2—3和公式2—4分别计算出2015年的中国和中东欧7国的耦合度与协调度（见图8—8）。对原始数据进行标准化处理，然后运用熵值法得到各个指标所占的权重，再计算出所有国家的综合得分，最后通过相关公式算出中国和中东欧7国的耦合度和协调度。

从人口经济耦合度看，中国和中东欧7国的耦合度数值基本都是在0.49左右，呈现一条直线，没有多大区别，其中最高的是捷克共和国，耦合度数值为0.499976，最低的是中国，为0.492402，可以说差距微乎其微，甚至用肉眼无法分辨。从耦合阶段来看，中国—中东欧7个国家都还处在拮抗时期，与磨合阶段的水平有一定差距，但差距非常小。或者说，中国和中东欧7国勉强处于磨合阶段，人口与经济的共同发展具有一定的关联性，人口与经济基本是在同向发展状态，矛盾冲突较小。随着人口结构的优化、经济发展的转型以及相关产业的合理调整，中国和中东欧7国家的人口和经济发展将会取得更好成就。

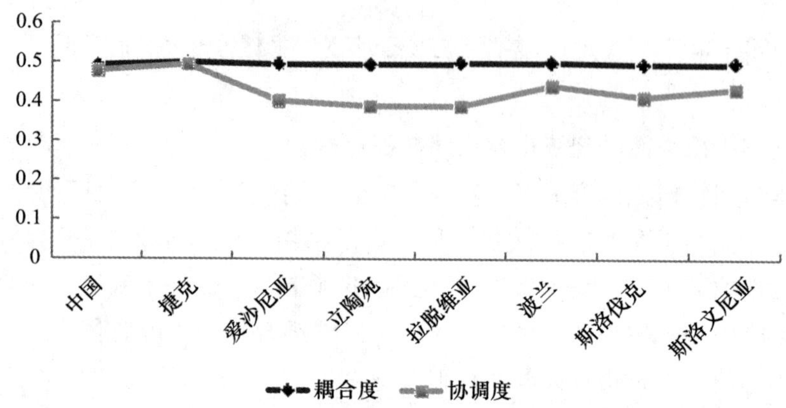

图 8—8 2015 年中国与中东欧 7 国耦合度与协调度示意图

资料来源：世界银行数据库，2016 年人类发展报告。

从人口经济协调度看，8 个国家的协调度数值区间在 0. 389726785—0. 494289067 之间。其中，最高的是捷克共和国，为 0. 494289067，最低的是立陶宛 0. 389726785，两个国家有一定的差距。从协调度类型看（见表 8—18），除了立陶宛与拉脱维亚两个国家处于衰退失调型以外，其余六国均处于过渡型阶段。即中国—中东欧 7 国有关人口与经济发展属于勉强协调发展阶段，无论人口对经济的促进作用还是经济反作用于人口的发展，都还有很大提升空间。

表 8—18 2015 年中国与中东欧 7 国人口经济耦合协调度

国家	耦合度	耦合阶段	协调度	协调度等级	协调度类型
中国	0. 492401621	拮抗时期	0. 478539567	濒临失调	过渡型
捷克	0. 499976214		0. 494289067	濒临失调	
爱沙尼亚	0. 494439498		0. 40262865	濒临失调	
立陶宛	0. 494732322		0. 389726785	轻度失调	衰退失调型
拉脱维亚	0. 498251881		0. 389747656	轻度失调	
波兰	0. 499728655		0. 441464505	濒临失调	过渡型
斯洛伐克	0. 495412776		0. 413112354	濒临失调	
斯洛文尼亚	0. 498744133		0. 433566186	濒临失调	

结合耦合度和协调度综合分析看。耦合度较高的地区人口结构与经济的关联作用强、关系密切，人口与经济呈现出同向发展的态势，相对来说矛盾冲突小。中国和中东欧7国的耦合值基本接近0.5，由图8—8看，耦合线基本没有起伏和波动，可以说8个国家基本处于同一水平，也说明该区域人口经济的协调发展相对很协调，不像有些区域中的人口经济发展十分不协调。虽然从具体的数值划分标准来说，处于拮抗阶段，但实际上已基本达到磨合阶段的水平。也就是说，这些国家人口发展水平和经济水平基本是在同步进行的，两者更多的是起到了促进与推动作用，暂时没有较大矛盾，这对于整个国家自身的发展和区域合作都提供了良好的条件和基础。

依据2016年公布的《工业化蓝皮书："一带一路"沿线国家工业化进程报告》中显示的：中国出口的前五大类商品分别为机电产品（属资本密集型），纺织品及原料（属劳动密集型），贱金属及制品（属资本密集型），家具、玩具、杂项制品（属劳动密集型），化工产品（属资本密集型）。其中上述五大类商品中，机电产品出口占总量接近50%；进口方面，原料类产品和一些技术含量较高的产品是中国主要的进口商品类型。机电产品（资本密集型），矿产品（资源密集型），化工产品（资本密集型），运输设备（资本密集型），光学、钟表、医疗设备（资本密集型）是中国进口的前五大商品。由以上分析可看出，中国与中东欧国家工业化进程与发展中有着极强的互补性。

"一带一路"倡议提出以来，中国向沿线64个国家出口的机电产品仅占机电产品总出口的21.75%，纺织品及原料向沿线国家的出口量占其出口总量的33.9%。此外，在贱金属及制品的出口中，越南和马来西亚分别排在第三位和第五位。在化工产品的出口中，印度和印度尼西亚分别排在第二位和第六位。在塑料、橡胶的出口中，俄罗斯和印度分别排第四位和第五位。可以看出，中国对沿线国家的出口主要涉及临近的周边国家。

从进口方面来看，中国从沿线国家进口的机电产品仅占机电产品总进口的16.15%，进口的运输设备仅占4.64%，光学、钟表、医疗设备仅占5.97%；而从这些国家进口的矿产品则占总进口的50.43%。其中沙特阿拉伯、俄罗斯、伊朗分别排第二位、第三位和第六位。因此，中国对

“一带一路”64个沿线国家的进口，目前还是以初级产品为主。

《工业化蓝皮书：“一带一路”沿线国家工业化进程报告》中显示，沿线国家工业化处于不同水平与发展阶段，而中东欧国家均处在工业化后期。其中按照工业化指数大小，中东欧国家的斯洛伐克、波兰、爱沙尼亚、斯洛文尼亚、立陶宛、拉脱维亚、捷克分别排在65国的第2、3、6、7、9、10和12位，也就是说，中东欧工业化发展至少排在“一带一路”沿线65国的前12名。由此可以看出，无论中国工业化进程还是“一带一路”沿线各国的发展离不开彼此，中国与中东欧国家不能因为距离的遥远而忽视了彼此的相互合作，只有各国互惠互利，实现在促进发展本国优势产品与服务基础上，加大对外出口力度与合作力度，才能在发展的过程中尽早实现双赢局面。

总体来看，中国与中东欧7国人口与经济协调发展均处于拮抗阶段，仍然处于失调发展状态，人口要素对经济发展所起的作用相对有限，经济发展对人口的支持与能力也相对有限，因此各国应依托自身产业比较优势与工业化进程中获取的成功经验，取长补短，实现合作共赢。

第四节　人口变动对区域经济发展的影响

根据上述中国与中东欧7国人口变动与经济发展基本状况，进一步考察人口变动对区域经济发展的影响因素，发现并提出二者不相适应、不相协调的地方，为“一带一路”框架下促进中国与欧洲区域经济发展提供新思路。

一　人口自然变动与经济发展

（一）人口规模在减小，欧洲国家人口总抚养比普遍偏高

2000—2017年，中国与中东欧7国人口增长率虽呈现不断下降趋势，人口规模也在逐年缩小，人口增长率也都不到1%，尤其是立陶宛、拉脱维亚、波兰人口增长率是负值，已远低于世界平均值的1.158%。2017年，爱沙尼亚、立陶宛与拉脱维亚，人口增长量均为负值。人口增长率的降低，直接导致0—14岁人口比重下降，人口总量减少。随着时间的推移，劳动年龄人口也将逐年降低，从而造成劳动力人口减少，不利于社

会经济发展。

随着经济和社会发展进步与平均寿命的延长，进入劳动力年龄的人口减少，老年人口比重提高，从而导致较高人口总抚养比。随着养老负担的加重，劳动年龄人口减少，势必给经济进步带来抑制效果。

全球范围内，无论是中国还是中东欧 7 国，65 岁及以上人口比重逐年提高，这是国际趋势，也是全球大多数国家都面临的老龄化问题，更是全部欧洲国家面临的难题。2017 年，中东欧 7 国中有 5 个国家老年系数接近 20%，最低的国家也超过了 15%，远高于世界均值 8.696%，欧洲国家老龄化形势十分严峻。

（二）少儿人口不断减少，"少子化"问题初现

从世界发展经验看，"少子化"是发达国家面临的一大难题，将带来一系列严重的社会后果。中国与中东欧 7 国 0—14 岁少儿人口比重均呈不断下降趋势，2017 年该人口比重大多数国家已快降至 15% 以下，最高的波兰也仅为 16.368%，远低于世界平均值 25.941%。预计到 2050 年，中国和中东欧 7 国大多数国家该人口比重将降至 14% 以下，甚至更低。届时域内"少子化"问题将更加严重。一方面，"少子化"会直接影响教育、医疗和社会公共事业的发展，相关产业由于劳动力资源短缺可能被迫转型，这将引起一系列社会连锁效应。另一方面，从长远看，"少子化"必然带来人口结构失衡、人口规模缩减，影响产业结构调整和就业结构完善，养老问题严峻，老年人口赡养义务转移至社会和国家，代际传递断裂，必须统筹多方面资源，加快全球人口流动以逐渐消减"少子化"带来的各种社会风险。

（三）人口老龄化不断加深

1. 老年人口比重大

早在 2000 年，中国与中东欧 7 国中，老年人口系数均超过 11%，最低的斯洛伐克也达 11.292%，此后持续攀升，至 2017 年有 5 个国家该值接近 20%。到 2050 年，预计多数国家将接近 30%，如此高的老年人口系数，使得老龄化将进一步对国家社会制度、基础设施建设、储蓄与消费等多个方面造成更大影响。一方面，对国家影响最直接的就是养老医疗制度的不断完善和劳动力资源短缺问题，在"少子化""老龄化"共同作用下，需不断调整社会经济制度、引进人才，以此消减人口老龄化冲击；

另一方面，对于中国而言，现阶段经济发展水平较发达国家差距甚远，人均 GNI 还未达到世界平均水平，但人口老龄化速度不断加快，若不提高经济发展水平、完善社会保障制度，很有可能跌入“未富先老”的困境，届时将严重阻碍经济社会的发展。

2. 人口抚养负担不断加重

不同年龄结构类型决定了人口抚养侧重点不同。一方面，中国与中东欧 7 国人口抚养比不断加重，由于受人口老龄化影响日益严重，老年人口抚养压力主要集中在养老、医疗等方面，迫切需要社会保障制度的改革和完善。同时，老年人口增多，将改变本国消费与储蓄结构，进而影响社会投资。另一方面，2017 年，捷克、爱沙尼亚、立陶宛和拉脱维亚人口总抚养比超过 50%，抚养负担较重。不过由于域内大多数国家人口基数较小，尽管老年人口比重较高，需要抚养的对象老年人口较多，对这些国家的医疗、住房和养老保障等方面的压力相对较大。在持续老龄化攀升而少儿人口比重较低的情况下，将导致劳动年龄人口持续减少，当人口老龄化继续深度化，社会抚养负担进一步转向老年人口，届时也将面临更为严重的难题，人口抚养负担加重趋势不可逆转。

二　人口社会变动与经济发展

由表 8—8 可看出，2018 年中东欧 7 国中 15 岁以上人口就业率除了捷克、爱沙尼亚以外，其余国家该值均低于世界值 58.441%。从变化趋势看，世界发展趋势逐年下降，除了斯洛文尼亚就业率一致外，其他国家在逐年上升，只是与世界平均水平还有一定差距，需要采取相应措施，一定程度上提高人口就业率。劳动力参与率方面，总体来说中东欧 7 国均低于世界平均水平，从分性别劳动参与率来看，男性劳动参与率也较低，不过女性劳动参与率跟世界水平基本持平。

从经济发展状况来看，2017 年，中东欧 7 国人均 GDP 均超过世界平均值（10721.61 美元），最低的波兰为 13863.18 美元，最高的斯洛文尼亚为 23597.29 美元，是世界水平的 2.2 倍，中国的 2.67 倍。实际上，中东欧 7 国都是发达国家，并且有着稳定的经济基础。同时，有着较为合理的产业布局，无论人口综合素质还是人口就业效率都很高。无论产品生产技术还是发展经验等都值得中国学习。其中，捷克共和国以其高度发达的工业基础为荣，其主要行业包括汽车、工业机械设备、电子、冶金、采矿及采石、玻璃制造及饮料（特别是啤酒）生产业。服务业在过去20年以来也增长迅猛，由原来仅仅面向国内市场已走向国际化。实际上，诸如汽车、工业机械设备、电子等生产技术相对来说中国较为薄弱，也是中国当前在建设创新引领高质量发展经济中最需要的。借助更为广阔的开放机遇、“进口博览会”与“一带一路”建设发展，引进欧洲国家相关产品和技术，发展本国产业，同时也借助上述机会把中国的产品与服务推向欧洲，服务欧洲。

三　人口迁移变动与经济发展

（一）区域内人口迁移率低，缺乏相应劳动力支持

一方面，经济发展越落后的国家，人口净迁移率越低。近十几年来，中国人口迁移率变化趋势不明显，2015年人口净迁移率为 -0.3%，表现为少量迁入，净流出。对于经济发展，人才是不可缺少的，中国在发展经济的同时，还要注重人才的引进，尤其是国际性、高科技、稀缺性人才等。在中东欧7国中，捷克、波兰、斯洛伐克和斯洛文尼亚，人口迁移率低，但是经济发展水平高，与其自身人口素质有密切关系。相对来说，上述国家人均受教育年限和高等院校入学率都高于中国。在注重人才引进的同时，同样要大力发展教育事业，尤其是高等职业教育，需要大力培养社会所需要的社会人才，为经济发展提供高效率的人才劳动力。

另一方面，经济建设与发展需要一定人口的劳动力支持，由图8—4可知，中东欧7国人口迁移率都不高，甚至为负值。比如拉脱维亚和立陶宛人口净迁移率为负值，也就是人口为净流出，国际人口迁移以高科技人才为主，这可能导致拉脱维亚和立陶宛人才流失，需要引起相关国家的重视。

（二）城市化水平可以再提高

城市化水平越低，说明该国经济发展相对落后，人口在空间、职业和地区的分布不够优化。除中国外，中东欧7国都有着较高的城市化水平。但是，中东欧7国城市化水平还有再提高的空间，更高的城市化率会给整个社会环境带来更好的就业，更好的经济，更好的生活条件。近年来，中国城市化水平在不断提高，但与中东欧7国相比，与城市化水

平高的国家还有一定差距。同时在城市化进程中需要高质量的城市社会发展，而不是数字上的城市化。

四 人口经济耦合协调度的影响

（一）区域内人口与经济发展尚处拮抗期，二者关联性较弱

根据表8—18实证验证结果，中国与中东欧7国人口经济耦合度均在0.492—0.499之间，依然处在拮抗时期。这个时期的人口与经济相互促进作用逐渐显现，但二者促进的作用力相对较弱。按照人口子系统综合得分的高低排序为：捷克、斯洛文尼亚、中国、爱沙尼亚、波兰、斯洛伐克、拉脱维亚和立陶宛；按照经济子系统综合得分的高低排序为：中国、捷克、波兰、斯洛伐克、立陶宛、斯洛文尼亚、拉脱维亚和爱沙尼亚。可以看到，除了捷克人口系统与经济系统发展基本一致外，中国与中东欧其他7国人口系统与经济系统的发展速度不一致，人口变动不一定促进经济发展，经济发展也不一定能带动人口发展与人口质量的进一步提升。以捷克为例，2015年该国人口经济耦合度为0.499976，即将步入磨合期，该国对应的人口子系统和经济子系统协调度为0.494289，是域内国家最高水平，爱沙尼亚人口经济耦合度为0.494439，对应的人口子系统和经济子系统协调度为0.402629，在域内国家中排在第5位，即倒数第三。2015年捷克15岁以上总人口就业比重为56.609%，比同期中国、世界平均值分别低了9.912、2.128个百分点。爱沙尼亚该值为58.347%，比捷克高了1.738个百分点；捷克人均GDP增长率为5.102%，比世界同期值高了3.452个百分点，爱沙尼亚该值仅为1.608%，比世界同期值还低0.042个百分点；农村人口比重捷克为26.523%，比世界同期值低了19.559个百分点。

（二）人口与经济发展的相互促进

拉脱维亚和立陶宛是人口子系统综合得分相对靠后的两个国家。同时，这两个国家的总抚养比在中东欧7个国家中处于较高水平，均超过了50%，并且人口增长态势都处于负增长态势。在少儿人口逐年减少，老年人口逐年增加的基础上，人口变动与发展很难满足经济社会发展需要。因此，上述两个国家可以鼓励生育，使得劳动年龄人口比重的增长与提升更有利于经济发展，也可以使总抚养比降低到一个合适的水平，

从而减轻养老负担。同时，也可以在此基础上提高人口素质，提升人口效率，以更少的人口满足市场人力资源的需求。域内国家不仅是拉脱维亚与立陶宛，基本除了捷克以外的国家均应更好地促进人口与经济相互作用的加强，这样才更有利于经济社会的可持续发展。

（三）多数国家人口与经济处于衰退失调型，人口与经济发展不适应

中国和中东欧7国国家人口与经济协调度差距比较明显，协调度基本在0.389726785—0.494289067之间，由高到低分别为：捷克、中国、波兰、斯洛文尼亚、斯洛伐克、爱沙尼亚、拉脱维亚、立陶宛，其中拉脱维亚和立陶宛基本处于濒临失调的边缘，已属轻度失调型。由此可见，中国和中东欧7国人口与经济尚未达到耦合协调发展程度，人口变动与经济发展的作用较为复杂，国别间差异较大。协调度相对较高的捷克共和国和中国，人口变动与经济发展情况也相对较好。协调度排名靠后的拉脱维亚和立陶宛，在人口子系统综合得分与经济子系统综合得分都相对较低，这也说明上述两国在人口变动与经济发展方面不是很匹配，人口因素对经济增长的作用较小，经济发展对人口发展水平作用很不显著。总体来说，中国和中东欧7国的人口变动与经济发展匹配程度都不是很高，人口系统和经济系统彼此间有较大提升空间。中国和中东欧7国，无论是各自国家发展还是区域合作，都应兼顾考虑人口和经济间的相互作用，全方位、多视角、多层次地开展合作，解决人口变动与经济发展不平衡的诸多因素，为提高人口与经济协同发展创造有利基础。

第九章

中国—中东欧9国（Ⅱ）人口变动与经济发展

中东欧国家是连接欧亚大陆的重要门户，也是“丝绸之路经济带”的重要组成部分，虽然大部分中东欧国家与中国同样处于中高偏上收入国家，但是中东欧国家[①]已经完成了人口转变，其第二产业在国际市场具有较强的竞争力。本章从人口、经济两大方面对中国与中东欧9国进行比较分析，探讨中国与中东欧9国人口与经济发展异同，人口、经济与社会耦合发展状况，有利于更好地解决共同面临的多项难题，引导域内各国人口经济社会科学发展，以进一步推进中国与中东欧共建人类命运共同体建设进程。

根据2017年6月1日欧洲统计局网站公布的2016年度欧盟与中国的贸易和投资统计数据，[②] 中国已经成为继美国之后，欧盟第二大贸易伙伴国，中欧货物贸易额占欧盟对区外货物贸易额的15%（2006年为10%）。10年间，欧盟从中国进口占其从区外进口额的比重也从2006年的14%增至2016年的20%；向中国出口比重也从6%增至10%。总体看，欧盟和中国间投资总体上保持积极增长态势。2015年中国首次成为欧盟净直接投资国，但是欧盟对中国投资存量仍远大于中国对欧盟投资存量。

中国与中东欧国家之间取得如此成果与中国提出的“16+1”合作框

① 本章研究的中东欧9国包括：匈牙利、克罗地亚、波斯尼亚和黑塞哥维那（简称“波黑”）、黑山、塞尔维亚、阿尔巴尼亚、罗马尼亚、保加利亚、马其顿王国（简称“马其顿”）。

② 欧盟统计局（http：//ec. europa. eu/eurostat/）。

架，以及“一带一路”建设发展紧密相关，“16＋1”合作框架率先给中国与中东欧提供了广阔的合作平台，“一带一路”的提出给沿线国家贸易往来增进了更多便利。中国与中东欧于2012年启动“16＋1”合作框架以加强与中东欧之间合作发展。据中国商务部官网数据，2016年，中国与外部世界贸易整体下滑、对欧洲整体贸易总额下降情形下，中国与中东欧整体贸易总额较2015年实现增长，增幅达9.5%。由此可见，中国与中东欧国家的经济交往、区域合作日益加深，“16＋1合作”已逐渐成为“一带一路”建设标杆，也成为中欧合作新亮点。

由于沿线国家政治组织形式、社会文化、人口环境以及经济发展状况等呈现明显差异性，各因素对区域交流和经济合作产生的影响也不尽相同。2017年，欧盟是一个涵盖28个国家、5.11亿人口、GDP达16.398万亿美元的巨大经济体，[①] 是世界上一支重要的经济力量，也是世界货物贸易和服务贸易最大的进出口市场。从总量上看，中欧贸易规模有所增加，尤其中国自欧盟进口总额增加的幅度很大。据《2017年度中国对外直接投资统计公报》相关数据，2017年，中国对欧盟直接投资快速增长，流量首次破百亿美元（102.7亿美元），同比增长2.7%，占流量总额的6.5%，占对欧洲投资流量的55.6%。欧洲对中国投资虽有减少，但仍有约80亿欧元。2008年国际金融危机后欧洲经济增长急需得到进一步拉动，与此同时中国也需要欧洲市场，可以说，中国“一带一路”倡议的提出是中国—欧盟各国双边关系加固的又一架桥梁，有利于扩大区域经济合作和贸易投资，加强中国—欧盟的国际影响力，提升中国—欧盟整体竞争力，为实现中欧双方利益高度交融的命运体共同体提供支持条件。

相较于2010年，2017年中国对“一带一路”沿线中东欧各国投资总额净减少了1.0049亿美元，除匈牙利和马其顿直接投资流量为负值外，分别净减少了3.0451亿美元和0.0007亿美元（见图9—1）。其他国家均为正值，中国对塞尔维亚和保加利亚投资流量显著增加，贸易往来频繁密切，净增加了0.7711亿美元和0.7258亿美元。克罗地亚、黑山、波黑和罗马尼亚分别净增加了0.3181亿美元、0.1665亿美元、0.0079亿美元

---

① 根据世界银行2016年相关统计数据整理计算所得。

和0.0502亿美元。

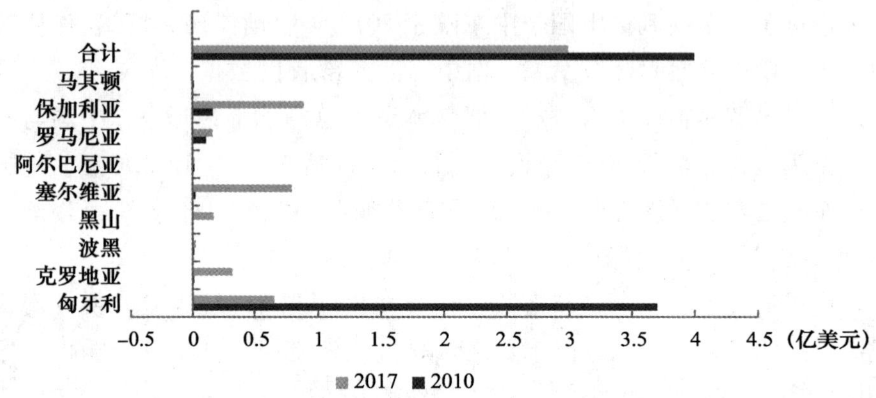

图9—1 2010年、2017年中国对中东欧9国直接投资流量比较

注：由于黑山2010年数据缺失，以0纳入直接投资流量比较之中。波黑2017年数据缺失，用2016年数据替代。马其顿2010年数据缺失，用2012年数据替代；2017年数据缺失，用2015年数据替代。

资料来源：整理自中华人民共和国商务部、中华人民共和国国家统计局、国家外汇管理局联合出版的《2017年度中国对外直接投资统计公报》附表1。

中国与中东欧9国人口数量众多，人口规模庞大，人口变动趋势复杂，通过了解中国与中东欧9国发展所面临的人口环境等相关问题，可以更好地加深区域合作共识、巩固区域合作基础，有助于实现区域内人口、经济和社会协调发展。

第一节 人口变动基本状况

一 人口自然变动

（一）人口增长状况

1. 人口数量增长

中国与中东欧9国人口总量不断变化（见表9—1），2000—2017年，只有中国和马其顿两国人口数量处于不断增长状态。

表9—1　　世界与中国、中东欧9国人口年增长量　　（单位：万人）

国别＼年份	2000	2005	2010	2015	2016	2017
世界	7986.42	8047.34	8330.04	8623.67	8659.79	8620.28
中国	991	764.5	644.5	695	744.5	773
匈牙利	-2.66	-2.01	-2.26	-2.34	-2.90	-3.29
克罗地亚	-12.80	0.30	-1.13	-3.48	-2.93	-4.86
波黑	0.76	0.02	-2.45	-3.00	-1.91	-0.98
黑山	-0.11	0.09	0.11	0.03	0.01	0.02
塞尔维亚	-2.41	-2.24	-2.94	-3.52	-3.71	-3.61
阿尔巴尼亚	-1.98	-1.55	-1.45	-0.84	-0.46	-0.26
罗马尼亚	-2.91	-13.21	-12.06	-9.35	-11.31	-11.58
保加利亚	-4.05	-5.79	-4.88	-4.59	-5.02	-5.18
马其顿	1.04	0.32	0.16	0.18	0.19	0.20

注：人口年增长量以前一年为基期，t年与（t-1）年的差值即为净增长量。

资料来源：世界银行相关统计数据（https：//data. worldbank. org. cn/indicator）。

2000年，域内10国整体呈人口负增长状态，仅中国、波黑和马其顿三国呈正增长，中国增加数量最多，为991万人。克罗地亚以减少12.8万人位居首位；2005年，年人口增长量为正的国家由2000年的三个增加至五个，分别是中国、克罗地亚、波黑、黑山和马其顿，中国仍然为年人口增长量最大，但相比2000年减少了226.5万人，其他9国除了波黑、保加利亚和马其顿外均呈明显增长回暖状况，如匈牙利、塞尔维亚、阿尔巴尼亚、罗马尼亚人口年增长量的负值状态缩小，克罗地亚和黑山年人口增长量由负转正；2010年，又有新变化，中国和马其顿年增长量进一步减少，比2005年分别减少了120万人和1579人，其他国家则呈负增长；从2010年开始，中国、马其顿人口年增长量转为逐年递增，2016年两国年增长量分别为744.5万人和1898人，其他国家只有黑山处于正值，且该国2010—2015年期间人口增长量有所下降，除上述三个为正的国家外，其他国家一直处于负值，2010—2015年，有所回升的国家分别有阿尔巴尼亚、罗马尼亚和保加利亚，分别增加了6097人、27118人和2897人，匈牙利、克罗地亚、波黑和塞尔维亚四国进一步下降，减少量均超过2万人。

2016—2017年，世界人口年增长量持续增长，年增长量达862.28万人。域内10国只有中国、黑山和马其顿为正值，2017年分别增长了773.0万人、168人和1954人，其他均为负值，域内国家2015—2016年下降最多的是罗马尼亚，减少了113149人，2016—2017年又减少115793人。10国2000—2017年间，除了中国和马其顿年增长量为正值外，其他国家都存在正负相继出现或长期负增长状态，这与欧洲国家人口转变完成有很大关系。

2. 人口增长率

2000—2017年，世界人口平均增长率持续下降，由2000年的1.322%下降为2017年的1.158%，下降了0.164个百分点。中国与中东欧9国可分为两类（见表9—2）：一是中国、黑山、马其顿，人口年增长率处于正值，均低于世界平均值，2017年上述三国比世界平均水平分别低了0.599、1.131和1.064个百分点，未出现大幅增长态势，预计将持续低增长；二是匈牙利、克罗地亚、波黑、塞尔维亚、阿尔巴尼亚、罗马尼亚、保加利亚持续负增长。

表9—2　　世界与中国、中东欧9国人口增长率　　（单位：%）

国别＼年份	2000	2005	2010	2015	2016	2017
世界	1.322	1.253	1.216	1.186	1.177	1.158
中国	0.788	0.588	0.483	0.508	0.541	0.559
匈牙利	-0.260	-0.199	-0.226	-0.238	-0.295	-0.336
克罗地亚	-2.851	0.068	-0.255	-0.824	-0.698	-1.172
波黑	0.202	0.006	-0.655	-0.846	-0.543	—
黑山	-0.028	0.148	0.183	0.056	0.023	0.027
塞尔维亚	-0.320	-0.300	-0.402	-0.495	-0.524	-0.512
阿尔巴尼亚	-0.637	-0.512	-0.496	-0.291	-0.160	-0.092
罗马尼亚	-0.129	-0.618	-0.594	-0.471	-0.573	-0.589
保加利亚	-0.494	-0.753	-0.658	-0.638	-0.701	-0.73
马其顿	0.514	0.157	0.080	0.087	0.091	0.094

资料来源：世界银行数据库（https://data.worldbank.org.cn/indicator）。

2000 年，世界平均人口增长率 1.322%，同期 10 国远小于世界平均值，仅中国和波黑为正增长，但均小于 0.8%，其他国家负增长，其中克罗地亚人口年降幅最大，为 -2.851%；相较于 2000 年，2005 年 10 国人口增长率总体有所好转，为正的国家由 2000 年的中国、马其顿和波黑增加为中国、克罗地亚、波黑、黑山和马其顿，其中克罗地亚增幅最大，为 2.919%，其他国家负增长，罗马尼亚和保加利亚降幅较大，分别下降了 0.489、0.259 个百分点。2010 年，世界人口平均增长率进一步下降，10 国仍全部低于世界平均值，中国、波黑和马其顿自 2000—2010 年持续下降，其他国家依然为负增长；2010—2015 年，世界人口增长率降幅为 0.03%，10 国中同样下降的有匈牙利、克罗地亚、波黑、黑山和塞尔维亚，分别下降了 0.012、0.569、0.191、0.127 和 0.093 个百分点。

2017 年，世界人口平均增长率比 2016 年下降了 19 个千分点，域内 10 国增长率最高的中国比世界平均水平低 0.559 个百分点，最低的克罗地亚，2017 年为 -1.172%。中国、黑山和马其顿仍保持正增长，除了匈牙利、塞尔维亚、罗马尼亚和保加利亚外，其他国家出现小幅提高。总的来说，2000—2017 年，中国与中东欧 9 国人口增长率呈下降趋势。

由中国与中东欧 9 国人口增长状况可看出：由于各国所处人口发展状况不同，人口增长量存在显著差异，中国、黑山、马其顿缓慢增长，其他 7 国逐年减少，但人口状况基本稳定。中东欧 9 国人口规模不断减小，人口增长率普遍负增长，远低于世界平均增速。

（二）人口年龄结构

首先，从 0—14 岁人口占总人口比重看（见表 9—3），中国与中东欧 9 国均呈不断下降趋势。仅保加利亚 2010 年后有所增长，其他国家与世界趋势一致，不断下降。2000—2017 年，世界平均水平下降了 4.174 个百分点，域内下降最快的是阿尔巴尼亚，从 2000 年的 30.263% 下降到 2017 年的 17.397%，下降了 12.866 个百分点。此外，降速超过世界平均水平的还有中国、波黑、马其顿，期间分别下降了 6.952、6.582 和 5.99 个百分点。2000—2017 年，除了阿尔巴尼亚在 2005 年前与世界平均值接近外，其他国家均低于世界平均水平，这表明 10 国 0—14 岁人口比重下降很快，各国均已进入底部老龄化阶段。

表9—3　世界与中国、中东欧9国0—14岁人口占总人口比重　（单位：%）

国别＼年份	2000	2005	2010	2015	2016	2017
世界	30.115	28.044	26.827	26.178	26.064	25.941
中国	24.629	19.892	17.848	17.686	17.701	17.677
匈牙利	16.829	15.518	14.860	14.441	14.355	14.317
克罗地亚	17.322	15.731	15.443	14.828	14.702	14.689
波黑	20.711	17.707	15.747	14.478	14.220	14.129
黑山	21.445	20.178	19.245	18.458	18.265	18.118
塞尔维亚	20.498	18.636	17.296	16.668	16.573	16.454
阿尔巴尼亚	30.263	26.468	22.467	18.027	17.722	17.397
罗马尼亚	18.531	15.917	15.778	15.416	15.313	15.264
保加利亚	15.66	13.584	13.262	14.007	14.093	14.237
马其顿	22.680	20.206	17.906	16.840	16.785	16.69

资料来源：世界银行数据库（https：//data.worldbank.org.cn/indicator）。

2017年，中国和中东欧9国该比重均低于世界同期值，最高的黑山也比世界低7.823个百分点，最低的匈牙利低于世界11.624个百分点。10国均已降至20%以下，已完全进入深度老年型社会，各国需要采取相应措施以刺激底部人口数量增长增加人口红利，减缓人口老龄化进程。

其次，从15—64岁人口占总人口比重看（见表9—4），2000年，10国中仅阿尔巴尼亚低于世界平均水平，仅低了0.335个百分点。其他国家均超过65%，最高中国高出世界平均水平5.466个百分点；2005年，10国均高于世界平均水平，最高中国达72.413%，最低阿尔巴尼亚为65.01%，同时罗马尼亚、保加利亚达峰值，分别高于世界平均水平4.214、4.411个百分点；2010年，除罗马尼亚、保加利亚和克罗地亚外，其他国家进一步提高，超过70%的国家由2005年的中国增加了波黑、马其顿；2015年比2010年，世界平均值仅增加0.001%，10国中除了阿尔巴尼亚和马其顿增长外，其他国家均处于下降，保加利亚降幅最大，达2.698%，中国、塞尔维亚降幅均超过1%。

表9—4　世界与中国、中东欧9国15—64岁人口占总人口比重　（单位：%）

国别＼年份	2000	2005	2010	2015	2016	2017
世界	62.997	64.651	65.537	65.538	65.455	65.363
中国	68.463	72.413	73.752	72.638	72.177	71.682
匈牙利	68.074	68.865	69.048	68.063	67.634	67.106
克罗地亚	67.112	67.022	66.997	66.289	65.991	65.587
波黑	68.334	68.806	70.326	69.805	69.646	69.302
黑山	66.987	66.758	67.788	67.648	67.437	67.12
塞尔维亚	65.965	66.780	68.168	67.027	66.603	66.18
阿尔巴尼亚	62.662	65.010	66.861	69.436	69.444	69.416
罗马尼亚	67.856	68.865	68.534	67.584	67.270	66.886
保加利亚	67.747	69.062	68.615	65.917	65.433	64.962
马其顿	67.429	68.790	70.498	70.635	70.348	70.05

资料来源：世界银行数据库（https：//data.worldbank.org.cn/indicator）。

2017年，10国15—64岁人口比重与世界平均水平一致，超过70%的国家有中国、马其顿，保加利亚降幅最大，2000—2017年下降了2.785个百分点，远高于世界2.366%的增幅。总之，域内多国劳动年龄人口占总人口比重呈上升趋势，阿尔巴尼亚上涨了6.754个百分点，这有利于社会经济发展。

最后，从65岁及以上老年人口占总人口比重看（见表9—5），中国与中东欧9国均不断增长，与全球老龄化趋势基本一致，但各国老龄化程度有所不同。2000年，中国、阿尔巴尼亚、马其顿虽高于世界平均值，但比重低于10%。2005年，仅中国、阿尔巴尼亚小于10%。2010年，中东欧9国均超两位数，同期世界平均水平为7.636%。2015年，10国与世界平均水平一样持续上升，最高保加利亚达20.076%，高于世界平均值11.793个百分点，最小值中国也高于世界平均水平1.393个百分点。

表 9—5　世界与中国、中东欧 9 国 65 岁及以上人口占总人口比重　（单位：%）

国别＼年份	2000	2005	2010	2015	2016	2017
世界	6.889	7.306	7.636	8.283	8.482	8.696
中国	6.908	7.695	8.400	9.676	10.123	10.641
匈牙利	15.096	15.618	16.092	17.496	18.012	18.577
克罗地亚	15.566	17.247	17.560	18.883	19.307	19.724
波黑	10.955	13.487	13.927	15.717	16.134	16.569
黑山	11.567	13.064	12.967	13.894	14.298	14.762
塞尔维亚	13.537	14.584	14.536	16.305	16.824	17.366
阿尔巴尼亚	7.075	8.522	10.673	12.537	12.834	13.188
罗马尼亚	13.613	15.217	15.688	17.000	17.417	17.85
保加利亚	16.593	17.354	18.123	20.076	20.474	20.801
马其顿	9.891	11.004	11.597	12.525	12.867	13.26

资料来源：世界银行数据库（https://data.worldbank.org.cn/indicator）。

2016—2017 年可分为两类：一是中国、黑山、阿尔巴尼亚、马其顿，比重在 10%—15%，处于人口老龄化社会，且程度不断加深；二是匈牙利、克罗地亚、波黑、塞尔维亚、罗马尼亚、保加利亚，超过 15%，最高的保加利亚有所下降，不过依旧超过 20%。总之，中东欧 9 国老龄化程度较严重，社会经济发展压力较大。

由此可看出：中国和中东欧 9 国均属深度老年型社会，处于“严重少子化、高度老龄化”时期，劳动年龄人口逐年减少，老年社会抚养负担不断加重。

（三）人口抚养比

中东欧国家随着老龄化不断加深，人口总抚养比增长，主要受制于老年抚养比变动。从总人口抚养比发展趋势看（见表 9—6），中国、匈牙利、波黑、阿尔巴尼亚、塞尔维亚、马其顿在 2010 年以前持续下降，均远低于世界平均水平，此后缓慢增长，且抚养比增长主要集中在老年人口比重上升，表明人口红利优势逐渐消减。

表9—6　　世界与中国、中东欧9国人口总抚养比　　（单位：%）

国别＼年份	2000	2005	2010	2015	2016	2017
世界	60.11	56.282	54.271	54.061	54.202	54.356
中国	46.065	38.096	35.590	37.668	38.549	39.505
匈牙利	46.898	45.213	44.827	46.922	47.855	49.018
克罗地亚	49.004	49.206	49.260	50.855	51.535	52.469
波黑	46.341	45.336	42.194	43.256	43.583	44.297
黑山	49.283	49.795	47.519	47.824	48.286	48.986
塞尔维亚	51.594	49.745	46.697	49.193	50.143	51.103
阿尔巴尼亚	59.586	53.821	49.565	44.017	44.002	44.06
罗马尼亚	47.370	45.211	45.913	47.965	48.654	49.508
保加利亚	47.608	44.798	45.741	51.706	52.829	53.935
马其顿	48.304	45.370	41.849	41.574	42.151	42.756

资料来源：世界银行数据库（https：//data. worldbank. org. cn/indicator）。

2000年，世界平均总抚养比为60.11%，域内10国均超过45%，低于世界平均值，最高的阿尔巴尼亚为59.586%，且该国比重直线下降。克罗地亚自2002—2007年有小幅下降，期间下降了0.709个百分点，此后逐年上涨；2005年，世界平均水平有所下降，相比2000年下降了3.828个百分点，10国与世界平均水平变化一致的有中国、匈牙利、波黑、塞尔维亚、阿尔巴尼亚、罗马尼亚、保加利亚和马其顿，中国降幅最大，为7.969%，克罗地亚、保加利亚和黑山处于上升状态，保加利亚呈直线上升；2010年与2005年基本保持一致，其中黑山由2005年的增长0.512%转变为下降2.276%，另外罗马尼亚、保加利亚2010年亦由2005年的负增长转为正增长，两国分别增长了0.702、0.943个百分点，匈牙利自2011年起持续增长，2010—2017年上涨了4.191个百分点，塞尔维亚自2010年起直线上涨，至2017年上升了4.406个百分点；2015年，除阿尔巴尼亚、马其顿与世界水平保持下降趋势外，其他国家均上升，保加利亚增幅最大，增长了5.965个百分点，达51.706%，但仍低于世界平均水平。

2017 年，超过 50% 的国家有克罗地亚、保加利亚和塞尔维亚，与世界水平基本相当，社会抚养负担较重，1 单位劳动力人口需要抚养超过 1 单位非劳动年龄人口，其余国家均低于 50%，社会抚养负担相对较轻，其中经济状况较好的匈牙利和克罗地亚 2017 年分别为 49.018%、52.469%，经济发展相对较差的波黑、阿尔巴尼亚和马其顿分别为 44.297%、44.06% 和 42.756%。

10 国少儿抚养比呈不同状态（见表 9—7），2000 年，世界平均水平为 47.80%，域内仅阿尔巴尼亚高于世界平均值，达 48.3%，其他国家集中在 20%—35%。2005 年，域内国家与世界保持相同下降趋势，中国降幅最大，达 8.50%，阿尔巴尼亚下降了 7.59%，10 国均低于世界平均水平，最高的仍为阿尔巴尼亚，但与世界平均水平相差 2.67 个百分点。2015 年，除中国、保加利亚外，其他国家均下降，但降幅有所减小，世界平均水平从 2010 年的 2.44% 下降为 2015 年的 1.00%，域内国家降幅有所减小，但仍全部低于世界平均水平，且各国该值均低于 30%，其中比重最高的黑山也仅为 27.29%。

2017 年，域内国家仍低于世界平均水平，波黑、匈牙利、保加利亚、罗马尼亚分别低了 19.3、18.36、17.77 和 16.87 个百分点，最高的黑山也低于世界 12.7 个百分点。2000—2017 年，10 国少儿抚养比普遍下降，仅中国、保加利亚自 2015 年以来小幅上扬。这说明 10 国正处于严重少子化。根据世界人口展望相关数据，10 国少儿人口数量在未来 30 年仍逐年下降，面临劳动人口减少，人口红利逐渐消失。

表 9—7　　世界与中国、中东欧 9 国少儿抚养比　　（单位：%）

年份 国别	2000	2005	2010	2015	2016	2017
世界	47.80	43.38	40.94	39.94	39.82	39.69
中国	35.97	27.47	24.20	24.35	24.52	24.66
匈牙利	24.72	22.53	21.52	21.22	21.22	21.33
克罗地亚	25.81	23.47	23.05	22.37	22.28	22.40
波黑	30.31	25.74	22.39	20.74	20.42	20.39
黑山	32.01	30.23	28.39	27.29	27.08	26.99

续表

国别＼年份	2000	2005	2010	2015	2016	2017
塞尔维亚	31.07	27.91	25.37	24.87	24.88	24.86
阿尔巴尼亚	48.30	40.71	33.60	25.96	25.52	25.06
罗马尼亚	27.31	23.11	23.02	22.81	22.76	22.82
保加利亚	23.12	19.67	19.33	21.25	21.54	21.92
马其顿	33.63	29.37	25.40	23.84	23.86	23.83

资料来源：世界银行数据库（https：//data. worldbank. org. cn/indicator）。

从老年抚养比看（见表9—8），2000年，世界平均值为10.94%，域内国家仅中国小于该值，最高的保加利亚达24.49%，意味着该国每4个劳动人口中就有1个65岁及以上人口；2005年，域内国家与世界保持相同增长态势，10国均高于世界平均0.36%的增速；2010年，继续上升，只有黑山、塞尔维亚有所下降，分别下降了0.44%和0.52%；2011—2016年，域内国家与世界逐年上升。2016年，保加利亚超30%，高于世界平均值18.33个百分点，另有6个国家超过20%。2000—2017年，整体不断增长，增幅最大的是阿尔巴尼亚，增长了7.71个百分点。据2017年世界人口展望数据，未来30余年65岁及其以上人口仍不断增加，同时0—14岁人口不断下降，老年抚养比不断增加，人口红利加速消失，不利于人口健康更替。

表9—8　　世界与中国、中东欧9国老年抚养比　　（单位：%）

国别＼年份	2000	2005	2010	2015	2016	2017
世界	10.94	11.30	11.65	12.64	12.96	13.30
中国	10.09	10.63	11.39	13.32	14.03	14.85
匈牙利	22.18	22.68	23.31	25.71	26.63	27.68
克罗地亚	23.19	25.73	26.21	28.49	29.26	30.07
波黑	16.03	19.60	19.80	22.52	23.17	23.91

续表

国别＼年份	2000	2005	2010	2015	2016	2017
黑山	17.27	19.57	19.13	20.54	21.20	21.99
塞尔维亚	20.52	21.84	21.32	24.33	25.26	26.24
阿尔巴尼亚	11.29	13.11	15.96	18.05	18.48	19.0
罗马尼亚	20.06	22.10	22.89	25.15	25.89	26.69
保加利亚	24.49	25.13	26.41	30.46	31.29	32.02
马其顿	14.67	16.00	16.45	17.73	18.29	18.93

资料来源：世界银行数据库（https：//data. worldbank. org. cn/indicator）。

综合域内国家总抚养比、少儿抚养比和老年抚养比看，中国与中东欧9国正面临65岁及以上人口红利、少儿人口对劳动力弥补不足现象，到2050年，10国总抚养比将进一步提高，其中老年抚养比高于少儿抚养比，届时人口老龄化、少子化问题更显著，此外，伴随总抚养比、老年抚养比上升以及少儿抚养比下降，人口红利将进一步衰退，更大程度降低社会经济发展动力。

（四）主要指标预测

根据《世界人口展望2017》可看出中国与中东欧9国2020—2050年主要人口指标变化（见表9—9）：一是人口总量，2020年将达14.83亿人，中国达14.25亿人，占域内总人口的96.1%，除中国外，其他国家总人口均不足1亿，最多的罗马尼亚为1938.8万人；2030年，域内总人数将达最大值，为14.97亿人，增加人口集中在中国，中国也在2030年达顶峰，其他中东欧国家均为负增长，减少最多的是罗马尼亚，2030年比2020年将减少92.41万人；2040年，总人口数有所下降，为14.7亿人，10国均呈下降趋势，中国减少人数最多，其他国家相比2030年下降也很严重，阿尔巴尼亚将减少10万人；2050年，人口总量为14.14亿人，比2015年将减少4.242亿人。其中，中国自2040年人口总数下降以来，2050年降幅继续扩大，将减少5301万，其他域内国家总量均处于减少状态，人口规模不断缩小。如罗马尼亚，2050年总人口比2040年减少1065.78万人，是除中国之外减少人数最多的国家。

表9—9　　中国、中东欧9国2020—2050年人口主要指标预测　　（单位：千人，%）

国别	年份	人口总量	0—14岁人口比重	15—64岁人口比重	65岁及以上人口比重	总抚养比
中国	2020	1424548	17.5	70.4	12.2	42.146
	2030	1441181	15.4	67.6	17.1	48.026
	2040	1417472	13.9	62.2	23.8	60.696
	2050	1364456	14.0	59.7	26.3	67.446
匈牙利	2020	9621	14.2	65.6	20.1	52.341
	2030	9235	13.8	64.2	22.0	55.651
	2040	8758	13.5	61.6	24.8	62.241
	2050	8279	13.5	58.4	28.1	71.207
克罗地亚	2020	4116	14.7	64.3	20.9	55.422
	2030	3896	13.4	61.9	24.7	61.635
	2040	3682	13.0	59.9	27.1	67.040
	2050	3461	13.2	56.8	30.0	76.074
波黑	2020	3498	14.2	67.9	17.9	47.229
	2030	3405	14.1	63.1	22.8	58.427
	2040	3251	13.3	60.8	25.9	64.483
	2050	3058	12.8	58.6	28.7	70.773
黑山	2020	629	17.7	66.1	16.2	51.226
	2030	625	15.9	63.9	20.2	56.600
	2040	610	15.0	62.5	22.5	59.963
	2050	588	14.5	59.9	25.5	66.831
塞尔维亚	2020	8704	16.1	65.1	18.8	53.607
	2030	8355	15.7	63.5	20.8	57.541
	2040	7913	15.1	62.4	22.5	60.354
	2050	7447	14.8	60.3	24.9	65.828
阿尔巴尼亚	2020	2942	16.8	68.6	14.5	45.722
	2030	2933	16.5	63.1	20.4	58.557
	2040	2833	14.8	61.0	24.2	63.847
	2050	2664	13.4	59.1	27.5	69.218

续表

国别	年份	人口总量	0—14 岁人口比重	15—64 岁人口比重	65 岁及以上人口比重	总抚养比
罗马尼亚	2020	19388	15. 1	65. 7	19. 1	52. 102
	2030	18464	14. 3	64. 7	21. 0	54. 469
	2040	17463	14. 0	60. 8	25. 2	64. 484
	2050	16397	14. 2	57. 9	27. 9	72. 669
保加利亚	2020	6941	14. 6	63. 9	21. 5	56. 443
	2030	6431	14. 0	62. 5	23. 5	59. 963
	2040	5894	13. 5	60. 6	25. 8	64. 961
	2050	5424	14. 4	56. 9	28. 7	75. 609
马其顿	2020	2088	16. 5	69. 1	14. 5	44. 820
	2030	2076	15. 9	65. 9	18. 2	51. 844
	2040	2016	14. 5	63. 9	21. 5	56. 387
	2050	1931	14. 2	60. 4	25. 4	65. 473

资料来源：整理自 World Population Prospects，*The 2017 Revision*，New York：United Nations。

二是人口结构，2020 年，域内国家 0—14 岁人口比重普遍高于 14%，最低的匈牙利和波黑，均为 14. 2%，最高的黑山，17. 7%；2030 年起下降，中国降幅最大，达 2. 1%，最低的克罗地亚，仅 13. 4%；2040 年进一步下降，最低的还是克罗地亚，降至 13%；2050 年与 2040 年降幅不同，波黑、黑山、塞尔维亚、阿尔巴尼亚和马其顿继续下降，其他国家有所好转，最低的波黑，为 12. 8%。2050 年均小于 15%，届时“少子化”问题将更加明显，均处于“超少子化”状态。与 0—14 岁人口比重变化不同，65 岁及以上老年人口比重预计将保持持续增长。2020 年预计全部超过 12%，“老龄化”进一步加深。2040 年继续上升，都将超过 20%，意味着域内所有国家中每 10 人中就有超过 2 个老人需要被抚养。2050 年除塞尔维亚外，其他国家均超过 25%，老年人口数量庞大，其中克罗地亚将超过 30%。

三是从人口抚养状况看，总抚养比持续增长。2020 年，10 国均超 40%，其中匈牙利、克罗地亚、黑山、塞尔维亚、罗马尼亚和保加利亚将超过 50%，意味着每 2 个劳动力人口将抚养超过 1 个非劳动力人口。

2040 年继续攀升，且所有国家将超过 50%，最高的克罗地亚将达 67.040%。2050 年均超过 60%，最高的克罗地亚将达 76.074%，保加利亚也将达 75.609%，远高于其他国家。

通过比较中国与中东欧 9 国人口自然变动趋势可看出：人口规模上，中国人口增长趋势将保持到 2020—2030 年，此后逐渐缩小，中东欧 9 国不断减少。人口结构上，域内国家均已于先期进入老龄化，且程度将不断加深，0—14 岁人口正处于缩减状态，老年人口的增加及少儿人口减少将呈现常态。人口抚养上，随着老龄化程度不断加深，各国抚养负担将不断加重。因此，域内人口经济社会发展中，相关宏观政策制定、措施调整和贸易投资的侧重点应与人口发展、经济环境相适应，必须因时制宜地采取措施，促进人口健康发展，并在人口不同发展期，实现域内、域外国家间人力资源互补，以足够的人口条件支持区域经济发展。

二　人口社会变动

（一）素质状况

中国与中东欧 9 国教育发展差距大，2015 年，各国平均受教育年限超过 10 年的国家有匈牙利、克罗地亚、黑山、塞尔维亚、罗马尼亚和保加利亚，其中匈牙利平均受教育年限最高，达 12 年；最短的中国仅 7.6 年（见图 9—2）；从高等教育入学率看，最低的波黑为 22.11%，与入学率最高的保加利亚相差 51.83 个百分点，低于 50% 的国家还有马其顿和中国，分别为 42.06%、43.39%。可以看出，经济发展较好的国家，高等教育发展较快，培养高素质人才的渠道和方式更多元化，且人口平均受教育年限较长，劳动力资源素质普遍较高，其次由于中东欧在苏联解体之后积极融入欧洲教育一体化，从精英教育转变为大众教育，形成了先进的高等教育制度，而中国目前仍然是发展中国家，与经济发展较发达国家仍有一定差距，且高素质人才培养机制不够健全，阻碍了劳动力人口素质提升的现实。虽然中东欧部分国家人均 GDP 小于中国，但其高等教育入学率仍高于中国。

（二）就业率

2000 年，15 岁以上人口就业率世界平均值为 60.785%（见表 9—10），域内除中国外，其他国家均低于世界平均值，且普遍低于

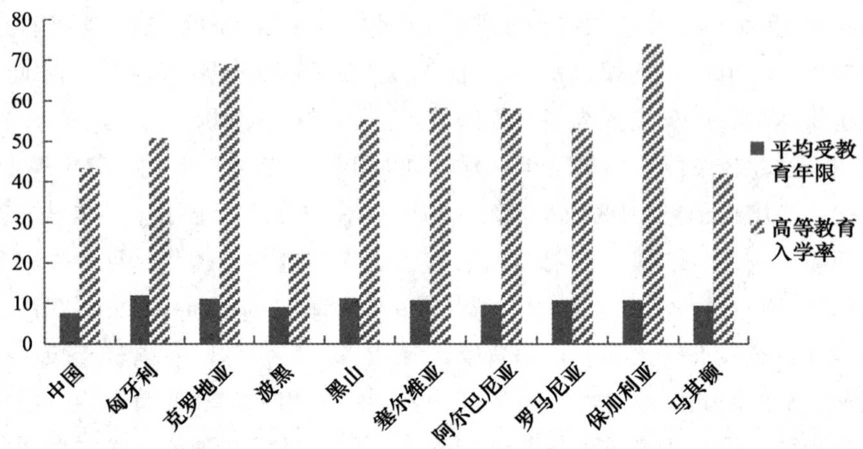

图9—2　2015 年中国与中东欧 9 国平均受教育年限及高等教育入学率（年，%）

注：由于波黑、黑山 2015 年高等教育入学率数据缺失，故使用其相近年份数据，即波黑 2002 年、黑山 2010 年数据。

资料来源：平均受教育年限整理自联合国开发计划署《2016 年人类发展报告》（http：//hdr. undp. org/en/countries/profiles/CHN#）。

50%。其中波黑最低，仅 35. 1%，比世界平均值低 26 个百分点，最高的罗马尼亚，59. 8%，仍有提升空间；2005 年，世界平均水平下降 0. 4%，域内除了匈牙利、克罗地亚和保加利亚有不同幅度上升，其他国家均下降，罗马尼亚降幅最大，达9. 2%，由 2000 年的59. 8%，下降至50. 6%；2010 年，世界平均值进一步下降，同期匈牙利、克罗地亚由 2005 年上升转为下降，分别降低了 1. 5、0. 5 个百分点，罗马尼亚和马其顿分别增加了 0. 6、4. 7 个百分点，克罗地亚自 2013 年起持续上升；2015 年，世界平均水平继续下降，相比 2010 年降幅有所放缓，仅下降了 0. 1 个百分点，同期域内国家普遍好转，下降的国家由 2010 年的 7 个减少为 5 个，降幅最大的还是阿尔巴尼亚，下降了 3. 9 个百分点，高于世界平均水平的仍是中国，但差距在缩小，差值由 2000 年的 12. 934 个百分点降为 2015 年差值为 8. 784 个百分点。

2016—2018 年，除了中国与世界趋势一致下降外，域内 9 国趋势均上涨（见表 9—10），包括中国、匈牙利、罗马尼亚、保加利亚超过 50%。从就业率变动趋势看，2000—2018 年，世界平均水平下降了 2. 344

个百分点，中国与中东欧 9 国变化幅度较小，增减基本保持在 2—3 个百分点，其中，匈牙利、马其顿和保加利亚保持正增长，分别为 7.59、6.659 和 8.996 个百分点，中国自 2000 年以来在下降，至 2018 年降低了 8.52 个百分点，阿尔巴尼亚在经历 2012—2014 年下降后，2015 年上升，罗马尼亚 18 年间整体下降了 9.364 个百分点，降幅最大。

表 9—10　　世界与中国、中东欧 9 国 15 岁以上人口就业率　　（单位：%）

国别＼年份	2000	2005	2010	2015	2016	2017	2018
世界	60.785	60.461	59.166	58.737	58.67	58.546	58.441
中国	73.719	70.341	67.992	67.521	66.141	65.709	65.199
匈牙利	45.777	46.541	44.86	51.081	52.903	53.252	53.367
克罗地亚	45.1	46.6	46.558	44.333	44.742	45.552	46.474
波黑	36.56	34.18	35.10	33.80	35.02	34.69	34.37
黑山	34.953	35.29	39.701	40.317	40.062	40.652	40.427
塞尔维亚	49.19	43.244	41.097	42.689	45.651	45.957	46.19
阿尔巴尼亚	48.45	47.791	46.564	46.809	47.713	48.295	47.429
罗马尼亚	59.78	49.648	51.14	50.619	50.415	50.6	50.416
保加利亚	41.789	45.3	47.918	49.228	49.407	50.15	50.785
马其顿	36.018	33.156	37.816	41.043	41.931	42.66	42.677

资料来源：世界银行数据库（https://data.worldbank.org.cn/indicator）。

以上分析说明，首先，域内国家经济发展状况整体变化不大，但也急需政府推出相应政策缓解就业率下降。其次，中国劳动年龄人口就业率高于 60% 的世界平均值，但人口效率并不高，说明中国劳动力处于低水平阶段，与匈牙利、克罗地亚等国还存在较大差距。根据匈牙利国民经济部消息，2018 年 2 月，该国失业率降至 3.8%。就业率最低的波黑 15 岁以上人口就业率为 34.37%，严重低于世界平均水平，一方面与波黑国家工业基础较为落后，就业制度不完善，裙带关系严重等原因有很大关系，同时较低的受教育程度也是大部分劳动力失业的主要原因，此外因宗教、传统观念等导致波黑女性就业情况亦不容乐观。

（三）人口效率

利用人口效率指标可以进一步印证中国与中东欧9国就业状况。2000年，有中国、塞尔维亚、波黑、阿尔巴尼亚和罗马尼亚人口效率低于世界平均值，波黑、罗马尼亚与世界平均水平接近，仅分别低2434.96美元、2347.09美元，中国、塞尔维亚和阿尔巴尼亚差距较大，中国最低，低于世界平均水平17708.58美元（见表9—11）；2005年均处于增长状态，罗马尼亚增幅最大，提高了13009.39美元，同期低于世界平均值的有中国、塞尔维亚和阿尔巴尼亚；2010年持续增长，中国仍最低；2015年，世界平均增幅有所放缓，增幅为3513.69美元，域内国家除匈牙利和塞尔维亚外，其他国家持续增加；2016年增幅继续放缓，克罗地亚和马其顿有所下降。

2000—2018年，除匈牙利和克罗地亚有所浮动外，中国与其他国家均不断增长，与世界平均水平一致，其中世界平均水平上升了12129.55美元，域内只有马其顿增幅小于世界平均水平，为7760.01美元，其余国家增长较快。值得注意的是，虽然18年间匈牙利和克罗地亚两国就业人口效率变化幅度较低，但该国就业人口效率较高。

2018年，除了中国、塞尔维亚、阿尔巴尼亚外，其他国家就业人口效率皆高于世界平均水平，匈牙利、克罗地亚、黑山、罗马尼亚均比世界平均高出超1万美元，塞尔维亚生产主要集中于农业、化学制品、橡胶等初级产品，该类产品相较于高新技术产业劳动力需求量相对较大、产值低；阿尔巴尼亚农业产值占该国总产值的二分之一左右，但由于频繁的干旱和现代农业设备的缺乏导致单位产量附加值较低，而工业方面则主要集中于食品、纺织、木材等低级产业，致使其就业人口效率较低；波黑由于历史原因基础设施较为落后，国家产业主要集中于矿产资源开发、农牧业以及欠发达的旅游业等附加值相对较低的初级产品服务；而高收入国家匈牙利因自身工业、农业基础、劳动力素质较好等优势，该国政府也积极引导从事有机农业，将农业从低端必需品转型为高端、附加值相对较高的产品，另外匈牙利积极引进外资从事汽车生产、药品、电子产品研发生产等高附加值行业，此外，匈牙利还拥有发达的旅游业以及良好的私有化商业为该国高就业人口效率奠定了基础；中国劳动力素质较低、农业以及二次产业中制造业等附加值较低的高密度集聚致使中国就业人口效率较低。中东欧9国中人口效率最低和最高的塞尔维亚和匈牙利两国产业布局，人口效率较高的匈牙利更多的是高新科技行业，塞尔维亚则几乎全集中于农业等第一产业，人口效率较低与国家产业发展布局有着密切关系。

表9—11　　世界与中国、中东欧9国就业人口效率比较　　（单位：美元）

年份 国别	2000	2005	2010	2015	2016	2017	2018
世界	24262. 34	26797. 89	30346. 86	33860. 55	34541. 90	35429. 75	36391. 89
中国	6553. 76	10012. 61	16777. 58	24324. 42	26001. 60	27842. 07	29731. 89
匈牙利	46850. 34	56736. 11	58751. 38	57160. 25	56390. 05	58550. 83	61012. 54
克罗地亚	42271. 88	50518. 34	52160. 95	54233. 54	55527. 53	56527. 73	57318. 66
波黑	21827. 38	29562. 38	32858. 36	37716. 79	37218. 02	38768. 10	40346. 82
黑山	36179. 43	40321. 25	43434. 13	46067. 67	47374. 96	47975. 36	49496. 45
塞尔维亚	16175. 39	25016. 62	30144. 14	29919. 92	28825. 20	29022. 55	29793. 51
阿尔巴尼亚	15961. 23	20525. 46	27239. 62	28313. 53	28602. 63	29206. 27	30218. 95
罗马尼亚	21915. 25	34924. 64	40977. 10	47820. 91	50516. 39	53988. 45	56804. 22
保加利亚	25964. 39	32288. 61	32726. 70	40161. 41	41701. 51	42966. 20	44248. 54
马其顿	30954. 65	35476. 39	36577. 25	37384. 16	37414. 35	37431. 88	38714. 66

注：劳动力人口效率指就业人口的人均GDP，用以说明每单位就业人口创造的社会价值。

资料来源：根据世界银行数据库（https：//data. worldbank. org. cn/indicator）。

结合表9—10、表9—11中2018年各国就业状况可看出：第一，就业率排名前三的国家从高至低依次是中国、匈牙利罗和保加利亚，就业人口效率排名最后的三国依次是中国、塞尔维亚和阿尔巴尼亚，说明相对于中东欧9国而言，虽然中国就业人口数量大，但由于产业就业结构不合理，造成大量劳动力仅创造了较低的社会总产值，浪费了劳动力资源。第二，经济发展状况较好的国家，利用有限的就业人口也创造了较高的社会价值，如罗马尼亚、匈牙利，这与国家经济发展状况和科学的产业布局密不可分。第三，就业率排名居中的部分国家，人口效率有待提高，如克罗地亚、马其顿等国，明显低于世界平均水平。

（四）两性劳动参与率

2018 年，男性劳动参与率世界平均水平为 75.045%（见图 9—3），域内国家只有中国男性高于世界平均值，仅高了 0.618 个百分点。其他 9 国男性劳动参与率普遍在 55%—70%，与世界平均水平存在较大差距，其中黑山、克罗地亚、波黑和保加利亚低于 60%，分别低于世界平均值 20.325、17.655、16.538 和 15.543 个百分点，具有较大释放空间与潜力。2018 年女性劳动参与率世界平均水平为 48.472%，域内国家除波黑外，其他国家与世界平均水平较接近，普遍集中在 45% 左右，最高的是中国，达 60.871%，高于世界平均水平 12.399 个百分点，最低的是波黑，低于世界平均值 16.538 个百分点。可见，中东欧 9 国劳动力经济活动参与率较低，劳动力释放潜力较大。

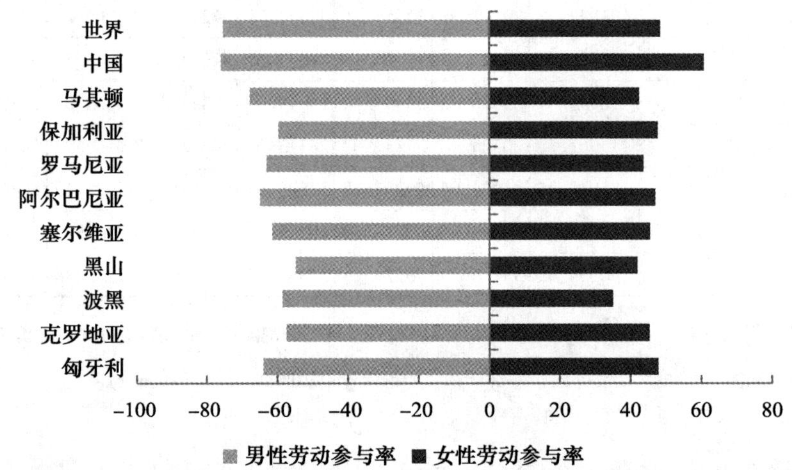

图 9—3 2018 年世界与中国、中东欧国家分性别劳动力参与率（%）

资料来源：世界银行数据库（https://data.worldbank.org.cn/indicator）。

从两性劳动参与率可以看出，域内国家均呈男性劳动参与率高于女性，均超过 10 个百分点以上，其中差距较大的是马其顿和波黑，分别相差 24.887、23.443 个百分点，就业男女不平衡，尚有大量女性劳动力未进入市场参与社会经济活动，女性劳动力资源开发潜力巨大。

由中国与中东欧 9 国人口社会变动状况可看出：第一，各国人口素质差异较大，经济状况较好的国家人口素质普遍较高，在保持较高就业率的同时劳动人口效率也较高，能为经济发展创造更多财富，如匈牙利、罗马尼亚；第二，经济不发达的国家如中国，人口受教育状况不容乐观，高素质人才培养机制匮乏，劳动力人口素质普遍偏低，就业率和劳动参与率虚高，产业布局不尽合理，劳动力资源就业途径和就业方式单一，多集中于第一产业，导致人口效率低下；第三，其余国家人口受教育状况逐渐提升，随着产业结构调整和优化升级，就业结构改善，劳动人口效率将不断提升，经济发展潜力较大；第四，各国两性劳动参与率差距明显，女性劳动力未充分参与社会经济活动，女性就业空间小。此外，中东欧9国男性劳动力参与率低于世界平均水平，尚有较大开发空间。

三　人口迁移变动

（一）国际迁移率

2000年，国际迁移者比重世界平均值为2.829%（见表9—12），域内达世界平均值的有匈牙利、克罗地亚、塞尔维亚和马其顿4国，[①] 克罗地亚最高，高于世界平均水平10.389个百分点；2005年普遍提高，仅波黑和阿尔巴尼亚小幅下降，匈牙利升幅最大，达0.729%，比重最高的仍是克罗地亚；2010年与2005年基本一致，除了在2005年呈负增长的波黑和阿尔巴尼亚外，塞尔维亚也从正增长转为负增长，2010年增幅为-0.08%，比重最高的仍为克罗地亚，其次是黑山；2015年，中国、波黑低于1%，吸收国际迁移者最多的是克罗地亚，非本国国籍人口占本国常住人口近13.605%，同期黑山非本国国籍人口也占到本国常住人口近13.190%。

表9—12　　世界与中国、中东欧9国国际迁移者比重　　（单位：%）

国别＼年份	2000	2005	2010	2015
世界	2.829	2.942	3.205	3.338
中国	0.040	0.052	0.063	0.071

① 由于黑山2000年及2005年数据缺失，故不纳入对比。

续表

国别＼年份	2000	2005	2010	2015
匈牙利	2. 904	3. 633	4. 360	4. 562
克罗地亚	13. 218	13. 231	13. 281	13. 605
波黑	2. 187	1. 233	1. 011	0. 913
黑山	—	—	12. 623	13. 190
塞尔维亚	9. 054	9. 199	9. 119	9. 123
阿尔巴尼亚	2. 457	2. 100	1. 819	1. 989
罗马尼亚	0. 574	0. 678	0. 768	1. 163
保加利亚	0. 542	0. 795	1. 030	1. 428
马其顿	6. 246	6. 249	6. 289	6. 290

资料来源：世界银行数据库（https：//data. worldbank. org. cn/indicator）。

另一方面，2000—2015 年可将域内国家分成三类：一是中国、匈牙利、克罗地亚、黑山、罗马尼亚、保加利亚、马其顿，呈不断增长趋势，吸引国际迁移者不断增多；二是波黑，不断下降，从 2000 年的 2. 187% 降至 2015 年的 0. 913%；三是塞尔维亚、阿尔巴尼亚，基本保持稳定，无明显增减。由此可看出，经济发展状况越好、收入水平越高的国家，开放程度也越高，吸引迁移人数也越多，能为本国经济发展注入更多新活力。

（二）净迁移率

2010 年，域内国家净迁移率为正的只有匈牙利，为 1.5%（见图 9—4），净迁移率为负的国家中，除了中国、保加利亚和马其顿外，其他国家均小于 －5%，最小的是阿尔巴尼亚，其净迁移率为 －11. 5%；2015 年，净迁移率为正的国家仍只有匈牙利，相比 2010 年下降 0. 9 个百分点，其他 9 国虽然净迁移率仍为负，但除中国外，净迁移率均有所好转，塞尔维亚相较 2010 年提高了 9. 1 个百分点，由 －11. 3% 提高至 －2. 2%。由 2015 年人口净迁出国家社会经济分析可知，迁入国经济发展状况相对较好，综合实力较强，经济、文化相对更为开放，能够吸引世界各地的劳动力资源。总的来说，域内各国迁入迁出人口正逐渐趋于均衡。

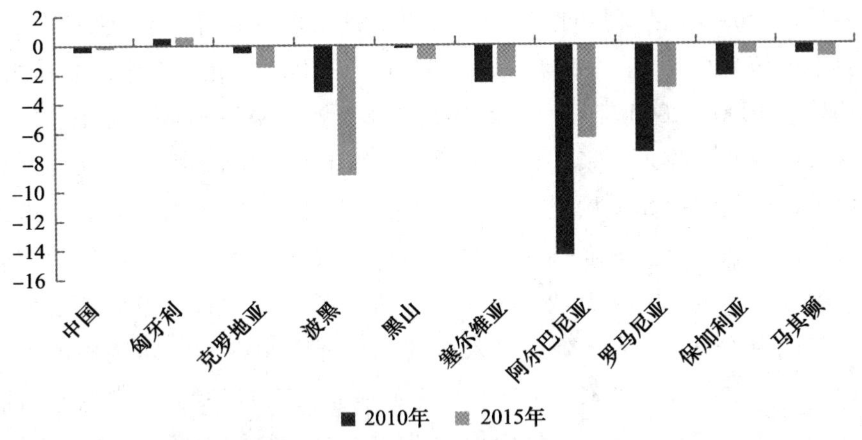

图9—4　中国与中东欧9国家人口净迁移率（%）

资料来源：联合国开发计划署《2016年人类发展报告》相关网站统计数据（http://hdr.undp.org/en/countries/profiles/CHN#）。

中国与中东欧9国人口迁移较为频繁，尤其罗马尼亚、阿尔巴尼亚。人口净迁入国只有匈牙利，由于其优越的地理位置以及完善的制度致使其成为更多国际迁移者的选择，但仍需注意匈牙利迁移人口减少的现实。

第二节　区域经济发展状况

近年来，中国与中东欧在经济交往和人员往来方面取得了显著进步，不仅区域综合实力和国际影响力不断加强，并且区域内各国经济水平、贸易投资都获得了极大发展。从国民收入、贸易状况和城市发展三方面比较各国经济发展水平，加深彼此的了解和认识是实施“一带一路”倡议、深化合作的重要基础。

一　收入状况

（一）收入类型

根据世界银行公布的收入上限值，结合中国与中东欧9国人均GNI（按图表集法衡量的人均GNI（现价美元））（见表9—13）：2000年，世界人均GNI为5475美元，处于中等偏上水平，同期域内国家该值均小于世界平均值，仅匈牙利和克罗地亚属中等偏上收入国家，但仍分别低于世界平均值815美元、185美元，除中国小于1000美元外，中东欧其他7国均处于1000—2000美元；2005年，有匈牙利、克罗地亚、黑山与塞尔维亚属中等偏上收入国家，其中匈牙利上涨最快，提高了5780美元。包括中国在内的其他6国均处于中等偏下收入；2010年各国人均GNI继续增长，匈牙利、克罗地亚进入高收入行列，其他国家均进入中等偏上收入行列；2015年，两个高收入国家匈牙利、克罗地亚比2010年均有所下降，其他中等偏上收入下降的国家有塞尔维亚；2017年，域内国家可分为两类：一是高收入国家：匈牙利、克罗地亚，比12235美元的标准线高出635美元、335美元；二是中等偏上收入国家包括中国在内的8国均是，只有罗马尼亚该值刚好过万，还有4国较2015年有所下降。

表9—13　　世界与中国、中东欧中东欧9国人均GNI比较　　（单位：美元）

国别	2000		2005		2010		2015		2017	
	GNI	收入类型	GNI	收入类型	GNI	收入类型	GNI	收入类型	GNI	收入类型
世界	5475	中等偏上	7341	中等偏上	9384	中等偏上	10576	中等偏上	10371	中等偏上
中国	940	中等偏下	1760	中等偏下	4340	中等偏上	7950	中等偏上	8690	中等偏上
匈牙利	4660	中等偏上	10440	中等偏上	13100	高收入	12960	高收入	12870	高收入
克罗地亚	5290	中等偏上	9860	中等偏上	13790	高收入	12970	高收入	12570	高收入
波黑	1480	中等偏下	3170	中等偏下	4930	中等偏上	5050	中等偏上	4910	中等偏上
黑山	1970	中等偏下	3660	中等偏上	6920	中等偏上	7250	中等偏上	7400	中等偏上
塞尔维亚	1530	中等偏下	3630	中等偏上	5850	中等偏上	5540	中等偏上	5180	中等偏上
阿尔巴尼亚	1100	中等偏下	2620	中等偏下	4360	中等偏上	4390	中等偏上	4320	中等偏上
罗马尼亚	1720	中等偏下	3930	中等偏下	8630	中等偏上	9520	中等偏上	10000	中等偏上
保加利亚	1650	中等偏下	3770	中等偏下	6980	中等偏上	7480	中等偏上	7860	中等偏上
马其顿	1910	中等偏下	2990	中等偏下	4700	中等偏上	5110	中等偏上	4880	中等偏上

注：因数据缺失，黑山2000年数据为2002年数据。

资料来源：世界银行数据库（https：//data. worldbank. org. cn/indicator）。

2000—2017年，人均GNI整体呈上升态势，其中匈牙利、克罗地亚、波黑、塞尔维亚和阿尔巴尼亚在2010年后有小幅下降，其他国家均保持增长。在同一区域中，各国经济发展水平还是有较大差异，例如 2017 年人均 GNI 最高的匈牙利是最低阿尔巴尼亚的近 3 倍。中国增速明显。

（二）国内生产总值

1. 人均 GDP

2000 年，世界人均 GDP 平均值为 5488.34 美元（见表 9—14），域内没有国家超过该值，中国最低，仅 959.27 美元，与世界平均值相差 4529.07 美元；2005 年，超过世界平均值的有匈牙利和克罗地亚，其他国家均不同程度增长，波黑、阿尔巴尼亚和马其顿增幅小于世界平均增幅，增长较快的是匈牙利和克罗地亚，增幅分别为 6572.66 美元、5289.1 美元；2010 年进一步增长，增长最快的是克罗地亚，增幅达 3337.48 美元，中国增长了 2807.09 美元，但人均 GDP 仍低于世界平均水平，且差距较大；2015 年，各国持续增长，增长最快的是中国，增幅为 3508.7 美元，匈牙利、克罗地亚、黑山、塞尔维亚和阿尔巴尼亚呈负增长，减幅最大的是克罗地亚，达 1772.94 美元。2016 年，域内仅匈牙利和克罗地亚超过世界平均值，包括中国在内的其他国家均不足 1 万美元。

表 9—14　　世界与中国、中东欧 9 国人均 GDP 比较　　（单位：美元）

国别＼年份	2000	2005	2010	2015	2016	2017
世界	5488.34	7282.98	9514.95	10182.19	10209.0	10721.61
中国	959.27	1753.42	4560.51	8069.21	8117.27	8826.99
匈牙利	4633.31	11205.97	13092.23	12483.87	12820.09	14224.85
克罗地亚	4919.63	10208.73	13546.21	11773.27	12371.0	13382.72
波黑	1461.75	2967.83	4614.83	4584.24	4808.64	5148.21
黑山	1627.07	3674.62	6682.28	6514.27	7028.94	7782.84
塞尔维亚	870.14	3528.13	5411.88	5237.26	5426.20	5900.04
阿尔巴尼亚	1126.68	2673.79	4094.36	3952.83	4131.87	4537.58
罗马尼亚	1668.16	4676.32	8209.92	8977.50	9567.10	10817.83
保加利亚	1609.88	3869.53	6843.27	6993.78	7469.46	8227.96
马其顿	1854.15	3037.76	4542.90	4840.32	5128.02	5414.62

资料来源：世界银行数据库（https：//data.worldbank.org.cn/indicator）。

2017 年，世界人均 GDP 平均值为 10721.61 美元，域内超过 10000 美元的有匈牙利、克罗地亚和罗马尼亚，其中匈牙利和克罗地亚分别比世界高出 3503.24 美元、2661.11 美元，罗马尼亚虽超过 10000 美元，但只高于世界平均值 96.22 美元；5000—10000 美元的有中国、波黑、黑山、塞尔维亚、保加利亚和马其顿，分别比世界平均值低了 1894.62 美元、5573.4 美元、2938.77 美元、4821.57 美元、2493.65 美元和 5306.99 美元；低于 5000 美元的是阿尔巴尼亚，只是世界平均值的 42.32%。总的来说，中国与中东欧 9 国经济发展水平不断提升，但大部分国家与世界平均值相比仍有一定差距，且区域内各国差距十分明显，如 2017 年阿尔巴尼亚和波黑人均 GDP 分别仅占匈牙利人均 GDP 的 31.9%、36.2%。

2. 人均 GDP 增长率

2000 年，世界人均 GDP 增长率平均值为 3.022%（见表 9—15），域内国家仅罗马尼亚小于该值，超过 7% 的有中国、塞尔维亚和阿尔巴尼亚，分别高于世界平均值 4.618、5.082、4.612 个百分点，发展较快；2005 年，世界平均值下降，域内下降的有克罗地亚、塞尔维亚和阿尔巴尼亚，分别下降了 2.735、2.246 和 1.563 个百分点，其他国家有不同幅度上升，波黑、中国增长超过 3%；2010 年，世界平均值增长了 0.503 个百分点，域内国家则呈现与世界趋势相反情况，降幅较大的前三位是波黑、罗马尼亚和保加利亚，分别下降了 7.216、7.05 和 5.94 个百分点，这与中东欧 9 国遭受欧洲债务危机以及中国 2010 年迎来经济发展新一轮减速期不无关系；2015 年，与世界平均值相比下降的有中国和阿尔巴尼亚，分别下降了 3.745 和 1.708 个百分点，其他国家有不同程度好转，增幅超过 4% 的有罗马尼亚和克罗地亚。

表 9—15　　世界与中国、中东欧 9 国人均 GDP 年增长率　　（单位：%）

国别 \ 年份	2000	2005	2010	2015	2016	2017
世界	3.022	2.56	3.063	1.65	1.321	1.957
中国	7.64	10.743	10.103	6.358	6.124	6.304
匈牙利	4.480	4.596	0.910	3.613	2.515	4.338

续表

国别＼年份	2000	2005	2010	2015	2016	2017
克罗地亚	6.774	4.039	-1.221	3.248	4.262	4.135
波黑	5.287	8.752	1.536	3.953	3.706	3.475
黑山	3.279	4.046	2.512	3.342	2.876	4.672
塞尔维亚	8.104	5.858	0.990	1.257	3.337	2.39
阿尔巴尼亚	7.634	6.071	4.226	2.518	3.515	3.931
罗马尼亚	2.528	4.817	-2.233	4.362	5.403	7.894
保加利亚	5.284	7.933	1.993	4.134	4.668	4.572
马其顿	4.013	4.56	3.277	3.765	2.755	0.146

资料来源：世界银行数据库（https://data.worldbank.org.cn/indicator）。

2017年，在遭受不同原因的经济增长危机后，人均GDP呈现别样变化，相比2015年，大多数国家继续下降。中国、匈牙利、黑山、阿尔巴尼亚与罗马尼亚与世界平均水平一致，分别上涨了0.18、1.823、1.796、0.416和2.491个百分点，增幅普遍较小，匈牙利、黑山和罗马尼亚增幅大于1%，波黑人均GDP年增长率降低了0.231%。中国和罗马尼亚高于世界平均水平分别超过4.347、5.937个百分点，经济发展形势大好。最后，结合收入类型看，高收入国家匈牙利和克罗地亚，由于经济发展惯性，已进入低速稳定发展期，其他发展中国家正处于发展黄金期。

二　三次产业发展状况

由于中国与中东欧9国产业结构布局不尽相同，比较各国三次产业发展及就业状况，能够为区域经济合作和贸易投资提供重要参考价值。

（一）三次产业增加值

一是农业，2010年，农业生产增加值世界平均水平为3.696%（见图9—5），与世界平均水平基本相当的有罗马尼亚、克罗地亚和保加利亚，三国均处于3.5%—5%，且三国国内经济均发展较好。域内国家中农业增加值最大的是阿尔巴尼亚，其农业增加值比重超过17%。2017年，世界平均水平出现小幅上升，域内只有匈牙利、阿尔巴尼亚小幅上升，其他国家呈不同程度下降，降幅较大的有塞尔维亚和马其顿，降幅均接近2%（见图9—6）。

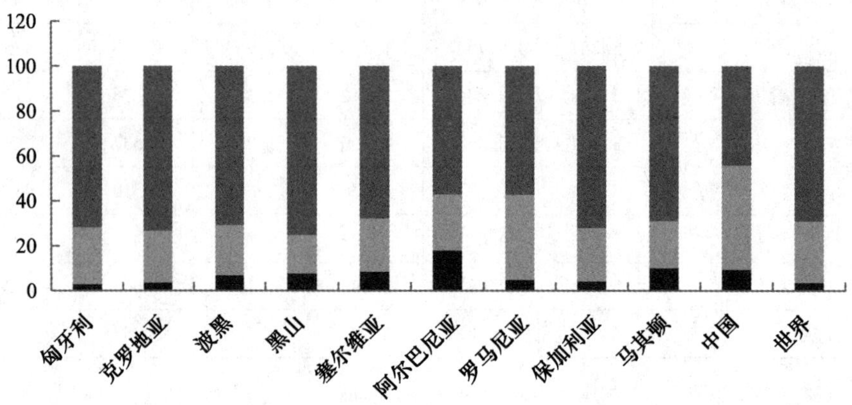

图9—5 2010年世界与中国、中东欧9国三次产业增加值占GDP比重（%）

资料来源：世界银行数据库（https：//data. worldbank. org. cn/indicator）。

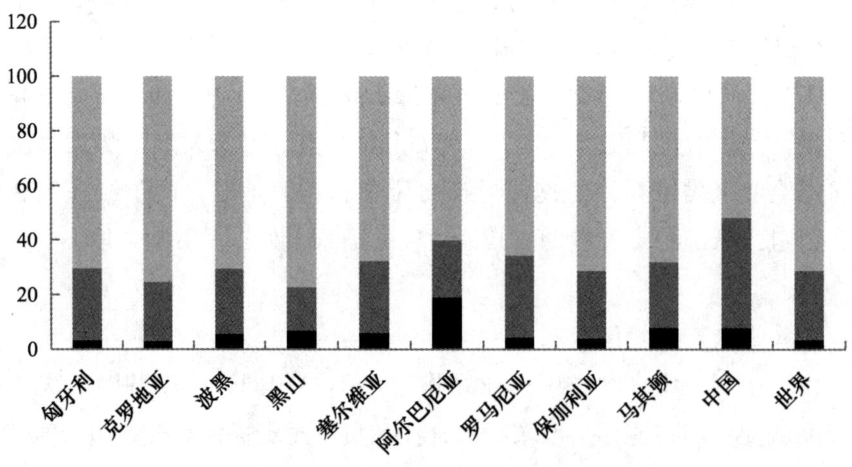

图9—6 2017年世界与中国、中东欧9国三次产业增加值占GDP比重（%）

注：世界2017年数据缺失，用2016年数据替代。

资料来源：世界银行数据库（https：//data. worldbank. org. cn/indicator）。

二是工业，2010年，域内各国工业增加值均超过20%，仅中国和罗马尼亚高于世界平均值，分别高出19.11、10.54个百分点。2017年，工业增加值出现两极分化，匈牙利、塞尔维亚和罗马尼亚与世界平均水平保持增长态势，增幅最大的是马其顿，增长了3.09%，其他为负增长，降幅最大的是罗马尼亚，降幅达7.754%。

三是服务业，2010年，服务业增加值世界平均值为69.02%，域内只有克罗地亚、黑山和保加利亚该值高于世界平均值，中国比重最低，仅44.07%，存在较大差距。2017年，比重均超50%，罗马尼亚、中国增幅较大，但依然严重低于世界平均值。

2017年，域内国家产业结构均呈现“三、二、一”模式，以服务业为主的第三产业发展迅速。第一是农业增加值占GDP比重较高的是阿尔巴尼亚和马其顿，分别比同期世界平均水平高出15.44、4.34个百分点，农业在两国国民经济发展中虽有一定比重，但较小；第二是工业增加值占GDP比重罗马尼亚达30.073%左右，工业在该国经济发展中占据重要地位，其他国家在15%—32%，其中有克罗地亚、波黑、黑山、保加利亚、马其顿和阿尔巴尼亚略低于世界平均水平；第三是服务业增加值占GDP比重，世界平均值为70%左右，域内仅黑山、保加利亚和克罗地亚高出世界平均值，第三产业发展有待提高。

（二）三次产业就业状况

一是农业，2010年，农业就业人员比重世界平均值为30.818%（见表9—16），域内只有阿尔巴尼亚和罗马尼亚两国高于世界平均值，比重分别为43.901%、31.011%，比重低于10%的有匈牙利、黑山和保加利亚，分别为4.541%、6.182%和6.815%；2018年，世界平均值大幅下降，下降了4.861个百分点，比重为25.957%，除了匈牙利和黑山增长外，其他国家均下降，中国和罗马尼亚降幅均超过8%，匈牙利和黑山虽然农业就业人员比重提升，增幅较小，分别为0.213%、1.204%，比重也未超8%。

二是工业，2010年，工业就业人员比重普遍接近20%，相比世界平均值，黑山和阿尔巴尼亚分别低世界平均值3.953、3.576个百分点，最高的保加利亚则高于世界平均值10.028个百分点；2018年，世界平均值小幅下降，降幅为0.618%，域内有中国、保加利亚降幅较大，分别下降了3.841%、3.933%。涨幅较大的是波黑与塞尔维亚，分别上涨了2.818、2.17个百分点，说明该段时期两国工业就业人员增加较快。

三是服务业，2010年，服务业就业人员比重超过50%的有匈牙利、克罗地亚、波黑、黑山、塞尔维亚、保加利亚和马其顿，均高于世界平均值（46.232%），最低的阿尔巴尼亚低于世界平均值9.509个百分点；2018年，除匈牙利、波黑和黑山下降外，其他国家均增长，其中世界平均水平8年间增加5.478个百分点，7个增长国家中，增幅最大的中国达两位数（13.626个百分点），但相比黑山、匈牙利和克罗地亚，中国仍有较大提升空间。

表9—16　世界与中国、中东欧9国三次产业就业人员占总就业人口的比重

（单位：%）

国别	2010年			2018年		
	农业	工业	服务业	农业	工业	服务业
世界	30.818	22.951	46.232	25.957	22.333	51.71
中国	26.234	30.154	43.613	16.449	26.313	57.239
匈牙利	4.541	30.704	64.755	4.754	29.888	65.358
克罗地亚	14.254	27.452	58.294	7.327	26.845	65.828
波黑	19.654	29.135	51.212	18.567	32.133	49.300
黑山	6.182	18.998	74.82	7.386	18.056	74.558
塞尔维亚	22.645	22.317	55.038	18.66	24.487	56.852
阿尔巴尼亚	43.901	19.375	36.723	38.89	18.706	42.404
罗马尼亚	31.011	28.315	40.673	22.278	28.5	49.222
保加利亚	6.815	32.979	60.206	6.062	29.046	64.892
马其顿	19.32	29.596	51.084	16.011	29.656	54.332

资料来源：世界银行数据库（https：//data. worldbank. org. cn/indicator）。

2018年，三次产业就业情况具体可分为：一是匈牙利、克罗地亚、波黑、黑山、塞尔维亚、罗马尼亚、保加利亚和马其顿，就业人口结构呈“三、二、一”模式，三次产业就业人口布局合理，尤其黑山，服务业就业人口占总就业人口比重近75%；二是阿尔巴尼亚，农业就业人员比重达38.89%，尚有大量就业人口囤积于农业；三是中国，就业人口结构虽呈现“三、二、一”模式，服务业就业人口显著增加，工业就业人口基本稳定，农业就业人口虽有所下降，但比重仍较高，需进一步加大农业人口转移力度。

可以看出，经济发展状况较好的国家如黑山、匈牙利、克罗地亚、保加利亚，三次产业增加值和三次产业就业状况较为合理，服务业创造的社会总产值高，吸纳就业人员能力较强。以中国为代表的国家，三次产业结构调整仍在进行，农业增加值不断降低，农业就业人员不断向工业和服务业转移，产业结构调整仍是经济发展的重中之重。经济发展相对落后的阿尔巴尼亚，农业增加值较低，大部分就业人口仍囤积于农业，迫切需要调整就业与产业结构。

三　贸易状况

无论中国—中东欧“16+1”合作框架还是“一带一路”倡议，出发点都是为了加强区域间合作与交流，实现区域间资金、技术和人员的互通往来，消除贸易壁垒。

（一）贸易发展

2000年，贸易额占GDP比重世界平均值为51.167%（见表9—17），域内只有中国和塞尔维亚低于世界平均值，分别低了11.756、26.997个百分点；2005年，除匈牙利和波黑外，其他国家不同程度增长，且均高于世界平均水平，其中贸易额占GDP比重超过100%的国家有匈牙利、波黑和保加利亚；2010年受国际金融危机影响，中国、克罗地亚、波黑和罗马尼亚贸易额下降，降幅较大的有波黑和中国，分别下降了22.297、13.319个百分点；增幅最大的是匈牙利，增幅达30.999%；2015年，相比2010年有所好转，仅中国和阿尔巴尼亚有所下降，塞尔维亚和保加利亚增幅较大，增幅均超过20%。

表 9—17　　世界与中国、中东欧 9 国贸易额占 GDP 比重　　（单位：%）

国别＼年份	2000	2005	2010	2015	2016	2017
世界	51. 167	56. 182	56. 929	57. 83	56. 213	71. 701
中国	39. 411	62. 208	48. 889	39. 453	37. 034	37. 803
匈牙利	136. 99	127. 354	158. 353	171. 566	168. 993	172. 36
克罗地亚	76. 057	84. 857	75. 643	93. 905	94. 693	99. 925
波黑	104. 19	103. 265	80. 968	88. 087	87. 762	94. 567
黑山	80. 191	96. 491	99. 78	102. 689	103. 673	105. 555
塞尔维亚	24. 17	74. 28	80. 854	103. 10	107. 498	113. 709
阿尔巴尼亚	63. 454	70. 872	76. 543	71. 801	74. 669	78. 081
罗马尼亚	70. 713	75. 928	71. 236	82. 658	83. 298	84. 982
保加利亚	78. 294	100. 497	103. 207	128. 061	123. 644	131. 076
马其顿	80. 16	85. 841	97. 881	113. 698	116. 186	124. 573

资料来源：世界银行数据库（https：//data. worldbank. org. cn/indicator）。

2017 年，贸易额占 GDP 比重超过 100% 的国家有匈牙利、黑山、塞尔维亚、保加利亚和马其顿，既有高收入国家，也有中等收入国家，国际交往频繁，但各国进出口产品类型有很大差异；其余欧洲国家贸易额占 GDP 比重均超过 60%，阿尔巴尼亚最低，为 78. 081%；中国比重相对较小，不到 40%，只是世界平均值的 52. 72%，未来在区域合作日益紧密的形势下，应加大开放力度，加快进出口贸易发展步伐，科学应对发展机遇与挑战。

（二）货物和服务出口

2000 年，货物和服务出口占 GDP 比重世界平均值为 25. 119%（见表 9—18），比重较低，域内除了匈牙利外，其他国家与世界水平相当，处于较低状态，中国、塞尔维亚不及世界平均值；2005 年，仅匈牙利负增长，且降低了 5. 509 个百分点，中国、塞尔维亚和保加利亚增幅较大，分别增长了 9. 861、32. 822、15. 813 个百分点；2005—2010 年，域内国家涨跌不一，其中中国、克罗地亚、波黑、罗马尼亚和保加利亚呈负增长，降幅最大的是克罗地亚，下降了7.47个百分点。其他国家上升，匈牙利增幅最大，涨了11.719个百分点；2015年，中国、黑山和阿尔巴尼亚为负增长，分别下降了4.517、2.165、4.03个百分点，比重最高的国家与2000年相同，仍为匈牙利。

表9—18　世界与中国、中东欧9国货物和服务出口占GDP比重　（单位：%）

国别＼年份	2000	2005	2010	2015	2016	2017
世界	25.119	27.564	28.099	28.524	27.704	34.748
中国	18.517	28.378	22.622	18.105	17.375	18.046
匈牙利	70.313	64.804	76.523	81.353	79.456	82.27
克罗地亚	39.552	45.502	38.032	45.769	45.953	48.839
波黑	28.690	31.631	29.696	34.759	35.529	38.874
黑山	50.062	60.284	62.736	60.571	63.072	64.5
塞尔维亚	14.317	47.139	47.921	54.426	57.475	61.26
阿尔巴尼亚	43.339	47.859	48.564	44.534	45.746	46.557
罗马尼亚	37.997	43.019	38.837	41.639	42.112	43.554
保加利亚	41.82	57.633	53.028	63.957	59.665	63.707
马其顿	47.213	51.033	58.091	64.96	65.522	69.173

注：货物和服务出口指向世界其他国家供应的所有货物和其他市场服务的价值。包括商品、货运、保险、运输、旅游、版税、特许权费，以及通信、建筑、金融、信息、商务、个人和政府服务等其他服务。

资料来源：世界银行数据库（https：//data.worldbank.org.cn/indicator）。

2016—2017年，域内国家均呈上涨，可以分为四类：一是与世界平均值基本一致的波黑；二是比重小于20%的中国，货物和服务出口率较低，进出口贸易发展相对落后；三是最高的匈牙利，高达82.27%，高出世界平均值近50个百分点，货物和服务出口占绝对优势；四是包括克罗地亚、波黑、黑山、塞尔维亚、阿尔巴尼亚、罗马尼亚、保加利亚和马其顿，比重均高于世界平均水平，但与匈牙利相比仍存在较大差距，进出口贸易有较大提升空间。

由以上分析可得到以下结论：第一，匈牙利、保加利亚、塞尔维亚、克罗地亚、马其顿、罗马尼亚、黑山等国进出口贸易对经济的拉动作用显著，贸易贡献率较高，且各国进出口产品类型差异大，匈牙利、保加利亚和塞尔维亚主要以货物和服务出口，黑山和罗马尼亚出口产品中货物和服务所占比重相对较低，缺乏高附加值产品，限制了贸易长远发展；第二，波黑、罗马尼亚，进出口贸易发展状况与世界平均水平相近，贸易结构与发展相对合理，发展潜力较大；第三，进出口贸易水平相对较低的是中国，贸易对经济发展的贡献较低，且货物和服务出口占 GDP 比重低于 20%，贸易发展尤其第二、三产业出口远落后于匈牙利等高收入国家。

四　城市化状况

一方面，除了马其顿 1990 年以来城市化率有所下降外，其他国家均不断增长，但增速缓慢（见图 9—7）。另一方面，从城市化水平高低看，匈牙利和保加利亚城市化率超 70%，城市化水平相对较高；中国、克罗地亚、塞尔维亚、阿尔巴尼亚、罗马尼亚和马其顿超过 50%，一半以上人口在城市居住和就业，为区域经济发展提供了相对充足的劳动力资源，但仍有较大发展空间；波黑城市化率在 30%—50%，尚有大部分人口囤积在农村，其生活质量、经济收入、劳动就业得不到更多保障，一定程度上阻碍了其经济快速发展。

根据收入类型划分，中国与中东欧 9 国中收入水平较高的匈牙利、克罗地亚、罗马尼亚、中国和保加利亚人均 GDP 和人均 GNI 增速加快，其他国家增速均逐渐趋于缓慢，处在稳定增长期，且中东欧 9 国进出口贸易额不断增加，城市化发展程度相对较高，已进入经济发展转型期，必须从多个方面予以政策性调整。其余收入水平相对较低的国家，同样处于经济发展转型期，人均 GNI 和人均 GDP 维持相对较低增速，对外贸易对区域经济的拉动作用显著，急需改善就业以刺激经济发展。

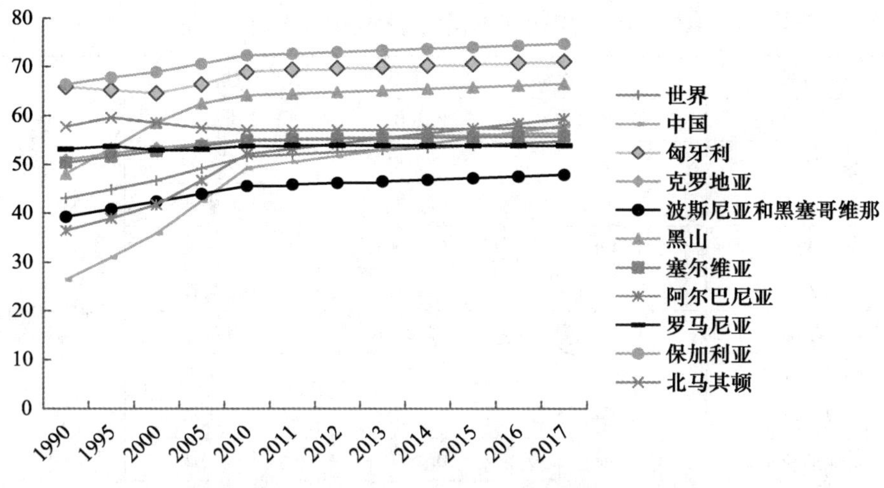

图9—7　世界与中国、中东欧9国家城市化率

资料来源：世界银行数据库（https：//data. worldbank. org. cn/indicator/SP. POP. GROW）。

第三节　人口与区域经济发展耦合协同状况

一　指标体系构建

根据研究内容需要，本着指标选取的代表性、科学性、独立性、可操作性原则，参考以往文献，从人口子系统和经济子系统内在联系出发，选取2015年代表人口子系统的11项指标及经济子系统的11项指标反映中国和“一带一路”沿线中东欧9国人口与经济耦合发展状况，并运用熵值法确定指标体系及权重参见表2—18，人口子系统和经济子系统耦合阶段划分参见表2—19，协调类型及判别标准参见表2—20。

二　统计结果分析

经标准化处理后，采用熵值法得到各指标权重，计算各国人口发展水平与经济发展水平，再根据第二章式2—3和式2—4分别计算出域内10个国家人口经济耦合度与协调度见表9—19。

表 9—19　2015 年中国与中东欧 9 国人口经济耦合协调度分析

国别	耦合度数值	协调度数值	协调度等级	协调度类型
中国	0.4858	0.2605	中度失调	衰退失调型
匈牙利	0.4632	0.2381	中度失调	
克罗地亚	0.4677	0.2126	中度失调	
波黑	0.4987	0.1600	高度失调	
黑山	0.4996	0.2113	中度失调	
塞尔维亚	0.4992	0.1861	高度失调	
阿尔巴尼亚	0.4915	0.1779	高度失调	
罗马尼亚	0.4598	0.2032	中度失调	
保加利亚	0.4870	0.2160	中度失调	
马其顿	0.4985	0.1963	高度失调	

资料来源：由世界银行数据库和人口发展数据库相关指标计算所得。

人口与经济发展的耦合关系在空间分布上存在一定差异性，体现出典型的区域性特征。从 2015 年的耦合度（见图 9—8）可以看出；中国与中东欧 9 国的耦合度集中分布在 0.4598—0.4996，其中耦合度最低的国家罗马尼亚为 0.4598，最高的是黑山，为 0.4996。

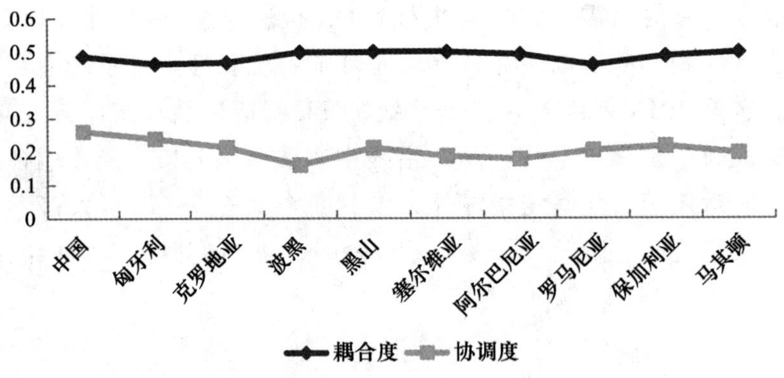

图 9—8　2015 年中国及中东欧 9 国人口经济耦合协调度分布

另外根据表 9—19 可知，2015 年包括中国在内的 10 个国家均处于拮抗阶段，该类型大致处于工业化时期，9 个国家整体的人均 GDP 低于世界平均水平，说明各国之间发展存在较大差距。各国家的协调度主要分布在0.1600—0.2605，结合人口经济耦合协调度分析表可以看出，9国均处于衰退失调状态。说明9个国家整体间人口和经济的发展尚没有达到协调状态，各国间人口与经济发展仍存在不支持条件甚至有较大矛盾。

由此看来，10国均处于耦合拮抗期，这一现象与中东欧9国及中国人口和产业现状有关，中东欧9国中除了匈牙利、克罗地亚国内工业相对较为完善外，其他国家均受早期政治因素影响，国内工业发展较为滞后，工业多以矿产等原材料加工为主；部分国家农业比重依然高于世界平均水平，导致劳动力大多从事增加值较低的生产活动。上述产业结构的布局与经济的良性增长存在诸多矛盾，导致劳动力与经济增长不相匹配。从人口支持条件来看，10国中的人口除了中国、黑山和马其顿外，均呈现负增长状态，且现有人口10个国家普遍出现高度少子化和加速老龄化状态。除此之外，中东欧9国虽然各国受教育程度普遍高于世界平均水平，但由于受传统观念影响，女性就业率均低于世界平均水平。

综上各国产业结构和人口变动结构现状，导致10个国家整体人口与经济发展存在失调状态，人口的整体发展、变动与经济发展并没有达到相互协调、相互促进发展的程度，需要采取相关措施进行科学调整，以实现彼此促进，共同发展。

第四节　人口变动对区域经济发展的影响

不同国家人口规模、迁移变动和就业状况等均直接或间接地影响区域经济发展，经济活动必须适应人口变动与发展规律，促进人口发展也将进一步加快经济发展，从而实现二者协调发展。

一　人口自然变动与经济发展

（一）少儿人口持续减少，未来经济发展动力不足

2000—2017年，中国与中东欧9国0—14岁少儿人口比重均不断下降，尤其匈牙利、波黑、克罗地亚、保加利亚，2017年均已降至15%以下，比世界平均水平分别低了11.624、11.812、11.252和11.704个百分

点。预计到 2050 年，波黑将跌至 12.8%，届时克罗地亚也将降至 13.2%，“少子化”问题将更加严重。

“少子化”问题的出现，一方面会直接影响教育、医疗和社会公共事业发展，学校生源急剧减少、相关产业被迫转型，引起一系列社会连锁反应。另一方面，从长远看，“少子化”必然带来人口结构失衡、规模缩减，经济社会发展所需的劳动力资源短缺，影响产业结构调整和就业结构完善，老年人口负担加重，造成代际传递断裂，必须统筹多方资源以消减“少子化”带来的社会风险。

（二）老龄化现象严重，阻碍经济社会发展

1. 老年人口比重不断扩大，养老事业有待提升

2017 年，中国与中东欧 9 国老年人口系数均高于世界平均值 8.696%，最高的保加利亚已达 20.801%，绝对数量超过 80 万人；最低的中国为 10.641%。绝对数最低的是黑山，近 9 万人，但由于黑山人口基数较小，老年人口比重依然高达 14.762%。到 21 世纪中叶，克罗地亚老年人口系数将达 30.0%，将超出少儿人口比重 16.8%，此外，保加利亚也将达 28.7%，绝对数量将达 1037 万人，十分庞大。欧洲由于工业革命率先完成人口转变，进入人口老龄化时间较早，这对国家社会保障制度、基础设施建设、储蓄与消费等方面提出了新要求。一方面，虽然欧洲 9 国已经存在完善的社会养老体制，但仍需不断改善养老医疗制度和劳动力资源短缺问题，在“少子化”“老龄化”共同作用下，中东欧 9 国需不断调整社会经济制度、引进人才，以此消减人口老龄化冲击；另一方面，中国现阶段经济发展水平与发达国家相比差距甚远，人均 GNI 未达世界平均水平，且人口老龄化速度不断加快，每单位人口 GNI 尚未达世界平均水平，若不提高经济发展水平、完善社会保障制度，将很可能很快跌入“未富先老”困境，届时将阻碍经济社会发展。

2. 老年负担持续增加，老龄化加剧

2017 年，除中国（39.505%）外，域内其他国家总抚养比均超过 40%，其中克罗地亚、塞尔维亚和保加利亚均超 50%。少儿抚养比作为构成总抚养比中重要一部分，10 国少儿抚养比均超过 20% 但均低于世界平均值，波黑、匈牙利和保加利亚分别低于世界平均水平 19.3、18.36 和 17.77 个百分点；而在老年抚养比方面，10 国均超过世界平均水平，其中保加利

亚、克罗地亚分别高于世界平均水平18.72、16.77个百分点。比较各国少儿抚养比和老年抚养比，除中国、黑山、阿尔巴尼亚、马其顿外，其他国家均呈现老年抚养比高于少儿抚养比，其中保加利亚该差值为10.1个百分点，中国老年抚养比低于少儿抚养比9.81个百分点。根据世界人口展望数据，未来30余年域内65岁及以上人口比重将持续上升，一方面，除阿尔巴尼亚外，其他国家人口抚养比均不同程度加重，受人口老龄化影响日益严重，老年人口抚养压力主要集中在养老、医疗方面，迫切需要社会保障制度的改革和完善。同时，老年人口增多，会改变本国消费储蓄结构，进而影响社会投资。另一方面，克罗地亚、塞尔维亚和保加利亚总抚养比已经超过50%，由于欧洲人口转变率先完成，被抚养人群主要集中于老年人口，对本国的养老、医疗等产业需求更高，面临与日本等发达国家同样的难题，人口抚养负担加重趋势不可逆转。

二　人口社会变动对经济发展的影响

（一）女性劳动力参与率较低

受传统文化、社会制度以及经济类型的影响，中东欧9国女性劳动力社会参与率相对较低，女性劳动力资源开发空间较大，尤其马其顿、波黑和阿尔巴尼亚，2017年女性劳动力社会参与率比同期男性低了约20个百分点，大量女性劳动力未参与社会经济活动，造成劳动力资源的极大闲置和浪费。同时，结合阿尔巴尼亚就业人口结构看，主要该国41.8%人口集中在农业生产，也从侧面印证了阿尔巴尼亚人口就业结构不合理，大量劳动力资源囿于第一产业的发展现状。

（二）人口素质与人口效率较低

2015年，域内国家平均受教育年限匈牙利最高，为12年，最低的中国仅7.6年；高等教育入学率最高的保加利亚，为73.93%，最低的波黑为22.11%。结合就业效率、就业率可以发现，受教育年限高、高等教育入学率高，则就业率、就业效率就高。这表明，人口素质推动经济转型发展十分突出。另外，人口素质较低的国家多以农业、产品初加工等附加值较低的行业为主，人口素质较低限制了中东欧以及中国产业从低附加值向高新技术产业等附加值高的行业转变，人口素质严重制约了人口效率提高，同时产业不合理布局致使劳动力、资金更多地集中于第一、二产业，加之欠发达工业现状，严重制约了经济社会快速发展。

三 人口迁移变动对经济发展的影响

（一）国际迁移人口比重不断增加，但高层次人才欠缺

2015 年，10 国中半数国家的国际迁移者比重均超过了世界同期水平，最高者达 13.61%，这一方面印证了中东欧国家人口负增长的事实，另一方面结合就业人口效率可以发现，虽然国际迁移者在本国占比较大，但国际迁移者对于本国人口效率的提高贡献率十分有限，塞尔维亚、马其顿等国就业人口效率仍处于世界平均值的水平，仍有较大提升空间。国际迁移人口比重逐年攀升，既影响了人口总量，更关键的是导致高层次高技能人才的外流，从而致域内高层次人才短缺，影响经济发展。

（二）人口迁移流动受阻，影响人才流动

2015 年，中东欧 9 国以及中国 10 个国家人口净迁移率，除匈牙利净迁移率为正值外，其他 9 国家均为负值，但 10 国家 2015 年国际迁移者比重均为正值，两项数据对比说明除匈牙利外，其余 9 国家每年有大量人口迁移出本国，而有能力迁移出本国的人口往往具有较高的资本，这就导致了迁入国对迁出国的人口红利占用，间接拉低迁出国劳动力整体素质，不利于迁出国产业的升级发展，并进一步阻碍了迁出国经济社会发展。

四 人口经济耦合协调影响

（一）人口结构与经济发展相互作用较弱

良好的人口金字塔结构是推动经济发展的重要因素。2015 年，10 国人口经济耦合度均处于拮抗期，这一现象说明，中国和中东欧 9 国人口结构与域内经济发展并不相适应，人口发展并不能适应现有产业体制。比如阿尔巴尼亚是 10 个国家中人口经济处于高度失调的国家，其国内就业人口结构分布呈现“三、一、二”模式，虽然服务业就业人口在该国所占比重较高，但该国第一产业就业人口与服务业就业人口比重并没有太大差距，2016 年阿尔巴尼亚国内服务业就业人口比重为 40.89%，仅高于农业就业人口比重 0.23 个百分点，说明农业仍然是阿尔巴尼亚发展的主要产业之一，这与该国国内发展有机农业的政策有很大关系，但由于

其国内劳动力素质暂时无法与现代农业发展相适应，造成农业产业中囤积了大量劳动力，极大地限制了工业和服务业的发展。由此看来，阿尔巴尼亚仍需尽快提高人口素质教育与职业教育培训，比如加大对现代农业教育与培训，加快提高劳动力素质，此外，开放对国际高水平技能农业人才的引进，以此带动国内农业转型发展也是不错的选择。

同时，塞尔维亚也是属于高度失调的国家之一，但与阿尔巴尼亚相比，塞尔维亚国内人口就业结构呈现“三、二、一”的模式，但塞尔维亚2017年人均GDP仅为5900.04美元，远低于同期世界水平，这与国内基础设施落后有很大关系，塞尔维亚国内产业主要以化工为主，但较高的人口抚养比以及较低的人口就业率制约了塞尔维亚经济社会发展，同样需要加大教育发展以提高科学技术水平，用科技技术发展弥补人口发展劣势，同时继续扩大对外开放，积极引进国际迁移者在本国落户，以应对人口减少与人力资源短缺。

（二）相关国家耦合度相对较高，即将进入磨合阶段

域内10个国家耦合度集中在0.4598—0.4996范围，这意味着随着经济社会发展，人口与经济的相互作用将会相互增强，人口发展开始促进经济发展，经济也将推动人口积极发展与促进。域内10国中，人口与经济的发展状况可以分为两部分，一部分是以中国为代表的产业带动劳动力发展型，另一部分则是以中东欧9国为代表的人口限制产业发展型。2015年，中国人口经济耦合度为0.4858，协调度为0.2605，处于中度失调，人口与经济相互作用力较强，但人口的发展滞后于经济转型发展，2015年，中国平均受教育年限仅为7.6年，高等教育入学率仅为43%，应该说，中国整体人口素质不适应产业发展，很难促进经济的转型升级。中东欧国家的波黑，人口经济耦合度为0.4987，协调度为0.1600，处于高度失调状态。波黑矿产丰富，旅游业也较为发达，但国内人口老龄化严重，总抚养比较高，女性就业率也较低，此等相关人口因素是导致波黑国内劳动力欠缺的重要原因，此外，较低的受教育程度也是该国产业缓慢发展的重要因素。

第十章

“一带一路”倡议下区域经济协调发展路径

第一节　“一带一路”沿线国家人口与经济耦合状况

一　“一带一路”沿线国家人口变动与区域经济发展特征

通过上述章节研究发现，“一带一路”沿线国家之间人口经济发展水平差异较大。新加坡和以色列两个国家处于后工业化阶段，工业化水平最高，人均 GDP 也远高于沿线其他国家；而唯一一个处于前工业化阶段的国家尼泊尔，工业化水平最低，2017 年该国城市化率仅有 18.2%，第一产业占 GDP 比重达 27%，且第一产业就业占比达 71.7%，居 65 个国家的首位；其他 62 个沿线国家均处于工业化实现阶段，以中后期发展阶段为主。正是因为国家之间工业化进程的差异，在“一带一路”建设框架与实施下，为区域合作提供了重要契机，这也是本书从人口—经济要素视角定量分析区域合作的本质与基础。

（一）指标体系的构建

根据研究内容的需要，本着指标选取的代表性、科学性、独立性、可操作性的原则，参考以往文献，从人口子系统与经济子系统的内在联系出发，选取 2015 年代表人口子系统的 9 项指标及经济子系统的 10 项指标来反映“一带一路”沿线国家人口与经济发展特征。在采用主成分分析法和聚类分析法之前对原始数据进行标准化处理，其目的是为了消除原始数据因量纲差异对评价结果造成的影响。

（二）主成分分析的 KMO 检验

对数据进行主成分分析可行性检验，由 KMO 和巴特利特（Bartlett）检验结果（见表 10—1）可知，自由度 df = 253，KMO 值 = 0.609 > 0.6，巴特利特球形检验卡方统计量为 1400.324，同时巴特利特检验的伴随概率为 0.000，小于显著水平 0.05，检验结果表明适用于进行主成分分析。

表 10—1　　KMO 和巴特利特检验

KMO 取样适切性量数		0.609
巴特利特球形度检验	近似卡方	1400.324
	自由度	253
	显著性	0.000

（三）人口—经济指标所含意义

通过采用方差最大化正交旋转的方法，对主成分的特征向量进行旋转，结果如表 10—2 所示，第一主成分对人口净迁移率、抚养比、非农就业比重、城市化率、平均预期寿命、人均 GDP、非农产业比重、就业人口效率以及人均 GNI 这九个指标有较大的负荷系数，特别是城市化率、人均 GDP、就业人口效率、人均 GNI 的载荷大，因此这一主成分主要反映一个国家的就业人口发展的总体状况。第二主成分对人口自然增长率、老龄化、平均受教育年限、高等教育入学率、平均预期寿命这五个指标有较大的负荷系数，因此第二主成分主要反映了一个国家人口个体方面的主要成分。第三主成分对人口总量、GDP 总量、贸易额这三个指标有较大的负荷系数，因此第三主成分主要反映了国家的整体发展状况。第四主成分对人口密度、货物和服务出口、外国直接投资净流入、高新技术产品这四个指标有较大的负荷系数，因此第四主成分主要反映了一个国家的投资实力。第五主成分对抚养比、人均 GDP 增长率、就业率这三个指标有较大的负荷系数，因此它是衡量一个国家社会状况的主要成分。

表 10—2 旋转后的成分矩阵[a]

	成分				
	1	2	3	4	5
人口密度	-0.264	0.112	-0.047	-0.790	0.004
人口总量	-0.368	-0.200	0.876	-0.043	0.061
人口自然增长率	0.106	0.754	-0.104	0.115	0.282
人口净迁移率	0.548	-0.157	0.121	-0.161	0.221
老龄化（65 岁及以上人口）	0.090	-0.910	0.066	-0.084	0.045
抚养比	0.597	0.221	-0.052	-0.010	0.536
非农就业比重	0.721	0.475	0.013	0.019	-0.164
平均受教育年限	0.291	0.774	-0.129	0.087	0.095
高等教育入学率	0.155	0.816	0.141	-0.132	-0.194
城市化率	0.844	0.319	0.090	0.012	-0.166
GDP 总量（现价值）	0.187	0.060	0.949	0.044	0.101
平均预期寿命	0.591	0.589	-0.048	0.230	0.035
人均 GDP 增长率	-0.076	0.263	0.038	0.053	0.731
人均 GDP（现价值）	0.890	0.033	0.018	0.282	0.106
贸易额（万美元）	0.434	-0.068	0.747	-0.024	-0.273
非农产业比重	0.716	0.463	0.050	0.024	-0.002
货物和服务出口（占 GDP 的比重）	0.492	0.269	-0.206	0.554	0.177
就业人口效率	0.934	0.029	0.048	0.099	-0.079
就业率	0.185	-0.384	0.020	0.217	0.740
外国直接投资净流入（占 GDP 的比重）	-0.077	0.094	-0.337	0.625	-0.010
人均 GNI（用购买力评价 PPP 后的美元值）	0.924	-0.042	0.018	0.143	0.150
GDP 单位能源消耗（2011 年不变价购买力平价美元/千克石油当量）	0.036	0.165	0.327	0.472	-0.435
高新技术产品（占出口产品比重）	-0.010	0.066	0.267	0.567	0.274

（四）“一带一路”沿线国家人口与经济聚类分析

利用上述主成分分析得到的五个主成分，使用 SPSS 23 对“一带一路”沿线国家进行系统聚类分析得到谱系①，如图 10—1 所示。

由谱系图 10—1 可看出，“一带一路”沿线国家大致可以分成 7 类，第一类包含有新加坡，人口与经济发展水平最强的国家，工业基础雄厚，人均 GDP 远高于世界平均水平。第二类包含有叙利亚，人口经济发展最为落后的国家，受政治因素的影响，国内投资环境不理想，产业结构发展失衡。第三类包含有也门、阿富汗等国家，人口经济发展较为落后，经济基础较差，人口发展缓慢。第四类包含有卡塔尔、文莱、巴林、阿联酋、科威特、阿曼，人口与经济发展水平较强，人均 GDP 高于世界平均水平，国内劳动年龄人口充足，老年人口比重低于 5%，正处于人口开发的最佳时期，依靠开发自然资源使得人均 GDP 达到世界前列，由于科技实力以及产业发展结构的不足，尚未达到发达国家的水平。第五类包含有塞浦路斯、以色列、黎巴嫩、希腊、斯洛文尼亚、克罗地亚、爱沙尼亚、拉脱维亚、波兰、斯洛伐克、捷克、约旦、保加利亚、塞尔维亚、波兰、罗马尼亚、俄罗斯、白俄罗斯、乌克兰、阿尔巴尼亚、格鲁吉亚、摩尔多瓦、亚美尼亚、黑山、马其顿、波黑，经济发展程度相对较高，但人口老龄化问题严重。第六类、第七类国家经济发展水平一般，代表了“一带一路”沿线国家的中等发展程度的国家，第六类包含有沙特阿拉伯、伊朗、土耳其、约旦、伊拉克，第七类包含有中国、菲律宾、哈萨克斯坦、马来西亚、越南、泰国、塔吉克斯坦、马尔代夫、阿塞拜疆、土库曼斯坦、乌兹别克斯坦、吉尔吉斯斯坦、蒙古、老挝、不丹、柬埔寨、尼泊尔、缅甸、巴基斯坦、印度尼西亚、印度、斯里兰卡、孟加拉国。

---

① 谱系图最左侧数字代表国家排列顺序，左侧数字代表着国家名，从下至上依次为：新加坡、叙利亚、也门、阿富汗、卡塔尔、文莱、巴林、阿联酋、科威特、阿曼、塞浦路斯、以色列、黎巴嫩、希腊、斯洛文尼亚、克罗地亚、爱沙尼亚、拉脱维亚、波兰、斯洛伐克、捷克、约旦、保加利亚、塞尔维亚、波兰、罗马尼亚、俄罗斯、白俄罗斯、乌克兰、阿尔巴尼亚、格鲁吉亚、摩尔多瓦、亚美尼亚、黑山、马其顿、波黑、沙特阿拉伯、伊朗、土耳其、约旦、伊拉克、中国、菲律宾、哈萨克斯坦、马来西亚、越南、泰国、塔吉克斯坦、马尔代夫、阿塞拜疆、土库曼斯坦、乌兹别克斯坦、吉尔吉斯斯坦、蒙古、老挝、不丹、柬埔寨、尼泊尔、缅甸、巴基斯坦、印度尼西亚、印度、斯里兰卡、孟加拉国。

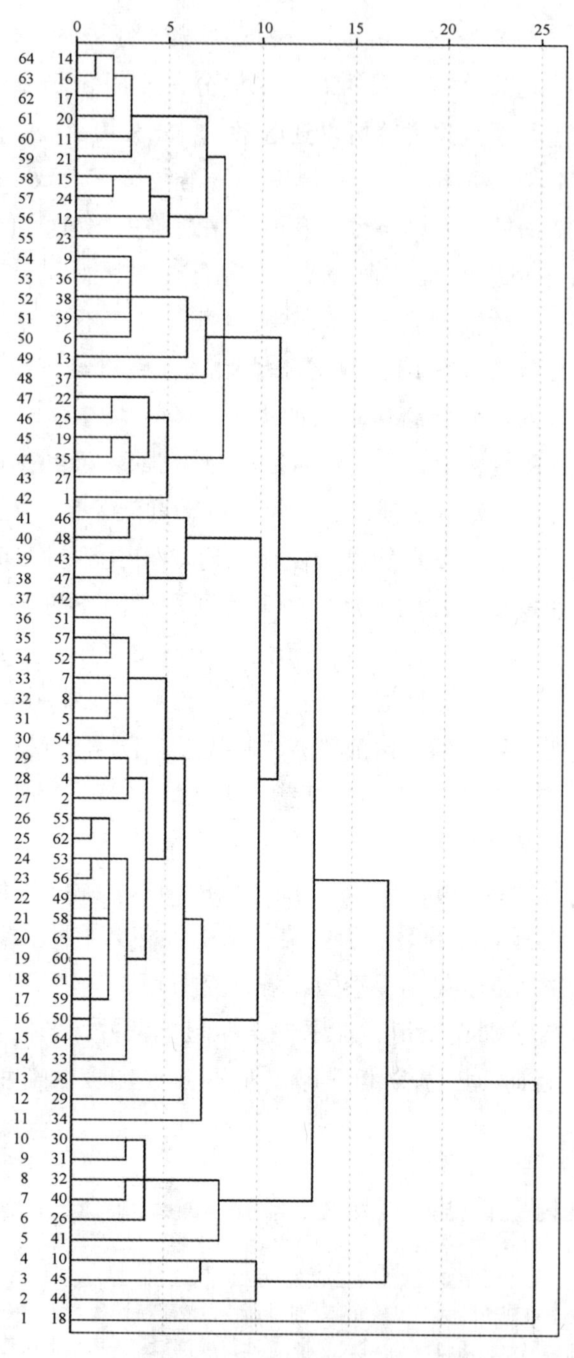

图 10—1 中国—中亚—西亚经济走廊相关国家聚类分析谱系

二 “一带一路”沿线国家工业化发展阶段与合作模式

根据中国社会科学院2016年发布的《工业化蓝皮书：“一带一路”沿线国家工业化进程报告》① 中指出的，“一带一路”沿线65个国家之间工业化水平差距较大，涵盖了工业化进程的各个阶段。在“一带一路”沿线国家中，处于前工业化时期的国家有1个，处于工业化初期阶段的国家有14个，处于工业化中期阶段的国家有16个，处于工业化后期阶段的国家有32个，处于后工业化时期的国家有2个（见表10—3），其中亚洲国家更多处于工业化初期与工业化中期阶段，欧洲国家大多处于工业化后期阶段。也可以看出，“一带一路”沿线国家总体上仍处于工业化进程中，且大多数国家处于工业化中后期阶段，大体呈现“倒梯形”的结构特征。在“一带一路”沿线国家的工业化进程中，处于不同工业化阶段的国家在产能合作进程中可以寻找到不同的角色定位，共同培育以“互补合作”为主导的产能合作“新雁阵”模式。

表10—3 2014年“一带一路”沿线国家与收入水平与工业化阶段

<table>
<tr><th colspan="2">阶段</th><th>所在板块</th><th>对应的收入水平</th></tr>
<tr><td colspan="2">前工业化阶段（一）（1）</td><td>南亚（1）</td><td>尼泊尔（低等）</td></tr>
<tr><td rowspan="3">工业化初期（二）（14）</td><td>前段（Ⅰ）（5）</td><td>中亚（1）、东南亚（3）、南亚（1）</td><td>塔吉克斯坦（中低等）、柬埔寨（中低等）、缅甸（中低等）、东帝汶（中低等）、阿富汗（低等）</td></tr>
<tr><td>中段（Ⅱ）（2）</td><td>东南亚（1）、南亚（1）</td><td>老挝（中低等）、巴基斯坦（中低等）</td></tr>
<tr><td>后段（Ⅲ）（7）</td><td>中亚（2）、东南亚（1）、南亚（3）、西亚中东（1）</td><td>吉尔吉斯斯坦（中低等）、乌兹别克斯坦（中低等）、越南（中低等）、印度（中低等）、孟加拉国（中低等）、不丹（中低等）、也门（中低等）</td></tr>
</table>

---

① 黄群慧：《工业化蓝皮书：“一带一路”沿线国家工业化进程报告》，社会科学文献出版社2015年版。

续表

阶段		所在板块	对应的收入水平
工业化中期（三）（16）	前段（Ⅰ）（4）	中东欧（2）、西亚中东（2）	阿尔巴尼亚（中高等）、摩尔多瓦（中低等）、叙利亚（中低等）、亚美尼亚（中低等）
	中段（Ⅱ）（5）	蒙俄（1）、东南亚（2）、西亚中东（2）	蒙古（中高等）、印度尼西亚（中低等）、菲律宾（中低等）、格鲁吉亚（中低等）、埃及（中低等）
	后段（Ⅲ）（7）	南亚（1）、中东欧（4）、西亚中东（2）	斯里兰卡（中低等）、黑山（中高等）、马其顿（中高等）、波黑（中高等）、乌克兰（中低等）、伊拉克（中高等）、阿塞拜疆（中高等）
工业化后期（四）（31）	前段（Ⅰ）（12）	中亚（2）、东南亚（2）、南亚（1）、中东欧（1）、西亚中东（6）	哈萨克斯坦（中高等）、土库曼斯坦（中高等）、泰国（中高等）、文莱（中高等）、马尔代夫（中高等）、保加利亚（中高等）、伊朗（中高等）、阿联酋（高等）、科威特（高等）、阿曼（高等）、约旦河西岸和加沙（中低等）
	中段（Ⅱ）（7）	东亚（1）、蒙俄（1）、中东欧（3）、西亚中东（2）	中国（中高等）、俄罗斯（高等）、克罗地亚（高等）、塞尔维亚（中高等）、罗马尼亚（中高等）、巴林（高等）、约旦（中高等）
	后段（Ⅲ）（12）	东南亚（1）、中东欧（9）、西亚中东（2）	马来西亚（高等）、波兰（高等）、捷克（高等）、斯洛伐克（高等）、匈牙利（高等）、斯洛文尼亚（高等）、爱沙尼亚（高等）、立陶宛（高等）、拉脱维亚（高等）、白俄罗斯（中高等）、土耳其（中高等）、黎巴嫩（中高等）
后工业化时期（3）		东南亚（1）、中东（2）	卡塔尔（高等）、新加坡（高等）、以色列（高等）

资料来源：参见黄群慧《工业化蓝皮书：“一带一路”沿线国家工业化进程报告》，社会科学文献出版社2015年版。

（一）沿线国家大多处于工业化中后期

“工业化本身的说法是指一个国家和地区本身经济结构，由农业占统治地位向工业占统治地位转变的整个发展过程，也被认为是一个国家和地区的经济现代化过程。”工业化水平是一个综合的经济发展阶段，包括人均 GDP、三次产业产值结构、制造业增加值占商品增加值的比重、人口城市化率和第一产业就业人员占比。依据这五个指标，划分为前工业化阶段、工业化实现阶段（初期、中期和后期）以及后工业化阶段。该研究结果显示，工业化水平最低的是位于南亚的尼泊尔，工业化综合指数为 0，且各项指标评价均为最低。工业化水平最高的是东南亚的新加坡和中东的以色列，工业化综合指数均为 100。

根据世界银行官网数据库显示，2017 年，世界人均 GDP（现价美元）为 10721.609 美元，新加坡该值为 57714.297 美元，居 65 个国家第二位，仅次于卡塔尔（63249.422 美元），以色列为 40270.251 美元，居第三位；2016 年，新加坡农业用地①仅为 0.931%，是 65 个国家中该值最小的国家，2017 年该国农业增加值为 0.026%；卡塔尔同期农业用地为 5.771%，农业增加值为 0.186%；以色列同期农业用地为 24.584%，农业增加值为 1.168%（2016 年）；中国同期农业用地为 56.212%，农业增加值为 7.915%；2016 年，世界平均工业增加值为 25.395%，新加坡该值为 23.724%，卡塔尔为 53.205%，以色列为 18.672%，中国为 39.881%，新加坡与以色列低于世界同期平均值；此外，2017 年世界城镇人口占总人口比重为 54.827%，新加坡人口城镇化率为 100%，卡塔尔为 99.078%，以色列为 92.336%，居第三位，中国为 57.96%。

（二）工业化指数产业合作模式

1. 工业化发展指数

“一带一路”沿线国家工业化水平分布在各个不同阶段，除了处于后工业化阶段的两个国家之外，工业化综合指数最高的几个国家中有 1 个位于东南亚，9 个位于中东欧，2 个位于西亚、中东。按照指数大小依次为黎巴嫩、斯洛伐克、波兰、马来西亚、土耳其、爱沙尼亚、斯洛文尼亚、白俄罗斯、立陶宛、拉脱维亚、匈牙利及捷克。而除了处于前工业

① 是指农业用地占总土地面积的比重。

化阶段的尼泊尔之外，工业化水平最低的几个国家分别为位于中亚的塔吉克斯坦，位于东南亚的缅甸、柬埔寨、东帝汶以及位于南亚的阿富汗。[①] 可以看出，“一带一路”沿线国家总体上仍处于工业化进程中，且大多数国家处于工业化中后期阶段，大体呈现“倒梯形”的结构特征。这不仅体现了“一带一路”建设框架中的“涵盖面宽”和“包容性强”等重要特征，同时也体现了平等竞争、互惠互利的真实局面。

从表10—3中可以看出，与中国处于同一工业化阶段的国家有俄罗斯，中东欧的克罗地亚、塞尔维亚及罗马尼亚，西亚、中东的巴林和约旦。有14个国家的工业化水平高于中国，有44个国家的工业化水平低于中国，中国在“一带一路”沿线国家中工业化水平处于上游的水平。从各大板块来看，“一带一路”沿线国家工业化水平的特征，可以发现中亚5国分布在工业化初期和工业化后期两头。东南亚和南亚的国家大部分处于工业化初期。而中东欧和西亚、中东的国家大部分处于工业化后期阶段，只有一个国家位于工业化初期阶段。

2. 中国与沿线国家合作模式

第一，中尼、中越、中印贸易互补明显。尼泊尔是连接中国与南亚的重要纽带，但目前中尼贸易量很少，根据中国商务部统计数据，2018年，中国与尼泊尔进出口总额为11亿美元，同比增长11.7%。其中，中国对尼出口额为10.6亿美元，同比增长9.5%；中国自尼进口额为0.22亿美元，同比增长23.2%。[②] 尼泊尔主要出口产品为羊毛地毯、成衣制品、纱线、钢铁制品、豆蔻、果汁、羊绒披肩和其他纺织品等以原材料产品为主。尼进口总额中，从印度进口4875.97亿卢比，下降2.5%，出口比例最大的是劳动密集型的纺织品及原料，占其总出口的38.48%。该国主要进口商品包括：钢铁制品、成品油、车辆及配件、机械设备及配件、谷物、电子电气设备、电信设备及配件等，其中矿产品（21.54%）、贱金属及制品（14.01%）及机电产品（10.60%）、化工产品（8.48%）

① 参见黄群慧《工业化蓝皮书：“一带一路”沿线国家工业化进程报告》，社会科学文献出版社2015年版。

② 《2018年中国与尼泊尔贸易额小幅增长》，2019年3月1日，中华人民共和国商务部官网（http://np.mofcom.gov.cn/article/jmxw/201902/20190202833291.shtml）。

及植物产品（8.22%）是尼泊尔的主要进口商品，这些商品中除了机电产品之外均属于原料类产品，唯一技术含量高的机电产品，是尼泊尔进口商品中从中国进口比例最高的商品（38.14%）。尼泊尔的主要贸易伙伴是印度、中国、阿联酋、美国、印度尼西亚、瑞士、泰国、日本、法国和阿根廷。

处于工业化初期的越南和印度，除了机电产品和运输设备外，其所涉及的主要贸易商品也基本为原料类产品。据中国—东盟博览会官网信息，2018 年中国继续成为越南最大贸易伙伴，越南已超出马来西亚成为中国在东盟地区最大贸易伙伴。2018 年双边贸易额达 1060 亿美元，同比增长 14%。中国也成为与越南双边贸易额达 1000 亿美元的首个贸易合作伙伴。其中，越南对中国出口额达 410 亿美元，同比增长 16%；从中国进口额达 650 亿美元。越南对中国出口产品结构朝着积极方向转移，工业产品、农林水产品比重增加，原料、燃料和矿产出口比重下降。① 机电产品（34.97%）、贱金属及制品（11.62%）、纺织品及原料（9.73%）、化工产品（8.5%）是越南的前四大类进口商品。② 据越南海关总局公布的统计数据显示，2017 年，越南进口商品中，有 33 项商品进口额超过 10 亿美元。其中前十大进口商品分别为：（1）电脑、电子产品及零件，进口额达 377.1 亿美元，同比增长 35.1%。主要进口自：韩国，153.3 亿美元；中国 70.6 亿美元，同比增长 19%；中国台湾 39.4 亿美元，同比增长 24.6%。（2）机械设备，336.7 亿美元，同比增长 18%。主要进口自：中国 108.7 亿美元，同比增长 16.8%；韩国 86.3 亿美元，同比增长 46.6%；日本 42.6 亿美元，同比增长 2.2%。（3）电话及其配件，进口额 163.4 亿美元，同比增长 54.8%。主要进口自：中国 87.5 亿美元，同比增长 42.4%；韩国 61.8 亿美元，同比增长 72.6%。（4）布匹，进口额为 113.7 亿美元，同比增长 8.4%。（5）钢材产品，进口量为 149.9 万吨，同比下降 17.4%，进口额 90.1 亿美元，同比增长 13.5%。（6）塑料

① 《越南与中国双边贸易额达 1060 亿美元》，中国—东盟博览会官网（http://www.caexpo.org/html/2019/info_0321/233099.html）。

② 黄群慧：《工业化蓝皮书：“一带一路”沿线国家工业化进程报告》，社会科学文献出版社 2015 年版。

原料，进口量为 491 万吨，进口额为 73.1 亿美元，同比增长 8.1%。（7）油品，1286 万吨，同比增长 9.4%，进口额为 70.4 亿美元，同比增长 38.3%。（8）其他非重金属，进口量 151 万吨，下降 19.4%，进口额 54.3 亿美元，同比增长 12.7%。（9）纺织鞋类原辅料，54.2 亿美元，同比增长 7.1%。（10）塑料制品，53.8 亿美元，同比增长 22.1%。[①] 目前，越南商品出口呈现的特点主要有：一是本土化率逐渐增加。2000 年纺织服装业本土化率约 15% 至 17%，2017 年该比例已逾 50%。二是货物出口规模猛增。2017 年首次突破 2000 亿美元大关，年均增长 12%。三是出口商品结构明显变化。2017 年，加工产品类所占比重达 81.3%（2011 年为 61%），与此同时，农水产品类比重下降至 12.1%；燃料、矿产类比重仅为 2%。四是出口市场不断拓展。2017 年，出口额 10 亿美元以上的市场有 28 个，其中，50 亿美元以上的 7 个，100 亿美元以上的 4 个。[②] 可以看出，越南进口商品还是主要以资本密集型为主，而出口的商品则以劳动密集型为主。

印度是中国在南亚地区最大的贸易伙伴，据印度商业信息统计署与印度商务部统计，2017 年印度货物进出口额为 7434.9 亿美元，比上年（下同）增长 18.7%。其中，出口 2965.5 亿美元，增长 12.1%；进口 4469.4 亿美元，增长 12.1%。贸易逆差 1503.9 亿美元，增长 54.9%。从国别/地区看，印度前三大出口贸易伙伴为美国、阿联酋和中国香港，2017 年印度对美国出口增长 10.3%，对阿联酋出口下降 3.3%，对中国香港出口增长 14.2%，占印度出口总额的 15.5%、10.1% 和 5.1%。同期，印度前三位的进口贸易伙伴为中国、美国和阿联酋，自三国进口分别增长 18.8%、9.3% 和 19.9%，占印度进口总额的 16.1%、5.5% 和 5.2%。印度前三大贸易逆差来源国为中国、瑞士和沙特阿拉伯，2017 年逆差额为 595.7 亿美元、195.1 亿美元和 158.9 亿美元，增长 15.2%、39.9% 和 18.4%。贸易顺差主要来自美国、孟加拉国和阿联酋，2017 年

---

① 《2017 年越南 33 项商品进口额超过 10 亿美元》，2019 年 3 月 1 日，中华人民共和国商务部官网（http：//www. mofcom. gov. cn/article/i/jyjl/j/201801/20180102702915. shtml）。

② 《越南出口商品的主要特点》，2019 年 3 月 1 日，中华人民共和国商务部官网（http：//www. mofcom. gov. cn/article/i/jyjl/j/201805/20180502740814. shtml）。

顺差额为 212.6 亿美元、72.3 亿美元和 67.2 亿美元。从贸易结构看，2017 年印度主要出口商品有贵金属及制品、矿产品和纺织品及原料，出口额分别为 427.5 亿美元、386.7 亿美元和 374.3 亿美元，贵金属及制品下降 1.1%，增长 17.9% 和 5.4%，占印度出口总额的 14.4%、13.0% 和 12.6%。印度主要进口商品为矿产品、机电产品和贵金属及制品。2017 年，印度与中国的双边货物进出口额为 845.4 亿美元，增长 21.4%。其中，印度对中国出口 124.8 亿美元，增长 39.3%；印度自中国进口 720.5 亿美元，增长 18.8%。印度与中国的贸易逆差为 595.7 亿美元。印度对中国出口的主要商品为矿产品、贱金属及制品和化工产品，出口额分别为 32.5 亿美元、21.2 亿美元和 21.6 亿美元，增长 36.7%、113.4% 和 71.7%，占印度对中国出口总额的 26.0%、17.4% 和 17.3%。2017 年印度从中国进口的主要商品为机电产品、化工产品和贱金属及制品，进口额分别为 403.5 亿美元、104.5 亿美元和 48.5 亿美元，增长 27.4%、12.2% 和 11.8%，占印度从中国进口总额的 56.0%、14.5% 和 6.7%。研究显示，对于印度而言，除其进口占很大比例的矿产品以外，机电产品（13.74%）、贵金属及制品（13.03%）、化工产品（8.35%）、贱金属及制品（5.81%）是其进口排前几位的产品，而这些产品均属于资本密集型，其出口的商品也以资源密集型（矿产品占 20.69%）、劳动密集型（纺织品及原料占 12.15%）和部分资本密集型（贵金属及制品占 12.82%、化工产品占 10.62%）为主。在中印两国进口的资本密集型产品中，来自中国的比例均较大。

第二，中乌、中哈矿产品贸易合作强劲。据中国社会科学院发布的《工业化蓝皮书：“一带一路”沿线国家工业化进程报告》中显示，中尼、中越、中印进出口相似程度均不高，贸易互补性明显大于竞争性，合作空间大。同时，中乌、中哈矿产品贸易，中哈、中埃油气资源的合作具有强大的互补性。

中国与乌克兰于 1992 年 1 月 4 日建交并正式建立经贸关系，2001 年建立全面友好合作关系，2011 年共同宣布建立战略伙伴关系。2017 年，中乌贸易额 73.8 亿美元，同比增长 9.9%，其中中国出口 50.4 亿美元，同比增长 19.5%，进口 23.4 亿美元，同比下降 6.2%。2018 年 1—11 月，中乌贸易额 87.3 亿美元，同比增长 31.9%，其中中国出口 64.2 亿美元，进口23.1亿美元。[①] 目前，乌克兰是中国在独联体地区的第三大贸易伙伴，中国是乌克兰第二大贸易伙伴，也是乌在亚洲最大的贸易伙伴。且中国已成为乌克兰前三大出口市场和进口来源地。乌克兰进口商品以资源和资本密集型产品为主，其中矿产品进口占29.54%，技术含量较高的机电产品占到16.03%，在几大进口商品中，机电产品从中国进口的比例最高（21.85%）。乌克兰自中国进口的主要产品为机电产品、贱金属及制品和化工产品。同时，乌克兰有着丰富的矿产等自然资源，其主要出口商品中植物产品占16.20%，矿产品占11.32%，油、脂类产品占7.09%。在几大出口商品中，矿产品对中国出口的比例为最高，比如2017年1—9月，乌克兰对中国出口的主要产品为矿产品、动植物油脂和植物产品。其中，矿产品出口额为5.4亿美元，增长14.3%，占乌克兰对中国出口总额的38.2%；动植物油脂出口额为3.6亿美元，占乌克兰对中国出口总额的25.5%；植物产品出口额为3.4亿美元，占乌对中国出口总额的24.3%。此外，活动物、动物产品的出口额增幅较大，为603.9%。可见，中国与乌克兰在矿产品贸易与机电产品等贸易上有着较强的互补性。

据中国商务部统计信息，[②] 2017年双边贸易额为180亿美元，同比增长了37.4%。“一带一路”倡议与哈萨克斯坦的“光明之路”新经济政策和第三次现代化深入对接，双方经贸合作呈现加速发展的势头，取得了一系列丰硕成果。

一是双边贸易快速增长。根据中方统计，2017年双边贸易额为180亿美元，同比增长了37.4%，在中国与主要贸易伙伴的贸易增幅中位列前茅，中国于2017年首次自哈萨克斯坦进口天然气，而且未来将进一步提升双边贸易规模，中哈天然气贸易将加快合作。

二是大项目合作加快推进。中哈双方已制定了包含51个项目的产能合作早期收获清单，目前4个项目已建成投产，11个项目已启动实施。

① 《中国同乌克兰的关系》，2019年3月1日，中华人民共和国外交部官网（https://www.fmprc.gov.cn/web/gjhdq_676201/gj_676203/oz_678770/1206_679786/sbgx_679790/t7133.shtml）。

② 《商务部：2017年中哈双边贸易额同比增长37.4%》，2019年3月1日，中华人民共和国商务部官网（http://kz.mofcom.gov.cn/article/jmxw/201806/20180602751608.shtml）。

此外，中方企业实施的化工、基础设施建设等领域10亿美元以上的大项目也在加快推进。

三是互联互通成果显著。2017年，过境哈萨克斯坦中欧班列超过1800列，同比增长了50%，经过霍尔果斯口岸到欧洲的跨境运输通道影响力得到不断提升。

四是金融合作不断升级。中国是哈萨克斯坦最大的商业贷款来源国和第四大投资来源国，非资源领域投资、金融合作快速发展，中方积极参与阿斯塔纳金融中心建设。

五是农业和地方合作方兴未艾。哈萨克斯坦一系列农产品迅速实现对华准入，双方在种植、养殖、农产品加工、农业技术合作和物流运输等领域合作不断加强，成为中哈经贸合作的亮点；双方成功举办首届地方合作论坛，两国领导人及40余位省州长出席，为两国地方间交往与合作搭建了新的平台。

六是产能与投资合作进一步加强。2019年3月30日，中国与哈萨克斯坦召开了第十六次中哈产能与投资合作对话。双方在产能与投资合作方面将进一步加大。

刚刚步入工业化后期的哈萨克斯坦，其进口商品均为资本密集型产品，其中技术含量较高的商品占很大比重（比如机电产品和运输设备占40.88%）；出口商品则均以资源密集型为主，其中哈萨克斯坦的矿产品出口占总出口的81.59%。[①]

第三，油气资源合作互补。目前，在全球探明的石油资源储量中排名前八的国家中，“一带一路”国家就有五个（分别是：沙特阿拉伯、伊朗、伊拉克、俄罗斯与科威特），同时这五个国家也是原油产量较大的国家。另外，“一带一路”国家天然气资源也十分丰富，主要集中在西亚国家、俄罗斯、中亚和东南亚的国家和地区，除中国外，天然气已发现可采资源量占世界的65.5%。在全球天然气资源探明储量排名前八的国家中，“一带一路”国家就占六个（分别是伊朗、俄罗斯、卡塔尔、土库曼斯坦、沙特阿拉伯和阿联酋），合计比重达65.8%。

---

① 黄群慧：《工业化蓝皮书：“一带一路”沿线国家工业化进程报告》，社会科学文献出版社2015年版。

中国原油进口主要集中在西亚、西非及独联体国家，进口量最多的前三个国家分别为沙特阿拉伯、俄罗斯和伊拉克，三个国家均为“一带一路”沿线国家。同时中国天然气进口国也较为集中，主要集中在中亚及东南亚地区，四个主要进口国（哈萨克斯坦、土库曼斯坦、乌兹别克斯坦和缅甸）均为“一带一路”沿线国家。

中东地区是石油天然气富集区，石油储量占世界总储量的67%，波斯湾地区天然气储量达到全球的43%，而且不断有新的发现。自2002年以来，沙特阿拉伯始终是我国最大的原油供应国，是我国对外石油合作的重点，中国与沙特阿拉伯的能源企业的投资合作蓬勃开展。自2011年起，中国首次超过美国成为沙特阿拉伯最大贸易伙伴。在油气投资方面，一系列重大能源合作项目取得实质性进展。2004年，中石化集团与沙特阿拉伯阿美公司组建了中沙天然气公司，中标沙特阿拉伯B区块天然气勘探开发项目，双方对该项目的累计投资已经超过5亿美元。

据中国海关统计，近年来中国对沙特阿拉伯出口商品主要类别包括机械器具及零件，电机、电气，音像设备及其零辅件，针织或钩编的服装及衣着附件，钢铁制品，橡胶及其制品，陶瓷产品，非针织或非钩编的服装及衣着辅件，皮革制品，旅行箱包，动物肠线制品，化学纤维长丝，家具、寝具、灯具等。中国从沙特阿拉伯进口商品的主要类别包括原油及其产品、沥青等，有机化学品，铜及其制品，塑料及其制品，盐，硫磺，土及石料、石灰及水泥等，鞣料、着色料、涂料、油灰、墨水等，钢铁，生皮（毛皮除外）及皮革，无机化学品，贵金属等的化合物，絮胎、毡呢无纺织物及线绳制品等。

卡塔尔是世界第三大天然气探明储量国，绝大部分天然气出产于北部油田，85%的液化天然气（LNG）出口国外，其中63%出口亚洲，是世界上最大的LNG出口国。中国与卡塔尔自1959年起就有直接的民间贸易往来。中国出口卡塔尔的产品主要有纺织品、服装、日用轻工产品、家电和机电产品。中国从卡塔尔进口的产品主要为原油和部分化工产品。多年来中方均为贸易逆差。

卡塔尔是一个依赖外来劳工的国家。中国多家经济技术合作公司向卡塔尔派出过劳务人员，涉及石油、化工、服装、服务、加工和建筑等多种行业。中国在卡塔尔开展承包劳务业务始于20世纪80年代末，主要集中于石油和石化行业。2019 年 1 月 31 日，在中国国家主席习近平和卡塔尔埃米尔塔米姆见证下，商务部部长钟山与卡塔尔副首相兼外交大臣穆罕默德·阿勒萨尼在人民大会堂共同签署《中华人民共和国政府与卡塔尔国政府关于加强基础设施领域合作的协议》。卡塔尔是中国企业在中东地区的重要承包工程市场。此次协议的签署，将进一步推动双方在基础设施的设计、施工运营管理等方面拓宽合作领域、提升合作水平，推动双方共建“一带一路”合作和双边经贸关系不断取得新发展。

埃及是 21 世纪海上丝绸之路经济带通向欧洲的中转站，其进口商品以资源和资本密集型（机电产品占 14.65%，贱金属及制品 12.02%，化工产品占 8.79%）为主，其中技术含量较高的机电产品进口中有 25.12% 来自中国。埃及石油、天然气等储备丰富，其出口商品以资源和劳动密集型产品为主，其中矿产品出口占总出口的 24.87%，化工产品出口占 11.66%。[①] 2017 年，埃及对中国出口的主要商品是矿产品（68.2%）、植物产品（8.6%）和塑料橡胶（6.4%）。从中国进口的主要商品主要是机电产品（38%）、纺织品及原料（20.3%）、贱金属及制品（10.9%）。

随着中国经济的持续发展，对矿产品资源和油气资源的需求量将大幅增加，而中乌、中哈矿产品贸易，中沙、中卡、中埃油气资源合作所体现出的强大的互补性，为互相之间经贸关系的增强奠定了坚实的基础。同时，能源领域的合作牵涉面广，还包括基础设施建设、环境等，中国与“一带一路”沿线国家将重点加强能源基础设施建设等方面的合作，共同维护油气运输通道安全，推进输电设施建设等，以实现各个能源领域的互联互通。

3. 打造欧亚区域经济一体化新格局

丝绸之路沿线国家对建设经济带表现出了强烈的合作愿望以及前所未有的热情。只要各国同心协力，那么必将为亚非欧三个大洲 65 个国家创造经济奇迹，丝绸之路经济带建设终将形成区域经济一体化新格局。可以说，“打造欧亚区域经济一体化新格局”，是“一带一路”总体发展目标中的一部分。充分发挥“一带一路”倡议的主旨与内涵，加强中国

---

① 黄群慧：《工业化蓝皮书：“一带一路”沿线国家工业化进程报告》，社会科学文献出版社 2015 年版。

与欧亚经济成员国的沟通与合作，扩大各方利益汇合，用“一带一路”的全面对接与新型合作模式开创欧亚区域经济一体化新格局。

从地区区域上看，在经济全球化背景下，在大多欧亚经济成员国处于“一带一路”沿线情况下，为欧亚经济的对接与合作提供了天然的毗邻优势，双方合作不用另辟新域，在现有区域内相互补充、相互延伸就可以为彼此的发展提供新的更大发展机会。从产业和市场合作上，欧亚经济成员国天然气总和和石油储量总和分别占世界比重的20%与15%，但在产业技术、人力支持、市场保障等方面有着明显不足。“一带一路”倡议的提出必将建设产业更多元、空间更广阔，人流、物流、信息流更为密集的合作方式，这必将伴随着产业、分工调整和资源等要素的优化配置而进一步得到快速发展，促使中国等国的资金、优势产能和制造装备技术同欧亚经济成员国家的能源资源等优势实现有机结合，通过加强互联互通、经贸与人员往来促进各自发展。

雁阵模式的核心是产业转移，目的是整体生产网络的形成。“一带一路”沿线国家处于不同的工业化阶段，有着不同的经济发展水平，并形成了不同的优势产业类型（见表10—4）。而这些产业也形成了三种不同的梯度，即技术密集与高附加值产业（工业化后期国家）、资本密集型产业（工业化中期国家）、劳动密集型产业（工业化初期国家）。随着中国廉价劳动力时代的终结，劳动密集型产业（如纺织品、玩具等）有望向以东南亚部分国家为代表的工业化初期国家转移，资源密集型产业（如能源产品、化工产品、金属制品）可以向以中东欧部分国家为代表的油气丰裕国家及以中亚部分国家为代表的矿产资源丰裕国家转移，而中国可以扩大对这些国家资本、技术及高附加值产品的出口。部分技术密集和高附加值产业（如机电产品、部分装备制造产品）则有望向以中东欧部分国家为代表的工业化后期国家转移，实现技术的互通有无。

这样，第一产业梯度国家的产业升级会带动第二产业梯度国家的相应升级，第二产业梯度国家的产业升级也势必会带动第三产业梯度国家的相应升级，进而实现“一带一路”国家产业链的有效转移和分工明确的生产网络的构建，形成“新雁阵”分工和合作模式。“新雁阵”是从日本的“雁阵崩溃”模式中得出的经验教训总结：一个由封闭的、只以产业结构自我完善为最终目的的雁首所牵头的雁阵模式是难以为继的。“新雁阵”模式的建立需要中国充分挖掘与“一带一路”沿线国家经济的互补性，建立双赢、合理的国际分工体系，打造欧亚区域经济一体化新格局，而这也正是“一带一路”倡议提出的主旨。发达国家之所以能够实现现代化，最本质的原因还是工业化的实现。迄今为止，所有实现了现代化的国家都是依靠工业化从贫困走向富裕的。工业化进程实际上就是现代化发展进程，在这个现代化进程当中，工业起到了核心作用，特别是产业结构不断地转化，从劳动密集型、资源密集型到资本密集型、技术密集型，整个转换过程推动了经济的发展。

表 10—4　　中国与“一带一路”沿线代表性国家产业合作模式

工业化阶段	国别	供给	需求	与中国产业合作模式
前	尼泊尔	劳动密集型	资本密集型	产品间分工合作
前期	越南、印度	劳动密集型、资源密集型	资本密集型	产品间分工合作
中期	乌克兰、埃及	资源密集型、资本密集型	资本密集型、技术密集型	产品间分工合作、资源合作
后期	哈萨克斯坦	资源密集型	资本密集型、技术密集型	产品间分工合作、资源合作
后期	土耳其、匈牙利	资本密集型、技术密集型	资本密集型、技术密集型	产品内分工合作

资料来源：参见黄群慧《工业化蓝皮书：“一带一路”沿线国家工业化进程报告》，社会科学文献出版社 2015 年版。

无论是欧亚经济一体化还是“一带一路”倡议中提出的“五通”目标的实现，都是一项长期性、战略性与科学性的庞大系统工程，在发展的过程中，要充分发挥中国以及相关大国在其中的引领作用，积极发挥与实现对接各区域组织平台，加强中国与欧亚经济成员国的沟通协作，在积极推进“一带一路”倡议中全面开创欧亚区域经济融合新格局与打造欧亚区域经济一体化新格局。

第二节 中国—东盟10国人口与区域经济发展路径

新的历史条件下，加快“一带一路”倡议深入实施，加强区域经贸合作，是实现共同利益的双赢选择。2013年10月2—5日，习近平主席对印度尼西亚和马来西亚进行国事访问时郑重提出“携手建设中国—东盟命运共同体”倡议，强调坚持讲信修睦、合作共赢、守望相助、心心相印、开放包容，使双方成为兴衰相伴、安危与共、同舟共济的好邻居、好朋友、好伙伴。因此，基于中国与东盟国家人口变动、社会发展和经济发展水平，根据《中国与东盟全面经济合作框架协议》打造中国—东盟自贸区升级版，以中国与东南亚先天地理优势和资源禀赋为依托，大力推进区域多层次、多视角联通，加强产能合作、互通经济，加快区域基础设施建设，实现区域共享经济发展成果，共同推进区域一体化建设。

一 促进区域人口与经济耦合协调发展，加强人口经济良性互动

（一）提高人口发展水平，实现人口要素对经济发展的支撑作用

中国与东盟各国人口与经济发展水平参差不齐，人口数量、质量和结构的变迁与经济发展状况密不可分，也决定了其各自的人口发展特征和经济发展水平。新加坡人口发展水平远高于中国和东盟其他国家，2015年人口系统的综合得分达到0.399328，比中国、马来西亚和泰国分别高0.297、0.312和0.325个单位值，较高的人口发展水平为经济发展尤其是工业化时代发展奠定了重要基础。相反地，缅甸和柬埔寨的人口系统综合得分仅为0.028和0.023，其中2015年柬埔寨人口抚养比较高，人口的平均受教育年限仅为4.7年，城镇化率也仅为20.7%，人口质量和人口结构转变的滞后性决定了其较低的人口发展水平。人口经济耦合协调发展不仅要求人口系统与经济系统相互作用，还要求二者协调发展，高水平的人口发展状况才能支撑快速推进的工业化和现代化发展。东盟各国应制定符合本国国情的人口发展战略，从医疗、教育和人口结构调整等方面入手，提高人口质量和人口效率，实现非农产业结构和就业结构的调整，为国家发展和区域合作提供人力资本支持。

(二)促进人口变动与经济发展的良性互动

结合东盟国家2000年以来的人口与经济变动状况，较高的人口经济耦合度并不代表具有较高的协调度，越南和缅甸的人口经济耦合度位居东盟国家前列，分别达到0.499992和0.49977，即将进入磨合期，但两国对应的人口经济协调度仅为0.26269和0.164973，说明人口系统与经济系统的发展紧密相关，但人口变动与经济发展是否达到良性互动、双向共赢，则需要从提升人口与经济的发展状况入手。中国与"一带一路"沿线东盟国家人力资源优势突出，产能、经贸合作潜力巨大，各国应推进人口发展战略与经济发展战略的协同和互动，在完善区域相关合作机制、构建合作框架时，充分考虑人口对经济发展的联动效应，实现人口与经济发展的正向耦合效应，进一步推动中国与东盟人口与经济的协调发展。

二 调整进出口贸易结构，加强区域经济合作

(一)调整进出口贸易结构

中国与东盟各国进出口贸易具有高度互补性和互通性，针对中国、印度尼西亚和缅甸进出口贸易发展相对缓慢的现状，在产业结构调整和优化基础上，相应调整进出口贸易结构，改善货物和服务出口类型，增加高附加值、高科技含量产品出口。借助中国—东盟自由贸易区和"一带一路"倡议，不遗余力地推进《区域全面经济伙伴关系协定》谈判，加强贸易合作，逐渐消除贸易壁垒，实现双多边贸易合作深度发展。中国可加大对东盟国家原材料、工业品和资本等进口需求，加快东盟国家对中国出口增长，促进区域内进出口贸易深度发展和有效融合，如加大印度尼西亚非油气电子产品的出口，加大缅甸原材料和农产品加工出口等。

进出口贸易结构调整应紧跟国际市场变化，适时、高效地推动本国货物和服务水平的提高。如2017年新加坡进出口贸易占GDP比重是同期中国、印度尼西亚和缅甸的8倍左右，且主要出口商品集中于机电产品、矿产品和化工产品等高附加值产品。柬埔寨、越南、马来西亚等国进出口贸易比重也相对较高，如马来西亚电子电气产品、棕榈油及其产品和精炼石油产品出口显著增长，作为世界上第二大棕榈油及相关制品生产国和出口国，世界第三大天然橡胶出口国，应充分发挥其产品贸易优势。

（二）大力推进区域经济合作，建立跨境产业链

中国与东盟国家间均具有加强产能合作、互通经济的良好基础，发展潜力巨大，双方应积极开展电力、铁路、公路、汽车、化工、冶金建材、轻工编织、信息通信、工程机械、装备制造以及农业等领域集群合作，鼓励双方企业开展投资、工程、技术、服务、贸易等全方位合作。同时，中国与东盟各国进出口贸易具有高度互补性和互通性，借助自贸区和“一带一路”倡议，应不遗余力地推进《区域全面经济伙伴关系协定》谈判，逐渐消除贸易壁垒，大力推进区域经济合作，建立跨境产业链，实现双多边贸易合作深度发展。鼓励建设跨境经济合作区试点，推进跨境经济合作，完善合作框架、工作机制和制度性安排。成立相应的商务理事会、中小企业服务联盟等机构和组织，维护和推动区域经济合作顺利开展。同时，定期举办国际贸易展销会、博览会和招商会，搭建中小企业交流合作平台，尤其是跨境电子商务创新发展，积极培育上下游产业链条，加强东盟国家、澜湄国家间贸易促进活动。如中越凭祥—同登跨境经济合作区、中国龙邦—越南茶岭跨境经济合作区以及中越东兴—芒街跨境经济合作区等跨境经济合作先后展开，进一步推动了沿线国家现代化进程，促进了各国经济社会快速发展。通过不断优化和升级各合作区，能带动边境口岸发展，逐步形成各国优势互补、良性互动的产业集聚区，有效促进区域一体化经济发展。

三 建设泛亚铁路东盟大通道，推动区域经济一体化

积极对接“一带一路”倡议、《东盟 2025：携手前行》、《东盟互联互通总体规划 2025》和区域合作机制愿景等合作机制，共同推进双多边铁路、公路、水运、港口、电网、信息网络、航空等基础设施建设与升级，积极发展冶金建材、工程机械、装备制造以及农业等领域集群合作，逐步推动中国与东盟区域一体化建设。

根据中国与东盟互联互通总体规划要求，大力发展包括能源电力、铁路在内的区域基础设施合作，充分利用域内丰富的煤炭、水能、太阳能等资源大力发展电力工业，有序开展能源电力项目、业务合作和信息往来。利用中国与印度尼西亚“雅万高铁”、中越中老国际铁路、中缅国际铁路、中泰铁路合作项目等，完善泛亚铁路东盟大通道，进一步推动

中国与东盟区域一体化进程。

四 整合内外部资源，开拓“蓝色经济圈”

一方面，中国—东盟国家应全面整合本国人口、资源和社会环境要素，走具有本国特色、科学合理的城市化发展道路；另一方面，依托区域交流与合作大平台，紧抓发展机遇。在“一带一路”倡议下，中国加快支持地方省（市、区）与东盟国家建立务实高效的经贸合作机制，深化双方在园区建设、产业对接、人力资源开发与交往等领域的密切合作。同时以海洋合作作为双方利益共同体建设纽带，充分发挥其建设重要作用，双方以“21 世纪海上丝绸之路”作为推动双边海洋合作发展新动力，加强各领域海洋合作，努力使海洋合作成为中国—东盟战略伙伴关系新支柱，加快开拓“蓝色经济圈”。

为此，应加强中国东南沿海城市、大西南经济圈城市与周边毗邻国家缅甸、越南和老挝的交流互动合作，加强广西、云南、广东等省份与新加坡、马来西亚、文莱等国家的经贸人员合作，以贸易促产业、以产业促就业、实现就业带动东盟各国经济社会发展。

五 利用人口红利期，充分开发区域劳动力资源

第一，各国尽快提高教育质量。老挝、缅甸和柬埔寨等国应积极借鉴泰国教育模式，大力发展公立和私立高等教育，积极创办开放大学，使更多年轻人获得接受高等教育的机会。建立相应的教育发展计划，增加教育经费投入。注重劳动力人口职业教育和技术培训，逐步提高劳动人口受教育水平。

第二，加强高等教育、技术培训的国际交流与合作。人才培养和技术培训也要坚持“引进来”和“走出去”相结合的战略，既要吸引区域内发达国家的援助和扶持，也要加强相应奖励制度，鼓励高学历、高技术人才迈出国门，学习先进的生产技术和科研成果。如云南民族大学设立的中国—东盟教育培训中心，已先后在瑞丽、麻栗坡、勐腊、临沧边境经济合作区等地建立了 7 个培训基地，培养和培训了柬埔寨、老挝、缅甸、泰国、越南湄公河 5 国来华务工人员 11800 余人，为澜湄区域经济社会发展供应了相关的高素质应用型人才。这样的合作在中国西部省

（自治区、直辖市）与毗邻国还应加大合作。

六 促进域内人口合理流动，实现人才资源共享

第一，优化劳务输出机制，均衡区域内人力资源分布。菲律宾是全球主要劳务输出国之一，在海外工作的劳工有1000多万人，2016年，该国海外劳工汇款达269亿美元，同比增长5%，占本国当期GDP总额的7.3%，劳动力转移就业对经济拉动作用明显。越南和印度尼西亚两国人口总量相对较大，人口年龄结构相对年轻，可以借鉴菲律宾发展模式继续深化劳务输出，均衡国内发展和劳动力国际交流合作。

第二，拓宽人才流动与共享渠道。中国、印度尼西亚和越南人口环境相对封闭，与区域乃至国际人才市场交流合作十分有限。应逐渐开放区域人员交流和往来，在“一带一路”倡议下：一是通过技术移民、教育移民等方式，吸引高精尖人才的永久性迁移，为本国技术创新、科学研究注入新动力；二是随着中国对外直接投资企业不断增加，应加大与东盟各国劳务输出强度，如新加坡、马来西亚、印度尼西亚、老挝、越南已成为中国在东盟国家开展劳务合作的主要国家；三是随着区域内基础设施建设、能源资源开发等重大项目相继推出，应加强技术型、研发型人员的短期交流与合作。

七 调整产业就业结构，提高人口效率

一方面，继续深化调整各国产业与就业结构，加快第二、第三产业发展，逐步转移农业剩余人口，增加工业和服务业就业人口比重。如缅甸、老挝和柬埔寨的翡翠、玉石、柚木、花梨木等分别在国际市场享有极高声誉，应合理开发和利用资源，扶持制造业和加工业发展，提高初级产品附加值，促进物流运输、批发零售等第三产业发展。

另一方面，根据外资投资方向，大力发展优势产业。由于各国产业结构、资源禀赋差异，直接影响国外直接投资方向。越南矿藏资源丰富，合理开发已探明能源类、金属类矿产资源，实现与新加坡、文莱等区域内发达国家的资源整合，促进第二产业发展。越南、缅甸和柬埔寨优越的地理位置，造就了其丰富的渔业资源，产品主要出口中国、新加坡、泰国和韩国等国，应加大第一产业基础设施建设和初级产品加工生产，

逐步提高出口产业附加值。

八 有效应对“老龄化”“少子化”冲击

（一）提高社会保障水平，抵御老龄化风险

针对域内不断加剧的老龄化问题，应积极寻求有效解决途径。可借鉴新加坡现代社会保障发展模式，新加坡自建国以来不断完善中央公积金制度，从单一的养老保障储蓄功能逐渐发展到融养老、医疗、住房、教育、投资等多功能为一体的现代社会保障制度，是目前世界上功能最全的社会保障制度，一定程度上缓解了老龄化加深带来的社会保障、基础设施建设、经济发展等困难。

中国和泰国现阶段经济发展水平与新加坡等发达国家相比差距甚远，国民收入尚未达到世界平均水平，但人口老龄化速度却不断加快，随之而来的养老医疗问题不断显现，对宏观经济稳定发展、社会保障制度的统筹和完善带来巨大挑战。相关国家应加快社会保障制度改革进程，争取实现社会保障制度覆盖范围全民化、资金来源多元化以及缴费水平的不断提高、功能的不断完善。

（二）增强人口素质，缓解“少子化”危机

与“老龄化”相伴而生的“少子化”也是未来困扰新加坡、中国和泰国，乃至整个区域的又一难题。一方面，应鼓励育龄人口自主、理性生育，稳步提高生育率，实现人口均衡发展。另一方面，针对学校生源减少，经济社会发展所需劳动力资源短缺、国家适龄兵役减少等问题，应加强教育、医疗和社会公共事业改革，实现从“量”向“质”的转变。亚洲开发银行提出，重视教育是应对劳动力老龄化的一个关键的解决方法。各国应不断提高素质教育、技术教育、终身教育质量，提升相关医疗和公共服务水平，提高劳动力人口综合素质，增强劳动生产效率，抵御劳动力资源短缺带来的供需矛盾。

从长远看，新加坡、中国和泰国人口发展趋势代表了东南亚乃至整个亚洲的广泛变化。东盟其他尚未进入老龄化的国家，如老挝、柬埔寨和菲律宾等，正值人口红利期，劳动力资源丰富，应提前建立和完善相关社会保障制度，积极借鉴新加坡等国家的成功经验，对“老龄化”和“少子化”问题“未雨绸缪”。

九 加强立法和社会舆论引导，鼓励女性劳动力参与经济活动

针对中国与东盟国家女性劳动力社会参与率普遍低于男性的现状，政府应加强社会价值观和社会舆论的积极引导，鼓励适龄女性劳动力走出家庭，积极参与经济建设，制定男女平等的入学、就业和劳动保障等法律法规，加强对人力资源市场就业歧视问题的积极引导和约束，建立相应处罚机制，保障健康、有序的就业秩序，保障女性劳动力资源的合理开发和利用。尤其在印度尼西亚、马来西亚和菲律宾等国，女性劳动参与率平均低于男性30个百分点，大量女性劳动力被排斥在就业市场外，不利于女性社会地位改善以及家庭收入水平的提高，阻碍人口红利释放。

在“一带一路”倡议下，中国与东盟国家一方面要加强国内就业市场的完善，充分吸纳女性劳动力资源，尤其在女性劳动力优势明显的教育、医疗卫生、科技及服务等行业，应建立完善的就业和劳动保障制度，激发女性劳动参与积极性。另一方面，积极鼓励女性参与第三产业中租赁和商务服务、批发零售以及居民服务等行业的就业，积极借鉴菲律宾经验，如家政服务人员。加强女性劳动力技能培训、再教育，提升劳动力素质，使女性劳动者经济独立并获得长远发展。

十 整合内外部发展资源，提高城市化水平

2017年城市化率低于40%的东盟国家有柬埔寨、越南、老挝和缅甸，农村人口众多，公共医疗卫生、教育和就业问题得不到有效解决。提高城市化水平，是人口素质提高、科学技术发展、产业优化升级、就业渠道完善、城乡人口迁移流动以及国家基础设施建设等一系列问题得到不断调整与妥善解决，实现合理城市化的根本性举措。促进城市化，应坚持内因、外因相结合发展策略，既要全面整合本国人口、资源和社会环境因素，走具有本国特色的、科学合理的城市化发展路径，又要依托区域交流与合作大平台，紧抓发展机遇。

“一带一路”倡议的提出，为中国和东盟各国提供了前所未有的发展机遇和便利条件。但机遇必然伴随风险，沿线国家尤其是经济发展相对落后的国家，可能面临更残酷的市场竞争、资源掠夺。在“一带一路”建设中，中国与东盟国家必须明确国内发展环境，紧抓发展机遇，积极

应对日益复杂的人口与资源环境挑战。

一方面，双方已有的经贸合作平台日臻成熟，中国应积极推动与《东盟互联互通总体规划 2025》的对接，加快开展双方在基础设施建设、数字创新、物流、进出口管理和人员流动等方面的合作和交流。同时，也要继续推进中国—东盟自贸区升级版谈判，促进双多边全面升级合作，共同打造中国—东盟合作的“钻石十年”。

另一方面，随着国际竞争日益白热化，中国与东盟各国发展势必迎来暂时的瓶颈期，双方必须优化产业结构、贸易结构，进一步提升经贸合作水平。同时，东盟自身存在的一些不确定因素，如宗教极端主义、民粹主义等思潮蔓延，可能给各成员国国家稳定和安全带来严重威胁，一定程度上分散和干扰了区域合作、经济发展，甚至会阻碍区域一体化进程。再者，中国与东盟国家的南海争端，也可能成为影响区域间国家政治互信及合作的一大隐患。因此，中国与有关国家应回归到通过谈判磋商解决争议的正轨上来，努力改善国家间关系，全面有效落实《南海各方行为宣言》准则，为中国—东盟一体化发展创造良好的睦邻环境。

中国与东盟各国间互联互通的不断完善，各成员国间经济发展程度和资源优势差异逐渐显现，如何实现各成员国间的资源整合和调配，国家与国家间、部门与部门间、跨国公司与本土企业间必须建立一体化互联互通网络链。无论是区域贸易合作、投资往来还是信息技术开发都离不开人口变动的基础性影响，人口在其中具有不可比拟、不可替代的地位。分析中国与东盟国家人口变动以及经济发展状况，探讨人口变动对区域经济协调发展的影响，对不断深入研究中国—东盟经济一体化建设、包容性增长有着长远的现实意义。

第三节 中国—南亚 8 国人口与区域经济发展路径

一 协调发展路径可行性

由第三章分析可知，中国及南亚区域存在较为严重的不协调发展情况，中国和南亚 8 国现阶段人口和经济系统之间的关系处于拮抗时期，人口和经济发展处于濒临失调阶段，南亚 8 国则处于轻度、中度甚至是高度失调阶段。在“一带一路”倡议下的协调发展，存在巨大的挑战，主要体现在以下两个方面：第一，南亚区域间的不协调发展由来已久，有其历史原因。南亚地区长期以来保持的高出生率和贫穷落后与政治、战争、宗教、传统习俗等息息相关。从协调度分析看，印度是该地区人口经济发展最为协调的地区，却因为长期的殖民统治造成发展水平落后，从而影响印度社会整个生活方式的传统习俗和宗教信仰，也对印度的人口行为产生巨大的影响，南亚其他国家也与印度有类似之处。

第二，缓解南亚地区的人口和经济发展的不协调状况难度较大。受宗教影响，南亚地区是亚洲乃至世界出生率较高、人口增长速度较快的地区，一方面，从人口子系统的发展而言，优化了当地的人口结构，劳动力市场充足，为当地劳动密集型产业发展创造了条件，但对经济的发展而言，却延缓了经济的增长，加剧了国际收支不平衡，使贫困状况更加恶化。另一方面，南亚 8 国中，除了不丹和马尔代夫外，其余 6 国均属于年轻型和成年型社会，人口结构较为年轻，随着学龄人口规模的急速增长，不可避免地造成对整个教育系统的压力，同时学龄儿童多意味着总人口中供养比例较高，从而降低经济中总的储金额，并直接妨碍对教育和实物资本的投资。

但这并不意味着南亚地区的人口经济协调发展不可实现，结合 2017 年该区域人均国民生产总值和人口增长速度可知（见图 10—2），2017 年世界人均 GDP 增长率和人口增长率持平，中国和大部分南亚国家（除了阿富汗和尼泊尔）的人均 GDP 增长率远高于人口增长率，可见区域内经济发展的速度快于人口增长速度，人口增长对经济发展的负面影响随着经济的高度增长而稀释。具体而言，一方面，经济的高速增长可以扩大国家基础设施建设、公共事业的投资，为人口增长提供必要的生活、生产资料；另一方面，经济的高度增长带来劳动力市场的巨大需求，区域内人口的增长不会对劳动力市场形成过大的压力，能保持相对的劳动力供求平衡。

总之，南亚地区人口和经济发展过程中，存在诸多不协调问题，面临巨大挑战，但发展前景乐观，人民对南亚地区的教育、卫生、就业、生活、政府都有一定的信心（见表 3—18），笔者由此认为中国与南亚区域在“一带一路”倡议下，可以通过积极交流、互通往来、资源共享等

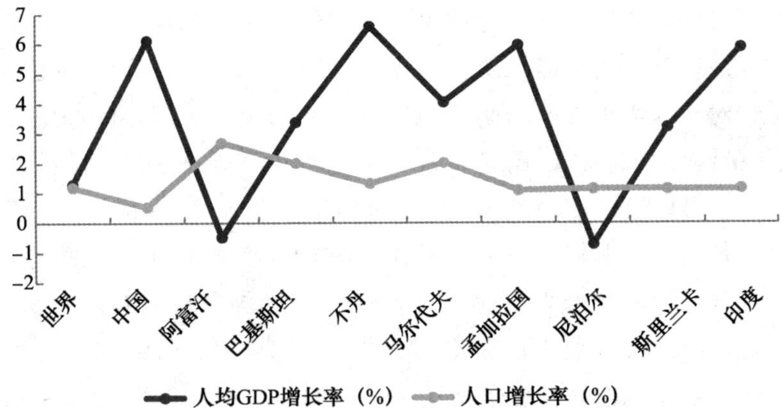

图10—2 2017年中国和南亚8国人均GDP和人口增长率情况对比

路径实现人口和经济的协调发展。

二 协调发展路径选择

（一）积极打造中国—南亚命运共同体

当前，中国正成为南亚地区最为重要的邻国和安全行为体，南亚地区由于传统、历史以及地缘政治的竞争，传统意义上的军事冲突与对抗的风险并没有降低，同时该地区也是世界上人类发展指数较低的地区之一，有些指标甚至还排在撒哈拉沙漠以南有些非洲国家之后，南亚出现了有限秩序与无限混乱的局面，南亚国家人民谋和平、求发展的内在需求为构建中国—南亚命运共同体提供了动力源。中国与南亚各国的合作应全方位地推进务实合作，推动更大范围、更高水平和更深层次的大交流、大开放、大融合，坚定地打造政治互信、经济融合和文化包容的利益共同体、责任共同体和安全共同体。

（二）加快中缅印大通道建设，实现域内国家经济跨越式发展

中国与南亚国家毗邻的独特区位，拥有从陆上沟通太平洋和印度洋，连接南亚、东亚和东南亚三大市场的桥梁和纽带作用。而作为中国唯一能够通过公路、铁路和水路进入环太平洋和环印度洋地区的云南，应充分利用已经搭建起的中国—南亚商务论坛、中印缅地区合作论坛、中国昆明进出口商品交易会等与南亚合作交流的平台，形成稳定的合作对话机制，开展多形式、多层次、多互动的交流合作。

加快建设“孟中缅印”经济大通道，首先对实现中国、缅甸及南亚

国家共同发展，共建市场对接制度，实现资源与市场优势互补，建设沿途区域经济走廊，实现能源资源开发合作可能；其次，建设中缅印陆路大通道，对充分优化中国和南亚国家的产业结构，实现各国经济互补优势与实现域内国家经济的跨越式发展提供重要基础；最后，陆路通道的开通，不仅可以迅速缩短域内交易物流距离，降低贸易成本，在经贸合作中推动各国经济发展，还可以实现中国与南亚整体大市场的连通，通过各自优势资源的优化配置，充分发挥比较优势实现利益获得最大化，共同促进域内经济合作发展与繁荣。

加强基础设施连通，疏通货运每一处经络，充分发挥“南亚国际货运列车”的重要作用，让更多“中国制造”沿铁路、公路运输后到达南亚诸国，以加快实现向西向南迈进的步伐。

（三）切实推进两大走廊建设，实现产业对接与经济融合

中国提出的“一带一路”建设秉持开放包容、共商、共建和共享“三共”原则，与南亚国家的合作应积极打造好“中孟中印缅经济走廊”“中巴经济走廊”。持续发挥中国在经贸、交通基础设施建设、投资、金融等领域同南亚国家开展广泛合作，同时在人文交流、地区经济一体化和政治互信等方面达成更广泛的共识。

经济融合主要体现于中国与南亚、印度洋的连接。南亚地区拥有丰富多样的自然资源，通过自然资源的开发和出口，除了可以部分缓解我国稀缺自然资源供不应求的状况，还可以更好地为南亚地区开辟新的对外贸易通道，促进南亚地区经济发展。比如阿富汗拥有丰富的矿产资源，但未得到充分开发，包括天然气、煤、盐、铬、铁、铜、云母及绿宝石等，目前阿富汗与60多国有贸易往来，可以合理开发资源，实现自然资源与“一带一路”沿线国的相互贸易往来；尼泊尔则拥有较为丰富的水资源，水力发电资源丰富，可以与他国优势互补，互利互惠。

南亚与中国在产业结构上具有互补优势，应尽早实现域内产业对接，如中国工业制成品尤其轻工产品的质量，价格在印度市场具有竞争力；印度在金融、IT和医疗等领域领先于中国。印度的莫迪总理大力发展该国制造业，既对中国制造在劳动力、土地等低成本优势产品竞争中带来压力，又促使中国推进制造业尽快转型升级，加强与印度在制造业方面的双边合作。

（四）提高劳动力素质，充分开发域内劳动力资源

阿富汗、巴基斯坦、尼泊尔、孟加拉国等国劳动力资源十分充足，受教育程度却很低，教育投资不足、基础设施建设不完善以及教师资源稀缺都使得南亚多国劳动力素质较为低下。因此，为补齐人力资本不足，除积极制定措施引进人才、吸引投资建立技术密集型产业外，更应从内部提升国家软实力，加大教育支出，完备学校教育，以此提高国家创造财富的能力，落实“科教兴国”作为经济持续发展的最强动力。

积极实施中国与南亚各国进行联合办学，根据教育部关于《推进“一带一路”教育行动》中的重要精神，比如武汉大学与加德满都大学校际合作共建了“一带一路健康研究院”，通过打造一个开放、包容、区域性共享平台，让其活动和影响逐步辐射整个南亚和东南亚地区，为“一带一路”沿线国家培养了大批行业领军人才和优秀技能人才，推动“一带一路”的教育援助和人才培养。同时云南大学作为边疆高校，也致力于与南亚、东南亚各国的合作，在南亚孟加拉国，不仅与南北大学合作，还新建了孔子学院，实现了与该国顶尖大学的强强合作，孔子学院的教学点覆盖了小学到成人教育阶段，影响面超过了 10 万人，除了在南亚国家产生了较大的影响，也发挥了示范和带动作用。通过区域内教育资源共享与强强联合，可以更快地培养市场所需人才，更好地促进区域人才流动，加快区域经济发展。

（五）提高女性劳动参与率，提升域内人民幸福感

根据人类发展指数 188 国排名中，除了斯里兰卡和中国处于中等发展水平外，其余国家的国家发展总体指标都处在世界中下水平，甚至处在末位。依托“一带一路”倡议，加大南亚国家基础设施建设、改善医疗卫生服务、以贸易促进产业发展，提高各国人均 GDP，改善国民幸福指数尤为迫切。同时，世界各国仍普遍存在女性劳动参与率低于男性的现状，特别针对一些以第一产业为主的国家，女性劳动参与率更低。2017 年，包括阿富汗、巴基斯坦和孟加拉国有大量女性劳动力没有参与劳动市场，这也不利于女性家庭、社会地位的提升。针对南亚国家女性劳动力参与率普遍较低的现状，政府除了加强社会价值观的引导外，更应该重视女童的初等教育，从性别平等的角度，公平、合理、科学地配置教育资源，加大对女童初等教育的政策支持力度。

在“一带一路”框架下，中国与南亚国家一方面要加强国内就业市场的完善，充分吸纳女性劳动力资源，尤其在女性劳动力优势明显的教育、医疗卫生、科技及服务等行业，建立完善的就业和劳动保障制度，激发女性劳动参与积极性；另一方面，在区域间实施劳务输出和促进人员流动，积极参与第三产业中租赁和商务服务、批发零售以及居民服务等行业的就业，积极借鉴菲律宾家政服务人员发展经验，加强女性劳动力技能培训与再教育，提升劳动力综合素质，使女性劳动者从中获得长远发展。

（六）维护区域政局稳定，改善投资环境

出口取得的收入或引进外资实际投入不是一国经济发展的关键，要想提高本国产品国际竞争力，尤其需要实现产业结构的调整。对于孟加拉国、阿富汗、尼泊尔等经济相对落后国家应尽快实现本国产业结构的优化与转型升级，加快第二、三产业发展，通过“一带一路”倡议的引导，积极重点引进中国贸易投资、资金技术援助，调整本国产业结构，积极发展优势产业，努力改善投资环境，促进中国对南亚的直接投资。南亚各国除了出口矿藏资源、水电等自然资源外，还可以出口更多高附加值产品。如孟加拉国的服装、药品、手工艺品、瓷砖、皮革制品和渔业制品，斯里兰卡的橡胶、矿物和鱼类，尼泊尔的皮革、金属制品、农副产品，马尔代夫的水产品等利用陆路口岸实施贸易往来。

另外，南亚地区国家经济发展和政治安全形势呈现不平衡发展态势。首先，阿富汗、巴基斯坦、尼泊尔和印度的政府公信力不足，民众对于政府缺乏信任，地区政治安全形势不稳。其次，南亚区域中，印巴矛盾不断加剧，中国与南亚地区国家友好合作持续发展，但与印度关系深化受到多种负面因素干扰。尼泊尔和阿富汗仍处于不稳定的政治转型期。最后，南亚其他国家外交受印度因素影响较大。南亚政局动荡、时局不稳，传统安全和非传统安全问题严重制约当地经济社会发展，南亚安全形势直接影响中国西南边疆地区稳定与发展。中国首先应该建立一道防火墙，避免南亚地区这种不稳定的因素影响到中国。其次，积极开拓南亚市场，服务中国西部对外开放战略，保障中国能源运输通道的安全。最后，通过积极参与南亚地区事务的平衡发展，体现大国担当，提升中国影响力。

（七）提高劳动力素质，充分开发区域劳动力资源

阿富汗、巴基斯坦、尼泊尔、孟加拉国等国的劳动力资源十分充足，受教育程度却很低，教育投入严重不足、基础设施建设不完善以及教师资源稀缺等，使得南亚各国劳动力素质普遍较为低下。为补齐人力资本不足的短板，除了积极制定措施引进人才、吸引投资建立技术密集型产业外，更应从内部提升国家软实力，加大教育支出，完备学校教育，提高人口素质与国家创造财富的能力，把“科教兴国”作为经济可持续发展的动力。根据教育部关于《推进“一带一路”教育行动》文件精神，积极推动中国与南亚各国开展联合办学。

中国—南亚拥有大批富有创造与开拓精神的企业家，域内经贸合作具有很大的发展潜力和拓展空间，中国愿意和南亚各国一道充分利用好有利条件，把“一带一路”的倡议和南亚各国发展战略实现有效对接、有机结合，让“一带一路”合作成果尽早惠及南亚各国人民。

（八）发挥南亚优势资源，形成产业互补

中国提出的“一带一路”建设倡议秉持开放包容、共商共建共享共赢的原则，对于和南亚地区的合作，对于拥有丰富多样而相互弥补的自然资源丰富的南亚地区而言，通过自然资源的开发和出口，除了可以部分缓解我国稀缺自然资源供不应求的状况外，更可以为南亚地区开辟新的对外贸易通道，促进南亚地区经济发展。比如，阿富汗拥有丰富的矿产资源，但未得到充分开发，包括天然气、煤、盐、铬、铁、铜、云母及绿宝石等，而位于阿首都喀布尔南部的埃纳克铜矿已探明矿石总储量约 7 亿吨，铜金属总量达 1133 万吨。据估计可能是世界第三大铜矿带，目前阿富汗与 60 多国有贸易往来，可以合理开发资源，在自然资源上与“一带一路”沿线国进行贸易往来；尼泊尔则拥有较为丰富的水资源，水电蕴藏量为 8300 万千瓦，约占世界水电蕴藏量的 2.3%，其中 2700 万千瓦可发展水力发电，这些亟待发展的潜在资源可以与他国优势互补，互利互惠。同时，南亚与中国在产业结构和贸易结构上具有互补优势，如四川工业制成品尤其轻工产品的质量、价格在印度市场具有竞争力；印度在金融、软件和医疗等领域领先于中国，印度总理提出大力发展印度制造业，既给中国制造在劳动力、土地等的低成本优势方面带来了竞争压力，也促使中国推进制造业转型升级，加强与印度在制造业方面的合作。

中国“一带一路”建设，对南亚国家的发展十分重要。首先将改善南亚地区基础设施建设，这不仅使不丹、尼泊尔、阿富汗等内陆国家变成互联互通的前沿和“中转站”，也将促进印、巴等南亚其他国家的对外开放；“丝路基金”“亚投行”以及“货币相通”政策，无疑有助于南亚一些国家解决发展资金问题；加强了人流物流，缓和了民族宗教矛盾，促进了南亚区域联盟合作的加强；最重要的是有利于促进中国与南亚的合作，随着“一带一路”倡议的实施，中国经济发展的“外溢”效应会更加显现，南亚国家市场与中国市场将从中受益，逐步实现全面对接，使南亚邻国搭乘中国经济发展的快车，分享中国经济发展的“红利”和公共产品。

中国与南亚的亲密互信，需要双方共同努力，从政治、经济、文化上密切交流往来，目前，除了印度以外，其他南亚国家对“一带一路”倡议在南亚的发展持积极态度，也希望可以加深经济贸易往来，中巴经济走廊建设进入全面实施阶段，包括喀喇昆仑公路改扩建工程、瓜达尔港自由区建设等项目，对巴经济社会发展带动作用显现。孟加拉国对孟中印缅经济走廊建设积极响应，与中方达成基础设施、产能合作、能源电力、交通通信和农业等多个领域合作协议，将两国关系提升为“战略合作伙伴关系”，并加强在反恐等领域的合作。斯里兰卡、尼泊尔、阿富汗、马尔代夫等国也积极支持和参与“一带一路”建设。尼泊尔对加强中尼设施联通和贸易畅通寄予厚望，粤藏中南亚班列由广州发车，经铁路抵拉萨后再陆运到尼泊尔。随着“一带一路”倡议的持续推进，中国同南亚各国各领域合作将更加密切，友好关系将进一步发展。

因此，中国应以战略发展对接为目标，增进各国政治互信；以道路交通为重点，加快互联互通建设；以经贸合作为手段，推动经济互利共赢；以人文交流为依托，实现民心相通；形成政界、学界、媒体与民众的良性互动。

第四节 中国—西亚 17 国人口与区域经济发展路径

一 强化中国与西亚国家产业互补性发展

中国与西亚地区国家之间的经济互补性越发加强，为未来中国与西亚双边贸易合作的深度发展打下了牢固的经济基础。中国以工业制成品换取西亚国家的能源资源已成为域内经贸交往的主要特征。一方面，近年来，中国从西亚进口的原油数量达原油进口总量的50%以上，西亚是中国最大的原油供应地区。在中国进口的主要商品中，原油、成品油、天然气、初级塑料、化肥等都保持着较高的需求量。随着未来经济继续稳定增长，中国定将成为西亚各国能源相关产品的主要购入国。另一方面，在中国出口商品中，包含了西亚地区所需要进口的大部分工业制成品、制造业材料和轻工业产品等不同类别的产品。中国的优势出口产品如服饰、纺织品、鞋类、家具及零部件等主要传统劳动密集型产品恰恰正是西亚各国所紧缺的商品。从中国与西亚货物贸易总体状况分析可知，双方进出口贸易合作存在巨大的发展与互补空间。中国与西亚国家在资源禀赋和经济产业结构方面互补性极强，西亚大多数国家需要质优价廉的生活用品和生产资料，可从制造业大国——中国进口大量价格便宜、品质优良的“中国制造”产品；中国为维系庞大制造业体系的运转、服务全球消费者和生产者，需要大量的能源资源支持，西亚地区正好拥有巨大的能源储量和产量。中国近年过剩产能也可借助西亚广阔的市场得以消化，西亚的能源资源也将为中国经济持续发展提供源源不断的动力。

二 借助“沙特 2030 愿景”等计划发掘人口红利

西亚部分国家老年人口系数相对较高，对整个区域而言，人口老龄化冲击相对较大。由于西亚各国人口老龄化具有明显的时间先后不一致，经济相对富裕的国家先进入人口老龄化，如希腊。人口老龄化的时间差有利于区域内各国人员、技术和资本的流动与资源的利用，扩大区域内人口红利效率。先进入老龄化的国家要增强社会保障、基础设施建设等相关工作，降低人口老龄化对经济的冲击和影响，尚未进入老龄化的国家正值人口红利期，劳动力资源丰富，可以向老龄化国家实施劳务输出，同时也可以缓解本国就业压力，借鉴先老龄化国家的成功经验，对人口老龄化“未雨绸缪”。比如针对中国、土耳其、希腊、塞浦路斯、以色列较为严峻的老龄化形势，应坚持人口老龄化和促进经济发展相结合，由政府制定规划、健全制度、出台政策、引导投入和规范市场，对于中国庞大的人口基数，政府应加强保障社保费用的稳定来源，完善保险制度，保证老龄化社会的重大开支，同时着力增加面向老龄人口的公共产品和服务；鼓励生育、出台积极的移民方案及延长退休年龄，促进老年人力资源开发利用和老年人的社会参与。在应对养老问题上，强调政府、市场、家庭和个人共同应对，在强调社会化养老基础上继续巩固家庭和居家养老，提倡“健康养老”等。适当增加人口增长速度与人口规模，稳定人口抚养负担，促进人口规模与经济发展速度相适应。抓紧人口红利发展机遇期，在并不十分有利的人口年龄结构下，提高劳动力资源素质和劳动人口生产效率，提高人口质量与效率，可以实现有限的人口规模拉动经济进一步发展。对于经济发达但人口增长缓慢的阿联酋、科威特等国，可通过相关政策实现国际人才引进，以保障经济发展所需的劳动力资源，实现人口与经济社会的均衡发展。比如叙利亚和约旦劳动年龄人口占总人口比重将持续增长至2020—2040年，也门和伊拉克在21世纪中叶以前劳动年龄人口优势仍将继续保持。

针对中国与巴林、沙特阿拉伯、卡塔尔“少子化”问题，一是稳步提高生育率，实现人口均衡发展；二是应当立法推进育儿支援政策，例如延长产假、支援多子女家庭等；三是鼓励婚姻，降低男、女的法定婚姻年龄；四是增进生育福利，对产妇和儿童提供补助津贴；五是加强社会支持，培养更多专业的育儿师、建设更多的幼儿园等，为生育家庭带来更多便利。

中国、伊拉克、伊朗、也门和约旦经济发展水平较卡塔尔等发达国家差距甚远，国民收入低于世界平均水平，对宏观经济的稳定发展和社会保障制度的统筹和完善带来巨大挑战。可以借鉴发达国家应对老龄化措施，加强老年事业的规划和顶层设计，实施更为积极的养老政策，并且充分发挥政府、市场、社会和个体在应对人口老龄化中的作用。西亚正值人口红利扩大时期的国家，如沙特阿拉伯、土耳其、也门、伊拉克和约旦，劳动力资源丰富，可以向人口红利缩减的国家输出劳动力，这样可以缓解本国就业压力。

针对经济不发达的也门，其劳动力相对不足，而且人口效率仅为世界水平的三分之一，应当加大教育投入，完善教育机制，建立从义务教育到高等教育、从素质教育到职业培训的全方位教育体系，推进职业教育和技术培训，提高劳动人口素质，同时引入先进技术与外资，提高生产效率，也门可加大与邻国的合作，比如引入沙特阿拉伯先进的海水淡化技术、相对充足的劳动力，同时向农产品匮乏的沙特出口也门的棉花和咖啡等；由于沙特阿拉伯便利的区位优势（与也门、巴林及卡塔尔接壤），“2030 愿景”和“2020 国家转型计划”以及更多多元化发展计划的推出，可加速产业升级及劳动人口流动，改善人口问题对经济发展带来的不利条件。

三　发挥比较优势，优化产业结构

沙特阿拉伯和土耳其服务业的增加值均低于世界水平，但吸收就业人口最多，2017 年占本国就业人口超过 50%，且多数就业人口从事于服务业，致使农业和工业发展动力不足，同时也阻碍了人口效率的进一步提高。一方面，应尽快实现本国产业结构的优化升级，加快第一产业发展，积极引进中国、卡塔尔等国的农业生产技术，优化本国产业结构。如沙特阿拉伯以石油和石化工业为主，谷物自给率较低，只有 20% 多，依赖大量进口，是世界上最大的大麦进口国，因此应加大农业基础设施建设和初级农产品加工生产。另一方面，应逐步转移服务业剩余人口，同时可增加农业就业人口比重。

具体来看，首先，沙特阿拉伯 70% 的面积为半干旱荒地或低级草场，可耕地面积只占土地面积的 1.6%，农业发展滞后，但海水淡化技术成熟，其海水淡化量占世界总量的 21% 左右，加之工业制造水平先进，因此可以发展室内种植技术，合理开发和利用资源，减少农业对进口的依赖，沙特阿拉伯可同农耕资源丰富的伊朗（全国可耕地面积超过 5200 万公顷，占其国土面积的 30% 以上）加大农业合作，引进农业生产资源，同时促进服务业人口向农业部门的转移，改善经济发展的基础环境。其次是土耳其，该国本身的农业和工业基础较好，主要农副产品基本实现自给自足，粮食自给率98.8%。鉴于土耳其极其丰富的矿产资源：主要有天然石、大理石、硼矿、铬、钍和煤等，总值超过2万亿美元。其中，天然石和大理石储量占世界40%，品种数量均居世界第一，土耳其可加大建造业的发展，积极参与邻国叙利亚、伊拉克的灾后重建工作，拉动本国的工业发展。

四 加强高科技领域合作，调整进出口贸易结构

进出口贸易发展主要取决于本国的生产消费结构变化，进出口商品类型、关税以及国际政治、经济关系变动在其中发挥着重要作用。比如卡塔尔进出口贸易占GDP比重是同期土耳其的2倍多，是中国和也门的3倍左右，主要出口石油、天然气、化工品。同时，沙特阿拉伯、伊拉克、约旦进出口贸易比重也相对较高，虽然均以能源出口为主，但如沙特阿拉伯的钢铁、炼铝、水泥、电气工业等非石油产业也在积极快速增长，依赖石油的单一经济结构有所改观。

针对中国、土耳其和也门进出口贸易发展相对缓慢现状，在产业结构调整和优化基础上，相应调整进出口贸易结构，改善货物和服务出口类型，增加高附加值、高科技含量产品的出口。如土耳其，主要出口矿物产品，而中国向其出口的主要商品为机电产品、纺织品和贱金属及制品；也门主要依赖石油进出口收入，力图通过开发石油和矿产资源推动经济发展，主要进口产品为运输工具、机械设备以及大量轻工业产品。因此，土耳其及也门在机械设备的加工制造、纺织、日常用品等制造产业上应与中国加强贸易合作，汲取中国相应的产业优势来发展自身。总体而言，西亚区域还没有形成良好的水电输送网络，交通运输方式存在布局不平衡、建设不完善的问题，通信设施覆盖率低、港口运转能力有限，航空线辐射世界不足等也是西亚国家基础设施存在的问题，严重制约了其经济贸易的提升和发展，西亚国家除了成为以能源为代表的产业基地外，可以通过“一带一路”建设优势，与中国在能源、加工制造业、金融等服务业上实现优势互补，加强合作，促进彼此贸易增长。

进出口贸易发展主要取决于本国的生产消费结构的变化，进出口商品类型、关税以及国际政治、经济关系变动在其中发挥着重要作用。进出口贸易对GDP的拉动作用十分明显，在中国与西亚国家中，阿联酋进

出口贸易占 GDP 的比重是同期中国的 6 倍左右，石油是阿联酋的主要出口商品。同时，黎巴嫩、塞浦路斯等国进出口贸易比重也相对较高，如黎巴嫩的石油，塞浦路斯的铜出口显著增长。中国需要不断加强与西亚各国的经济往来，加大对西亚国家石油、天然气等进口需求，可以使西亚国家继续加大对中国出口增长幅度，促进区域内进出口贸易的深度发展和有效融合。

在“一带一路”倡议下，近几年来中国与西亚各国不断深入合作，比如中国与以色列以创新驱动为前提的有关医疗、新型材料等高新技术的合作与投资；中国与科威特合作的打造成世界金融贸易中心的战略合作；中国与黎巴嫩政府签署了《关于共同推进丝绸之路经济带与 21 世纪海上丝绸之路建设的谅解备忘录》，双方商定编制双边合作规划，视情况商签联合项目清单，在交通、物流、基础设施、贸易、能源等领域推进务实项目合作；中国与塞浦路斯签署相互承认高等教育学历和学位协议，与沿线国家建立音乐教育联盟。在接下来的发展中，西亚国家间彼此只有不断学习先进的管理水平、科学技术、教育合作，并且不遗余力地推进《区域全面经济伙伴关系协定》谈判，加强经济贸易合作，逐渐消除贸易壁垒，才能真正实现双多边贸易合作深度发展。

五 促进区域内人口合理流动，全面协调人力资源

中国与“一带一路”沿线西亚国家在历史文化、宗教信仰、人文环境方面存在一定的差异性，中国可以积极学习西亚国家文化，为促进区域内人口迁移流动提供保障，尤其以色列、阿联酋、卡塔尔等经济发展水平相对较高的国家，这些经济发达国家更应鼓励区域内人口迁移流动以解决发达国家劳动力资源短缺问题，又可以提高迁移人口的收入水平，让国际迁移者在技术经验方面得到提升，也可以反哺于本国经济建设，从而实现区域内劳动力资源协调分配，实现共赢发展。因此，中国应进一步实施“开放”理念，加快开放与西亚各国的经济、政治、文化交流和往来，积极融入区域人口迁移流动大势中，这也不失为解决中国人口老龄化日益严重、婚龄人口婚配问题的一个有效途径。

西亚各国人口迁移变动差别较大，黎巴嫩、阿曼、科威特、阿联酋、塞浦路斯这几个迁入国的经济发展状况普遍相对较好，其综合实力较强，

经济、文化相对更为开放，能够吸引世界各地劳动力资源。中国目前依旧是域内人口净流出大国，并且流出的多数为高级知识分子与高素质人才资源，这对中国人力资本积累十分不利，应不断完善本国基础配套设施建设，为高级知识分子与高技能人才提供良好的工作环境和奖励机制，不仅要保障本国人才尽可能服务本国市场，还应积极吸引外国人才的流入，早日实现人才资源强国。

六 提升女性劳动参与率，提高人口效率

虽然西亚国家劳动年龄人口比重较高，但由于女性劳动参与率较低，实际进行社会生产的劳动人口被一定程度上高估了。针对中国与西亚国家女性劳动力社会参与率普遍低于男性的现状，政府应加强社会价值观念和社会舆论的积极引导，鼓励适龄女性劳动力走出家庭，积极参与经济建设，制定男女平等的入学、就业和劳动保障等法律法规，加强人力资源市场就业歧视问题的积极引导和约束，建立相应的处罚机制，保障健康、有序的就业秩序，保障女性劳动力资源的合理开发和利用。尤其在沙特阿拉伯、叙利亚、伊朗等国，女性劳动参与率平均低于男性近 60 个百分点，科威特、黎巴嫩和阿曼等国，女性劳动参与率平均低于男性 40—50 个百分点，大量女性劳动力被排斥在就业市场以外，不利于女性社会地位的改善以及家庭收入水平的提高，阻碍了人口红利的进一步释放。

在“一带一路”倡议和发展布局下，中国与西亚国家一方面要加强国内就业市场的完善，充分吸纳女性劳动力资源，建立完善的就业和劳动保障制度，激发女性劳动参与积极性；另一方面，在区域间劳务输出和人员流动方面，积极参与第三产业中租赁和商务服务、批发零售以及居民服务等行业的就业，加强女性劳动力技能培训、再教育，提升劳动力素质，使女性劳动者从中获得长远发展，获取可观的经济收入。

西亚国家三次产业发展状况不尽相同，第一产业比重较低，当然这是与当地土地面积小、土地贫瘠和降雨量不足有关。这些国家应当向农业大国学习灌溉和种植技术，让本国粮食不过多地依赖进口，最好能实现自给自足。另外，高收入国家也在不断寻求产业升级。例如阿联酋和阿曼，工业是其经济发展的支柱产业，尤其石油和天然气的生产和出口

对 GDP 的贡献率较高，这两国应当提升非油气产业的发展，推动制造业和建筑业迅速发展。在过去几年发展中，上述两国第三产业占 GDP 比重较 2010 年增加了近 10 个百分点，取得了长足的进步。这样有助于吸纳本国和西亚其他国家的富裕低廉劳动力转移就业。因此，调整产业结构布局，实现产业优化升级，是各国刻不容缓的发展任务。在各国资本进一步累积的过程中，通过产业布局的不断优化升级创造更多就业岗位，不仅应推动就业量的扩增还要提高人口就业效率，实现人口就业数量和质量同步增长。各国应力争早日调整第一产业作为基础，第二产业为核心，第三产业为关键的产业布局。

七 推动“中部走廊”建设，加快推进中国—中亚—西亚经济走廊建设

中国—西亚经济走廊涉及近 20 个国家，各国在历史文化、民族宗教、社会制度、发展水平等方面有明显差距，要深化中国同西亚经济走廊的经贸合作，必须充分借助现有的双边和多边合作机制，构建有效的合作平台，进一步科学协调中国—中亚—西亚经济走廊建设，推进各项合作项目的顺利实施。比如完善上海合作组织、中阿合作论坛等多边合作机制，加快推进丝绸之路经济带建设；探讨构建中国—西亚经济走廊建设委员会，协调推进经济走廊建设；搭建国际合作平台，在中国—中亚—西亚经济走廊建设中，可以依托欧亚经济论坛、中国国际投资贸易洽谈会、中国—阿拉伯博览会、中国—西部国际博览会等平台，广泛开展投资贸易活动，充分发挥国际合作平台在中国—西亚经济走廊建设中的积极作用。另外，包括土耳其、卡塔尔、沙特阿拉伯等国，应进一步开放市场，通过其“中部走廊”建设计划把本国多个港口投入到丝绸之路中的经济带与海上丝绸之路实现科学整合，从而实现与“一带一路”两翼的交汇，推动经济发展，吸引更多移民落地。

总之，为加强中国同西亚国家的互惠合作，实现“一带一路”倡议中政策沟通、设施联通、贸易畅通、资金融通和民心相通的“五通”目标，中国同西亚国家间应加强交流，增加政治文化互信，合作国应发挥自身优势，在劳动力、技术与资源方面，结合本国的人口发展环境，通过积极有效的合作实现取长补短、互惠共赢的良好发展局面。

八 加快中国与西亚地区海陆交通设施建设

推动中国和西亚在港口、铁路、航空领域的互联互通进程，在保证交通基础设施网络的联通性和有效匹配衔接的前提下，加强中国与西亚在国际海、陆、空通道方面的建设和升级，为深化中国与西亚多元合作提供重要的支撑。

海运方面，中国在强化自身全球航运贸易资源配置能力的基础上，可以努力开拓与西亚的国际海运线路，推进多式联运与港口建设；陆运方面，中国应加强在公路、铁路的联通和口岸基础设施建设，打造与西亚更加便捷的贸易通关体系。迄今，中国与西亚国家的铁路连接相对较少，可进一步加强与西亚国家铁路连接战略性研究；空运方面，中国在推进自身国际机场扩建工程的建设、扩大国际运输吞吐能力的基础上，可以增加与西亚国家的航空线路和直达航班，增强与西亚贸易的空运物流承载力。

九 提高城市化水平，促进城乡一体化发展

随着社会生产力的发展、科学技术的进步以及产业结构的调整，城市化是经济社会发展的必然阶段，高水平的城市化有利于提高人们生活水平，促进社会进步，带动区域经济发展。在城市化过程中，能够吸纳大量农村剩余劳动力，促进产业结构调整，提高新型工业化步伐，推进科学技术发展，缩小城乡差距。中国与西亚大部分国家城市化水平在不断提高，不仅是本国社会经济不断提升的表现，也得益于区域间贸易往来、援助投资等包容性、一体化发展等相关策略。

“一带一路”倡议机遇期，中国与西亚各国在区域交往合作中，应广泛吸收有利于本国发展的科学技术和资金设备，实现产业结构优化升级，促进人口城乡迁移流动，妥善解决城市发展难题，加强基础设施建设，不断提高城市化水平。同时要进一步深化区域间的贸易合作、经济往来和资本技术交流，在双方既有的贸易合作平台上，加强中国与西亚国家的交流合作，以贸易促产业、以产业促就业、实现就业带动城市发展，提高区域经济整体实力。

总之，在“一带一路”倡议下，随着中国与西亚各国之间互联互通

的不断完善，各成员国间经济发展程度和资源优势差异逐渐显现，如何实现各成员国间的资源整合和调配，国家与国家之间、部门与部门之间、跨国公司与本土企业之间必须建立起一体化的互联互通网络链。人口在其中承担着不可比拟、不可替代的地位，无论是区域贸易合作、投资往来还是信息技术开发都离不开人口变动的基础性因素。

第五节　中国—中亚 5 国人口与区域经济发展路径

自从“一带一路”倡议提出以来，中国与中亚 5 国政治经济关系融洽，双方高层互访频繁，已签订了一系列双边关系与合作条约。中国提出“一带一路”倡议，旨在与沿线国家密切配合，逐步打通陆地交通基础设施，进而实现陆地与海洋两种贸易途径的相互支撑。中亚 5 国虽属一个次区域，但国情不同，经济发展水平与对华利益诉求也不同，中方既要有一些跨国重大项目的协商，又要在双方关系中量体裁衣，推行不同的政策，追求不同的合作层次与目标。“丝绸之路经济带”本身具有很强的“物质”属性，而这恰恰是当前中亚国家发展最为急需的。因此，中国实施“一带一路”建设总体规划，中亚国家始终处在重要地位，大多数国家对中国建议给予支持和响应。

一　利用人口红利期，充分开发区域劳动力资源

改革开放以来，中国经济一直保持高速发展，成为世界第二大经济体。就目前看，中国正在失去劳动力资源优势，但中亚各国不同，必须紧紧抓住人口红利期，从劳动力素质、劳动力就业转移等方面提高人力资本投资，增加劳动年龄人口竞争力，收获人口红利。同时，各国人口红利期基本一致，有利于区域之间的合作和发展。比如中哈双方已经达成共识，联合建立中哈联合大学，共同发展科技创新和软件开发，积极学习发达国家的教育培养模式，大力发展公立和私立高等教育，积极开放大学，加强高等教育国际交流合作，使更多年轻人获得高等教育的机会。就中亚 5 国来说，首先，建立相应的教育发展计划，增加教育经费投入；其次，建立和完善相应义务教育法律法规，保障适龄人口的受教

育权利；最后，完善从义务教育到高等教育、从素质教育到职业培训的全方位、多渠道的教育体系，注重劳动力人口的职业教育和技术培训，逐步提高劳动人口的受教育水平，实现劳动力资源优势，摆脱人口压力。另外，应积极加强劳务输出道路。如作为人口净迁出国的乌兹别克斯坦、土库曼斯坦和吉尔吉斯斯坦三国，应当继续深化劳务输出，利用人口红利期与丰富的人力资源，均衡国内发展和劳动力国际交流合作，使充足的劳动力资源在国内、国外两大就业市场上得到充分发展，既有利于本国人口红利的充分实现，又能为区域经济发展助力。而塔吉克斯坦和土库曼斯坦，应继续采取措施，加大对境外劳动人口的吸引力，尤其是技能人才，特别是上述两国产业发展中急需的产业人才，也可以与中国合作进行联合培养教育，同时可以加大双方人员国际交往力度，充分开发区域人力资源。

二 加快调整产业结构，促进就业人口效率提升

中亚5国大多数国家以农业发展为基础，需要各国对农业基础设施建设进行大量升级和深化农产品加工生产，大力发展旅游业，加大资金投入，改善旅游基础设施建设。当前，中亚国家大多出口初级能源与产品，工业产业发展较为落后，发展极不均衡。应该说，中亚各国都应加大制造业、交通、电信、高科技和教育等第二、三产业的快速投入与发展，这样才能实现各国三次产业的良性发展。

中亚国家产业结构虽然在不断调整，但各国产业布局仍不合理。就第一产业来说，农业是其国民经济的基础。就拿农业增加值来说，较低的农业增加值挤占了大量的就业人口。如2017年哈萨克斯坦、塔吉克斯坦、吉尔吉斯斯坦、乌兹别克斯坦、土库曼斯坦农业增加值占GDP比重分别为4.36%、20.376%（2016年）、12.328%、16.985%、9.3%，农业就业人员占总就业人员比重分别为18.047%、51.624%、26.689%、21.905%、8.241%，五国中只有土库曼斯坦农业增加值与农业就业人员比重均低于10%，其他四国均体现为较高的农业就业人员产生较低的农业增加值，尤其是塔吉克斯坦，超过一半的就业人员从事农业生产，却只产生了近20%的增加值。对于中亚国家来说，农业具有很重要的战略意义，各国依然处于从农业国向工业国转化阶段。一方面，要保证本国

的粮食安全，另一方面又要依靠农产品（小麦、棉花）作为出口产品。但由于各国存在农业技术落后，农产品结构单一，个别国家仍然无法实现粮食自给自足。同时农产品加工能力薄弱，基本以原料或者最初形态出口的农产品很难从中获取很多的利润，但就总体来说，中亚国家土地广阔，十分适合发展密集型的农业种植。另外，中国和中亚国家农业发展水平和发展条件存在着显著互补性，中国可以从中亚国家进口土地密集型产品满足国内对相关农产品的需求，并向其出口农业技术、劳动力资源和资本密集型农产品。另外，通过农业技术交流和农业投资，提高中亚国家农业生产水平，从而实现中国与中亚各国共赢，这完全符合“一带一路”倡议的发展宗旨。

就第二产业来说，能源是自然界中能为人类提供某种形式能量的物质基础。能源是一种具有地缘政治意义的特殊商品，是关系到国家发展命脉的战略资源，任何一个国家都离不开能源资源。中亚地区蕴含着丰富的能源如石油、煤炭、天然气以及电力资源等。而中国是仅次于美国的第二大能源消耗大国，实现能源出口多元化和运输通道多走向，既是保障我国能源安全的首要任务，也是促进中亚经济发展的重要手段。这样，中国应推进与中亚各国的能源合作，比如开展中国与中亚各国在石油、天然气、煤炭和新能源等方面的勘探、研发、生产和贸易合作，并构建安全稳定的油气管网运输体系，构建符合各国利益的“共赢”格局。就目前而言，中亚 5 国的“西气东输”的油气管道已经开通，在天然气方面不再是“纸上谈兵”。石油和天然气主要蕴藏在哈萨克斯坦、土库曼斯坦和乌兹别克斯坦内，中国与中亚国家的能源合作主要与上述三国合作。而合作主体以大型国有企业为主，主要是中国石油天然气集团和中国石油化工集团公司等。就目前来说，中国与中亚国家的合作领域相对单一，主要以能源合作为主，同时合作形式以投资为主。未来探讨如何延伸彼此能源等生产链条长、附加值较大的领域进行合作十分重要，同时找到更科学更新的企业契合点发展是关键。

其他方面，中国可向中亚各国提供经济发展的参考模式。比如通过区域“基础设施工程”、城市“市政工程”建设为当地经济发展提供样板。鼓励有实力的中国企业在中亚地区建立基础产业基地，通过大规模投资，建立能源、化工、机械和轻纺等基地，引领中亚地区经济发展。

比如交通运输业，这是对国民经济发展具有全局性、先导性影响的基础产业，交通运输基础设施是国民经济的物质基础之一，其发展水平制约着一国的经济发展速度和质量。由于地缘因素中亚 5 国全部是无出海口的内陆国家，其中哈萨克斯坦、塔吉克斯坦、吉尔吉斯斯坦与中国新疆陆地接壤，这样为中国与中亚国家合作提供了良好契机。比如中国在公路、铁路和管道运输三方面都与哈萨克斯坦展开了合作。公路方面，“新丝绸之路”贯穿了中国东、中、西部，东起港口城市连云港，西抵中国新疆口岸，延伸至哈萨克斯坦、吉尔吉斯斯坦和哈萨克斯坦，广泛联系了中亚地区。在铁路方面，中哈铁路已经接轨，铁路运输是中哈贸易的生命线，中国和哈萨克斯坦 90% 的货物通过铁路运输。在中国、吉尔吉斯斯坦与乌兹别克斯坦的铁路合作仍在积极商议中，这条铁路将开辟中国和吉尔吉斯斯坦、乌兹别克斯坦、土库曼斯坦四国的新联系，因此中吉乌铁路对中国与中亚国家贸易和能源进口有着重要的意义。同时，中亚天然气管道作为“一带一路”能源合作的典范与“一带一路”设施联通的重要工程，中亚天然气管道途经乌兹别克斯坦、哈萨克斯坦，最终到达中国的新疆霍尔果斯口岸，并与中国的西气东输二线和三线相连。每年从中亚国家运输到中国的天然气，约占中国同期消费总量的 15% 以上。可见，中亚能源进口的管道运输方式的作用将日益重要。

在第三产业中的旅游业方面，开发有关丝绸之路的旅游合作项目，中亚国家有着区别于中国的地域特色，又有众多文化遗产和民俗特点吸引着世界游客，中国可以和中亚 5 国合作进行旅游业的联合开发，重点实现该产业结构的优化升级。首先，在中国—中亚—西亚经济合作走廊等合作框架下，应充分发挥旅游对区域合作的推动作用，将合作从国家层面具体落实到“一带一路”沿线国家的重点城市，以旅游合作作为纽带加强中国与中亚国家的全面合作，将中国—中亚旅游合作打造成为“一带一路”旅游合作的典型示范区，并为其他合作区域提供经验借鉴。其次，逐渐实施旅游签证便利化的制度，加强区域之间的旅游安全合作。重点开发并建立旅游合作机制，比如对于中亚国家中的哈萨克斯坦与吉尔吉斯斯坦是具有典型增长潜力的旅游市场，这两国不仅人口基数较大，来华旅游人数相对较多，前期可以重点针对上述两国借助互联网技术进一步创新旅游推广模式，简化旅游签证，简化非定期航线审批程序，扩大免税店布局，优化购物退税流程等方面开展合作，尽快拓展双向旅游往来市场规模。最后，将中国—中亚旅游合作打造成为周边旅游外交、城市外交新市场，为“一带一路”沿线国家周边旅游外交、城市外交领域的拓展提供新机遇、新的发展渠道。为区域与周边城市旅游交往和旅游产业合作提供便利的政策与制度环境。

就就业结构来说，只有产业结构优化，就业结构才会实现更好的升级发展。对于大量从事农业产业的中亚国家，应该进一步进行职业技术培训，提高每个劳动者的生产力，这样才能有条件地转移剩余劳动力。科学实行农业人口的转移，应尽快加大教育投入，实行技术升级，从而实现尽可能多的劳动力资源加入第二、三产业中，尽快提高就业人口效率，实现各国经济快速发展。

三 促进中国与中亚 5 国进出口贸易发展

中亚 5 国出口贸易在整个经济结构中有着十分重要的地位，但应在产品出口的升级优化上进行改进，加大出口产品的附加值。在实现技术升级基础上，降低出口产品成本，从而赚取更多利润。比如，加强区域间贸易合作，应是中国与“一带一路”沿线中亚 5 国中合作的重点。比如，哈萨克斯坦与中国的合作多为燃料和能源部门。哈萨克斯坦大多出口矿产品、化工产品、金属制品到中国。塔吉克斯坦主要向中国出口的产品占较大比例的有矿砂、矿渣、铝及其制品、棉花等。同时，中国是塔吉克斯坦的第三大贸易国，在哈萨克斯坦出口商品的所有国别中，中国是其第七大出口国。乌兹别克斯坦天然气在中国中亚 5 国进口中占有最大份额，其次是棉花，然后是天然铀，相比其他中亚国家来说，乌兹别克斯坦向中国出口的产品结构较为单一。吉尔吉斯斯坦境内有黄金、煤、银、锑、钨、锡、锌、汞、铅、铀、有色金属和稀有金属等，而煤的产量在中亚国家中被誉为“中亚煤斗”，锑产量居世界第三位，锡和汞的产量也是中亚国家中排在前位，有色金属产品销售至 40 多个国家。中国是吉尔吉斯斯坦的第二大贸易国，同时也是吉尔吉斯斯坦最大直接投资来源国。中国和吉尔吉斯斯坦不仅双方贸易规模不断扩大，总额稳定持续增产，同时吉尔吉斯斯坦进口产品主要依赖中国，经济投资和技术支持也大多来自中国。吉尔吉斯斯坦也成为中国工业生产的原料补给国，是中国出口产品的主要市场。

不过，中国与中亚 5 国贸易总量依然相对较小，贸易发展也不平衡，过于集中于能源贸易方面。实际上，中国和中亚国家在贸易投资与技术上有着强烈的互补性，应该利用这一优势加快扩大双方经贸与技术交流。

四 加大中国与中亚 5 国劳务合作

中国新疆独特的地缘优势有利于开展对中亚国家的劳务输出，这既是新疆实施"走出去"的重要组成部分，也是中亚国家发展的良好机遇。除了中亚 5 国中的塔吉克斯坦外，其余四国都存在不同程度地缺乏熟练工人的问题，尤其在建筑业上，包括工程承包，农业，水果和蔬菜种植，特种养殖，食品，轻工，食品加工和服务行业，中亚国家都需要大量的技术人员和技术工人。新疆、西藏向中亚国家的劳务输出有着天热的优势。比如双方的语言和习俗方面基本是相似的，彼此容易沟通；中亚国家劳动力资源丰富，劳动力价格也相对较低，劳动力市场在新疆具有较强的吸引力。可以预见的是，借助上海合作组织优势，通过双边或多边协议，实现充分的劳务合作，加上针对性的培训，亚洲可以作为一个潜力巨大的劳动力资源市场。加强地区间人口交流与合作，以更好地维护本地区和平、安全与稳定，也可以为在该地区的经济发展与合作提供一个很好的平台，这不仅有利于中国—中亚劳动力资源的互补交流，也有利于亚洲市场的劳动力资源的互补与发展。

五 促进农业和农产品加工业合作

中亚国家应充分利用"一带一路"建设框架、上海合作组织框架等，紧紧抓住与中国在农业领域的经济贸易合作的有利时机。中国也可以完善和出台相关农业政策，推进与中亚国家农产品贸易发展。比如中国在农业技术上处于世界前沿，中国的灌溉农业技术和绿洲农业技术十分发达，可以以新疆为依托与作为典型干旱地区的中亚国家进行交流和合作。同时，中国西北地区和中亚 5 国的气候地形差不多，可借鉴新疆农业发展模式促进中亚 5 国农业发展。并结合中亚丰富的劳动力资源和土地资源，进行农工商贸一体化开发合作。中国和中亚国家农产品之间存在着很强的互补性，应加强彼此间农产品贸易，加强农业区域经济合作，获得彼此间更大的贸易利益，赢得较好的贸易发展环境。比如，更多地进口中亚国家的羊毛、棉花和烟草等原料，出口蔗糖、蜂蜜、茶叶、植物油和优质水果等产品。帮助中亚国家提升产品附加值，这样有利于暂时解决中亚国家人口效率不高的问题，通过技术扶持与培训交流，在提高整体人口素质的同时，促进中亚国家产业结构升级和就业结构的优化调整，从而更好地促进该地区经济社会发展。

六 推行人民币结算，构建区域安全发展

针对中国作为中亚 5 国基本为第二大、第三大贸易伙伴，而且其贸易结算方式主要以美元为主，以美元为结算单位不仅增加了贸易的外贸风险，增加了双方贸易的结算成本，也导致中国的人民币无用武之地，因此，中国—中亚应在上海合作组织框架与“一带一路”倡议下，加强双方各层级之间的交流与磋商，科学研判双方深化合作的方向与需求，协商解决双方深化合作的各种制度障碍与政策障碍，修改和完善相关法律法规，构建政府、市场与社会相互合作的经贸合作与治理机制，比如尽早推行人民币结算，为中国西北地区与中亚国家的经济发展可以提供强大的新动能。在市场的引导下，积极发挥社会机构、民间组织在市场中微观的主体作用，激发市场活力，不断深化各领域的合作，保障资金和人员的安全，充分发挥上合组织在该区域协调中的积极作用，积极促进区域安全发展，构建域内命运共同体。

第六节 中国—独联体 7 国、蒙古人口与区域经济发展路径

一 发展战略思路

在中国扩大对外开放机遇期以及“一带一路”倡议下，根据中国和独联体国家的社会发展阶段和经济发展水平，以地理优势和资源禀赋为依托，大力开展多领域合作，做好基础设施以及金融服务领域建设等工作。

首先，以比较优势强化和提升为基础，重点培育一批具有国际竞争

力的产业，通过产业发展促进比较优势的发挥和动态升级，以产业发展为载体集聚生产要素，形成大规模产业园区集群以及自由贸易区建设，以产业发展推动进出口贸易。其次，应加大中国与“一带一路”独联体国家间能源项目合作力度，取长补短，扩大能源合作范围，构建双方能源共同体，以加固双边合作的根基。最后，努力加大区域内人力资源合作与人才培养力度，促进高端人才合作与发展等。

二　发展路径选择

（一）借助中欧班列与能源合作，实施域内“经贸一体化”

独联体国家地处中亚与欧亚交汇处，富含石油资源，又与中国邻近，在中国地缘政治和经济领域中占有非常重要的地位。因经济高速发展需要，中国石油进口每年都在增加，石油短缺制约着中国经济的高速发展。从地缘角度看，中亚应是中国下一个世纪的石油主要供应地；中国经济发展和结构升级，一些大型企业向外投资的欲望加强，中石油、中石化等大型国有企业纷纷开始在筹建一些大型的合作项目，如 2017 年 12 月 8 日，中国与俄罗斯合作开展的亚马尔液化天然气项目正式投产，该项目不仅带动了俄罗斯能源产业和边疆地区发展，还能够丰富中国清洁能源供应，加快推进我国能源结构优化，同时，亚马尔液化气项目还开辟了北极东北新航道，是亚洲跟欧洲之间最直接、最便捷的运输通道，为补齐我国陆上运输短板做出了重大贡献。独联体国家蕴含着丰富的资源，对中国经济发展也是至关重要的，对于独联体国家来说，中国是理想的合作伙伴。

建议中国与独联体国家首先就能源等重点领域加强合作，取长补短，扩大能源合作范围，构建双方能源共同体，以加强双边合作根基。产业结构上，中国与独联体国家虽存在明显差异，独联体国家以出口初级产品为主，如能源类产品和金属类产品，中国主要出口工业制成品，并且随着技术和创新能力的提高，出口产品价值含量逐年增加。尽管中国该域内国家间出口产品存在显著差异，但同时也具有很强的互补性。独联体国家在充分利用本国资源优势，把握本国产业特征、提升本国产品优势的同时，应注重产业结构优化升级，进一步强化产品的差异性，提高出口产品的附加值。中国应在继续发挥自己在制造业比较优势基础上，借助独联体国家市场优势，借助中欧班列外贸合作，实施“运贸一体化”战略。

（二）调整进出口贸易结构，加强高新技术产业合作

随着全球化发展，国际交流日益广泛，进出口贸易同样至关重要。进出口贸易的发展主要取决于本国生产消费结构，进出口商品类型、关税以及国际政治、经济关系变动在其中发挥着重要作用。虽然近几年中国和俄罗斯联邦进出口贸易有所回升，但发展依旧缓慢，针对这种现象，应加大产业转移力度，在确保就业前提下，中国与独联体域内国家可大力发展与合作以机电为主的资本密集型产业，以及新材料、医疗、生物、信息等高新技术产业，在产业结构调整和优化升级基础上，相应调整进出口贸易结构，改善货物和服务出口类型，增加高附加值、高科技含量产品的出口，同时推进关税体制改革，优化关税结构，如中国和白俄罗斯共建的中白工业园，该园使白俄罗斯成为独联体国家、俄罗斯与欧洲的交通枢纽，同时还提供了产品免征关税销往1.7亿人口的俄白哈关税同盟和统一经济体（俄罗斯、白俄罗斯、哈萨克斯坦）市场的机会，同时也促进了中国高新技术产业的发展。因此，借助中国—独联体国家自由贸易区和“一带一路”发展建设布局，加强贸易合作，逐渐消除贸易壁垒，实现双边、多边贸易深度合作，这有利于本区域经济促进。

（三）打造中国“门外防线”，结成域内命运共同体

“一带一路”是中国重大的对外开放举措，也是一项长期的、卓越的、互利共赢的伟大构想。当美国实施战略东移，俄罗斯也摆出战略东移的架势时，可以预计，未来两国的战略博弈将会日趋激烈。这种博弈使俄罗斯急于获得战略伙伴，以获得支撑力量。俄罗斯也希望以中国为支点，借助并辅助中国的力量。为此，中国可以审时度势，适当调整国家发展战略，战略重心应从遥远的“海外”（西方），逐步调整到陆地相连的“门外”，打造中国自己的“门外防线”。在扩大改革开放的同时，可适度修正策略，如把主要面向欧美经济出口转向区域合作全面发展，印度洋区域是美国多年经营的政治、外交、经济和军事盟友群，印度洋出海口问题一直是中国“走出去”的一只拦路虎，且这个方向，中国不仅朋友少，且实力较弱，需要有强有力的朋友。在欧亚大陆上，基于

“一带一路”建设框架，中国可以与处于困境中的伊朗和俄罗斯结成一个政治、经济、地理、心理上的“命运共同体”，组成能源联盟、工业联盟和市场联盟，讨论建立集体安全机制，结成域内命运共同体。

（四）稳步推进中蒙俄经济走廊建设

中国、蒙古、俄罗斯三国地缘毗邻，三国资源禀赋各有优势，经济互补性很强，三国有着漫长的边境线，发展战略高度契合。根据《建设中蒙俄经济走廊规划纲要》，中蒙俄三国的合作领域包括交通基础设施发展及互联互通、口岸建设和海关、产能与投资合作、经贸合作、人文交流合作、生态环保合作、地方及边境地区合作共 7 大方面。蒙古提出建设高速公路、铁路及石油管道等“草原之路”倡议，由于缺乏足够的技术与资金，俄罗斯在高铁等交通设施建设方面也有不小的需求，而中国在上述方面已积累了丰富经验，通过三国合作，既可以推动基础设施建设，还可以扩大三国贸易与投资，比如中国与蒙、俄在电力供应、发电技术与设备等方面的合作潜力尤为巨大，同时水电、风电等清洁能源领域的合作也前景可观。三国商品互需旺盛，跨境电子商务就是三国经贸合作的新亮点。

（五）利用本国优势合理调整产业结构，发展优势产业

一方面，格鲁吉亚、阿塞拜疆和亚美尼亚产业结构经过多次调整仍不尽合理，就业人口投入在农业方面较多，收益很低，相反，服务业增加值高但吸收的就业人口较少，导致大量就业人口囤积于农业。从资源优势角度看，上述三国应尽快实现本国产业结构的优化升级，加快第二、第三产业发展，积极引进中国和俄罗斯联邦等国的贸易投资、资金技术援助，调整本国产业结构，积极发展优势产业。如格鲁吉亚，地理环境优越，拥有丰富的自然景观和人文资源，应大力发展旅游业，加大资金投入，改善基础设施建设，努力推动国内旅游链条延伸，同时应该开发相关的生物产业，以旅游产业带动生物产业，以生物产业促进旅游产业发展。

另一方面，域内国家应逐步转移农业剩余人口，增加工业和服务业就业人口比重，如亚美尼亚地处高原地带，农业欠发达，但自然资源丰富，非金属矿藏丰富多样，应合理开发和利用资源，适当发展加工业以及服务业，实现劳动力人口在三次产业中的合理就业，使就业结构与产

业结构相适应，建立“三、二、一”产业与就业模式。

（六）科学建立人力资源流动与共享机制

中国与“一带一路”沿线独联体各国在历史文化、人文环境等方面有所差异，但也存在相似性，为实现区域内人口迁移流动提供便利，尤其俄罗斯联邦、白俄罗斯等经济发展水平相对较高的国家，国际迁移人口占本国常住人口比重不断增长。区域内人口迁移流动既可以解决经济发展水平较高的国家劳动力资源短缺问题，又可以提高落后国家迁移流动人口的收入水平，输出劳动力在技术经验方面得到提升，也可以反哺于本国经济建设，从而实现区域内劳动力资源协调分配，实现共赢发展。

中国人口迁移变动相对稳定，人口环境相对封闭，与区域乃至国际人才市场的交流与合作十分有限。中国应逐渐开放与加大区域人员间交往，积极融入人口迁移流动潮流，既是部分解决中国现阶段人口老龄化日益严重、婚龄人口婚配问题的一个途径，也是促进人力资源合理流动，提高人口效率的有效手段。

“一带一路”建设框架下，可以从以下几方面逐步实现人力资源流动与共享：首先，中国应该借鉴发达国家的发展模式，通过技术移民、教育移民等方式，吸引独联体国家中高精尖人才的永久性迁移，为本国技术创新、科学研究注入新动力；其次，随着中国对外直接投资企业的不断增加，中国应加大与独联体各国劳务输出与合作；最后，加强技术型、研发型人员的短期交流与合作，加大孔子学院人才培养力度，吸引更多留学生来华学习与就业。

（七）利用“一带一路”发展机遇期，提高城市化管理水平

中国与“一带一路”沿线独联体各国现阶段城市化率普遍高于世界平均水平，其中低于50%的国家仅有摩尔多瓦，该国农业人口众多，教育、医疗等基础保障措施相对落后。“一带一路”建设发展机遇期，虽然有助于加强中国西部城市与周边毗邻国家俄罗斯联邦、白俄罗斯和乌克兰的交流合作，加强中国西部各省（市、区）与白俄罗斯、乌克兰等国家的经贸合作，以贸易促产业、以产业促就业、实现就业带动城市发展；但城市化发展的主动权和主导权仍掌握在各国政府手中，需要各国通过人口素质的提高、科学技术的发展、产业结构的优化升级、就业渠道的完善、城乡人口的迁移流动以及国家基础设施建设等一系列问题的妥善

解决和不断调整，逐步提高各国合理城市化水平与发展质量。

中国与独联体各国城市化发展，应坚持内因、外因相结合的发展策略，既要依托区域交流与合作大平台，紧抓发展机遇，又要全面整合本国人口、资源和社会环境因素，走具有本国特色的、科学管理的城市化发展路径。

（八）提高人口效率，释放第二次人口红利

借鉴发达国家相关发展模式，根据各国具体情况改革养老金制度，使社会保障制度覆盖范围全民化、资金来源多元化。对其他尚未进入老龄化的国家，如蒙古、阿塞拜疆正值人口红利期，劳动力资源丰富，可以向老龄化国家进行劳务输出，既能缓解本国就业压力，又能促进人口合理流动。同时还应加强本国基础设施建设，既要做好“硬件”，也要同步“软件”建设，提升劳动力人口综合素质，重视职业教育，提高人口效率。

中国和独联体大部分国家老龄化十分严重，处于人口红利末期或度过了人口红利期，应积极开发第二次人口红利。第一，为养老保障需求和制度供给建立起一个具有积累功能，而不是主要依靠家庭养老功能或现收现付的养老保障制度，通过利用劳动者的养老期望、储蓄动机以及资本市场的增值保持高储蓄率。第二，扩大教育资源。随着各国少年儿童人口规模缩小、比重降低，劳动年龄人口供养在学人口能力相对提高，应通过扩大教育和培训等手段大幅提高人力资本存量。第三，扩大劳动参与率。延长退休年龄是扩大劳动力供给，开发第二次人口红利的重要途径，同时针对域内国家女性劳动参与率较低的现状，应积极鼓励女性进入市场，以加大劳动力供给的充足性与持续性。

（九）实现人口与经济社会协调发展

在经济发展的过程中，要注重人口结构的优化，促进人的全面发展，从一定意义上讲，一切进步和落后都源于人的素质，经济要发展到高水平，关键在人的素质的提高，人口的全面发展程度和素质高低决定着社会全面进步的速度和水平。同时，生产要素的跨区域自由流动是促进人口与经济协调发展的关键，各国之间要加强合作，打破限制要素自由流动的部分障碍，注重发挥资源的比较优势，促进资源实现优化配置。

总之，在“一带一路”建设框架下，中国同独联体国家间应尽可能开展多种形式的交流与合作增强互信，充分利用各国资源优势，开创地区新型合作经济带，无论各国间投资、技术开发利用还是区域贸易合作都与人口变动息息相关。因此，分析中国与独联体国家间的人口变动以及经济发展状况，探讨人口变动对区域经济协调发展的影响，对不断深入发展的中国—独联体国家经济一体化建设具有重要的现实意义。

第七节 中国—中东欧16国人口与区域经济发展路径

一 深化金融合作，促进中国—中东欧国家共同发展

投融资合作是中国与中东欧国家合作的重要一环。至2018年底，中国已与中东欧国家开展了长达68年的贸易往来，而且双边合作一直维持在较高的水平。目前，中国已与多个中东欧国家就货币直接交易、签订本币互换协议、人民币清算和人民币跨境支付系统等方面开展了合作，一些中东欧国家有意将人民币纳入外汇储备。这不仅有助于充分调动中国的储蓄资源，实现合理回报，也能降低中资企业换汇成本和汇率波动引发的各种风险，减少外贸灾难，维护金融稳定。

首先，应积极鼓励中国与中东欧国家的金融机构在自愿基础上加强现有投融资合作，并根据市场需求开辟投融资新渠道，推出新的融资工具，增强银企联动，探讨开展人民币融资及发行绿色金融债券合作。中方也应欢迎中东欧国家央行将人民币纳入外汇储备。这可以充分体现中国与中东欧国家金融合作的市场化、商业化原则。

其次，由于中东欧国家大多为发展中国家，这里有巨大的基础设施投资缺口，但相应地，投资周期长，资金需求量大，风险也较高，这就要求金融机构多管齐下、创新思路，通过股权融资、债权融资、银企联动、银团贷款、政府与社会资本合作（PPP）、出口信用保险、装备租赁等多种融资模式，满足中东欧国家多样化的融资需求。同时各方也应支持中国和中东欧国家有关银行和金融机构之间加强合作，推动贸易规模进一步扩大，基础设施、能源等领域合作进一步深化。欢迎中国与更多中东欧国家签署双边金融监管合作谅解备忘录，加强金融监管合作。

近年来，中国金融科技发展迅猛，在国际上处于领先地位，越来越多的中东欧国家对中资金融机构在当地设立分支机构表示欢迎，并主动提出希望中资金融机构入驻。而且中东欧国家金融科技的发展程度参差不齐，与中国加强合作，可帮助中东欧国家增进对金融科技的理解，弥补目前“16 +1”框架下关于金融科技的空白。同时中国金融监管部门也与多个中东欧国家金融监管当局签署了或正在探讨签署双边金融监管合作谅解备忘录，以加强信息交流，共同消除各种不合理的准入壁垒和限制，提供开放、公平、有序的监管环境，从而更好地推进金融机构和金融服务网络化布局。目前，已有 3 家中资银行在波兰、捷克、塞尔维亚、匈牙利 4 个中东欧国家设立了 8 家分支机构。比如鼓励中国和中东欧国家中小企业和创业者加强交流合作，建立企业间联络机制。支持克罗地亚牵头组建 16 +1 中小企业联合会，支持中方设立中国—中东欧中小企业合作区。

最后，各方应在遵守国际关系准则基础上，根据各自法规和国情，根据相关法规及作为成员国应遵守的政策积极开展金融合作。把中东欧国家中的欧盟成员国推动合作为相关欧盟政策和项目提供补充。各方在“16 +1 合作”框架下加强与支持“一带一路”倡议同中国的互联互通合作，包括中国—中东欧国家合作、中欧互联互通平台、欧盟东部伙伴关系等在内的合作倡议之间在经济合作、互联互通上的协调沟通，为相关国家深化合作提供机遇。支持与鼓励中国和中东欧国家有关银行和金融机构之间加强合作，加强金融监管合作。比如中东欧国家中，立陶宛在发展金融科技方面具有立法、监管、基础设施、人才、营商环境、创业条件等方面的先天优势。同时立陶宛也是欧元区国家，将“16 +1”金融科技协调中心设在立陶宛，也将为中国与欧元区加强金融科技领域的合作架构一座新的桥梁。①

二 加快中国—中东欧创新合作，培育科技合作新动能

2018 年 7 月 7 日，国务院总理李克强访问保加利亚并出席在索非亚

① 《中国与中东欧金融合作》，2019 年 3 月 9 日，中国国际贸易促进委员会官网（http://www.ccpit.org/Contents/Channel_4124/2018/0723/1036753/content_1036753.htm）。

举行的第七次中国—中东欧国家领导人会晤期间，根据与会各方共同达成的《中国—中东欧国家合作索非亚纲要》，各方支持在公平基础上，加强在研究和创新领域的互利合作，启动了“中国—中东欧国家科技创新伙伴计划”，定期举办中国—中东欧国家创新合作大会。

首先，中国与中东欧国家在各方自愿且公平基础上，加强科技人员的多方交流，开展科学合作，尤其在研究和创新领域中的互利合作，比如可以确定在中东欧的某一国家，比如塞尔维亚成立中国—中东欧创新能力与科技合作建设基地。这样可以定期地、有目的地推进中国—中东欧国家科技创新伙伴计划，推进科技创新政策研究合作与落地。

其次，在双方实现平等交流基础上加强互信，在交流的基础上加深技术成果的转化。比如定期交流中国与中东欧各国科技创新领域中的最新情况，加深各方了解，深化中国与中东欧国家在科研成果产业化及技术转移方面的合作。结合《推进“一带一路”建设科技创新合作专项规划》，根据中国—中东欧国家的科技合作需求和基础，选择优先领域共建联合实验室或联合研究中心，集成联合研究、科技人才交流与培养等功能，搭建中国—中东欧长期稳定的科技创新合作平台。

最后，开展联合研发与实施科技人文交流行动计划。重点围绕中国—中东欧国家中区域科技发展需要和科技成果产业化的发展需求，与中东欧国家磋商建立共同资助联合研发项目合作机制，进一步提升中国—中东欧国家科技研发合作水平，加强联合攻关能力，提高研发质量，加快研发步伐，发挥辐射带动作用。同时通过实施科技人文交流行动，比如包括中东欧国家杰出青年科学家来华工作项目和举办科技培训班，提升中东欧来华留学人员品质与鼓励留学生为中国积极做贡献。通过深化民心相通，提升各方能力建设，可以夯实科技创新合作基础。

三 进一步推进新亚欧大陆桥经济走廊建设

新亚欧大陆桥经济走廊由中国东部沿海向西延伸，经中国西北地区和中亚、俄罗斯抵达中东欧，辐射世界 30 多个国家和地区。中国是推动经济走廊的核心推动力量，由于新亚欧大陆桥经济走廊建设对外部影响因素有限，相对在“一带一路”六大经济走廊建设中比较容易推进。该经济走廊的成功建设，在地理区位上对其他的经济走廊建设具有引领和示范效应。该经济走廊是丝绸之路经济带的重要载体，在“一带一路”倡议中具有极为重要的地位。

首先，新亚欧大陆桥的东西两端连接着太平洋与大西洋世界两大经济中心，基本上属于发达地区，但空间容量小，资源短缺；而其辽阔狭长的中间地带也就是亚欧腹地，除少数国家外，基本上都属于欠发达地区，特别是中国中西部、中亚、西亚、中东、南亚地区，空间容量大，地域辽阔，资源富集，开发前景好，开发潜力大，是人类社会赖以生存发展的物华天宝之地。但这里基础设施建设落后，交通不够便利，人力资源素质不高，人口效率相对较低，自然环境较差。因此，为了“一带一路”沿线国家的互通往来，降低运输成本与运输风险，方便沿线国家的经贸往来，加快推进新亚欧大陆桥经济走廊建设，让更多发展中国家搭上中国经济快速发展的快车以获得共同发展，完全符合“一带一路”倡议发展宗旨。

其次，加快沿线国家政策协调机制建设。在“一带一路”背景下，以大陆桥建设为契机，不仅在沿桥地带实行开放政策，还应实行沿海地区的开放政策，根据需要设立各种开发区和保税区，按照高起点与国际接轨的高要求，促进沿线地区工业化与城市化发展。根据交通枢纽、资源状况、地理位置，以中心城市为依托，在沿桥地区建立若干个经济发展区，比如以日照为中心的国际经济贸易合作区等，新亚欧大陆桥经济走廊必将发挥更大的作用。

最后，新亚欧大陆桥经济走廊建设以中欧班列等现代化国际物流体系为依托，中欧班列的开通与发展，为中国与欧洲、中亚地区的贸易往来打开了便捷通道。除了班列以外，还应重点发展口岸的作用。比如连云港作为欧亚大陆的桥东桥头堡，承担了新亚欧大陆桥 90% 以上的国际过境运输量，推动了沿桥国家贸易合作与发展。其中哈萨克斯坦“光明之路”计划就是在大力投资建设有效的网状基础设施前提下形成了统一大市场，并促进了该国经济长期增长。新亚欧大陆桥经济走廊建设以连云港作为出海口，有利于把哈萨克斯坦农产品出口到东亚和东南亚。未来推进走廊建设中，如何促进沿线国家重点发展经贸和产能合作，通过公路、铁路、网络及地下管网的连通惠及沿线国家所有人，拓展能源资源合作空间，构建畅通高效的区域大市场是值得深入研究的重要课题。

四　积极开展中国—中东欧国家产业合作

“少子化”和“老龄化”在欧洲国家早已显现，并且其带来的社会经济影响不容小觑。一方面，应稳步提高生育率，逐步改善人口负增长现象，实现人口均衡发展。针对中东欧国家0—14岁人口减少、65岁及以上人口不断增多等问题，应更快地完善社会抚养与养老制度改革，加强老年人口再培养，引导其再就业。同时提高劳动力素质，改革社会保障制度，提高劳动力人口效率以缓解人口负增长带来的劳动力短缺问题。

从长远看，中东欧现阶段人口发展趋势代表了发达国家以及中国人口未来发展趋势，欧洲国家几乎不存在中国的养儿防老观念，老年人所关注的健康问题也更为合理，比如匈牙利融养老、医疗、教育、投资等多功能为一体的现代社会保障制度，能在一定程度上缓解老龄化加深带来的社会保障、基础设施建设、经济发展等方面的困难。

中国现阶段经济发展水平与匈牙利等高收入国家虽有较大差距，国民收入尚未达到世界平均水平，但人口老龄化速度不断加快，养老医疗问题不断显现，对宏观经济稳定发展、社会保障制度的统筹和完善带来巨大挑战。中国某种程度上可借鉴匈牙利发展模式对城镇、农村医疗体制、养老体制进行发展、改革，争取实现社会保障制度覆盖范围的全民化、资金来源的多元化，缴费水平的不断提高以及功能的不断完善。中国可以借鉴欧洲发展模式，争取实现社会保障制度覆盖范围的全民化、资金来源的多元化以及缴费水平的不断提高、功能的不断完善。

随着“老龄化”“少子化”不断加深，医疗健康服务将成为关键性产业之一，中国在医药等方面与医药产业发达国家仍有较大差距，如匈牙利，该国制药业近年来在国际医药标准下极具竞争力，2017年匈牙利生产的药品中有84%都出口到国外。并且，匈牙利制药行业的份额正在不断增长，同年该国制药业员工人数增长了17%，达到了3.2万人。2016年该国制药产值约28亿美元，出口额约23.6亿美元，匈牙利城市布达佩斯生物技术位列全球生物技术最具竞争力城市榜首，也是中东欧地区第一大药品生产和出口国。同时世界最大20家一级汽车供应商有14家落户匈牙利，并且生产规模在不断扩大。针对“老龄化”与“少子化”两种现象带来的需求，中国可以通过“一带一路”倡议加强中匈医药与汽车产业等项目合作，引进匈牙利知名药企、生物技术企业、汽车企业等，开放国内药物市场。同时中国应加派人员前往匈牙利进行学习交流，引进匈牙利相关制药制度、技术，以完善国内药物市场，促进制药产业与汽车产业的发展。

五 完善社会抚养制度，积极开放医疗市场

随着中东欧大部分国家15—64岁劳动力人口比重将进一步下降，与此同时劳动力人口将负担更多的少儿、老人抚养责任，更多地挤占劳动红利。针对社会总抚养比上升、少儿抚养比下降、老年抚养比上升，一方面，少儿抚养比下降将减少劳动力人口红利，可以对儿童抚养比较高的家庭给予额外成本补贴，以减轻少儿富足家庭的经济成本问题，此外，政府应引导社会少儿托养机构的发展，制定相关政策对社会少儿抚养机构进行规范化、专业化发展，以减轻父母抚养少年儿童的机会成本，释放因抚养子女而压制的劳动力红利。

另一方面，人口老龄化同样会加重子女负担，不利于人口效率提高。政府应开放养老市场，积极与西欧、日本等养老机制较为先进的国家合作，开发本国养老市场，对于家庭养老老人，政府引导其互助养老，健全社区、家庭医疗、保健等设施，为家庭养老提供必需的社会保障，以此释放劳动力人口负担，给予其更多的学习、工作时间，提高劳动力人口社会贡献率。

中国早已进入人口老龄化，虽然社会总抚养比、少儿抚养比尚低于世界平均水平，但人口老龄化带来的老年抚养比已超过世界平均水平，正在不断削减劳动力红利。针对老龄化现象，虽然政府正在推行各种保障政策，但由于中国人口众多、资源分布不均，这需要提高老年人口健康教育宣传，提高其自我保健意识，同时更多地向欠发达地区医疗资源发展与支持。

老年抚养负担主要集中于老年人口医疗和养老成本，中国目前医疗养老保障制度虽然逐步完善，但相比罗马尼亚等医疗养老体制较为完善的国家仍有较大改善空间。罗马尼亚医疗体系分层较为明显，主要有大型综合医院、专科医院、急诊医院、流行病医院、昼夜药店等，乡镇设

有医疗站和医疗所，这种分层将医疗患者进行有效区分，提高了医疗资源利用率。我国虽也有类似分层体制，但分层较为模糊且医疗资源分配极不平衡，可以学习罗马尼亚医疗体系，开放外资医疗市场，积极引进罗马尼亚等医疗较发达国家医疗机构模式，以提高医疗质量。除了医疗体制外，中国还要加大向养老产业发达国家的学习，积极引进第三方养老机构，刺激市场积极开发全球最有潜力的养老市场。

六 提高人口效率，转变产业布局

针对域内部分国家平均受教育年限相对较低的问题，政府应健全对贫困家庭子女接受教育的保障制度，给予其经济补贴以弥补由于接受教育而给家庭带来的机会成本，除此之外，政府也应进一步扩大对受教育年限较低人口进行再教育服务，加强对成年人的文化、技术等方面的普及教育，加强职业技能培训，针对国家人力资源的需要进行再教育，并提供给接受再教育人群适当补贴以抵消因为接受教育而形成的机会成本，达到刺激人群接受再教育的效果。比如 2015 年高等教育入学率最高的是保加利亚，达 73. 93% ，最低的波黑仅为 22. 11% ，两国相差 55. 82 个百分点，说明域内国家高等教育发展不平衡，缺少高层次人才。

域内国家三次产业结构虽不断调整，但部分国家产业布局仍不尽合理，就业人口结构与现代产业发展模式相悖，产业增加值较低却投入了较多就业人口，中东欧传统制造业附加值低且科技含量较低，阻碍了人口效率的提高。

阿尔巴尼亚和波黑等经济相对落后国家应尽快实现本国产业结构优化升级，加快第二、三产业发展，积极加强与匈牙利、欧盟等强国的贸易投资、资金技术援助，调整本国产业结构，积极发展优势产业，阿尔巴尼亚虽已经进入老龄化，但相对于中东欧其他国家，该国老龄人口相对较少，拥有较多劳动年龄人口，对其产业转型发展有较大人口红利优势，近年来阿尔巴尼亚政府将旅游业作为优先发展产业，但游客多来自中东欧，阿政府应减轻其他地区签证难问题，吸引国外资金发展本国基础设施建设，努力推动国内旅游链条延伸。加强服务人员技能再培训，以提高服务业水平；此外，阿尔巴尼亚拥有丰富的矿产资源，应引进、革新矿产资源技术，从原材料出口转化为高附加值产品出口，以促进本国产业升级发展，释放传统工业劳动力以增加本国劳动红利，通过技能再培训提高劳动力升级发展。

另外，应逐步转移农业剩余人口，尤其是增加工业就业人口比重。阿尔巴尼亚产业处于“一、三、二”结构，农业从业人口比重大，且农业发展相对落后，国内暂无大型农企，但农业总产值在国内比重大，应促进农业转型发展，引进国际知名企业，引进机械化发展，通过技术创新促进农业规模化、产业化、绿色化发展，尽快实现农业人口转移，使就业结构与产业结构相适应，建立起“三、二、一”产业与就业模式。

七 加强立法和社会舆论引导，鼓励女性劳动力参与经济活动

针对中国与中东欧国家女性劳动力社会参与率普遍低于男性的现状，政府应加强社会观念和舆论的积极引导，鼓励适龄女性积极走出家庭参与经济建设，增加适合女性劳动人口从事的工作岗位，加强女性就业培训，保障健康、有序的就业秩序，保障女性劳动力资源的合理开发和利用。尤其在马其顿、波黑等国，2017 年女性劳动参与率平均低于男性 20 个百分点，大量女性劳动力被排斥在就业市场外，不利于女性社会地位的改善以及家庭收入水平提高，阻碍了人口红利的进一步释放。

在“一带一路”倡议建设框架下，中国与中东欧国家应积极完善国内就业市场，包括相关就业法律法规，充分吸纳女性劳动力资源，尤其在女性劳动力优势明显的教育、医疗卫生、科技及服务等行业，建立完善的就业和劳动保障制度，激发女性劳动参与积极性，加强女性劳动力技能培训、再教育，提升劳动力素质，使女性劳动者从中获得长远发展，获得经济收入与技能的提高。

八 促进中国和中东欧国家人口合理流动，实现人才资源共享

高素质人口外迁不仅挤占了本国教育资源，而且也不利于本国劳动力素质提高，不利于产业转型发展。政府应改善国内就业环境，制定相关法律法规以保障劳动力合法权益，提高劳动力工作、生活福利，引导建设高素质人才科技交流应用平台，改善高素质人才迁入制度，创造良好的创新工作交流环境，带动国内产业转型发展。此外，类似中国等国际净迁移呈现负值国家应积极向匈牙利等国际人口流入国学习，以寻找

本国人才市场不足，学习借鉴以弥补自身不足。2018 年保加利亚、匈牙利城市化率超过 70%，其他国家城市化率均有很大提升空间，政府应加强城市化进程，对农村转入城市人口进行就业培训，保障该类人群机会平等，引导已就业农村人口进行职业再培训。

中国现阶段正处在产业转型期，很多行业已有很大提升，但相对于发达国家仍有很多不足、专业人才仍然难以满足行业需求。一方面政府应提高人才引进福利，改进高校人才培养机制，加强产学研政策落地实施，从根本上解决高层次人才短缺问题。另一方面，企业应完善就业环境，提供劳动人员国内外学习交流机会。

中国与“一带一路”沿线欧洲各国在历史文化、宗教信仰、人文环境方面存在一定差异，但是这并不影响区域内与区域间人口的迁移流动，尤其欧洲 7 国，全为经济发展水平相对较高的国家，部分国际迁移人口占本国常住人口比重不断增长。区域间人口迁移流动既可以解决经济发展水平较高的国家劳动力资源短缺问题，又可以提高经济相对落后国家迁移流动人口的收入，输出的劳动力在技术经验方面得到提升，也可以反哺本国的经济建设，从而实现区域间劳动力资源协调分配，实现共赢发展。

中东欧国家平均受教育年限和高等院校入学率普遍高于中国。中国也可以参考或借鉴其教育体制与教育模式，为本国人才培养和教育发展提供经验支持，同时中东欧 7 国还拥有整体高素质人口，可通过合理流动方式与方法引进并促进区域间劳动力资源与人才资源对经济稳定发展的支持。在全球化大背景下，发展不是孤立存在的。任何国家或区域间都有各自的优势或劣势。无论是在资金、技术还是资源等方面均可以实现共享共赢，只有这样，才能携手共进。

九 加强国际合作，促进经济转型发展

2017 年，域内相关国家农业就业人员比重较高，如阿尔巴尼亚、摩尔多瓦、罗马尼亚、马其顿均超过 15%，分别为 40.275%、33.256%、22.911%、16.355%，而农业增加值占 GDP 比重分别为 18.987%、12.11%（2016 年）、4.356%、7.888%，可见上述国家农业就业率过高且与农业增加值不匹配，造成了人力资源的浪费，一定程度上制约了第

二、三产业的发展。在“一带一路”倡议下，域内国家在资源互补上促进经济发展还有较大提升空间。域内国家只有匈牙利、克罗地亚拥有较为发达的工业，中国可以与中东欧国家基础建设较为落后、工业发展尚不足的国家充分合作，加强对其基建、工业的投资。劳动力方面，工业欠发达国家可以利用欧洲国家面积小，距离较近的优势与发达国家合作，将工业欠发达国家农业人口派往临近发达国家学习交流，达到在提高本国工业化的同时，降低低附加值的人口就业率，放开国内市场，积极引进工业发达国优秀工业产业。中国虽拥有一定基础的工业化水平，但大多处于初级水平，亟待进行产业升级改造。这样，中国应加强与匈牙利等工业发达国家合作，如积极引进匈牙利较为发达的汽车、电子、通信等行业，逐渐实现工业产业的转型升级，促进产业升级。除了工业化外，部分国家在进行农业产业转型发展中，中国应与其开展合作，积极推广农业机械以扩大中国出口贸易。中国也同样应重视农业转型发展，积极向阿尔巴尼亚等农业转型较为成功的国家学习，以加快农业优化升级。

总之，“一带一路”倡议是中国推动全面开放新格局的重大举措和新阶段实现高质量发展的新路径。“一带一路”建设是中国在21世纪连接世界发展的强大纽带。参加2019年第二届“一带一路”国际合作高峰论坛的外国元首和政府首脑达37位，比第一届增加了8位。说明中国提出的“一带一路”倡议和建设正在受到越来越多的国家理解和支持。2019年3月23日，意大利与中国签订关于共同推进“一带一路”建设的谅解备忘录，成为七国集团中首个加入“一带一路”的国家。“一带一路”建设在遵循共商共建共享原则的基础上，加强创新能力开放合作，致力于在中国形成陆海内外联动、东西双向互济的开放格局，通过拓展“一带一路”沿线国家和地区的对外贸易，培育贸易新业态新模式，不仅推进了中国的贸易强国建设，也推动着开放型世界经济建设，助力构建人类命运共同体。

参考文献

中华人民共和国商务部、国家统计局、国家外汇管理局：《2017 年度中国对外直接投资统计公报》，中国统计出版社 2018 年版。

中华人民共和国商务部、国家统计局、国家外汇管理局：《2016 年度中国对外直接投资统计公报》，中国统计出版社 2017 年版。

黄群慧：《工业化蓝皮书："一带一路"沿线国家工业化进程报告》，社会科学文献出版社 2015 年版。

陈艳玲：《泰国高等教育对我国高等教育发展的启示》，《中国科教创新导刊》2013 年第 3 期。

党建华等：《吐鲁番地区人口—经济—生态耦合协调发展分析》，《中国沙漠》2015 年第 1 期。

杜小林：《政治经济平稳发展，地缘安全挑战加剧——2016 年南亚地区形势综述》，《当代世界》2017 年第 1 期。

格扎维埃·范登·布朗德、周愚：《欧洲老龄化问题对策述评——迈向积极的老年人口就业政策》，《经济社会体制比较》2017 年第 1 期。

顾鉴塘：《南亚的人口经济问题》，《人口研究》1983 年第 4 期。

韩璐：《丝绸之路经济带在中亚的推进：成就与前景》，《国际问题研究》2017 年第 3 期。

韩永辉、邹建华：《"一带一路"背景下的中国与西亚国家贸易合作现状和前景展望》，《国际贸易》2014 年第 8 期。

韩永辉、罗晓斐、邹建华：《中国与西亚地区贸易合作的竞争性和互补性研究——以"一带一路"建设为背景》，《世界经济研究》2015 年第 3 期。

何茂春、田斌：《"一带一路"建设的实施难点及应对思路——基于对中亚、西亚、南亚、东南亚、中东欧诸国实地考察的研究》，《人民论坛》2016 年第 5 期。

侯钦瀚：《在"一带一路"背景下分析捷克对中国经济的影响》，《辽宁师专学报》（社会科学版）2016 年第 3 期。

黄晓燕、秦放鸣：《"一带一路"背景下中国与西亚国家产能合作基础与模式研究》，《新疆大学学报》（哲学·人文社会科学汉文版）2017 年第 5 期。

黄耀东、唐卉：《中国—东盟自由贸易区建设瓶颈及升级版建设路径研究》，《学术论坛》2016 年第 10 期。

孔田平：《中东欧经济转型的成就与挑战》，《经济社会体制比较》2012 年第 2 期。

李同昇等：《中亚国家地缘位置与中国地缘战略的若干思考》，《地理科学进展》2014 年第 3 期。

刘洪钟、郭胤：《"丝绸之路经济带"与"16 + 1"合作框架内的中匈投资合作》，《要文特约》2017 年第 4 期。

刘作奎：《新形势下中国对中东欧国家投资问题分析》，《国际问题研究》2013 年第 1 期。

龙玉其、刘巧红：《新加坡中央公积金制度的改革及其启示》，《改革与战略》2013 年第 11 期。

卢海燕：《一体化背景下的中东欧国家高等教育改革探析》，《辽宁教育行政学院学报》2012 年第 4 期。

马凤强等：《中亚热点问题及其对中国的影响——新疆师范大学首届中亚研究论坛综述》，《新疆师范大学学报》2011 年第 1 期。

毛汉英：《中国与俄罗斯及中亚 5 国能源合作前景展望》，《地理科学发展》2013 年第 10 期。

孟令国、胡广：《东南亚国家人口红利模式研究》，《东南亚研究》2013 年第 3 期。

帕夏古·阿不来提、孜比布拉·司马义、周玄德：《吐鲁番地区城镇化与经济发展的耦合关系研究》，《干旱区资源与环境》2012 年第 2 期。

潘志平：《"一带一路"愿景下设施联通的连接点——以"中国—中亚—

西亚”经济走廊为例》，《新疆师范大学学报》（哲学社会科学版）2016 年第 3 期。

钱学文：《“一带一路”视角下的西亚新丝路建设》，《阿拉伯世界研究》2016 年第 1 期。

潜旭明：《“一带一路”建设的支点：中国与中东能源合作》，《阿拉伯世界研究》2014 年第 3 期。

沈通：《“一带一路”建设背景下中国—东盟地区经济发展的思考》，《现代商业》2017 年第 4 期。

孙楚仁、张楠、刘雅莹：《“一带一路”倡议与中国对沿线国家的贸易增长》，《国际贸易问题》2017 年第 2 期。

孙焱林、王中林、张攀红：《空间、经济、人口城市化协调性测度》，《城市问题》2014 年第 7 期。

孙壮存：《“一带一路”合作空间拓展的着力点探究》，《新疆师范大学学报》（哲学社会科学版）2018 年第 1 期。

涂建军、周艳：《主体功能区人口—经济耦合协调关系研究——以四川省重点开发区为例》，《西南大学学报》（自然科学版）2013 年第 4 期。

王灏晨、李喆：《“一带一路”倡议下中东欧投资环境分析》，《宏观经济管理》2018 年第 1 期。

王焕芝：《新加坡构建亚洲高等教育枢纽的路径与挑战》，《比较教育研究》2017 年第 7 期。

王志远：《“丝绸之路经济带”的国际背景、空间延伸与战略内涵》，《东北亚论坛》2015 年第 5 期。

王志远：《地区化视角下中国与中亚国家合作前景探析》，《新疆财经》2016 年第 3 期。

吴舒钰：《“一带一路”沿线国家的经济发展》，《经济研究参考》2017 年第 5 期。

肖影：《独联体地区国家贸易便利化进展评析》，《俄罗斯研究》2014 年第 4 期。

杨晨曦：《“一带一路”区域能源合作中的大国因素及应对策略》，《新视野》2014 年第 4 期。

于学军：《人口变动、扩大内需与经济增长》，《人口研究》2009 年第

5 期。

俞毅、潘奇杰:《基于“欧亚经济联盟”背景下，中国同独联体国家自贸区建设的经济效应分析》,《当代经济》2016 年第 12 期。

张灿:《中国—东盟双边贸易发展对策研究》,《经济研究导刊》2016 年第 13 期。

张静中、王文君:《“一带一路”背景下中国—西亚自贸区经济效应前瞻性研究》,《世界经济研究》2016 年第 8 期。

赵莹:《中国与“一带一路”沿线国家贸易格局及其经济贡献》,《商场现代化》2016 年第 2 期。

卡拉:《中国与中亚 5 国经济合作的障碍与对策》，硕士学位论文，哈尔滨工业大学，2014 年。

卡米拉:《中国与中亚 5 国贸易关系的实证研究》，硕士学位论文，山东大学，2016 年。

李逸翔:《中国—东盟区域经济一体化的进程及前景分析》，硕士学位论文，安徽大学，2017 年。

刘新荣:《东北地区人口变动及对经济发展的影响》，博士学位论文，吉林大学，2011 年。

欧汉:《中国与独联体双边经贸现状，问题与发展》，硕士学位论文，对外经济贸易大学，2006 年。

吴沁:《中国与“一带一路”国家贸易潜力研究》，博士学位论文，南京大学，2016 年。

武少杰:《人口变动对经济发展的影响》，硕士学位论文，辽宁师范大学，2013 年。

肖影:《独联体区域一体化：路径与进展》，博士学位论文，辽宁大学，2015 年。

谢伟:《福建省人口与经济协调发展的实证分析》，硕士学位论文，福州大学，2016 年。

徐华芝:《全民教育发展及其问题研究》，硕士学位论文，苏州大学，2014 年。

徐征:《“一带一路”建设下中国与东盟 10 国深化贸易合作的路径研究》,

硕士学位论文，吉林大学，2017 年。
于丛笑：《危机后独联体国家转变经济发展方式路径研究》，硕士学位论文，黑龙江大学，2014 年。

Teemu，“China，Russia and Shanghai Cooperation Organisation：Blessing or Curse for New Regionalism in Cental Asia”，*Journal of Eurasian Studies*，No. 3，2012.

《阿富汗失业率超过 40%》，2016 年 5 月 30 日，中华人民共和国驻阿富汗伊斯兰共和国大使馆经济商务参赞处（http：//af. mofcom. gov. cn/）。
李涛：《南亚在“一带一路”建设中的重要地位，中国社会科学院（中国南亚东南亚研究院），2015 年 6 月 19 日。
《对外投资合作国别（地区）指南》，商务部官网（2017 年版）（http：//pk. mofcom. gov. cn/）。
《对外投资合作国别（地区）指南——东盟篇》，商务部官网（2017 年版）（http：//pk. mofcom. gov. cn/）
《对外投资合作国别（地区）指南——阿联酋》，商务部官网（2017 年版）（http：//pk. mofcom. gov. cn/）。
《对外投资合作国别（地区）指南——阿曼》，商务部官网（2017 年版）（http：//pk. mofcom. gov. cn/）。
《对外投资合作国别（地区）指南——科威特》，商务部官网（2017 年版）（http：//pk. mofcom. gov. cn/）。
《对外投资合作国别（地区）指南——黎巴嫩》，商务部官网（2017 年版）（http：//pk. mofcom. gov. cn/）。
《对外投资合作国别（地区）指南——塞浦路斯》，商务部官网（2017 年版）（http：//pk. mofcom. gov. cn/）。
《对外投资合作国别（地区）指南——希腊》，商务部官网（2017 年版）（http：//pk. mofcom. gov. cn/）。
《对外投资合作国别（地区）指南——以色列》，商务部官网（2017 年版）（http：//pk. mofcom. gov. cn/）。